孙子兵法
精要新解

中国历代兵书精要新解丛书

薛国安 著

新时代出版社

图书在版编目（CIP）数据

孙子兵法精要新解 / 薛国安著 . -- 北京：新时代出版社, 2024. 12. -- ISBN 978-7-5042-2655-6

Ⅰ．E892.25

中国国家版本馆 CIP 数据核字第 2024CJ4950 号

新时代出版社出版发行

（北京市海淀区紫竹院南路 23 号　邮政编码 100048）
雅迪云印（天津）科技有限公司印刷
新华书店经销

开本 710×1000　1/16　印张 33¾　字数 381 千字
2024 年 12 月第 1 版第 1 次印刷　定价 88.00 元

（本书如有印装错误，我社负责调换）

国防书店：（010）88540777　　书店传真：（010）88540776
发行业务：（010）88540717　　发行传真：（010）88540762

总　序

中国古代兵书卷帙浩繁、汗牛充栋，据统计，从先秦到清末共有3380部，23503卷，其中存世兵书2308部，18567卷。如此众多的兵书，既是中华优秀传统文化的重要组成部分，又是一座神秘又耀眼的文化宝库。这座宝库历经数千年的沉淀，是由无数兵家战将的鲜血凝成的兵家圣殿，是经过无数思想巨匠之手建筑起来的智慧殿堂。在这座宝库里，珍藏着不可胜数的制胜秘笈，也陈列着不计其数的泣血篇章。由于长期被尘封在石室金匮之中，使其更添一份神秘色彩，一般人难以窥视其貌。随着文明的进步和社会的发展，这座宝库的大门逐渐敞开，人们惊奇地发现，那些朽蚀的简牍、发黄的卷帙上的文字仍然鲜活，仍然充满生命力。如果按照现代军事科学的分类加以解读，其内容涵盖了战争性质及其基本规律、指导战争的战略谋略及战法、国防建设和军队建设、保障和辅助战争行动等各种专门知识的理论。如此广博的思想内容，经过千百年的战争实践检验，以及一代又一代兵家战将的不断补充，日臻完善。这些兵书为中国传统军事文化奠定了坚实的根基，注入了鲜活的灵魂。

在2023年6月2日召开的文化传承发展座谈会上，习近平总书记发表了重要讲话，他强调："中华文明的连续性，从根本上决定了中华民族必然走自己的路。"当今世界，随着军事技术的飞速发展，战争理论、作战方式、建军思想、国防观念、后勤保障都在发生巨大的变化。同时，东西方军事文化日益交融、渗透，互相影响，互相借鉴，大有趋同之势。在此过程中，如果我们掉以轻心，盲目地模仿或照搬西方的模式，必然失去自我，失去中国军事文化的根基和灵魂。如果剑不如人，剑法也不如人，势必每战必殆。毛泽东军事思想充分吸收了中国传统军事文化的养料，其活的灵魂就是"你打你的，我打我的"，绝不按对手的思路打仗，绝不随对手的节奏起舞。在险象环生、强敌如林的当代世界战略格局中，要想在军事上形成有效的威慑力，在战场上稳操胜券，在平时确保国家安全，我们必须做到"两手都要硬"。一手是加速发展先进军事技术和武器装备，提升国家军事硬实力；另一手则是继承中国传统优秀军事文化的根与魂，结合马克思主义军事理论，以习近平强军思想为指导，创新和发展具有中国特色的军事理论，加强军事软实力。思想是行动的先导和指南，吸收前人智慧、创新军事理论十分重要和必要，正是基于这一紧迫的时代要求，我们编写了《中国历代兵书精要新解》丛书，以期为推动军事理论的创新和发展作出贡献。

《中国历代兵书精要新解》丛书，共计14本，300余万字。所谓"历代"，是指所选兵书上至先秦，下至民国，纵跨历朝历代。所谓"精要"，是指对精选的每本兵书择其思想精髓和要点加以评述。所谓"新解"，至少包含三"新"：一是作者队伍以新时代培养出来的具有军事博士学位的教研骨干为主体，思想新、观念新、文笔新；二是写作方法有所创新，突破原文加注释的传统模式，按照兵书逻辑思路，层层提炼要点，再加以理论评述，点、线、面有机结合；三是材料新，基于兵书原典，参照前人学术成果，大量吸收古今战例，甚至社会竞争、企业经营、体育竞赛的案例，以新的视角诠释兵家思想观点。

整套丛书有总有分，纵向排序。第一部《中国历代兵书精要通览》作为总览，总体上介绍了中国古代兵法的发展概况、基本特点和现实价值，并从浩如烟海的兵书宝库中精选约40部有代表性的兵书，提炼其精华，评说其要义。第二部至第十四部则是对各部兵书的细致解析，依次是《孙子兵法精要新解》《吴子精要新解》《司马法精要新解》《孙膑兵法精要新解》《尉缭子精要新解》《鬼谷子精要新解》《六韬精要新解》《三略精要新解》《将苑精要新解》《唐李问对精要新解》《纪效新书精要新解》《三十六计精要新解》《曾胡治兵语录精要新解》。这些兵书基本上涵盖了中国古代军事思想的精髓，各有千秋，颇具代表性。每位作者在深入研究、吃透精髓的基础上，以深入浅出的文笔展现其思想精华，并将古代军事智慧与现实军事斗争、社会竞争相结合，深入剖析其现实价值和借鉴意义。

任何事物都是时代的产物，不可避免地带有时代的印记。古代统治阶级不断把封建迷信、腐败落后的东西强加到社会生活的意识形态领域中，限制着人们的思想进步，阻碍着科学的发展。形成于中国古代社会的兵书，自然会留下一些时代烙印。虽然这套丛书的所有书目都是从中国古代兵书宝库中精心挑选出来的，堪称精品中的精品，作者也尽力展现其思想精要，但某些篇章或段落中难免隐含一些糟粕的内容。因此，我们建议军事领域的广大读者在品读本套丛书时，既要注重取其精华，又要注重去其糟粕，这是我们对包括古代兵书在内的一切传统文化的根本态度。惟有如此，方能从古老悠久的兵书宝库中获得创新中国特色军事理论的启示，方能继承和发展中华民族优秀军事思想的根与魂，为推进当代中国军事文化向前发展做出积极的贡献。对于非军事领域的广大读者而言，也不妨秉持这一根本态度，方可从战争之道领悟竞争之妙，从制胜秘诀寻觅智赢神方，从统军之法发现管理奇招，为追求卓越、实现人生理想提供智慧的启示和方法的指引。

经国防大学出版社原总编刘会民老师举荐，本套丛书由我们团队倾心打造，集结了众多专家和学者的智慧与心血。在选题立项过程中，我们得到了新时代出版社领导的大力支持，他们基于全面弘扬中国传统优秀军事文化的初心，紧扣时代的要求，果断立项，并与我们共同策划选题。在写作过程中，我们得到了新时代出版社诸位编辑的大力协助，他们严谨的工作态度和卓越的专业素养，为本书从构思走向现实提供了坚实的保障。同时，各位社领导和编辑也提出了许多宝贵和中肯的意见，为本书的完善提供了关键的指导。在此，我谨代表整个编写团队，向他们表达最衷心的感谢。

这套丛书的出版，是我们共同努力的成果，也是我们共同智慧的结晶。它不仅仅代表着我个人的努力，更凝聚了整个团队的心血和付出。我深信，这套丛书将会为读者带来新的思考和启示，为繁荣中国特色军事文化增光添彩。

薛国安

2023 年冬至

目录

前言
 《孙子兵法》的形成及特色 // 1

一、《计篇》逻辑思路及经典谋略
 [篇题解析] // 002
 （一）决策乃生死大事，不可不慎重考察 // 003
 （二）慎察模型：比较双方的战略五要素 // 008
 （三）战略分析切忌大而化之，要抓重点 // 011
 （四）对于重中之重还需进一步精确评估 // 019
 （五）以计算的结果为依据，知胜负而做出决策 // 022
 （六）决策一旦敲定，要营造有利的态势 // 025
 （七）营造有利态势必须运用诡道十二法 // 030
 （八）计算再精谋划再好，终需量力决策 // 046

二、《作战篇》逻辑思路及经典谋略
 [篇题解析] // 052
 （一）兵马未动粮草先行，夯实制胜基石 // 053
 （二）战则速胜，兵久而国利者未之有也 // 058
 （三）出国征战，当取两种方法保持军力 // 063

（四）以战养战，"食于敌"可一举多得 // 066

（五）"食于敌"的方法，贵在综合运用 // 072

（六）制胜原则："兵贵胜，不贵久" // 079

（七）速战速决，取决于主将是否"知兵" // 084

三、《谋攻篇》逻辑思路及经典谋略

[篇题解析] // 090

（一）战略最高境界："不战而屈人之兵" // 092

（二）实现"不战而屈人之兵"的四大招数 // 096

（三）避免攻城式消耗战，巧战而屈人之兵 // 101

（四）善战者追求"全胜"，力避"破胜" // 106

（五）"全胜"基础是实力，量兵力定战法 // 110

（六）"全胜"关键在将领，切忌缚其手脚 // 115

（七）"全胜"前提在知敌，知胜五法并用 // 122

（八）"全胜"重在智胜，智胜缘于"知胜" // 127

四、《形篇》逻辑思路及经典谋略

[篇题解析] // 134

（一）实力乃制胜根基，根基源自先胜 // 135

（二）实力强弱决定作战方法，量力而行 // 139

（三）善战者力避强攻，设法"胜于易胜" // 147

（四）善战者如隐形高手，"胜已败者也" // 151

（五）胜负决定权，取决于"修道而保法" // 156

（六）客观评估双方实力，五步法以窥全貌 // 161

（七）优势不限于数与量，更在于区位态势 // 167

五、《势篇》逻辑思路及经典谋略

［篇题解析］// 172

（一）形与势密不可分，四维度综合造势 // 173

（二）造势关键在奇正，出奇制胜定乾坤 // 177

（三）有利态势的基本形态：势险而节短 // 185

（四）巧行惑敌、动敌之术，致敌之乱势 // 190

（五）谋势贵在择将，并充分释放其能量 // 199

六、《虚实篇》逻辑思路及经典谋略

［篇题解析］// 206

（一）虚实既是客观存在，亦可人为改变 // 208

（二）用谋略转化双方虚实，并避实击虚 // 212

（三）多种方法虚实变化，强敌无从应对 // 221

（四）致敌力量虚弱之法：形人而我无形 // 231

（五）防我力量虚弱之法：预知交战时空 // 240

（六）动态侦察敌方虚实之法：四法知敌 // 244

（七）隐蔽我方状态虚实之法：战胜不复 // 248

（八）战争之神，神在"因敌变化而取胜" // 254

七、《军争篇》逻辑思路及经典谋略

［篇题解析］// 260

（一）与对方军争，捷径未必是最好的路 // 261

（二）三种军争方法，保持冲刺力量为上 // 265

（三）军争途中切忌盲目，避免误入歧途 // 271

（四）军争之时部队应有状态：风林火山 // 275

（五）统率千军万马的方法：一民之耳目 // 282

（六）军争之中心理战方法："四治之法" // 287

（七）用兵八大禁忌，防止陷入不利境地 // 292

八、《九变篇》逻辑思路及经典谋略

［篇题解析］// 298

（一）"君命有所不受"并非鼓励不听话 // 299

（二）面对战场上的变化，要"杂于利害" // 305

（三）误导敌方，诱使其自乱的三种方法 // 308

（四）面对变化的战场，"恃吾有所待也" // 313

（五）力避"为将五危"，理智应对变化 // 317

九、《行军篇》逻辑思路及经典谋略

［篇题解析］// 324

（一）野战战场布阵，须有"四军之利" // 325

（二）复杂地形驻军，务必借地利保安全 // 331

（三）侦察敌情，可用"相敌三十二法" // 336

（四）兵不在多而在精，精兵慎行可胜敌 // 344

（五）复杂情况下管理部队，须文令武齐 // 349

十、《地形篇》逻辑思路及经典谋略

［篇题解析］// 358

（一）地有六形，将之至任在于趋利避害 // 359

（二）兵有六败，源自于将领的六种过错 // 366

（三）按实际地形打仗，不图虚名不媚上 // 371

（四）官兵战斗精神来自于平时带兵方法 // 379
　　（五）将领的指挥主动权来自于知天知地 // 383

十一、《九地篇》逻辑思路及经典谋略
　　[篇题解析] // 396
　　（一）统军作战有九种境地，对策各不同 // 398
　　（二）进攻作战的原则："先夺其所爱" // 404
　　（三）深入敌国作战，多方提振军心士气 // 413
　　（四）部队编组灵活，全军上下团结一致 // 422
　　（五）将领统军作战四大要素：静幽正治 // 429
　　（六）奔袭作战九种环境，各有不同战法 // 439
　　（七）远程奔袭作战，贵在"巧能成事" // 443
　　（八）进攻作战谋划要隐蔽，发起要突然 // 456

十二、《火攻篇》逻辑思路及经典谋略
　　[篇题解析] // 464
　　（一）火攻五种对象，皆要选准风起之机 // 465
　　（二）五种火攻方法，应视情况灵活变化 // 468
　　（三）"以火佐攻者明，以水佐攻者强" // 471
　　（四）赢得胜利而不"修功"，前功尽弃 // 474
　　（五）遵循"三非"原则，安国全军之道 // 478

十三、《用间篇》逻辑思路及经典谋略
　　[篇题解析] // 486
　　（一）战争消耗巨大，务必首先侦知敌情 // 487

（二）五种间谍并用，从多维度侦察敌情 // 496

（三）间谍出生入死，应当给予高度重视 // 502

（四）间谍的任务及技巧，"主必知之" // 507

（五）情报乃决策依据，当以"上智为间" // 511

结束语：孙子的思维方法 // 517

前　言

《孙子兵法》的形成及特色

学习和研究《孙子兵法》不能仅仅满足于记住几句经典名言，那是只取皮毛，未得真金的走马观花。正确的方法，应当从整体上把握这座智慧宝库的基本轮廓、思维方法和突出特点。

我经常被问到一个让人啼笑皆非的问题："薛教授，美人计是《孙子兵法》中的哪一计？"这种问题之所以屡见不鲜，可能是因为许多人在潜意识里将《孙子兵法》与《三十六计》混为一谈，以为它们是同一本书。其实，这两部兵书差异极大，是两部完全不同的作品。

从时间上来说，《孙子兵法》产生于2500多年前的春秋末期。当时孙子生活在齐国，他的爷爷曾经是打过仗的将领，父亲是卿大夫。这样的家庭自然对孙子寄予很大的希望。所以，孙子出生的时候，父亲给他取名——"武"，字"长卿"，希望他一生尚武，在军事上建功立业，能够在齐国享有高贵的军事和政治地位。但是，他的成长并非一帆风顺。齐景公执政后期，齐国大乱，鲍、陈、栾、高四大家族为了争夺土地、人口和财富，彼此之间打打杀杀，相互兼并。孙氏作为一个小的家族，处于四大家族争斗的夹缝之中，很容易成为牺牲品。于是，大约在孙子20岁时，他父亲为躲避战乱，带着一家老小到了相对安全一点的吴国。

孙子到吴国之后，先在吴国首都姑苏城（今苏州）外的山区隐居起来，一面潜心研究兵法，一面观察天下大势，尤其是研究吴越两国争斗的情况，花5年时间写下了兵法13篇。在这个过程中，孙子结识了同样喜欢兵法的伍子胥。伍子胥当时在吴王阖闾手下当"行人"，这个官职类似于现在的外交官，负责接待国宾及出使各国。公元前512年，在伍子胥第7次举荐下，孙子带着兵法13篇来到吴王宫殿晋见吴王，受到吴王赏识，被拜为将军。这才使《孙子兵法》有了用武之地，并得以流传开来。

相比之下，《三十六计》的成书时间则相对较晚，其确切的创作年代目前尚无定论。尽管有的观点认为是隋朝，也有观点倾向明朝，但由于书中引用了明朝的战争案例，因此成书于明朝的可能性更大一些。不管怎么说，它也比《孙子兵法》晚了上千年。

从内容上来说，二者相差更多。《孙子兵法》共13篇，600字左右，讲的都是大谋略、大思路。有一个很简单的办法，可以便于人们记住13篇的篇名及先后顺序，共两句口诀："计作谋形势虚争，九行地九火用孙。"一共14个字，读起来还有点韵味。其中前13个字，出自13篇每一篇篇名中的一个字。计，是《计篇》；作，是《作战篇》；谋，是《谋攻篇》；形，是《形篇》；势，是《势篇》；虚，是《虚实篇》；争，是《军争篇》；九，是《九变篇》；行，是《行军篇》；地，是《地形篇》；第二个九，是《九地篇》；火，是《火攻篇》；用，是《用间篇》。最后这个"孙"字，是指13篇的作者孙武，我们研究《孙子兵法》应当先了解他的生活年代和生平事迹。仔细分析13篇，其先后顺序有讲究，而非胡乱排列。比如，第一篇讲战争决策，第二篇讲战争准备，第三篇讲战争谋划，第四篇讲作战力量，第五篇讲作战态势，第六篇讲战场变化……最后一篇讲用间谍获取情报。这样就像剥竹笋一样，一层一层把国君或将领思考战争全局问题的主要步骤，或者说战争的几个阶段逐步展开分析。这些显然都是大谋略、大思路。

《三十六计》虽然名声也很响亮，但与《孙子兵法》相比，它讲的属于小谋略、小技巧，比如借刀杀人、隔岸观火、树上开花、美人计、空城计等等，都是具体操作性的办法，没有像《孙子兵法》那样从军事哲学的高度研究规律性的谋略思路。概略地说，《孙子兵法》既讲用兵之道又讲用兵之术，道术结合，《三十六计》则主要讲用兵之术。用现在的观念来看，《孙子兵法》讲的是战略，《三十六计》讲的是战术。

值得注意的是，《孙子兵法》所讲的用兵之道和用兵之术，核心是靠智慧，以智取胜，而不是单纯以力取胜，所以古人说"孙子尚智"，崇尚智慧。在这一点上，《孙子兵法》与西方著名军事著作《战争论》有明显的区别。

《战争论》是19世纪初普鲁士军事家克劳塞维茨的代表作。他12岁就参加了普鲁士的军队，多次与拿破仑的法国军队作战，还曾经和普鲁士的亲王一起被俘，在法国过了一年的战俘生活。从长期的战争实践中，他认识到"战争是迫使敌人服从我们意志的一种暴力行为"，"战争中手段只有一种，那就是战斗"，所以"暴力的使用是没有限度的"。这些言论可以说是《战争论》的核心观点。英国著名军事家富勒曾经认为，两次世界大战无限扩大，克劳塞维茨的"暴力论"应当负有一定的理论引导责任。应当说，这一观点是有道理的。因为那时的德国军人在很大程度上受了克劳塞维茨思想的影响，单纯用战争解决问题，结果越打越大，越打越糟。如果把光圈放大一点来看，用暴力解决问题不只是《战争论》这一本书的主题，它是西方悠久的文化传统之一，一直延续到今天。有的国家仍然动不动就使用武力打击弱小国家，就是这种文化传统的表现。所以，有人说中国人崇尚智慧，西方人崇尚力量。这句话虽然不完全准确，但还是能够概略地说明东西方文化的差异，这种差异在《孙子兵法》与《战争论》中表现得较为明显。

《孙子兵法》与《战争论》还有一点明显的区别，那就是《孙子兵法》注重说理，而《战争论》注重说事。其实，这也是东西方思维差异的表现。

西方人习惯于讲直观、讲细节，从古希腊、古罗马时代开始，西方早期的军事著作《伯罗奔尼撒战争史》《高卢战记》《远征记》等等，基本上都是用讲故事的方法，记载战争过程和将领指挥作战的指令，并没有上升到理论层面。克劳塞维茨继承了这种思维方式，他的名言是"光辉的战例是最好的老师"，他的书中记载了大量的战史和战例，上至古希腊时期的马拉松战役，下至拿破仑战争时期的滑铁卢之战，全书共有200余处引用拿破仑战争的战例分析和论证问题。

相比之下，中国人的思维传统则习惯于讲宏观、讲顿悟。顿悟，就是长期观察思考社会生活的种种现象，在头脑中反复琢磨其中的哲理，久而久之，忽然开窍，然后直接写出思考的哲理，而不去叙述具体事件过程。这种方法被称为"舍事而言理"——舍去具体事情，直言精辟道理。老子、孔子、孙子都用这种方法著述。

《孙子兵法》最初很可能写在小竹片上，其佐证是1972年山东临沂汉墓中出土的《孙子兵法》竹简，这些竹简制作得很薄，长约 40 厘米，宽不到 1 厘米，每片大约写 30 个字。这种书写方式不允许长篇大论。所以，孙子采取"舍事而言理"的方式，不讲战例的具体过程，只讲干货，几个字或者一句话就阐明了一个道理。比如，"百战百胜，非善之善者也；不战而屈人之兵，善之善者也。"（孙子，《孙子兵法·谋攻篇》）非常精练，也非常精辟。

综上所述，我们简要分析了《孙子兵法》的成书过程、基本框架、崇尚智慧的特点、"舍事而言理"的思维方法，了解了这些情况和特点，我们学习的时候就不要仅仅盯着表面的文字，而要透过文字深入琢磨，最好做到三个"结合"，一是结合历史事件和现实生活琢磨，二是结合孙子整个思想体系思考，三是结合战争智慧分析。如此研读，才会有血有肉、有滋有味。

一

《计篇》
逻辑思路及经典谋略

[篇题解析]

　　战争是个复杂多变的系统工程。就国家而言，一场战争势必需要政治、经济、军事、外交、文化等方面整体联动；对军队而言，一次作战势必需要战略、战役、战术、战斗等层次上下配合。所以，战争之事非同小可，正如管子所言，凡攻伐之为道也，计必先定于内，然后兵出乎境。（管子，《管子·七法第六》）即"先计而后战"。这是常识，也是常规。孙子撰写兵法13篇，最初目的是为吴王争霸天下出谋划策，自然要先分析天下大势，研判诸侯强弱，然后再出谋定策，于是从《计篇》入手逐步展现战争的全貌。英文版将《计篇》翻译成"Laying Plans"，即开始计划，显然是很不到位的。《计篇》之"计"，既指计划，又指计算、计谋。当时，"计"是指国君和主将战前在庙堂计算天下形势、各方实力、预判胜负，在今天来看就相当于决策层进行的战略分析、战略谋划、战略拍板。从全书内容来看，此篇既是龙头又是总纲，既确立了"以智取胜"的核心理念，又规制了全书的基本思路。清代兵学家邓罗廷曾赞叹道："孙子一书，自始计以迄用间，如同条，如共贯，原始要终，层次井井，十三篇如一篇也。"（邓罗廷，《兵镜备考》）也就是说，《计篇》的思想精髓在13篇中逐步展开，贯穿始终，前后浑然一体。

　　全篇围绕战略筹划和战略决策这一主题，层层递进式地阐述了有关战略决策的几大步骤和若干重要问题，其逻辑思路大致可以分为以下 8 个步骤：战略决策的重要地位、战略分析的基本模型、战略五要素的内涵及重点、战略七大重点的衡量标准、以战略分析的结果作为决策的依据、营造落实战略决策的外在环境、创造有利态势的"诡道十二法"、强调实力优势的重要性。

1. 篇名《计》，阐明本篇主题是讲战略计划、战略决策问题。开篇倡言"兵者，国之大事，死生之地，存亡之道，不可不察也"，体现出"重战""慎战"的思想，强调战略预测的重要性。

2. 指出战略分析和预测的方法，即"经之以五事，校之以计，而索其情"。

3. 具体分析战略五要素的主要内容及衡量标准。

4. 强调对于重中之重"七计"还需进一步精确评估。

5. 强调拍板之际务必以计算的结果为最终依据。

6. 强调一旦战略决策确定下来，必须营造落实决策的外围态势。

7. 列举营造有利态势的"诡道十二法"。

8. 归纳全篇主题，强调计算再精谋划再好，终需量力决策。决策以预见为依据，谋略以实力为基础。

（一）决策乃生死大事，不可不慎重考察

【原文】

孙子曰：兵[①]者，国之大事，死生之地，存亡之道[②]，不可不察[③]也。

【注释】

①兵：含义很广，指兵器、军械、兵卒、军队等。《说文》："兵，械也。"《周礼·司兵》："司兵掌五兵。"郑玄注引郑司农云："五兵者，戈、殳、戟、酋矛、夷矛。"兵可引申为战争等义。此处指战争。

②死生之地，存亡之道：《左传·襄公二十七年》："圣人以兴，乱人以废。废、兴、存、亡……皆兵之由也。"杜牧注："国之存亡，人之死生，皆由于兵。"而贾林注"地，犹所也，亦谓陈师、振旅、战陈之地"，所释义狭。戚继光《大学经解》谓此句"正以释国之大事也。地字虚看，乃兵之死生所系；存亡，以国亡。"其释较公允。

③不可不察：《尔雅·释诂》："察，审也。"此句言深入考察、研究。

【译文】

孙子说：战争是国家的大事。它是国家生死存亡之所在，不能不慎重对待。

【新解】

孙子生活的那个年代，语言发展还不太完善，单个汉字的数量较少。有人做过统计，春秋战国时期，各种典籍中出现的不重复单字大约6500字，常用的也就3000字左右，而现在单个汉字已超过8万。可以想象，孙子那个年代的人们，想要表达的意思很多，可用的文字却很少，所以一个字往往需要表达几种意思。《计篇》的"计"字，就包括计算、计划、计谋的意思，这些都是战争决策过程中必须考虑的重要事情，所以列为第一篇。用现在的话来说，这一篇的主题讲的是决策拍板问题。

在战争决策问题上，孙子反对盲目决策，更反对情绪化决策。所以，开篇就以呐喊似的口吻呼吁人们高度重视战争决策："兵者，国之大事，死生之地，存亡之道，不可不察也。"这是整部《孙子兵法》的第一句话，它提醒人们，战争是关系国家存亡、民众生死的大事情，千万不能把它当作儿戏，草率决策，一定要慎重考察、深入研究，搞清楚了再做出决策。千百年来，这句话成为人们普遍认可的经典名言。但是，如果穿越历史，回到孙子生活的时代，你会发现，明确说出这句话需要相当大的勇气。因为夏朝至春秋时期，战争似乎成了那个时代的常态。孔子修订的《春秋》这本史书便记载了春秋时期242年间发生的480多次战争，平均每年两次。长期战争打得山河破碎，民不聊生，所以人们普遍厌恶战争，整个社会笼罩着一片反战的思想情绪。

与孙子差不多时代的老子、孔子都不看好战争。老子尤为明显。他的基本观点是"兵凶战危"，认为战争是危害巨大的事情。他主张无为而治，以柔克刚。出于这种思想，他反对打打杀杀。他曾经用两句话描述战争的巨大破坏状态："师之所处，荆棘生焉。大军过后，必有凶年。"（老子，《道德经》）凡是军队经过的地方，必然杂草丛生；战争过后，紧接而来的必然是灾荒之年。所以"兵者不祥之器，非君子之器，不得已而用之。"（老子，《道德经》），强调尽量远离战争这种不祥之事。显然，这种观点与孙子高度重视战争的思想大不一样。

孔子虽然不像老子那么厌恶战争，却也不像孙子那么看重战争。这从他与弟子的一番对话中可以清楚地看出。

有一天，子贡向孔子请教治理国家的办法。孔子竖起三个手指头，回答说："足食，足兵，民信之矣。"（《论语·颜渊》）即充足的粮食，充足的军备，百姓对政府信任，做到这三样就可以了。

子贡接着问："如果迫不得已要去掉一项，三项中先去掉哪一项？"

孔子干脆地说："去掉军备。"

可见，在孔子的治国理念中，战争和军队远不如信义重要。这种治国理念无可厚非，但是单纯靠信义恐怕也难以求得国家安全。战国时期儒学大师孟子就曾经对孔子这一观点表示质疑，他认为"春秋无义战。"（《孟子·尽心下》）春秋时期各国之间打来打去无非是以大欺小，争利之战，胜者为王，败者为寇，没有谁讲信义，也没有谁单靠讲信义而强大。

孙子是个唯物主义者，长期的战争经历让他深刻认识到，战争是社会运行的一种方式，不可避免。国家之间只要有利益之争，争到白热化程度就是战争，不管你喜不喜欢，迟早要面对战争。像鸵鸟那样把头埋在沙子里，无视危险，一个劲高喊"非战也""非攻也"，照样会被强者吞食。正确的办法只能是勇敢地面对战争，正视强敌，以战止战。因此，他开篇就明确呼吁"兵者，国之大事"，把战争看作决定民众生死、国家存亡的头等大事。这一句话很直白，旗帜鲜明，与老子、孔子的观点大相径庭，充分体现出孙子高度重视战争的思想。

有的人可能以为孙子既然如此重视战争，是不是也偏好战争呢？是不是战争狂呢？成都武侯祠门口有一副对联，上联是"能攻心则反侧自消，从古知兵非好战"，下联是"不审势即宽严皆误，后来治蜀要深思"。上联说的是诸葛亮，足智多谋，往往注重用谋略从心理上征服敌人,七擒孟获,让他心甘情愿俯首称臣。自古以来,像诸葛亮这样真正了解战争的人并不喜好战争。下联讲的是诸葛亮治国和作战的指导思想,意在告诫后人,不审时度势,政策或宽或严都会出差错,所以后人一定要引以为戒。我很赞同"从古知兵非好战"的说法。那些真正经历战争、了解战争的人,深切地知道战争不是什么好玩的游戏,而是人头落地的事情。

孙子一生都是在战乱之中度过的。司马迁曾经用一句话总结孙子一生的战争活动:"西破强楚,入郢,北威齐晋,显名诸侯,孙子与有力焉。"(司马迁,《史记·孙子吴起列传》)。这里提到两大战事:往西攻破楚国,往北威胁齐、晋两国,孙子都出了大力,即都参与了这些战事。他饱经战火磨难,比常人更清楚战争的真实面目。因此,孙子在高呼"重战"的同时,又特别强调对战争"不可不察也"。察,就是考察、研究的意思。"不可不察"强调的是但凡要进行战争决策,务必算一算,仔细地想一想,千万不要像刘备那样,怒而兴师。一个"察"字,反映出孙子慎重对待战争的思想。

既重战,又慎战,这就是孙子开篇第一句话要表达的思想,也是贯穿全书的一条主线。据说,发动第一次世界大战的德国皇帝威廉二世流亡荷兰时读到孙子的这句话,感叹地说:"我如果早20年读《孙子兵法》,就不至于饱尝流亡的惨痛了!"

威廉二世是不是真的说过这句话,无法考证。但是,"兵者,国之大事,死生之地,存亡之道,不可不察也"这句经典名言确实值得我们高度重视,无论是战争决策,还是企业决策,都务必慎之又慎。

（二）慎察模型：比较双方的战略五要素

【原文】

故经①之以五事，校之以计②而索其情③：一曰道，二曰天，三曰地，四曰将，五曰法。

【注释】

①经：度量。《诗经·大雅·灵台》："经始灵台，经之营之。"毛亨传曰："经，度之也。"杜牧注："经者，经度也。"按：犹今之分析、预测。

②校之以计：校，校量、比较。《广雅·释诂一》："校，度也"，又"校"通"较"。计，指下文"主孰有道"等七个方面。曹操注谓下述"七计"，其说是。

③索其情：索，求索，探索。《广雅·释诂三》："索，求也。"情，指敌我双方的实情。

【译文】

因此，要从敌我五个方面情况去研究它，综合比较，以求得对战争情势的正确认识：一是道，二是天，三是地，四是将，五是法。

【新解】

对于战争决策问题"不可不察也"，强调的是一定要慎重考察，深入研究。其实，这话说起来容易，做起来有点难。面临战争的时候，国君将帅要考虑的问题很多，可以说千头万绪，从哪下手考察呢？孙子提出了一个办法："故经之以五事，校之以计而索其情。"

"经"，即分析、预测。"经之以五事"，指从道、天、地、将、法五个方面对比分析敌我双方的情况，用今天的话来说，就是指上下一心、天时气候条件、地理形势、将领才能、组织管理法规等几个方面的情况。孙子认为，这几个方面的情况是国家和军队实力的基本支柱，也是决定战争胜负的关键。如果把敌对双方的情况按照这五个方面一一对应地分析比较，就不难看出谁强谁弱、谁优谁劣了，然后才能正确决策。历史上有多次重要的君臣对话，基本上都是按照孙子的决策分析方法展开的，这些对话奠定了影响历史走向的军事战略基础。比如商朝末年周文王与姜太公在渭水边上的对话，楚汉战争前夕刘邦与韩信在汉中的对话，东汉末年刘备与诸葛亮的"隆中对"等等。我们不妨回味一下"隆中对"。

"隆中对"发生在建安十二年（公元207年），刘备在徐庶的建议下三顾茅庐。诸葛亮（当时27岁）被刘备的真诚所感动，在刘备第三次拜访的时候，邀请刘备坐下来聊聊。刘备诚恳地向诸葛亮请教道："现在汉室统治崩溃，奸臣当道，皇上被迫出奔。我自不量力，想要为天下人伸张大义，然而才智与谋略短浅，导致失败，弄到今天这个局面。但是我的志向仍在，希望恢复汉家天下，您认为该采取怎样的办法呢？"

诸葛亮知道刘备的来意，早早就琢磨过他提出的问题，于是从几个方面帮他分析天下大势，以及斗争各方的状态。

他首先从主要对手说起："自董卓独掌大权以来，各地豪杰同时起兵，占据州、郡的人数不可胜数。现在曹操已经打败了袁绍，拥有百万大军，挟持皇帝来号令诸侯，军事强大，政治有利，不能直接与他争强。"

然后又分析次要对手孙权："孙权占据江东，三代为王，地势险要，民众拥戴，又任用了有才能的人，只可以把他作为外援来依靠，不可谋取他。"

北面、东面分析完了，接着从南面分析："荆州北靠汉水、沔水，一直到南海的物资都能得到，东面和吴郡、会稽郡相连，西边和巴郡、蜀郡相通，这是各家都要争夺的四通八达之地，但是它的主人刘表却没有能力守住它，这大概是上天有意拿来资助将军的，将军您可有占领它的想法呢？"

除了荆州，还有益州，诸葛亮分析说："益州地势险要，有广阔肥沃的土地，自然条件优越，高祖凭借它建立了帝业。现在刘璋昏庸懦弱，张鲁在北面威胁着他，益州虽然殷实富裕，物产丰富，刘璋却不知道爱惜，有才能的人都渴望得到贤明的君主。"

诸葛亮分析了各方对手后，接着分析刘备的情况："将军现在虽然实力不如曹操和孙权，但也有两大优势，其一，将军是皇室的后代，信义闻名天下；其二，您广泛招揽英雄，重用人才，深得人心。"

基于上述分析，诸葛亮为刘备提出了三步走的战略。

第一步，先占据荆、益两州，守住险要的地方，作为立足之地；

第二步，与西边的各个民族和好，安抚南边的少数民族，对外联合孙权，对内革新政治；

第三步，一旦天下形势发生了变化，就派一员上将率领荆州的军队直指中原一带，刘备则亲自率领益州的军队向秦川出击，夹击曹魏。

如此，刘备称霸的事业就可以成功，汉室天下就可以复兴了。

听完诸葛亮的建议，刘备连连叫好。

刘备后来基本上就是按照这个战略方案建立了蜀汉政权，形成了天下三分的战略格局。

诸葛亮的这一番分析显然符合孙子的思路，概略地分析对比了斗争各方的道、天、地、将、法等方面的情况，从而做出了正确的战略决策。

但是，按照孙子的观点来看，诸葛亮的分析还不够到位，有点粗放，应当更加深入具体，也就是要"校之以计"。

孙子得出结论，一旦以"五事七计"为抓手，把双方整体扫描一遍，透视一番，便可从中"索其情"。"索"，就是探索、索取，即索取对双方宏观整体和微观细节的正确认识，从而清楚地了解双方实力强弱，为正确决策提供可靠的基础。

不言而喻，孙子所说的"五事七计"也是当今时代各个领域的人做重大决策、全局部署之际必须认真考察的对象。尤其是信息化条件下的战争决策，需要更高水平地运用"五事七计"的分析方法，除"五事七计"外，还必须考察双方的军事技术、军事联盟、战争潜力等因素。

（三）战略分析切忌大而化之，要抓重点

【原文】

道者，令民与上同意①也，故可与之死，可与之生而不诡②也。天者，阴阳③、寒暑、时制④也。地者，远近、险易⑤、广狭、死生也。将者，智、信、仁、勇、严⑥也。法者，曲制⑦、官道⑧、主用⑨也。凡此五者，将莫不闻，知之者胜，不知者不胜。

【注释】

①令民与上同意：上，国君；意，思想、志向。此句谓使民众与国君统一意志。

②不诡："诡"，古训"违"，曹操训为"疑"；《吕氏春秋·淫辞》："言行相诡，不祥莫大焉。"此句谓生死与共，民无二心。

③阴阳：昼夜、晴晦等自然天象。

④时制：季节更替。曹操注："顺天行诛，因阴阳四时之制。"

⑤险易：《说文》："险，阻难也。"泛指险阻难行之地。易，平坦易行之地。

⑥智、信、仁、勇、严：孙子认为这是将领必须具备的五个方面的素质。此句《潜夫论》引作"将者，智也、仁也、敬也、信也、严也。"

⑦曲制：军队的组织、编制等制度。曹操注："部曲、幡帜、金鼓之制也。"

⑧官道：各级将吏的职责区分、统辖管理等制度。曹操注："官者，百官之分也。道者，粮路也。"

⑨主用：军备物资、军事费用的供应管理制度。曹操注："主者，主军费之用也。"

【译文】

道，就是要让民众和君主的意愿一致，战时他们才会为君主去死，不存二心。天，就是昼夜、阴晴、寒冬、酷暑、春夏秋冬。地，就是高陵洼地、路途远近、险隘平地、地域宽窄、死地生地。将，就是指挥者所具备的智慧、诚信、仁爱、勇猛、严明等素质。法，包括军队的组织结构，将吏的职责划分和管理，以及军备物资和军费的供应管理制度。凡属这五个方面的情况，将领都不能不知道。充分了解这些情况的就能取胜，不了解的就不能胜利。

【新解】

孙子是朴素唯物主义者，非常注重从实处深入研究战争。他提出"经之以五事，校之以计而索其情"这一战略分析的模型之后，紧接着便详细阐述了五事七计的具体内容及其要点，而不是大而化之地一言带过。

所谓"道"，孙子简练地提出："道者，令民与上同意也"。对这句话的理解有必要先解释两个字，一个是"令"一个是"民"。这里的"令"不是命令、指令，而是"使"，如同现在常用的令人深思、令人神往等词语中的"令"。"民"在先秦兵书中往往不是指民众，而是指官兵，后来才逐渐用于指民众。这两个字一解释，这句话就比较好理解了。它实际上是规定了一条分析比较的标准，要看敌对双方的国君将帅得不得"道"，就要看他们能不能使所统辖之下的军队和民众都能自觉自愿地与上层领导的思想意志保持一致，即"与上同意"。上下一致，就是得了道；上下离心离德，就是不得道。这一条既是战争胜负的决定性因素，也是平时治国治军的首要问题，所以孙子把它作为战略分析的第一个着眼点。

楚汉战争前夕，韩信与刘邦在汉中对话时，最为看重的也是"道"。公元前206年，项羽自称西楚霸王，大封18个诸侯王，将他的劲敌刘邦封到秦朝流放罪人的巴蜀一带，称之为汉王。同时还安排秦朝降将章邯、司马欣驻在附近地区钳制刘邦。

刘邦觉得很憋屈，一心想着东山再起。这时，老天爷给他送来了一个特殊人才——韩信。几经周折，刘邦拜韩信为大将。拜将仪式结束后，刘邦急不可待地请韩信议事，问："将军何以教寡人计策？"

韩信反问："现在与您东向而争天下的不是项羽吗？"刘邦答道："正是项王。"韩信又问："那大王自己估计一下，论兵力之勇悍、待人之礼仁、势力之强大这三个方面，同项羽比谁高谁下？"刘邦沉默片刻，回答说"不如项王。"韩信赞同地说："不仅大王，就连我也觉得您不如项王。可是我曾经侍奉过项王，请让我谈谈项王的为人。"

韩信首先分析项羽的勇悍："项王一声怒喝，千人会吓得胆颤腿软，可是他不能放手任用贤将，这只能算作匹夫之勇。"

他又分析项羽的礼仁："项王待人恭敬慈爱，语言温和，人有疾病，他会同情落泪，把自己的饮食分给他们。可是等到部下有功应当封爵时，他把官印的棱角都磨光滑了也舍不得给有功之人，这是妇人之仁。"

接着韩信重点从四个方面分析项羽的势力状态："项王虽然独霸天下而使诸侯称臣，可是却放弃地势险要的关中而建都于地势平坦的彭城，这是他的第一个失误。项羽背弃楚怀王之约，把自己的亲信和偏爱的人封为王，诸侯对此忿忿不平，这是他的第二个失误。项羽将旧主楚怀王驱逐于江南，以致诸侯纷纷效仿，也都回去驱逐他们原来的君王而自立为王，这是他的第三个失误。项羽所到之处，无不大行杀戮，所以天下人都怨恨他，百姓只是在他的淫威下勉强屈服，这是他的第四个失误。"

分析到这里，韩信总结说："从表面上来看，项羽为天下的领袖，实质上已失去民心，所以他的强大会很快变成衰弱的！"

听到这里，刘邦激动不已，俯身前倾，不知不觉膝盖都贴到前面的坐席了。

韩信接着分析刘邦的三大优势："第一，大王您入武关时，秋毫不犯，废除秦王严酷刑法，与秦民约法三章，秦国百姓无不想拥戴您在关中为王，可谓深得民心。第二，根据当初诸侯的约定，大王理当在关中称王，关中的百姓都知晓。可大王失掉应有的封爵而被安排在汉中做王，秦地百姓无不怨恨项王，可谓合乎法度。第三，如今大王起兵向东，进攻三秦的属地，只要号令一声即可收复，可谓有强大的力量基础。"

韩信最后鼓励刘邦说："在这种情况下大王如能反其道而行之，任用天下武勇之人，何愁敌人不被诛灭！把天下的土地分封给功臣，何愁他们不臣服！率领英勇的、一心想打回老家去的士兵，何愁敌人不被打散！"

韩信的这一番话，实际上为刘邦制定了东征以夺天下的方略。刘邦听后大喜，按照韩信的策略，部署诸将准备出击。

半年之后，刘邦采纳韩信"明修栈道，暗度陈仓"之计，领兵杀出汉中，迅速占领关中大部地区，取得对楚的初战胜利。

韩信这一番分析着重于项羽如何失道，不得人心，刘邦如何得道，深受人民拥戴。为什么仅仅凭这些就敢于鼓动刘邦杀出汉中呢？因为，他知道，"道"是力量的重要源泉，有了"道"，就会有无穷的力量。正如孙子接着说出的一个道理，一旦达到了"令民与上同意"的程度，那么军队和民众"故可与之死，可与之生而不诡也"。"诡"，诡诈、疑惑的意思。"不诡"，可以理解为关键时刻决不背叛，没有二心。

无论古今，平时喊打、发誓言、表忠心，都很容易，可是一旦真正面临战争，很可能就是另外一回事了。孙子认为，只有平时做到"令民与上同意",战争来临时,军队和民众才有可能真正紧紧跟随国君和将帅,同生死,共命运,关键时刻也决不退缩。在大多数传世本《孙子兵法》中,这句话都写作"故可与之死,可与之生,而不畏危"。竹简本则写作"而不诡也",两者意思相近,可以兼而有之,多一种理解。

在这个问题上,西方军事家克劳塞维茨与孙子心灵相通,不谋而合。克劳塞维茨也提出了战略五要素,即精神要素、物质要素、数学要素、地理要素、统计要素。其中,精神要素位列第一,被看作最重要的因素。他参加过拿破仑战争,目睹了法国大革命的蓬勃发展和拿破仑战争的顺利进展,多年的实践使他认识到法国革命军队和拿破仑之所以能够取得一个又一个的辉煌胜利,重要原因之一是他们有着巨大的精神优势。一方面,由解放了的市民和农奴组成的革命军队为维护自身的自由而战,斗志高昂;另一方面,拿破仑极其善于利用民众武装,他有一句名言"每一个士兵的背囊中都有一根元帅的指挥棒",用以激发将士们"与上同意",英勇作战,争立战功。因此,与反法联盟的前5次作战中,法军尽管兵力少、武器差,却能紧跟拿破仑,屡战屡胜,联军虽然兵力多、武器好,却屡战屡败,关键时刻各奔东西。克劳塞维茨从中看到,法军胜利的奥秘就在于法军具有巨大的精神优势。由此,他得出一个明确的结论:"精神要素是战争中最重要的问题之一。"(克劳塞维茨,《战争论》)

俗话说:"养兵千日,用兵一时。"军队作战时能够紧跟国君将帅,做到"可与之死,可与之生而不诡也",一定取决于国君将帅平时能够"令民与上同意"。如果平时在这个问题上重视不够,做得不到位,战争状态之下就很难出现上上下下同生死、共命运的局面了。

2003年伊拉克战争期间，当美军兵临伊拉克首都巴格达之际，很多军事专家预测将会发生激烈的巴格达城下攻防战，也将会有残酷的巷战。然而，仅仅几辆美军坦克就攻进了巴格达，美军几乎没有遇到像样的抵抗。我们从电视画面上看到，伊拉克军人脱掉军装，扔掉武器作鸟兽散了。出现这种情况，并非将士们不爱国，胆小怯战，关键在于萨达姆平时不得道。这就从反面印证了孙子的这一思想，既是战争中的致胜要道，也是平时治国治军的重要方法。

所谓"天"，是指作战时期的天时气候条件。农民讲究看天吃饭，将军也要看天打仗，要重点分析作战期间的昼夜、阴晴、寒冬、酷暑、春夏秋冬等天时气候情况。古代一般春夏农忙，秋冬打仗，夜间偷袭战，白天阵地战。优秀的将领往往要分析比较双方利用天候条件水平的高低，比较双方拥有天时气候条件的优劣，从而决定攻防之策。现代战争，或者现代经营，仍然要依赖天时，但人们驾驭天时气候条件的能力已大大提高。我们不妨把孙子所说的"天"放大和拓展，可以把它理解为社会大环境，或者全局战略形势。尤其对于企业家来说，所谓"看天吃饭"，新的内涵应当是紧跟政府的大政方针、顺应国家的战略形势，从而确定经营思路或重大项目。

所谓"地"，是指作战时期的地形条件。制订作战计划，指挥部队作战，每一个细节都是实打实的事情，稍有疏忽就会导致全军覆没。历史上因为"不知战地"而陷入对方伏击地带，或错过有利地形以致战败的悲剧比比皆是，不胜枚举。孙子基于这方面的历史教训，提醒将领对战地情况不能大而化之，一定要了解战场上的高陵洼地、路途远近、险隘平地、地域宽窄、死地生地等具体情况，才能根据地形条件分析判断对方的战法，决定自己进攻还是防守、伏击还是决战。客观地形仍然是现代战争或现代经营的舞台，但是这个舞台更大，已然由自然的山川河流，拓展到社会领域。对于军事家来说，"地"已不再限于陆地，宽阔的海洋也有远近、险易、广狭、死生问题，需要在筹划作战方案时精心分析研究敌对双方所处位置的优劣。对于企业家而言，"地"已不限于具体的地理位置，可以理解为企业的立足之地，即企业所在行业、地区、市场的状态，准确定位，才能正确选择主攻方向和目标，避免走入误区。

所谓"将"，强调的是分析比较双方将领的能力素质高低。将领才能的方方面面，骑马、射箭、投掷、摔跤、带兵、打仗、喝酒、赋诗，究竟孰重孰轻？孙子一言以蔽之："将者，智、信、仁、勇、严也。"看谁的将领更加有智慧、更加诚信、更加仁爱、更加勇敢、更加严谨。学者们将之称为"为将五德"。金无足赤，人无完人。一旦发现对方将领某一方面的弱点，便可对症下药，避其所长，击其所短。

智信仁勇严，五个字说起来很简单，含义却相当丰富，它们既是将领应当具备的五大能力素质，又是分析将领性格特点的五大着眼点，还是将领平时带兵的五大抓手。曹操在孙子这句话后边注释了一句："将宜五德备也。"强调优秀的将领应当五德兼备，全面发展。不言而喻，现代人要想成为杰出人才，干出一番事业，至少也得"五德备也"。

所谓"法"，是指军队的管理法规制度。管理出效益，一支没有法规制度管理的部队一定是一群乌合之众。军队在战场上能不能打仗，重点在于平时管理状态好不好。所以，孙子提醒将领要分析比较双方"曲制，官道，主用"三大重点。"曲制"

主要看部队编制是不是合理,"官道"主要看各级将吏的职责区分和统辖管理制度,"主用"则主要看军备物资、军事费用的供应管理制度。这些制度是否健全、是否贯彻执行,都直接关系到一支部队的作风养成和作战能力。在这个问题上,古今似乎没有差别,甚至可以说在现代社会,法制管理更为必要,也更能影响一支部队,或一家企业的生存状态。

孙子提出的"五事",以及每一要素中的各个重点,用今天的观点来看相当于构建了一个战略分析模型及评估体系,全面、系统、深入地分析比较了双方的情况,点面结合,纵横交错。孙子得出结论说,一旦将领对双方这五大要素及其各个重点进行全面扫描和深刻透视,便可以正确决策,赢得作战的胜利。反之,必定决策错误,战场失利。

(四)对于重中之重还需进一步精确评估

【原文】

故校之以计,而索其情。曰:主孰有道①?将孰有能?天地孰得②?法令孰行?兵众孰强③?士卒孰练?赏罚孰明?吾以此知胜负矣。

【注释】

①主孰有道:孰,谁。道,曹操注:"道德智能。"此句指哪一方的国君得民心,政治就清明。

②天地孰得:曹操注:"天时、地利。"李筌注同。即指哪一方得天时、地利。

③兵众孰强:指哪一方的军队武器装备、物资保障更好。

【译文】

所以,要进一步用"七计"比较敌我优劣,以求得对战争情况的认识。哪一方君主的政治开明?哪一方将帅的指挥高明?哪一方得天时地利?哪一方法令能贯彻执行?哪一方的武器装备精良?哪一方士卒训练有素?哪一方赏罚严明?我们根据这些情况,就可以判断谁胜谁负了。

【新解】

孙子说完"五事"及各要素中的若干重点之后,唯恐决策者疏忽大意,遗漏细节,于是进一步提出"校之以计"。"计",指"主孰有道,将孰有能,天地孰得,法令孰行,兵众孰强,士卒孰练,赏罚孰明"七个方面的情况,俗称"七计"。现在有些人喜欢说大话、新话,什么词抢眼,就说什么词。这一点我们必须向孙子学习,他言辞简洁而有分寸。"七计"之中每一计都用一个字为衡量标准,精确化观察。比如:

比较双方的一国之主时,不看国土大小、民众多少,而是以"道"为标准,关键看国君是否得道。得道者得民心,得民心者得天下。反之,有国土也会丢失,有军队也会反叛。

比较双方的一军之将时,不看职务高低、军队多少,而是以一个"能"字作为衡量标准,看将领是否有能力带兵打仗、开疆拓土。无能之辈掌兵,误国误军误民。

比较双方的天、地时,不看天时好坏、地理优劣,关键看是否能够得其利。这里"得"字很巧,意在说明天时地利这些自然条件、外在因素都是作战的平台,各方都抢夺有利位置,坐等是等不来的,只有灵活用计用谋才能"得"而用之。赤壁大战中,诸葛亮巧借东风,并不是东风自动吹来的,而是他根据当地气候变化规律，算准了刮东风的时间，然后火借风势，一举烧毁了曹操的连环战船。

主孰有道、将孰有能、天地孰得，这三句对应于"五事"中的道、天、地、将四个方面，用具体标准衡量双方优劣得失，可谓更加具体、细致。

接下来的四句话，则是对"五事"中的"法"的进一步展开和细化，是法制管理在不同方面的具体表现。

法令孰行，是指深入观察哪一方法令法规能够真正贯彻执行。一个"行"字体现出孙子务实的思想。与现在有些领导的思维方式不同，孙子不看法令法规是不是写得周全、细致，更不看文字上四六句是不是漂亮，只关注贯彻执行的情况。毕竟，法令法规的管理作用只有通过贯彻执行才能体现出来。

兵众孰强，这里的"兵众"两字，有的版本翻译成兵员众多，那是不对的。兵，指兵器；众，指众多方面的物资。这句话是指分析比较哪一方的武器装备和物资保障能够更好地组织管理发挥强大的力量。

士卒孰练，是指分析比较哪一方士卒能够更加训练有素，具备更强的战斗力，如果不经训练，或者训练不到位，战斗力很难得到提升。部队经常说的"平时多流汗，战时少流血"，简单明了地反映了训练与作战的辩证关系。孙子突出强调的这个"练"字实在是说到了部队提升战斗力的关键点上。

赏罚孰明，是指哪一方赏罚能够依法执行。此句的关注点在"明"字，即按制度公开透明地办事。中国人自古以来就很讲情分，一旦暗箱操作，各方面打招呼的不断增多，小动作便在所难免，也就不可能公平公正。奖赏不仅不能起到激励作用，还可能引起普遍不满情绪；惩罚也不可能起到警示作用，反而助长了不正之风。

显然，这四个角度都是法制法规在部队管理、物资管理、训练管理、赏罚管理等方面的具体体现，是对"五事"中"法"的具体展开。

孙子认为，一旦把双方这七个重点方面的情况搞清楚了，决策之际就可以预先判断谁胜谁负了，从而避免情绪化决策、盲目决策。

不少人都希望将《孙子兵法》运用于现代管理之中，但不知如何下手。仔细分析不难发现，这"七计"既是深度分析双方情况的方法，也可作为平时管理和建设的模型。在紧要关头与对方相比，要想居于优势地位，绝不是临时抱佛脚的事，必定是平时管理和建设使然。平时主要领导加强"道"的修养、各级将领注重"能"的提升、战略环境力求"得"到优化、法规制度切实"行"到实处、武器装备真正"强"以慑敌、基层部队增强"练"的功夫、实施赏罚注重"明"得公平，如此全方位的建设，综合实力必然稳步提升，核心竞争力也随之日益增强，关键时刻也就能够全面胜过对手。军队管理、政务管理、企业管理、学校管理，概莫能外。

（五）以计算的结果为依据，知胜负而做出决策

【原文】

将听吾计，用之必胜，留之；将不听吾计，用之必败，去之。

【译文】

如果听从我的计谋，用兵作战就会取胜，我就留下来；如

果不听从我的计谋，作战一定失败，我就离去。

【新解】

近几年一些研究《孙子兵法》的专家学者一直在争论一个问题：有学者说，孙子是在齐国生活期间写完了兵法13篇，然后带着它投奔吴国；还有一些学者说，孙子是来到吴国之后，隐居5年才陆续写出兵法13篇。司马迁只是记载"孙子武者，齐人也，以兵法见于吴王阖闾"（司马迁，《史记·孙子吴起列传》），没有注明他在哪里完成这部兵书，所以两种说法都有很大的可能性。客观地说，从内容上看，《孙子兵法》应当是孙子到吴国之后，根据吴王争霸天下的战略需求而专门定制的，因为文中两次直接提到吴国与越国争斗的情况，而没有一处涉及齐国的事情。尤其是《计篇》中"将听吾计，用之必胜，留之；将不听吾计，用之必败，去之"，这句话显然是针对吴王说的。

这句话是什么意思？为什么要说这句话？

按流程来说，分析完双方的情况，接下来就要确定计策。出谋划策可不是一件小事情，我们现在说，点子就是金钱，思路决定出路。孙子那个年代也是如此，点子和思路不能随便出手，出手了就要进入决策。所以，在讲完计算双方实力的方法，即将出谋划策之际，孙子先直言不讳地挑明前提条件："将听吾计，用之必胜，留之；将不听吾计，用之必败，去之。"

对于"将"，有两种理解。一种指将领，意为将领听从我的计谋。另一种是作为助动词，意为如果，读作"江"。这句话是孙子对吴王说的，作为助动词更合原意。这里的"用之"，不是指用"我"的计谋，而是指用军队作战。整句话说的是：大王如果能听从我的计谋，用兵作战一定会胜利，我就留下来继续出谋划策；如果不能听从我的计谋，用兵作战必定失败，我就离去另择明君。想象一下他们君臣对话的情景，阖闾贵为大王，孙子不过是一个山中隐士，两者地位相差悬殊，但是孙子毫无卑怯之色，充满了自信和坦诚，表现出春秋时期士人的典型风骨。

士是周代以来的一个贵族等级，是贵族的最下层。周代分封制规定贵族有四个等级：天子、诸侯、大夫和士，前三个等级都有一定的田产，全国土地归天子所有，天子封诸侯国给诸侯，诸侯再封邑给大夫，而士不能占有土地。用现在的话来说，士是没有不动产的。但是，士阶层也有较高的社会地位，享有在官府接受良好教育的机会。春秋末期，周王室衰微，朝廷官学荒废，民间私学兴起，孔子游学就是典型代表，社会上逐渐出现"学在民间"的现象。民间百姓，学到某方面的本事也可以成为士。所以，士处于贵族与平民之间，在特定条件下，平民可以上升为士，士亦可以下移为平民。这两种身份结合在一起，使得士具备一些独特的性格特征。孙子作为齐国贵族的后代，属于士的阶层。

士，最突出的特点是追求功名，士为知己者死。所以他们往往不计国籍民族，愿意投奔他们认为英明的国君，甚至投奔敌国辅助该国国君攻打本国，只要得到信任，付出生命也在所不惜。但是，如果国君不任用他们，他们就投奔别国。听起来，这种人似乎没有原则，朝秦暮楚，背叛祖国。其实，还原到当时的历史环境中就不难看出，当时的诸侯国同属一个天下，士可以到处流动，而且他们往往以天下为己任，并不局限于某一个诸侯王。所以，孙子"将听吾计，用之必胜，留之；将不听吾计，用之必败，去之"，这句话就突出体现了这一特点。

孙子这句话至少有三层含义：第一，谋略是赢得战争胜利的法宝，打仗必须重用谋略，用之必胜，不用必败；第二，孙子对自己的谋略充满了自信，大王愿意用谋略打仗，他就留下来出谋划策，不愿意用谋略打仗，他就走人；第三，计算出来双方实力对比的情况而不进入决策，仍然是盲目决策。唯有进入决策，所制定的谋略才能贯彻落实。

鉴古观今，孙子的这句话很有现实意义。今天身处重要岗位上的人在出谋划策时不能毫无主见，一味顺从领导，而应当敢于提出自己的意见和主张，善于提出有见地的方案。尤其在战争决策问题上更不能唯唯诺诺，唯领导是从，应当具有孙子"将听吾计，用之必胜，留之"的风骨。对于决策者来说，则要善于听取出谋划策者的意见，并吸收有用的部分用于决策之中。

（六）决策一旦敲定，要营造有利的态势

【原文】

计利以听①，乃为之势②，以佐其外③。势者，因利而制权④也。

【注释】

①计利以听：以，通"已"。听，从，采纳。此句谓筹谋有利的作战方略已被采纳，即战争决策已定。

②势：态势。《考工记·弓人》："射远者用势。"郑司农云："势为形势。"

③以佐其外：佐，辅助，辅佐。外，曹操注："常法之外也。"梅尧臣注："定计于内，为势于外，以助成胜。"此句谓造

势以佐助人君有效地达到战争目的。

④制权：制，从也。《淮南子·汜论训》："圣人作法，而万物制焉。"高诱注："制，犹从也。"权，权变。制权，即根据利害关系而灵活处置。《荀子·议兵》："权不可预设，变不可先图，与时迁移，应物变化。"

【译文】

计算利害得失，意见已被采纳，然后就要造成有利的态势，作为外在的辅助条件。所谓有利的态势，就是凭借有利的情况，以制定临机应变的策略。

【新解】

既然实力计算的结果必须进入决策，谋划的基本方案必须得到国君重视。那么一旦这一切都被决策者采纳，并最终形成决策之后，下一步应该怎么办呢？

孙子说："计利以听，乃为之势，以佐其外。势者，因利而制权也。"这段话有两层意思，而且含义比较微妙，不仔细琢磨还真不容易理解。

"计利以听，乃为之势"，其中的"计利"，是指通过"五事七计"计算双方的利弊和强弱，"以听"，是指所做的决策定下来了，建议已被采纳了；"乃为之势"，是指接下来就要想办法营造有利的态势。这实际上讲的是"造势"问题，也就是今天所谓的执行战略决策和作战计划的主要方法。

"势"是态势，一种没有具体形状、没有明确规格的状态，但又能够帮助客观的力量或条件发挥巨大的作用。我们在日常生活中都有体会，借势而为，顺势而上，往往能够力量倍增。

逆势而行，如同顶风而走，行走相当困难。战争更是如此。所以，战争决策定下后就要营造有利的态势，使之能够顺利落实。即使在现代条件下打仗也是如此。

为什么要"乃为之势"呢？孙子一语说明，其目的就在于"以佐其外"。"佐"，辅助的意思。但是，各家对于这句话的理解不太一致。

比如，三国时期军事家曹操在"外"字下注曰："常法之外也。"即战争决策定下来之后，就要用超乎常规之外的方法造势。他所谓的"常法之外"很可能是指孙子紧接着说的一系列不同寻常的"诡道"。虽然曹操是最早系统注释《孙子兵法》的人，但是这段注释似乎有点牵强，因而没有被后人广泛沿用。

再比如，明代军事家戚继光认为，这句话的意思是说，当制订的作战计划有益于国家、有益于军队时，就要严格保密，一旦被敌方获取，敌方必定会进一步加强防备，所以要在外部制造各种真真假假的状态，混淆视听，使敌方不加戒备。这种理解强调的是营造一种外部态势来隐蔽作战计划。

今天的专家学者基本上采用了戚继光的观点，并且前进了一步，认为"以佐其外"不光是指营造一种外部态势来隐蔽作战计划，还指战争决策或作战计划被执行者接受之后，就要造"势"，用来帮助军队在国外作战。"外"是对"内"而言的，"内"是国内，"外"是国外。庙算在国内，作战在国外。古人说"计必先定于内，然后兵出乎境"（管子，《管子·七法》），军队一旦越过边境投入实际战斗，不能光靠计算的优势，还要靠"势"。

其实，"外"不一定限于国外，也可指庙堂之外。庙堂内定谋，庙堂外执行。因此，"以佐其外"不仅是指通过造势帮助我们在国外作战，还指通过营造有利态势，辅助庙堂内敲定的战略决策或作战计划得以在治军、打仗、国防建设等各领域贯彻执行。

接下来"势者，因利而制权也。"讲的是第二层意思，进一步说明"如何造势"。

孙子提出关键要在两个词上做文章，一个是"因利"，一个是"制权"。

"因利"是指根据双方"五事七计"对比，找出我方的有利之处。"制权"中的"权"本义是秤砣，秤砣根据重量在秤杆上滑动，引申为权变、权谋。制权，即制定谋略。"势者，因利而制权"，意在说明"造势"的方法是根据我方有利条件或力量优势制定相应的谋略，再通过运用谋略而营造有利的态势，从而使战略决策和作战计划得以贯彻执行。

我们认真读一读毛泽东的《论持久战》和《抗日游击战争的战略问题》，或许更有助于理解孙子的这段话。

毛泽东在《论持久战》中深入分析了敌强我弱、敌小我大、敌退步我进步、敌寡助我多助的特点，阐明了中国不会灭亡，也不能速胜，抗日战争是持久战，最后胜利属于中国的道理，确立了"持久抗战"的总方针。

那么，如何贯彻落实这一总方针呢？毛泽东在《抗日游击战争的战略问题》中进一步分析了如何营造持久抗战的大势，并提出共产党武装抗日的战略方针，那就是坚持"独立自主的山地游击战"。但是，毛泽东的这一主张却遭到反对。

一方面，国民党政府惧怕共产党武装发展壮大，极力限制和阻挠共产党领导的人民武装发展敌后游击战争。另一方面，在共产党内部，王明等人主张大规模运动战、阵地战，极力反对独立自主的山地游击战的方针。

针对种种反对意见，毛泽东如同孙子所说的"因利而制权"，非常客观地分析中日双方的利弊，摆出了坚持独立自主的山地游击战的三点理由。

第一，"中国既不是小国，又不像苏联，是一个大而弱的国家。这一个大而弱的国家被另一个小而强的国家所攻击，但是这个大而弱的国家却处于进步的时代，全部问题就从这里发生了。在这样的情况下，敌人占地甚广的现象发生了，战争的长期性发生了。"（毛泽东，《抗日游击战争的战略问题》）所以，要持久抗战。

第二，"敌人在我们这个大国中占地甚广，但他们的国家是小国，兵力不足，在占领区留了很多空虚的地方，因此抗日游击战争就主要地不是在内线配合正规军的战役作战，而是在外线单独作战。"（毛泽东，《抗日游击战争的战略问题》）因此，必须展开独立的山地游击战。

第三，"由于中国的进步，就是说有共产党领导的坚强的军队和广大的人民群众存在，因此抗日游击战争就不是小规模的，而是大规模的。"（毛泽东，《抗日游击战争的战略问题》）这说明，独立自主的山地游击战，并非游而不击，而是真正的全面抗战。

由此可见，毛泽东制定"独立自主的游击战"战略方针并非凭空想象或感情用事，而完全是在对中日双方实力客观分析的基础之上，并根据双方利弊敲定下来的，堪称"因利而制权"的典范。

从毛泽东的决策思维过程中，我们不难看出，孙子所说的"权"，即具体的谋略措施，往往不是孤立的一条计谋，很可能是一个复杂的体系,有战略、战役、战术之分,甚至有政治、经济、文化之别。不同层次、不同方面的谋略措施综合运用,方能合力营造有利态势。

归结起来看,运用孙子这一谋略最为关键的是注重将"因利"和"制权"相结合。现代条件下贯彻落实重大决策,也务必注重这两个要素的结合,精确地根据自己的长处和优势制定相应的谋略。只有将这两者紧密结合,才能营造有利态势,使决策得以贯彻执行。

(七)营造有利态势必须运用诡道十二法

【原文】

兵者,诡道①也。故能而示之不能②,用而示之不用③,近而示之远,远而示之近④。利而诱之,乱而取之⑤,实而备之⑥,强而避之,怒而挠之⑦,卑而骄之,佚而劳之,亲而离之⑧。攻其无备,出其不意。此兵家之胜⑨,不可先传⑩也。

【注释】

①诡道:欺诈、多变的方式。《孙膑兵法·威王问》:"诈者,所以困敌也。"此句言用兵打仗,应以机变为原则。

②能而示之不能:能,能力、能够。示,显示。能攻显示为不能攻,能守显示为不能守。

③用而示之不用:用,用战。实际要打仗,而显示为不打。

④近而示之远,远而示之近:杜牧注:"欲近袭敌,必示以远去之形;欲远袭敌,必示以近进之形。"意即李筌注:"令敌失备也。"本来要从近处进攻,却显示要从远处进攻。本来要从

远处进攻，却显示要从近处进攻。

⑤乱而取之：杜牧注："敌有昏乱，可以乘而取之。"此句言敌人处于混乱状态，要乘机进攻。

⑥实而备之：曹操注："敌治实，须备之也。"梅尧臣注："彼实则不可不备。"敌具实力，则需严加戒备。

⑦怒而挠之：怒，士气旺盛。梅尧臣注："彼褊急易怒，则挠之，使愤急轻战"，注释颇偏。挠，扰之意，又训为屈。此句意谓敌人士气旺盛，我当谨慎屈避其锋锐，待其气衰，再攻击。

⑧亲而离之：离，离间。《广雅·释诂》："离，分也。"此句意为敌人内部团结，则设计使他们分裂。

⑨此兵家之胜：犹言这是军事家克敌制胜的奥妙。

⑩不可先传：曹操注："传，犹泄也。"杜牧注："传，言也。"全句意为军事家克敌制胜的奥秘，不可以事先讲明。

【译文】

用兵作战，是一种诡诈之术。所以，能打而装作不能打，想打而装作不想打；要攻近处而装作攻击远处，要想远袭而装作近攻；敌人贪利，就用小利引诱他；敌人混乱，就攻取他；敌人力量充实，就要防备他；敌人兵力强大，就要避开他；敌将易怒，就激怒他；敌人谨慎，就要骄纵他；敌人休整得好，就要使其劳累；敌人内部和睦，就要离间他。总之，攻其无备，出其不意。这是军事家制胜的秘诀，不可事先规定和讲明。

【新解】

上文讲到"造势"的关键是"因利"和"制权"的结合。

如何捕捉有利之机，如何巧用谋略，这可不是嘴上说说那么简单，它其实是一个复杂的系统工程。所以，孙子接着强调："兵者，诡道也。"

也许有些人见到"诡道"二字会有些反感，总把它与阴险毒辣、心术不正联系在一起。其实，在当时的语境中，它是个中性词，没有褒贬之分，仅仅是指战争中欺诈、多变的方式和谋略的运用。它强调的是，要想使战略决策得以实现，就得用谋略造势，用谋略打仗。将领最基本的能力，就是要善于运用谋略，善于灵活应变，没有这本事就别上阵来。虽然在今天看来，这已是平常道理、基本常识。但是，还原到孙子生活的年代，大胆说出这句话是需要一点反叛精神的。

这得从公元前 638 年的泓水之战讲起。那年十一月，宋楚两军夹泓水（河南柘城北，涡河支流）而战。先是楚军向南岸推进，宋军在北岸列阵等待。当楚军进至泓水岸边并开始渡河时，宋军的右司马公孙固向宋襄公建议彼众我寡，可半渡而击。即楚宋两军众寡悬殊，但宋军占有先机之利，可以趁楚军渡到河中间时予以打击。岂料，宋襄公不同意，认为仁义之师"不推人于险，不迫人于阨"。（韩非，《韩非子·外储说左上》）楚军得以全部顺利渡过泓水，并迅速布列阵势。这时，公孙固又劝宋襄公乘楚军列阵未毕、行列未定之际发动攻击，宋襄公仍然不予接受，理由是"君子不鼓不成列"（公羊高，《公羊传·僖公二十二年》），即敌军没有摆好阵势前不击鼓发起攻击。一直等到楚军布阵完毕，一切准备就绪之后，宋襄公这才击鼓向楚军进攻。可是，一切都已经晚了，弱小的宋军哪里是强大楚师的对手，一阵厮杀后，宋军被击败，宋襄公的大腿也受了重伤，其侍卫全部被楚军歼灭。幸亏在公孙固等人的拼死掩护下，宋襄公才得以突出重围，狼狈逃回宋国。

回国后人们普遍埋怨宋襄公指挥不当，宋襄公却不承认自己的错误，向臣民辩解"临大事不忘大礼"（公羊高，《公羊传·僖公二十二年》），认为自己遵守军规军礼打仗并无不当。半年之后，宋襄公伤重而死。

毛泽东在《论持久战》一文中曾说："我们不是宋襄公，不要那种蠢猪式的仁义道德。"

现在有些人为宋襄公鸣不平，认为人们没有理解宋襄公那个时代的贵族精神和君子风度。

我认为，这些人平时读书恐怕只重表面现象，不怎么琢磨内在实质。从表面上看，西周时期乃至春秋初期打仗很讲究规则和礼法。比如：

君子不重伤（不再次伤害受伤的敌人）

不擒二毛（不捉拿头发花白的敌军老兵）

不以阻隘（不阻敌人于险隘中取胜）

不鼓不成列（不主动攻击尚未列好阵的敌人）

不伐丧（不在敌国国君去世举国服丧期间发动攻击）

在这样的战场上，马背上的将领确实很威风，很有贵族范儿。可是，那个时代为什么会出现这些战场规则？至少有三方面原因。首先，当时诸侯王大多是周天子的子孙，彼此是兄弟或姻亲，不能杀个你死我活，所以要确立一系列规则控制战争行为。其次，周天子为保证"家天下"永久稳固，不允许诸侯通过战争扩大地盘、增强实力，于是用一系列军礼军法限制战争的规模和程度。谁要是借着战争吞并另一个诸侯国，便是图谋不轨，危及周天子权威，周天子很可能率诸侯共伐之。最后，当时各国之间交战的目的比较简单，或为争当盟主，或为争夺一匹宝马，甚至为获得一位佳人，达到目的即可罢兵，所以容易受法规控制。明眼人一看就会明白，上述种种规则并不是贵族精神和君子风度的体现，实质上是为了维护周氏"家天下"稳固的家规、家法。就算表面上有点文明色彩、贵族风范，但是好景不长，随着周氏政权逐渐衰落，周天子号令天下的风光不再，以卿大夫为代表的新兴势力集团陆续出现，并不断壮大，先后取得诸侯之位。此后的战争撕去了贵族虚伪的面纱，他们不再假装斯文，全力以赴攻城夺地，为了兼并彼此，奇谋诡诈大行于道。

泓水之战就发生在这一转变时期，它标志着周氏建立"家天下"以来，以"成列而鼓"为主要特色的"礼义之兵"逐渐消失，以"诡诈奇谋"为主导的作战方式开始出现。

春秋末期诸侯争霸战争中，饱经战火的孙子清楚地看到了这种变化，撕破传统的伪装，大声疾呼："兵者，诡道也。"既一针见血，又不同凡响。接着，孙子又提出了一系列奇谋妙计，学者们称之为"诡道十二法"："能而示之不能，用而示之不用，近而示之远，远而示之近。利而诱之，乱而取之，实而备之，强而避之，怒而挠之，卑而骄之，佚而劳之，亲而离之。"这些阐述诡道的文字都很直白，内涵却比较微妙，需要我们用心领悟。一旦真正领悟了其中的精髓，就会发现它们既存在于古代战场之中，又活跃于现实生活之中。我们不妨分四个步骤深入解析这十二句话及其核心思想。

首先重点分析"能而示之不能，用而示之不用，近而示之远，远而示之近"四句话。

现如今国人普遍有一种躁动情绪，愤青式激情呼喊不绝于耳，一有风吹草动就喊打，似乎战争叫板越厉害就越爱国，示强口号越响亮就越强大。如果用孙子的诡道思想稍作分析，会发现这种情绪似乎不太理智。孙子生活在春秋争霸时代，每天考虑的主要事情就是怎样通过战争扩大地盘，争夺天下霸主地位。但是，他并不主张示强，反而要求示弱、示虚，"能而示之不能，用而示之不用，近而示之远，远而示之近"，就是这种思想的表现。

这四句话究竟有什么奥妙？

先看第一句，"能而示之不能"，关键字眼是"能""示""不能"。它是说，完全有能力战胜敌人时，表面上却要营造出没有这种能力的假象。

再看第二句，"用而示之不用"，其中的"用"，是指动用军队。它是说，实际要动用军队打击敌人时，表面上却要故意营造出没有用兵的迹象。

第三句话，"近而示之远"，这里的"近"和"远"是指与敌人的距离。它是说，实际上准备在近处向敌人发动进攻时，要设法露出在远处下手的意图。

第四句话，"远而示之近"，与"近而示之远"相反。它是说，实际上已确定从远处动手时，要主动营造出从近处布阵的假象。

这4种办法，有一个共同特点，因此我把它归纳成"示假隐真"，其实质是谋略造势之法。柔而不刚，绵里藏针，欲取而先予，顾左而盼右，让人琢磨不透。孙子把这种艺术运用到谋略之中，至少有两大效果。一方面，种种示假动作，有可能麻痹敌人、迷惑敌人、调动敌人，使其不加戒备，走向错误方向；另一方面，由于我方真实意图、真实状态被隐藏起来，不至于引起敌方警觉和攻击，我方便赢得了相对安全的环境和发展时机，避免过早交战和消耗。这两种状态有利于我，不利于敌，一旦时机成熟便可趁势发威，突发制人。

遗憾的是，现如今年轻一代了解这种"示假隐真"谋略的人较少。他们认为中国的GDP已经是世界第二，军事力量也可与美军匹敌，所以有人预测会出现"2050年中美对决"。这引起了美国的高度警觉，从2010年开始，美国明确提出"战略重心东移"，要到亚太地区搞所谓的"战略再平衡"，实质上是为了遏制迅速发展的中国，使中国不能超过日本、韩国等东南亚各国，更不能超过美国。客观地说，这种状态迟早会发生，毕竟中国强大了，韬光养晦已不能遮盖伟岸的"身躯"和强劲的势头，美国和周边国家的猜忌、惊恐难以避免。但是，从主观上说，我们还是缺乏了一些孙子"示假隐真"的谋略思维。

需要指出的是，谋略思维并不是固定不变的模式，只有在实践中灵活运用方能显示其威力。"能而示之不能"说的是常规办法，但是情况发生变化了，就不能固守这一种办法，而要灵活变通，甚至反过来运用。如诸葛亮的"空城计"，就是用"不能而示之以能"的办法，吓跑了司马懿的15万大军。虽然这个故事是《三国演义》虚构的，但历史上也确有一些运用这种计谋成功的例子，如唐朝名将张守珪防守瓜州，毛泽东3篇文章吓退傅作义偷袭西柏坡的10万大军，等等。

其次解读"利而诱之，乱而取之，实而备之，强而避之"四句话。仔细分析其中的精髓，可以用"以柔克刚"四个字来概括。这也可以说是中国传统军事文化的典型反映。中国传统军事文化源自农业文明，而农业文明的突出特点就是顺应自然、不违时节，春耕、夏耘、秋收、冬藏，根据季节做相应的事情，一般不会在冬季插秧，夏季收藏。这种生产生活模式反映到军事上，则表现为顺势而为，量力而行。在时机不成熟、态势不顺利的情况下，一般不会逆势而为。孙子在《谋攻篇》中说："小敌之坚，大敌之擒也。"意思是，弱小的敌人非得坚强地与强大的敌人硬碰硬，其结果必定是被强大的敌人所擒获。这提醒人们，在敌人确实强大的情况下，不可逆势而为，也不可逞英勇之气，应当运用柔术，先求得生存，再以柔克刚。春秋末期的越王勾践就是采取这种办法得以反败为胜，最后成为天下霸主。

春秋末期，吴、越争霸战争愈演愈烈。公元前496年，吴王阖闾率军攻越，双方主力战于槜李（今浙江嘉兴西南）。激战中吴王阖闾负伤致死。夫差继位后发誓要报杀父之仇，两年后夫差兴兵伐越。越王勾践得知夫差准备攻越的消息后，不听大臣范蠡的劝告，在准备不充分的情况下，决定先发制人，出兵攻吴。吴王夫差尽发吴国精兵，迎战于夫椒。吴军同仇敌忾，奋勇冲击，越军抵挡不住，节节败退，损失惨重，只剩下5000人退守会稽山（今浙江绍兴县东南）。吴军乘胜追击，包围了会稽山。

在生死存亡的危急关头，大夫范蠡提出向吴求和。勾践不得不面对现实，他清楚地看到对抗下去只能全军覆没，不得已采纳了这一建议。勾践一面派大夫文种向吴王求和，并用美女、财宝贿赂吴太宰伯嚭，请他从中斡旋，劝说夫差允许越国作为吴的附属国；一面准备死战，如果吴国不接受请和，越将破釜沉舟，与吴血战到底。当时吴国内部有两派意见。一派以伍子胥为代表，他看出了越国君臣主动请和背后隐藏的真实意图，主张先彻底灭掉越国，再北上争霸，否则必将纵虎归山，养痈遗患，并预言"今不灭越，后必悔之"。另一派则以伯嚭为代表，他收受了越国的贿赂，又担心伍子胥获得更大战功，便力主接受勾践的请和。夫差急于北上同齐国争霸，认为越国既已投降，便名存实亡，不足为患。所以，夫差答应了同越国议和，率军回国。

越王求得生存之后，并不甘愿臣服于吴国，一心想着报仇雪恨。于是，越王听从范蠡的建议，展开了迷惑吴王、削弱吴国的一系列行动。其中的几个主要步骤与孙子所说的诡道几乎完全一致。

第一步，"能而示之不能，用而示之不用"。越军虽然战败，但仍可以拼死一战，而且越王内心深处时刻想着与吴国一战，但是他按捺住自己的强烈愿望，尽量以假象迷惑吴王。夫椒之战后，越王勾践把国内事务分别托付给诸大夫管理，自己带着范蠡等人去吴国给夫差当奴仆。勾践在吴国忍辱含垢，历尽艰辛，终于骗得夫差的信任，3年后被释放回国。

第二步，"实而备之，强而避之"。面对强势的吴国，越王不急于报仇雪恨，而是隐蔽地发展生产，提升军事实力。勾践归国后，"身自耕作，夫人自织，食不加肉，衣不重采，折节下贤人，厚遇宾客，振贫吊死，与百姓同其劳"。（司马迁，《史记·越王勾践世家》）他改革内政，减轻刑罚，减免赋税，开垦荒地，发展生产，奖励生育，增加人口。在军事上，修缮被战争破坏的都城，扩充兵员，训练部队。

第三步，"利而诱之"。想方设法用小利诱惑吴王，削弱吴国实力。越王在隐蔽发展自己实力的同时，不断给夫差进献优厚的礼物，表示忠心臣服，以消除他对越国的戒备。此外，他采集良材，选派巧匠，送给夫差，促使其大兴土木，消耗人力、物力。越王甚至主动送给吴王两千人马和一大批武器装备，赞助吴王北上争霸。吴王夫差丝毫没有察觉越王这一系列动作背后的企图，放心大胆地奢侈淫乐，并调用大量人力、物力建造姑苏台。

第四步，"攻其无备，出其不意"。公元前484年，夫差趁齐景公去世、齐国大乱之机，北上联合鲁军攻打齐国，大败齐军。得胜后，夫差更加骄横，认为只要最后压服晋国就可取得中原霸权，公元前482年，夫差与晋定公和各国诸侯在黄池（今河南封丘西南）会盟。夫差自率精兵3万空国远征，北上黄池，只留下太子友等人率老弱病残1万人留守姑苏。

勾践梦寐以求的机会终于来了。他调集越军4.9万，兵分两路，一路由范蠡率领，由海道入淮河，切断吴军自黄池的归路；一路由他自己率主力从陆路北上直袭姑苏。此时夫差正在黄池与晋定公争当霸主，听说越军袭破姑苏，唯恐影响争霸，一连杀掉7个来报告情况的使者，以封锁这一不利消息，并用武力威胁晋国让步，终于勉强做了霸主，然后急忙回国。但姑苏失守的消息已泄，吴军军心动摇，夫差感到反击越军没有把握，便派人向越求和。勾践这一次只是小试锋芒，考虑到吴军主力未损，自己的实力还不足以灭吴，便与吴王签订和约后撤军回国，继续韬光养晦。

第五步，"乱而取之"。公元前478年，吴国发生空前的饥荒，遣散的官兵四处为患，国内一片混乱。勾践认为大举伐吴的时机已经成熟，在经过充分的准备后，率军出征，进至笠泽（今苏州南）。夫差也率领姑苏所有的部队迎击越军。吴军在北，越军在南，双方隔水对阵。黄昏时，勾践在主力的两翼派出部分兵力隐蔽江中，半夜时鸣鼓呐喊，佯攻以调动敌人。夫差误以为越军两路渡江进攻，连忙兵分两路迎战。勾践乘机率主力偃旗息鼓，潜行渡江，出其不意地从吴军中间薄弱部位进攻，实行中央突破。吴军兵败溃退，越军乘胜扩张战果，挥兵猛追。吴军一败再败，退守姑苏。

越王采取了长期围困的战术，一围就是三年，最后夫差绝望自杀，吴国灭亡。越王挟灭吴的余威渡淮北上，与诸侯会盟，最终成为春秋时期最后一位霸主。

越国的这一系列做法先是示以柔弱，麻痹吴王，后变柔为刚，战胜吴国。从越灭吴的实践过程中不难看出，"利而诱之""强而避之"都不是一次性动作，而是一个艰难的过程，而且具体实施方法要非常巧妙。

近些年来"互联网+"的经营模式发展迅猛，"共享单车""免费杀毒软件"等共享经济方兴未艾，其成功的重要原因就在于让利于民，便捷、优惠、免费，颠覆了"羊毛出在羊身上"的传统经营模式，转变为"羊毛出在狗身上，猪买单"。通过"诱之以利"，迅速吸引广大客户，扩张经营平台，又通过日益扩张的平台，吸引众多商家投资加盟。当然，这不是为了"乱而取之"，而是共享利益、谋求双赢。

然而，再好的事物一旦成势，难免趋之若鹜，泛滥成灾。明智的人之所以明智，就在于擅长在一个事物已然成势的时候及时转向，或者跨越、超越旧有模式，另辟新径，这就是"实而备之，强而避之"。可惜，很多人不谙此理，明摆着一个事物已然成势，仍然亦步亦趋，甚至高歌猛进，结果走进了死胡同，难以自拔。

重庆一家搞共享单车的企业就是如此。在摩拜、OFO等共享单车的先行者已然占领全国市场的大势之下，有投资者仍然投资跟进，结果因资金太少、体量太小、车质太差，经营半年便被迫宣布破产。

由此可见，"利而诱之，乱而取之，实而备之，强而避之"其中所蕴含的取予之道、进退艺术，不仅是战争的谋略，也是经营企业、经营人生的智慧。

再次，分析"诡道十二法"中最后四法："怒而挠之，卑而骄之，佚而劳之，亲而离之"。仔细品味这四法，其核心思想也可以用四个字来概括，那就是"诱敌生乱"。

一般来说，敌人的优势往往是我们的劣势，敌人犯的错误则很可能成为我们的机会。所以，一个高明的将领要善于用计、用谋诱使敌人出错、生乱。这四句话说的就是这方面的谋略。

第一，"怒而挠之"。古往今来，人们对此有两种理解。一种将之理解为"激将法"。十一家注本中，大多将其注为当敌人将领愤怒时再加一把火，刺激他更加愤怒，从而做出错误决策。另一种则理解为"示弱法"。他们认为这里的"怒"并不是指愤怒，而是心花怒放的"怒"，在此处指对方士气旺盛。"挠"也不是指挠痒痒、有意挑逗之类激怒敌人的动作。《国语·晋语》中有句话："抑挠志以从君。"韦昭注曰："挠，曲也。"即委屈自己服从对方的意志。因此，"怒而挠之"应当理解为，敌人士气旺盛时，我当谨慎回避其锋芒，待其气衰，再行攻击。两种理解，一个主动挑逗敌人，创造战机；一个被动回避敌人，等待战机。看似矛盾，其实核心是一致的，从正反两方面揭示了心理意志的攻防战术。

第二，"卑而骄之"。对于这一条诡道，学者们有三种理解，差别主要在于对"卑"字的不同理解。第一种认为，"卑"是指敌人卑怯，我方应当想办法使之骄傲麻痹。第二种认为，"卑"是指敌人强大，卑视我方，那就巧用计谋加重其骄傲心理。第三种认为，"卑"是指我方面对强敌应当卑辞示弱，促使敌人狂妄自大。

概括起来看，"怒而挠之，卑而骄之"主要是从心理方面刺激对方，诱使对方出错、出乱。相比之下，接下来的"佚而劳之，亲而离之"则是从状态上想办法给对方制造的混乱。

战场状态往往像个万花筒，虚虚实实，有多种多样的表现，而且随时变化。优秀将领的高明之处就在于善于主动采用谋略引导一系列变化，从中变出对自己有利、对敌人不利的状态。

第三，"佚而劳之"。从字义上看，"佚"，同"逸"，安闲、安逸之意，指敌人的部队休整得很好，处于"实"的状态。这显然是强大的敌人，不能从正面攻击。但是又必须攻击，怎么办呢？孙子提出一个"劳之"的办法。"劳"，动词，劳动、疲劳的意思。曹操注曰："以利劳之。"这句话指敌人休整得充分，那就要用小利引诱他奔波疲劳，从而使其由实变虚。一旦变虚了，当然就好打了。

第四，"亲而离之"。"亲"，指亲密团结、众志成城的状态。这也是强大之敌，不能硬取，又非取不可。孙子提出的办法是"离之"，即挑拨离间。曹操注："以间离之。"意为当敌人内部和睦团结时，要想办法挑拨离间，使其由实变虚，然后就好下手进攻了。

两种方法，一是调动，二是离间，虽然手段不同，目的却完全一致，都使敌人由实变虚，我方由虚变实，然后下手。相比硬碰硬式的作战，这种避实击虚的办法，无疑破坏更小，获利更大，更有智慧。

孙子本人就是这一谋略的实践者。

公元前512年，孙子带着兵法13篇觐见吴王阖闾后，阖闾不久便要求发兵攻打楚国。没想到,刚刚拜为将军的孙武却认为时机尚不成熟,理由是:"民劳,未可,待之。"(司马迁,《史记·吴太伯世家》)短短一句话,道出了当时吴楚两国力量悬殊的状态。

楚国的土地、人口都远多于吴国,是一个经济大国;而且楚军在与晋国的争霸战争中久经锻炼,武器装备优良,将士战斗力较强,人称"楚之为兵,天下强敌也"(赵晔,《吴越春秋》)。此外,楚国周围还有若干属国,构成以楚国为中心的联盟集团,其力量显然比吴国强大得多。相反,吴国与越国以及楚国进行了多次战争,虽然取得一些胜利,但也付出了较大的代价,国内出现"民劳"的状况。孙子认为,在这种情况下吴国不宜急于全面进攻楚国,还需进一步疲惫楚国、削弱楚军。可见,孙子这一建议实际上是从反面运用"怒而挠之,卑而骄之"的谋略,让头脑发热、急于出兵的吴王冷静下来,等待机会。

孙子的好友伍子胥完全赞同这一意见,两人合谋提出了"三师疲楚"的策略。这一策略实际上包含两个步骤:首先,将吴军分为三支部队,轮番骚扰楚国边境,敌进我退,敌退我进,屡次调动楚军。其次,当楚军兵力确已疲惫、判断一再失误时,适时集中吴军主力部队全面进军,一举攻克楚国。

吴王采纳这一建议,于是,孙子和伍子胥指挥吴军先从东面袭击楚国的几个附属国。楚军立即出兵救援,吴军则迅速回撤。稍隔一段时间,吴军又从南面攻打楚国的附属国弦国(今河南潢川县西南),楚军赶紧救弦,吴军返身又归。吴军忽东忽南,楚军一来吴军立马后撤,来来回回消耗楚军。这一策略持续了6年,楚军疲于奔命,士气沮丧。更重要的是,这种打了就跑，不与决战的动作，让楚国的国君将帅们得出错误判断，以为吴军只是扰乱而无大举进攻的企图。"佚而劳之"初见成效。

在这6年中，孙子和伍子胥也不忘"亲而离之"，破坏一些小国与楚国的同盟关系。吴王阖闾九年（公元前506年），楚国围攻蔡国，蔡昭侯求救于吴。唐国成公听说蔡昭侯欲搬吴军攻楚，也派人跑到吴国，表示愿与蔡、吴联合，一起进攻楚国。蔡、唐国力虽小，但居于楚的侧背，它们的加入为吴军避开楚军正面，从其侧背作深远的战略迂回提供了有利的条件。

为了赢得战争的胜利，孙子和伍子胥足足准备了6年，长期实施"佚而劳之，亲而离之"的策略。"6年"这个时间概念告诉人们，谋略的运用往往不是一次性的简单动作，需要长期、耐心、细致的努力，方能显见效果，可谓"心急吃不了热豆腐"。

遗憾的是，孙子的这些智慧流传海外之后，被外国的"学生们"用来对付昔日的老师。

一些国家通过逐步开展领土争端、挖掘历史问题、制造经济摩擦等手段对我国进行挑衅，其目的显然就是要"佚而劳之"，使和平稳定发展的中国出现混乱。同时，还对中国实施思想文化攻击，这一切都是为了"亲而离之"。

兵法无国界。我们不能阻止其他国家用兵法对付我们，只能"魔高一尺，道高一丈"。

最后，归结"诡道十二法"的核心思想。概略地说，"诡道十二法"可以分为三种类型：其中，前四法主要是通过"示假隐真"的动作麻痹敌人，使其放松警惕，对我方企图不以为备。中间四法则是通过"以柔克刚"的方法，使其自傲轻敌，对我方力量毫不在意，然后我方便可以柔克刚。最后四法是主动用计用谋使敌人头脑发热，出现混乱，即"诱敌生乱"，然后趁乱打击敌人。就这样一招一招与敌斗智，一步一步削弱敌人，那么，最终要达到什么目的呢？孙子以8个字概括："攻其无备，出其不意。"这也是"诡道十二法"的核心所在。

敌人的"无备"和"不意"，对我方而言，就是最有利的作战态势。因为，常人在无备、不意的状态下突然遭到猛烈打击，往往容易惊慌失措、斗志全无。而且，在对方无备和不意的情况下发起攻击，可谓避实击虚，遇到的抵抗相对较小，付出的代价也不会太高。公元前506年的柏举之战中，孙子之所以能够以3万之众打败20万楚军，关键就在于巧妙地运用了"攻其无备，出其不意"的谋略。

孙子和伍子胥在长达6年时间里用三师疲楚、打了就跑的方式有效地消耗了楚国的军力，瓦解了楚国的联盟，造成楚王对吴国军事动向的无备和不意状态。公元前506年，楚国围攻蔡国，蔡昭侯求救于吴。长期受楚国欺压的唐成公，也派人跑到吴国，表示愿与蔡、吴联合，一起进攻楚国。孙子认为经过长期的准备，讨伐楚国的时机已经成熟，立即建议阖闾接受蔡、唐两国的请求，迂回进攻楚国。

吴王早就急不可待，立即同意了孙子的建议。吴王阖闾亲自挂帅，以孙子、伍子胥为大将，阖闾的胞弟夫概为先锋，倾全国3万水陆之师，会合蔡、唐两国军队，乘坐战船，浩浩荡荡溯淮水西进。抵达淮汭（今河南潢川）时，孙子建议一部分精兵舍舟登陆，由西进改为向南前进。伍子胥不解其意，问孙子："吴军习于水性，善于水战，为何改从陆路进军呢？"孙子答道："用兵作战，最贵神速，出其不意。应当走敌人料想不到的路，以便打他个措手不及。逆水行舟，速度迟缓，吴军优势难以发挥，楚军必然乘机加强防备，那就很难达到突袭的目的。"伍子胥恍然大悟。于是，孙子挑选3500名精锐士卒为前锋，绕过大别山脉，从楚军守备薄弱的东北部直插楚国纵深，对楚实施"攻其无备，出其不意"的打击。吴国的主力部队则继续沿水路迂回进攻楚国。面对吴军的突然袭击，楚军措手不及，仓促应战。吴军连续5次进攻，屡战屡胜，大败楚军，最终攻入楚都郢城（今湖北荆州一带），楚昭王被迫逃往随国（今随州）。

孙子的亲身实践经验告诉人们，"攻其无备，出其不意"既是战前多方运用"诡道"的结果，又是作战过程中需活用的计谋。一旦战机出现，既要摆开堂堂之阵与敌短兵相接，更要从敌人无备的方向，以敌人不意的方式，突然出手，快速打击，方能一战而胜。

现代战争已是"秒杀战"，能够实现发现即摧毁目标，胜负在分秒之间即见分晓。因此，相比孙子时代，现代军人更加看重"攻其无备，出其不意"的战术策略。

（八）计算再精谋划再好，终需量力决策

【原文】

夫未战而庙算①胜者，得算多②也；未战而庙算不胜者，得算少也。多算胜，少算不胜，而况于无算乎？吾以此观之，胜负见③矣。

【注释】

①庙算：庙，古代祭祀祖先与商议国事的建筑。算，计算。《说文》："算，数也。"古代兴兵作战，要在庙堂举行会议，谋划作战大计，预计战争胜负，这就叫庙算。

②得算多：算，在此为计数用的筹码，引申为胜利的条件。得算多，指具备取胜的条件多。

③见：同"现"，呈现，显现。本句为我根据这一规律来考察，战争的胜败就显而易见了。

【译文】

开战之前预计可以打胜仗的，是因为胜利的条件充分；开战之前预计不能打胜仗的，是因为胜利的条件不充分。计算周密，条件充分的能胜利。计算疏漏，条件不充分的不能胜利。何况不做计算，毫无条件呢？我们根据这些来观察战争，胜败也就清楚了。

【新解】

这段话是《计篇》的结束语，也是全篇的概括和总结。我们有必要先弄清几个字的真正意思，方能准确理解其中之意。

"庙算"的"庙"不是指现在烧香拜佛的寺庙，而是指古代祭祀祖先与商议国事的建筑。自夏朝开始，国家凡遇战事，都要告于祖庙，议于庙堂。帝王在庙堂占卜吉凶，祈求神灵护佑，以巫术假托神的旨意，决定战争打还是不打。这是庙算的原始形态。春秋战国时期，战争频繁，"庙算"实际上成为在庙堂召开"作战会议"，研究克敌制胜方略的代名词。

"算"字有两层含义，首先是指计算、分析。从这层含义上说,"庙算",就是指古代兴师作战前,在庙堂上谋划作战大计,预测战争胜负的一系列活动,还要计算双方的军队人马数量,或者武器装备、粮草数量。其次"算"也可充当代词,代指20厘米长的小竹棍,这是庙算时计数用的筹码,引申为胜利的条件。

归结起来看,这段话的核心是先计算后拍板,就是今天所谓的战略预测和决策问题。其中突出强调了两个要点,也是决策通常要注意的两个问题:一个是一定要先计算后决策,一个是必须以计算的结果作为决策的依据,也就是要根据双方的强弱对比情况来做决策。上文提到的"汉中对""隆中对"都遵循了这两点要求,从而做出了正确决策。

现代战争比古代战争更复杂,涉及因素更加多元化,因此"庙算"问题比以往任何时候都更为重要。1982年的英阿马岛之战,阿根廷之所以惨败,最重要的原因就在于决策者在决策之前没有"算"明白。

首先,阿方没有算明白战略形势,对英国及国际社会的反应严重估计不足。马岛主权争夺由来已久,双方之前的谈判虽然进展不大,但也取得了一些成果,阿方之所以急于以武力解决马岛问题,不仅因为马岛在20世纪70年代发现了石油,经济价值激增,更重要的是阿方想通过解决马岛问题,转嫁国内危机,缓和国内矛盾。1981年阿根廷发生通货膨胀,严重影响了国内生产总值,多数人的工资收入受到影响,大部分地区举行大罢工,还爆发了大规模的反政府运动。在这种危机四伏的情况下,阿根廷领导人加尔铁里企图通过占据马岛等军事活动,转移民众的注意力。

这一战略企图显然带有很大的盲动性和风险性。阿方估计,英国远隔重洋，鞭长莫及，不会为争夺马岛而进行战争；美国不可能支持英方，最多保持中立；北约国家自顾不暇，不会多管闲事。正是基于这种不太现实的战略判断，阿方盲目乐观，过于自信，心存侥幸，缺乏足够的应战准备，贸然决定出兵马岛。

岂料，英国议会立刻以100%的投票率通过了对阿宣战的决议，随即派遣了一支包括两艘航空母舰在内的特遣舰队远征南大西洋。美国也积极为英国提供军事援助，北约组织还对阿实施军事禁运和经济制裁。

其次，阿方没有算清楚双方的力量对比，过高地估计了自己的军事实力，战争准备严重不足。虽然阿方陆军实力较强，但已有100多年没打过仗，参战的守岛部队半数又是训练不足三四个月的新兵，没有进行高寒岛屿作战的适应性训练，体质弱，难以适应战场环境；军官指挥能力低下，有的军官连最起码的军事常识都没有，不知道如何组织反登陆作战，甚至用明码发报。相反，英军却是以职业军人为主体，作战经验十分丰富，而且海空作战力量体系比较完备，能够掌控制空权、制海权。

最后，阿方没有算清楚英军的进攻方向。阿方以为英军会进攻阿根廷本土，还担心邻国智利会趁火打劫。因此，阿方把大量兵力用于大陆防御，大大削弱了在马岛地区的作战力量。马岛战区的兵力部署也严重失衡，过于分散，彼此间缺乏有机的联系。5月21日夜，运载着英军第三突击旅的登陆艇在暗夜掩护下，于马岛圣卡洛斯湾登陆，同时携带了各种装备及物资。英军轻易突破阿军阵地，建立了较为稳固的登陆场，并逐步向周边地区推进。6月12日，英军分三路向马岛首府阿根廷港

（英称斯坦利港）发动总攻，内外交困的阿军被迫投降。

阿方的失败证明了一个真理：战略决策的失误是最大的失误。阿方的教训从反面印证了孙子的忠告，现代战争中更需要先计算后决策，并且务必以计算的结果作为决策的依据，决不能单凭主观想象或激情冲动盲目决策。

《孙膑兵法》曾经说："兵不能见福祸于未形，不知备也。"意思是说，在打仗问题上如果不能预见胜负，就不知道如何下手。打还是不打，怎么打，打到什么程度之类的战略问题，都无法确定下来。孙子之所以把《计篇》作为首篇，用意也在这里，他要求人们先计算清楚状态和力量，预见战事凶吉和胜负，然后再定决心，想计谋。

这一点无疑也是现代企业经营至关重要的问题。有一种说法：企业的成败百分之八十取决于决策正确与否。这是很有道理的。现实中很多企业的衰败往往源自决策上的失误。所以，不仅将领要善于庙算决策，谋定而后动，企业家也不能随意拍脑袋决策，需要吃透《计篇》的逻辑思路及上述若干思想要点。

二

《作战篇》
逻辑思路及经典谋略

[篇题解析]

在英文版《孙子兵法》中，本篇翻译成"Waging War"，即进行战争，相当于现代军语中的"作战"。翻开这一篇读一读，便会发现这样翻译似乎不够准确。本篇一大半内容都在讲战争准备和军事后勤问题，只是在末尾讲了速战速决的思想，与"作战"之意并不完全吻合。

为什么篇名与内容不完全一致呢？其实，这是因为外国人没有吃透"作战"二字的含义。在先秦语言中，"作战"并不是一个词，而是两个词。《说文·人部》有言："作，起也。""作"是起步、开始的意思。《说文·戈部》有言："战，斗也。"《道德经》第六十三章有言："天下大事，必作于细。"即天下所有大事，都始于细节。可见，孙子这里的"作战"包含两层意思，一是准备战争，二是进行战争。

按战争逻辑，"庙算"大计已定，接着就需要做好修缮车马、准备器械、筹集粮草、征收费用等方面的战争准备，然后军队才能出国作战。只有战前做好了充分的物资准备，一旦开战，才有可能速战速决，实现"庙算"既定的战略决心。否则，人力、物力、财力不足，贸然出兵，纵然有完善的作战计划，也难以取得战争胜利。按照这一逻辑思路，《作战篇》大致讲了4个方面的要点：一是分析春秋时期10万之师出国征战的物资准备规模和要求；二是分析旷日持久的战争造成的巨大危害，反衬速战速决的重要性和必要性；三是提出军队出国征战后勤保障的几种基本方法；四是强调速战速决的关键在于将领的能力素质。

《作战篇》主题是讲速战速决的战争指导思想，同时阐述了战略后勤保障原则，不少观点对社会各竞争领域均有参考借鉴意义。其逻辑思路大致按以下七个步骤展开。

1. 开篇分析春秋时期10万之师出国征战的物资准备规模和要求，意在强调充分的战争准备是速战速决的前提和基础。

2. 分析旷日持久的战争会造成军队损耗、国穷民困、政权危机，反衬速战速决的重要性和必要性。

3. 提出军队出国征战后勤保障的两种基本方法。

4. 具体分析军队出征后产生的连锁反应及百姓、国库的财力损耗状况，进一步阐述野战战场后勤补给的方法。

5. 接着分析野战后勤补给和增强军队战斗力的具体方法，即具体如何"食于敌"。

6. 直接点明速战速决的主题：兵贵胜，不贵久。

7. 最后强调速战速决关键在于将领的能力素质，而且这种能力素质决定民众生死，主宰国家安危。

（一）兵马未动粮草先行，夯实制胜基石

【原文】

孙子曰：凡用兵之法，驰车千驷①，革车千乘②，带甲③

十万，千里馈粮④，则内外⑤之费，宾客⑥之用，胶漆之材⑦，车甲之奉⑧，日费千金，然后十万之师举矣。

【注释】

①驰车千驷：驰，奔、驱。驷，《诗经·清人》："驷介旁旁。"郑玄笺："驷，四马也。"曹操注："驰车，轻车也，驾驷马。"此句话意为套四匹马的轻型战车1000辆。

②革车千乘：革车，《礼记·明堂位》："革车千乘。"郑玄注："革车，兵车也。"曹操注："革车，重车也，言万骑之重。"杜牧注："革车辎车，重车也，载器械、财货、衣装也。"此句意为装载军械物资的兵车千乘。

③带甲：春秋战国时期称武装士卒为带甲。

④馈粮：《周礼·天官·玉府》："凡王之献金玉、兵器、文识、良货贿之物，受而藏之。"郑玄注："古者致物于人，尊之则曰献，通行曰馈。"馈粮，运送粮草。

⑤内外：谓前方、后方。

⑥宾客：各国诸侯的使节及游士。

⑦胶漆之材：张预注："胶漆者，修饰器械之物也。"此句意为制造与维修弓矢等作战器械的物资。

⑧车甲之奉：张预注："车甲者，膏辖金革之类也。"此句意为千里行军车甲修缮的花费。

【译文】

孙子说：凡用兵作战的一般情形，通常要出动战车千乘，运输车千辆，军队十万，还要越地千里运送粮草，那么前后方的经费，款待使节、游士的用度，作战器材的补充，车辆盔甲的维修开支，每天都要耗资千金，然后十万大军才能出动。

【新解】

俗话说：兵马未动，粮草先行。庙堂里定下战争决策之后，紧接着就要做好战争准备。所以，孙子在《作战篇》一开头便论述战争准备的主要内容和基本要求："凡用兵之法，驰车千驷，革车千乘，带甲十万，千里馈粮，则内外之费，宾客之用，胶漆之材，车甲之奉，日费千金，然后十万之师举矣。"这段话至少阐述了人力、物力、财力三个方面的要求。

在人力方面，必须征集10万披戴铠甲的将士，即所谓"带甲十万"。此外，还有一个人力方面的数字，孙子没有明说，那就是负责"千里馈粮"的运输人员，至少也得10万人。解放军打淮海战役，华东野战军与中原野战军共计60万人马，但是为前线送粮的老百姓号称百万大军。可以说，淮海战役的胜利是人民群众用小轮车推出来的胜利。

在物力方面，至少有三项重要内容。一是准备"驰车千驷"。4马驾一辆车，叫一驷，可谓轻型战车。二是准备"革车千乘"。革车究竟是什么车，古代有不同的说法。有的人认为是皮革做的装载物资装备的运输车；有的则认为是重型战车。如宋代大诗人兼学者梅尧臣注："驰车，轻车也；革车，重车也。凡轻车一乘，甲士步卒二十五人。重车一乘，甲士步卒七十五人。"我分析，这两种说法并没有大的矛盾。运输车上有武器装备、粮食草料，配备官兵也多，当然可以作为战斗的主要单位。所以，重车主要用于正面战场的攻守，驰车则常常用于快速机动的奇袭，大致与现代坦克的类型划分相似。重型坦克装甲厚重，移动缓慢，外形大，常用于率先发起正面攻击，或者抵挡敌方主力进攻。轻型坦克速度较快，机动性强，外形小，是侦察和摧毁敌方自行火炮的先锋队。第三个方面的物力准备是"千里馈粮"。"馈"，就是运送的意思。孙子没有明确说究竟运送多少，只说千里运粮。我们可以想象一下，10万将士，再加上10万民夫，20多万人走一路吃一路，所需粮食数量之巨大。

在财力方面，除了战车、粮草、人员需要花费巨额资金外，还存在多方面的支出，孙子列举了三项。一是"宾客之用"，招待诸侯国的使节及游士，请他们疏通关系、传递情报、说服劝降都不是义务劳动，必须私下给些银子。二是"胶漆之材"，制作与维修弓矢等作战器械需要消耗大量的胶和漆，合起来是一笔不小的费用。三是"车甲之奉"，修补和维护战车、铠甲也需要大笔金钱。这里里外外、七七八八的费用加起来，"日费千金"。据北京大学李零教授推算，当时的"千金"并不是一千斤黄金，而是375公斤重的铜。（李零，《兵以诈立》）古人常以"千金"形容价值很高。这里言其极多，不一定是精确数字。

在孙子看来，战争准备达到如此程度，10万之师方可出国征战，才有可能速战速决。以今天的眼光来看，这些数字也许并不为奇，一家稍大一点的企业都能轻易拿出这样的资源。但是回到2500多年前，这些东西可是一个国家的全部"家当"。春秋时期，衡量军事力量的指标主要是战车和兵员的数量。一般诸侯国拥有1000~2000辆数量不等的战车，比如鲁国初封于曲阜，就是"革车千乘"。齐、秦、晋、楚，都有上千辆兵车，习惯上被称为"千乘之国"。按梅尧臣的说法，当时轻车一乘，配甲士步卒25人；重车一乘，配甲士步卒75人。"千乘之国"，便拥有甲士步卒近10万。由此可见，孙子要求"驰车千驷，革车千乘，带甲十万"，基本上就是全军出动。从国家的财力上来看,"日费千金"也差不多掏空了国库所有的金钱。《管子·参患》有言:"故一期之师,十年之蓄积弹;一战之费,累代之功尽。"意思是说,一年的军费,要消耗10年的积蓄;一次战争的费用,要耗去几代人的储备。

战争简直就是一个巨大的烧钱机器,难怪老子对战争深恶痛绝。然而,痛恨归痛恨,该花的钱还得花。该花的钱舍不得花,必将失去更多的钱,甚至失去生命和家园。

1999年5月8日,美国B-2轰炸机发射五枚联合直接攻击弹药(JDAM制导炸弹),击中我国驻南斯拉夫联盟大使馆,当场炸死3名中国记者——邵云环、许杏虎、朱颖,炸伤数十名其他工作人员,造成大使馆严重损坏。消息传来,举国愤怒。中国政府严厉谴责美国暴行,要求其说明原因。孰料,美方却声称"误炸",轻描淡写地说了个"抱歉"。美方的态度进一步激怒了中国人民,更多的民众强烈要求政府以血还血、以牙还牙。最终,政府以和平方式处理了这一事件。

当时,我们全国上下都在以经济建设为中心,所有的人力、物力、财力都汇聚于此。于是,我军与美军的武器装备出现了"时代差"。他们的武器装备已经信息化了,B-2轰炸机在几百千米之外开火,就能够精准命中我国驻南大使馆,而且直接飞进大使馆的窗户。那时我军基本上使用的还是传统的机械化武器装备,各种火炮的最远射程也只有几十千米。虽然毛泽东说,决定战争胜负的是人,而不是一两件新式武器。但那是从哲学上讲的,是就发展趋势而言的。就某一次具体作战行动来说,一旦双方出现了武器装备的"时代差",那就如同"乞丐与龙王比宝",或者说相差几个等量级的选手在同一个赛场上对决,其结果可想而知。

血的教训告诉我们，有备才能无患，忘战必然危亡。只有平时具备"千驷""千乘""千金"之类雄厚的战争物资基础，才有可能在战争爆发时切实做到速战速决，也才有能力实现人们常说的"犯我中华者，虽远必诛"。

（二）战则速胜，兵久而国利者未之有也

【原文】

其用战也，胜久则钝兵挫锐①，攻城则力屈，久暴师②则国用不足。夫钝兵挫锐，屈力殚货③，则诸侯乘其弊而起，虽有智者，不能善其后④矣。故兵闻拙速，未睹巧之久⑤也。夫兵久而国利者，未之有⑥也。故不尽知用兵之害者，则不能尽知用兵之利也。

【注释】

①钝兵挫锐：兵器钝坏，锐气受挫。梅尧臣注："兵杖钝弊而军气挫锐。"

②暴师："暴"系"曝"之本字，意为露。《谷梁传·隐公五年》范宁注："暴师经年。暴，露也。"谓长期在外作战。

③殚货：殚，《说文》："尽也。"殚货，即物资耗尽。

④不能善其后：何氏注："谓兵不胜而敌乘其危殆，虽智者不能尽其善计而保全。"其说是。

⑤兵闻拙速，未睹巧之久：拙，《说文》："拙，不巧也。"速，速胜。巧，工巧。久，拖延。李贽《孙子参同》注："宁速毋久，宁拙毋巧；但能速胜，虽拙可也。"

⑥兵久而国利者，未之有：杜牧注："兵者凶器，久则生变。"

【译文】

用这样的军队作战，就要求速胜，旷日持久就会使军队疲惫，锐气受挫，攻城就会使兵力耗损，军队长期在外作战，则会使国家财政困难。如果军队疲惫、锐气受挫，军力耗尽，国家经济枯竭，那么诸侯国就会乘此危机举兵进攻，那时即使有足智多谋的人，也无法挽回危局了。所以在用兵作战上，只听说过指挥虽笨拙但求速战速决，没有见过为讲究指挥工巧而追求旷日持久的现象。战争久拖不决而对国家有利的情形，从来未曾有过。所以，不能全面了解久战之害的人，也就不能完全了解速胜之利。

【新解】

有的人认为，打仗就得"爷们"一点，直接扛着大刀上阵，为什么需要花那么大的力气做烦琐的准备呢？我们现在就分析一下，如果没有这些准备，战争会是什么样的结果。

孙子身处春秋争霸时期，写兵法13篇的目的，是为了帮助吴王争夺天下霸主地位。既然要争，就要采取进攻姿态，而不宜采取守势。这就决定了整部《孙子兵法》的基调是战略进攻。从战争史上看，凡是战略进攻的一方，无不想方设法速战速决。所以，孙子说："其用战也，胜久则钝兵挫锐，攻城则力屈，久暴师则国用不足。夫钝兵挫锐，屈力殚货，则诸侯乘其弊而起，虽有智者，不能善其后矣。故兵闻拙速，未睹巧之久也。夫兵久而国利者，未之有也。"孙子这一大段话，核心意思就在于说明为什么要速战速决。为此，他首先分析了持久作战带来的危害。

一方面，人力、物力、财力的巨大消耗，给军队作战能力以及国家经济造成严重危害。他分析了三种常见情况。

第一种情况是"其用战也，胜久则钝兵挫锐"。"钝兵挫锐"比喻部队像刀砍钝了那样，军力疲惫，士气受挫。对于这句话，古代学者断句有所不同，分歧在于这个逗号点在什么地方。第一种意见认为，应该断在"胜"字之后，即"其用战也胜，久则钝兵挫锐"，意为采用战争手段当然是为了赢得胜利，但是这一手段时间用长了就麻烦了。第二种意见认为，"胜"这前面可能脱落了一个"贵"字，应当是"其用战也，贵胜，久则钝兵挫锐"，意为用兵打仗贵在速胜，持久打仗必定使军队过度损耗。第三种意见认为，断在"也"字之后，即"其用战也，胜久则钝兵挫锐"。"胜久"是指靠持久取胜，时间一长，刀枪剑戟都砍钝了，军心士气都消失了。相比之下，第三种意见似乎更符合孙子的原意。

第二种情况是"攻城则力屈"。"屈"，意为耗尽。部队长时间攻打敌方坚固城堡，久攻不下，力量必将消耗殆尽。

第三种情况是"久暴师则国用不足"。"暴师"，指军队长期暴露于国外。数十万人在异国他乡，每天要吃要喝，要补充武器装备，这一切都由国库提供，用不了多久，国库就被掏空了。

另一方面，随着军力国力的衰竭，国家安全必然出现大问题。"钝兵挫锐，屈力殚货"，是重申若军队在战场上消耗殆尽，国库因战争支出过度而空虚，那么整个国家就垮了，这时必定会出现"诸侯乘其弊而起"的局面，纵然有绝顶聪明的人，也难以挽救危局了。

既然持久作战如此危险，那么如何避免持久作战，切实做到速战速决呢？孙子接着总结了一条规律性的名言："故兵闻拙速，未睹巧之久也。"拙，《说文》释为"拙，不巧也"。巧，就是工巧，搞花架子，做表面文章。全句意思是说，用兵打仗只听说下功夫扎实准备，虽然看上去笨拙，但由于准备充分反而能够速胜的；没见过战争准备中偷工减料、投机取巧，看上去灵巧，却由于准备不足而能够在持久作战中取胜的。

基于这一规律，孙子得出一个结论："夫兵久而国利者，未之有也。"自古以来，通过长期战争而使国家获得利益的，从来没有过。

美国但凡打仗，尽量避免打旷日持久的战争，海湾战争、科索沃战争、阿富汗战争、伊拉克战争、利比亚战争，全是短平快，速战速决。这几场战争，看得人心惊肉跳。但是，我们不能光看热闹，还要看门道。这几场战争，清晰地表明现代战争的特点是，爆发突然，进程短促，开战即决战。可见以快制快无疑是重要的制胜之道。

然而，以快制快来不得纸上谈兵，也不由豪情呼喊口号决定，一切取决于战争准备。战争准备充分才有可能快得起来，战争准备充分才有足够的能力一拳把对手打倒。相反，战争准备不充分，还未出手就已呜呼哀哉了。我们的国家建设得这么好，当然更不允许长期的战争破坏，看看伊拉克、叙利亚人民长期生活在战乱中的场景，相信没有谁希望我们的国土上出现长期战争。但是，事物的辩证法就是如此，要想远离战争，反而更要加强战争准备。我们今天说的"备战才能止战，能战方能言和"，其深意便在于此。它绝不是一句空话，其中蕴含了孙子所说的备战与速胜的哲理，值得我们高度重视。

一般来说，没有充分的战争准备，就不可能赢得速战速决的胜利。孙子进一步提醒人们，不要光想着战争的胜利成果，不要光惦念着通过战争获得利益，要看到战争是一柄双刃剑，既可以砍倒对方，也会伤着自己。要想使这柄剑只砍对方，不伤自己，需要我们有辩证思维，既要看到用兵打仗有利的一面，又要看到不利的一面，即"不尽知用兵之害者，则不能尽知用兵之利也"。这句话中，关键字眼是两个"尽知"。"尽知"，就是完全了解，全面认识。整句话说的是，如果不能完全了解用兵打仗有害的一面，就不可能完全了解用兵打仗有利的一面。有的版本认为"尽知"应当是"尽得"，即如果不能完全了解用兵打仗有害的一面，就不可能完全得到用兵打仗带来的利益。这样理解也符合逻辑。我认为，孙子此言意在提醒人们，知其危害，才能知道怎样趋利避害，扬长避短，最终获得战争之利。

战争固然是用来获取利益的工具，舞剑之前尽可能预见潜在的危害、隐藏的危险、可能的麻烦。比如，如果平时舍不得在战争准备上花钱费力，以致战争准备不足，舍不得在武器装备建设上加大投入，以致军队没有足够的作战能力，那么一旦爆发战争，很可能战事越打越久，战线越拉越长，损失越来越大。这时，周边的潜在对手很可能趁机落井下石，国家也就陷入危险了。孙子认为，只有完全弄清楚这些危险，才能知道怎样有针对性地预先防范、怎样有效备战，战略战术上也才能知道怎样避实击虚、趋利避害，从而速战速决，打倒对方的同时而大获全胜，尽得用兵之利。

"不尽知用兵之害者，则不能尽知用兵之利也"实属古今通则，甚至可以说是各个竞争领域的通则。在任何领域，干任何大事，必须先在"尽知"二字上做足文章，把所有的困难想尽想全，然后才能对症下药，趋利避害，尽得其利。否则，不仅不能尽知、尽得竞争之利，反而尽失全部利益。

（三）出国征战，当取两种方法保持军力

【原文】

善用兵者，役不再籍①，粮不三载②，取用于国，因粮于敌③，故军食可足也。

【注释】

①役不再籍：役，兵役。籍，名册，这里作动词，指征调。意为不再按名册继续征发兵役。

②粮不三载：三，意指极多。载，运载，输送。曹操注："始载粮，后遂因食于敌，还兵入国，不复以粮迎之。"意为不多次运送军粮。

③取用于国，因粮于敌：曹操注："兵甲战具，取用国中，粮食因敌也。"因，依、就，此为顺便夺取之意。

【译文】

善于用兵打仗的人，兵员不再次征集，粮秣不多次转运，武器装备在国内准备充足，粮草补给在敌国补充，这样，军队的军粮就能充足了。

【新解】

要想赢得速战速决的胜利，充分的战争准备无疑是至关重要的。但是，随着战争向纵深发展，后勤供应永远赶不上战场

上的消耗。随着伤亡的增加、装备的耗损、粮草的消耗，军队作战能力必将逐步下降。怎样保持军队的持续作战能力，是优秀将领必须高度重视的问题。为此孙子进一步提出"取用于国，因粮于敌"的主张，核心是战略进攻过程中后勤保障可采用"以战养战"的方法，强调为了给不断向前推进的部队及时提供充足的粮草，必须从两方面想办法。

一方面，尽可能在出发前准备足够的人员和物资。"役不再籍"，"役"，是指兵役；"役不再籍"指作战所需的兵员一次性征集齐全，不再反复回国按花名册征兵。"粮不三载"，"粮"，指作战所需的粮草；"粮不三载"即一次装载足量粮草，不再来来回回地千里运送。这里的"再"和"三"，不限于两次、三次，而是代指多次。总之，作战初期所需的一切人员物资全部取自国内，一次性准备到位，不要出征之后再反复由国内长途运送。

另一方面，随着作战的深入，人员不断伤亡，粮草不断消耗，补给线越拉越长，后方很难继续为前方提供人员和粮食的补充，这时就需要从另一个方面想想办法了，即孙子所谓的"因粮于敌"。这里的"因"，可理解为因袭、因便、依靠、凭借、获取，等等。说白了，就是就地取材，以战养战。

"取用于国，因粮于敌"，两种方法有机结合，"故军食可足也"。"军食可足"不仅指粮食充足，还泛指军队所需的一切东西都可以得到足够的补充。

两种方法相比之下，第一种方法是通行惯例，取自本国，别人无话可说，所以这种方法未受到诟病。第二种方法是取之于野战战场，往往是从敌国获取，颇有"掠取""抢夺"之意，因而无论古今皆饱受非议。早在宋代，一些儒学之士就据此指责孙子如秦人一般凶狠,倡导虎狼之兵。到了现在,仍有一些学者从贬义上理解这句话,认为这句话就是一个"抢"字。这种理解不免有些失之偏颇。

晚清时期,左宗棠收复新疆,立下了汗马功劳,功在千秋。他巧妙运用"因粮于敌"的策略,展现了高超的军事智慧。

左宗棠战前分析,入疆作战,行程数千里,远离内地,交通不便,加之新疆贫瘠,严重缺粮,因此提出:"粮运两事为西北用兵要著,事之利钝迟速,机括全系乎此。"(左宗棠,《左文襄公全集·奏稿》)朝廷虽然认同他的建议,但是国库空虚,拿不出大批银子保障西征,只能各省协饷300万两,户部拨200万两。左宗棠自己高利贷借外债500万两,凑了1000万两银子的军费。同时,他还筹集了2000多万斤粮食,集中了5000辆大车、5500匹骡马、20000峰骆驼。1876年4月,左宗棠统率7万多西征大军,踏上了收复新疆的征程。这些钱粮数目看起来很大,但是分摊到数千里的道路上,近10万将士和民工每天吃喝,很快就消耗得差不多了。于是,左宗棠一路行进,一路继续筹钱征粮,并有意选择1877年8月间打响收复新疆之战。因为,这个时间"新谷遍野,有粮可因",消耗的粮草可就地补充。具体作战过程中,左宗棠及其部下也采用了"因粮于敌"的办法。例如,1877年10月,刘锦棠在库尔勒作战时,由于敌军劫掠秋粮后西逃,致使清军粮食匮乏。刘锦棠急令后方迅速转运粮秣接济,并就地四处搜索,最终发现了敌人的粮窖,缴获粮食10余万斤,从而保障了战斗的顺利进行。

这次战争,左宗棠在后勤上既高度重视粮食的筹备和运输,尽可能做到"取用于国",又重视有粮可因的时机和条件,适时地"因粮于敌",从而成功地收复新疆,为维护中华民族的统一和领土完整立下了汗马功劳。左宗棠也因此被人们誉为"千古英雄"。

毋庸讳言,孙子的"因粮于敌"多少有点"抢"的意思,而且《军争篇》中的"侵掠如火""掠乡分众",《九地篇》中的"重地则掠""掠于饶野"等说法,都有抢掠之意。但这并不意味着孙子主张大发战争财,无节制抢掠。孙子的思想中有一个非常重要的哲学观念,那就是"度",类似于现在人们所说的"底线思维"。比如,孙子强调将领要勇敢,但又指出要视情况而定,过度勇敢反而会变成勇而无谋,这样很可能被敌人诱杀。他主张以情带兵,要求将领"视卒如婴儿""视卒如爱子",同时又提醒要爱之有度,过度关爱会变成溺爱,部队反而不能打仗。同样道理,"因粮于敌"也是有限度的,应限于满足"军食",即弥补军队人员和粮草损耗,而不是肆无忌惮地烧杀抢掠。其核心目的是为了战胜敌人,而非掠夺财物。

如果扩展一点理解,"因粮"的对象不一定是敌人,也可以向自己的盟友"化缘"。美国两次出兵伊拉克,联盟集团各国都必须掏腰包,共同为美军的战争消耗买单。这无疑是孙子"因粮于敌"思想的现实运用。

(四)以战养战,"食于敌"可一举多得

【原文】

国之贫于师者远输,远输则百姓贫[1]。近于师者贵卖[2],贵卖则百姓财竭,财竭则急于丘役[3]。屈力中原[4],内虚于家。百姓之费,十去其七;公家之费,破车罢马[5],甲胄矢弩,戟盾矛橹[6],丘牛大车[7],十去其六。故智将务食于敌[8],食敌一钟[9],

当吾二十钟；萁秆⑩一石，当吾二十石。

【注释】

①贫于师：其意谓因战争运输财物而误农时，国家与百姓不能不贫困。

②近于师者贵卖：贵卖，言物价上涨。曹操注："军行已出界，近师者贪财，皆贵卖，则百姓虚竭也。"意为军队驻地附近物价上涨。

③财竭则急于丘役：财竭：财力枯竭。丘役，指军赋。据《周礼》记载：九夫为井，四井为邑，四邑为丘，四丘为甸。从西周至春秋，军赋不断增加，春秋时，丘出戎马一匹，牛三头。"丘"为征收军赋的基本单位。此句话意思为国家财力枯竭，急于加重丘井之役。

④中原：泛指国内。

⑤破车罢马：罢，同"疲"。战车破损，马匹疲病。

⑥戟盾矛橹：戟，合戈、矛为一体的古兵器。矛橹，一种主要用于防卫的大型盾牌，以大车类巨物蒙以生牛皮，可屏蔽。此句泛指各种装备战具和攻防兵器。

⑦丘牛大车：曹操注："丘牛，谓丘邑之牛。大车，乃长毂车也。"此言为牛拉的辎重车辆。

⑧智将务食于敌：务，追求，力争。食，取食。明智的将领务求就食于敌国。

⑨钟：古容量单位。《左传·昭公三年》："齐旧四量，豆、区、釜、钟。四升为豆，各自其四，以登于釜，釜则十钟。陈氏三量，皆登一焉，钟乃大矣！"曹操注："六斛四斗为钟。"

⑩萁秆：萁，同"箕"，即豆秸。《汉书·杨恽传》："种一

顷豆，落而为箕。"杜牧注："萁，豆秸也；秆，禾藁也。"

【译文】

国家之所以因用兵而贫困，就是由于军队远征。军队远征，远道运输，就会使百姓贫困。靠近驻军的地方物价必然飞涨，物价飞涨就会使国家的财政枯竭。国家因财政枯竭就会急于加重赋役。战场上军力耗尽，国内便家家空虚。国内百姓的财产要耗去十分之七；政府的财力也因车辆的损耗、战马的疲惫，盔甲、箭弩、戟盾、矛橹的制作补充及丘牛大车的征用，而损失掉十分之六。所以，高明的将领务求在敌国内解决粮草供应问题。就地取食敌国一钟的粮食，等于自己从本国运输二十钟；夺取当地敌人饲草一石，相当于自己从本国运输二十石。

【新解】

"取用于国，因粮于敌"，强调军队作战所需粮草一部分来自国内自筹，另一部分则来自战场掠取。孙子根据一般战争规律，算了一笔账："国之贫于师者远输，远输则百姓贫。近于师者贵卖，贵卖则百姓财竭，财竭则急于丘役。屈力中原，内虚于家。百姓之费，十去其七；公家之费，破车罢马，甲胄矢弩，戟盾矛橹，丘牛大车，十去其六。故智将务食于敌，食敌一钟，当吾二十钟；萁秆一石，当吾二十石。"这段话有三层意思。

第一层意思是，分析为什么一场大规模战争会导致国家和人民的贫困。"国之贫于师者远输，远输则百姓贫。"意思是说军队出国远征，必定需要长途运送粮食草料，这些粮食草料既是从老百姓那里征集来的，又需要成千上万老百姓运送，运送越多，走得越远，老百姓付出越大，便越发贫困。管子曾粗略计算过:"粟行三百里,则国无一年之积;粟行四百里,则国无二年之积;粟行五百里,则众有饥色。"(管子,《管子·八观》)

"近于师者贵卖,贵卖则百姓财竭,财竭则急于丘役。"意思是说一旦军队驻扎下来,数十万人要吃要喝,物资需求陡然增长,军营周边很快就会形成集市。军队吃皇粮,不怕东西贵,只要买得到手。商家趁机抬价,于是价格飞涨,这就苦了当地老百姓。老百姓也不得不以高价购买所需物资,很快就会陷入贫困。

国家也承受不起如此巨大的经济负担,于是"急于丘役"。这里的"急于丘役",是指急忙增加军赋。"丘",是西周时期井田制的划分单位。周天子规定:"九夫为井,四井为邑,四邑为丘,丘十六井,出戎马一匹,牛三头。"那时候把长宽各百步称为一"田",是一个成年劳动力的耕种土地,9块"田"摆在一起恰好是个"井",这样就有了"九夫一井"的说法。然后,4井为邑,4邑为丘。丘相当于现在的一个村。战争状态下,每丘必须提供1匹马、3头牛。再大一级的单位是"甸","四丘为甸",甸要提供1辆战车、4匹马、12头牛、3名甲士、72名步卒。如果一次性征集倒还能承受,但是频繁地按这个标准征赋,老百姓就不堪重负了。

孙子这两句话,揭示了战争导致国家和民众贫困的一般逻辑:远征——远输——百姓贫;近师——贵卖——百姓和国家财竭——增加赋税——百姓贫。这种恶性循环导致的结果是"屈力中原,内虚于家",即军队在战场上不断消耗力量,百姓和国库则日益空虚。

第二层意思是,进一步用具体数字说明"内虚于家"的状态：首先看百姓之费，各家资财耗费十分之七。再看公家之费，由于修补和制作驰车革车、铠甲头盔、刀枪剑戟、大小盾牌、攻城器械，国库资财损耗十分之六。

不难想象，百姓和国家贫困到如此程度，离国破家亡也就不远了。这绝不是用兵打仗的目的。打仗就是为了征服敌国，获取利益，而不是做赔本的生意。

第三层意思是，提出一个减少百姓和国家战争负担的办法："智将务食于敌"。"食"在这里当动词，有就食、获取之意。本句指明智的将领务必从敌国获取战争所需要的一切，与"因粮于敌"是一个意思。

孙子特意用了一个"务"字，强调务必从敌国掠取，而不是可做可不做，或者愿不愿意做。他作了一个简单的对比："食敌一钟，当吾二十钟；莨秆一石，当吾二十石"。想读懂这句话，需要理解几个词。

"莨秆"，是喂牛马的草料。莨是豆秸，"秆"是禾秆（谷子的秆）。"钟"是古代容量单位。齐国的容量单位分四等：豆、区、釜、钟。"石"也是古代容量单位。韦昭注："百二十斤也。"约相当于今天的 30 千克。

综合起来看，这个对比确实非常划算。从敌国获取 1 钟粮食，相当于从本国运输 20 钟；从敌国获取 1 石草料，相当于从本国运送 20 石。效费比相当可观，至少有三大效益：一是减少了百姓和国库的经济负担，二是减少了长途运输的巨大成本，三是部队可以得到及时补充。

有人说游牧民族不读兵书，却打败了饱读兵书的汉人。此话似乎过于绝对，其实在漫长的战争史上，民族之间的战争往往互有胜负，而各民族也互相影响、互相借鉴。孙子这一思想或许就借鉴了游牧民族的某些经验。同时，游牧民族也活用了孙子这一思想。

游牧民族的军队通常以骑兵为主，凭借快速机动能力实施远程奔袭和大幅迂回战略。由于作战时常常远离根据地，传统的后勤补给难以跟上其行动节奏，所以他们的传统做法是"因粮于敌""务食于敌"，而不是靠后方补给。蒙古骑兵虽然驰骋在孙子生活时代 1500 多年之后的战场上，但是他们承袭了先秦游牧民族的遗风，其战略战术突出反映了游牧民族的特点。蒙古军队"才犯他境，必务抄掠……因粮于敌。"这是南宋《黑鞑事略》中记载的蒙古汗国的用兵原则。其中"必务抄掠"与"务食于敌"的语气和内涵几乎完全一致。蒙古骑兵"必务抄掠"的具体做法：一是抢夺牲畜以备后用。二是对坚壁清野的城堡，用软硬兼施的方法迫使对方供给粮食。成吉思汗的战将哲别在占领花剌子模的南方后告示居民：如果想免于被杀，就快快投降提供粮食，不要依靠城堡的守军。按照蒙古的法律，降服者的财产和家属归胜利者所有。三是每征服一地，就建立作战基地，以战养战。

我认为，学习《孙子兵法》要准确把握每个字的真正含义，才能品尝到"原汁原味"，同时又不能死抠字眼、钻牛角尖，要拓展、升华，读懂弦外之音，字外之意。"务食于敌"在春秋时期是一种迫不得已的以战养战的办法，但其中的智慧并不完全是抢劫和掠夺，也含有"借用外在资源"之意。有的人把它理解为"借力使力"，这也是可以的。学会借助别人的力量，使自己站在有利的位置，获得更大的能量和利益。我们现在实际上也面临这种问题。曾经参加过亚丁湾护航的中国官兵回忆说，早期护航在舰艇上漂泊的那半年多时间里，每天吃土豆、萝卜之类的东西，几乎没有叶子菜，时间一长很难受。为什么呢？因为那时我们在海外没有基地，得不到物资补充，只能靠出发时自备的食物充饥。

近几年情况有所改善。中国经济日益走向世界，越来越多的国家与中国产生贸易往来，客观上需要中国在海外建设一些"客栈式"基地。比如，亚丁湾海域海盗横行，肆意劫掠商船，对包括中国在内的很多国家的海上运输造成极大危害。附近的吉布提国家小，财力弱，人口不足100万，无力为其他国家提供沿途安全保障。2017年，中国政府在吉布提建立了首个海外基地，这一基地属于港口型综合保障基地，不仅带动了当地经济发展，为吉布提提供了更多就业机会，也为更多途经船只提供了更好的公共服务，同时也为中国海军亚丁湾护航编队提供了临时"歇脚"的场所，十分有助于中国海军护航编队持续化为世界各国提供护航服务。同时，中国政府和中国企业以多种方式开展海外港口经营合作，积极参与海外重要港口建设。这一综合保障基地并非军事基地，而是以民用为主、军用为辅的常态化商业基地。当然，战争状态下，在遥远的地方为我军提供"军食所需"就是理所当然的事情了。

（五）"食于敌"的方法，贵在综合运用

【原文】

故杀敌者，怒①也；取敌之利者，货也②。故车战，得车十乘已上，赏其先得者，而更其旌旗③，车杂④而乘之，卒善而养之⑤，是谓胜敌而益强⑥。

二、《作战篇》逻辑思路及经典谋略

【注释】

①怒：激励士气。曹操注："威怒以致敌。"李筌注："怒者，军威也。"

②取敌之利者，货也：梅尧臣注："取敌，则利吾人以货。"此句意为对夺取敌人资财者要以实物予以奖励。

③更其旌旗：更，更换。此句意为用己方的旗帜更换缴获的敌方战车的旗帜。

④车杂：杂，混杂，混编。此句谓将俘获的敌战车混编入己方车阵中。

⑤卒善而养之：汉简本"善"作"共"，"共"有掺杂混合之意。此句意为对俘获的士卒要优待和任用。

⑥是谓胜敌而益强：曹操注："益己之强。"杜牧注："得敌卒也，因敌之资，益己之强。"此句意为这就是所谓战胜敌人而使自己更加强大。

【译文】

要使军队勇敢杀敌，就要激励部队的士气；要使军队夺取敌人的军需物资，就必须用财物奖励士兵。所以，在车战中，凡是缴获战车10辆以上的，就奖赏最先夺得战车的士卒。并且把敌人的旗帜换成我方的旗帜，与自己的战车混合编组；对于俘虏的敌人，要给予优待、抚慰和任用他们。这就是所谓战胜敌人而使自己更加强大。

【新解】

毫无疑问，"食于敌"首先是获取粮食草料。但是，作战中军队消耗的远不止粮食草料，还有武器装备和作战人员。所以，孙子进一步提出，"食于敌"不能仅仅是物质上满足，还得从精神上鼓舞斗志，官兵们才能勇往直前，速战速决。

在电影中，将士们在战场上冲锋的时候，只要指挥官振臂一挥，大喊一声"冲啊！"呼啦啦一下子几十号人就玩命地冲上去了。其实，真正的战争远不是这么简单，将士们在关键时刻能不能冲上去，很大程度上取决于战前种种看不见的动员工作。正如孙子所说："故杀敌者，怒也；取敌之利者，货也。""怒"既可以是"愤怒"，也可以是"心花怒放"的"怒"。曹操理解得很到位，他解释说："威怒以致敌。"即激励起高昂的士气与敌交战。"货"意为以钱财赏赐。曹操注曰："军无财，士不来；军无赏，士不往。"在精神激励的同时，还需实施物质刺激。联系起来看，这两句话实际上讲的是指挥艺术。它强调的是，要使军队英勇杀敌，就应当激励部队的士气；要使军队夺取敌人的军需物资，就必须依靠财货奖赏。一手是精神，一手是物质，两手并用。战争往往比的是智慧，拼的是勇气。灵活运用孙子提出的精神和物质两种手段，通常能够有效地激励士气，使部队勇往直前，速战速决。

至于怎样有效"怒也""货也"，需要运用智慧，找准官兵们的关切点，动之以情，晓之以理。要说这方面的高手，还数解放军。解放战争中，解放军之所以迅速壮大，而且能征善战，与当时的诉苦复仇教育和立功运动有直接关系。

解放战争初期，大量工人、农民参加解放军，同时大批被俘的国民党官兵也被编入解放军。如何迅速统一思想，使他们真正融入解放军，敢于同国民党军队决战，是一个非常迫切的问题。对此，解放军想出了一个非常有效的办法，那就是各连队普遍开展诉苦复仇活动。诉苦活动方式多种多样，或以连排为单位召开诉苦大会，选择苦大仇深的典型人物诉苦，痛诉地主的压迫和国民党的迫害；或以班组为单位讨论劳动人民为什么贫穷，怎样翻身解放等问题；或开展组织解放战士、新战士、老战士"三合一"的对比分析，对比共产党和国民党、解放区和国统区的差别。诉苦后要追究苦根，弄清苦从何来，仇向谁报，认清什么是阶级剥削、阶级压迫。周恩来指出："以诉苦运动启发阶级觉悟是很好的教育方式。"官兵们通过吐苦水、挖苦根，认清了阶级、认清了敌人，每个指战员都明白战争的目的是自己和人民的解放，这就大大提高了大家敢于英勇牺牲的革命精神。

与此相配合，各连队同时开展立功运动。解放军的立功，主要不是"货也"，没有什么物质奖励，而是重在精神奖励，以战功的形式表彰战绩突出的人物。军功章不是金钱，其价值却远远高于金钱，巨大的精神荣誉将伴随受奖者一生。而且，在解放军队伍里，立功受奖注重向下倾斜，重在鼓励基层官兵的斗志。这方面国民党军队则相形见绌。从对抗战英雄授勋（或授予英模称号）中可以清楚地看出国共两军的巨大差别：在国民党军队，最高荣誉是授予"国光勋章"，其次为"青天白日勋章"。据统计，抗战期间有2人被授予"国光勋章"，170人被授予"青天白日勋章"，在这172位获勋者中，将官及省部级以上高官143人，占83.1%；尉官3人，军士2人，士兵为0。在共产党军队，最高荣誉是授予英模称号。据统计，抗战期间共有150名指战员被授予英模称号，其中连以下指战员146人，占97.3%；剩下的是营、团领导4人。除此之外，还有30名民兵和3名普通群众被授予英模称号。

为使立功受奖产生普遍效应，解放军还特别注重用多种形式表彰立功人员。诸如，对立功人员颁发立功奖状、立功证书、立功奖章，登报表扬，酌量给予物质奖励，并将功绩记入档案；对立功单位授予锦旗，其中有重大特殊功绩者授予称号，并举行隆重的授旗、授勋大会；对牺牲的功臣进行追功活动，并由部队和地方政府予以慰问抚恤。各部队的庆功大会都开得隆重热烈，功臣和立功单位代表披红戴花，坐荣誉席；首长宣读嘉奖令，号召全体指战员赞英雄、学功臣。许多部队向功臣家属送立功喜报，喜报由师、团以上单位印制，直接派人或委托地方政府组成喜报队，敲锣打鼓送往家中。在给地方政府的报功单上写着"特向你们报功，表示庆祝，请你们组织群众整队欢送，广为宣传"等字样。有的地方政府还向功臣家庭赠送"功臣之家""光荣之家"等匾额。奖功、庆功、报功活动，极大地激发了指战员的荣誉感，促进了部队立功运动的深入发展，也对军人家属和人民群众起到了巨大的鼓舞作用。

正是因为善于"怒也""货也"，解放军才能够发挥出巨大的精神优势，以劣势武器装备战胜装备优良的国民党800万大军。

历史不可复制，思想则需继承。解放军诉苦复仇、立功运动的具体形式或许已经不太适应现实环境和条件了。现代军人是独生子女的比较多，受过高等教育的也比较多，没有什么"苦"可诉，甚至一张立功喜报也不一定能够打动人心，然而现代战争却要求军队比以往更英勇、更神速。这就在客观上要求我们，要善于根据新的时代特点，更加灵活、多样化地运用孙子"杀敌者，怒也；取敌之利者，货也"的指挥艺术。推而广之，其他各竞争领域的团队管理也离不开这两点。

战争是一个不断消耗的过程，尽管军队内部有充足的粮食草料，又鼓舞了官兵的斗志，但枪炮一响必有死伤，打的时间越长，伤亡越大，人马越少，军队越难继续作战。对此，孙子提出了一个物质越打越多、士兵越战越强的办法。

孙子提出，高明的办法与"因粮于敌""务食于敌"一样，不仅粮食草料可以取之于敌，战车、武器、兵员也可取之于敌。孙子以车战为例，说："故车战，得车十乘已上，赏其先得者，而更其旌旗，车杂而乘之，卒善而养之，是谓胜敌而益强。"这段话有三层意思。

第一层意思，鼓励官兵们缴获敌军战车。凡是一次作战缴获10辆以上战车，就奖赏最先夺得战车的人。得到奖赏的官兵斗志倍增，就能更加英勇地作战，更乐于从战场缴获敌军的战车，同时自己军队的战车损耗得到及时补充，战车越打越多。

第二层意思，不仅要缴获，还要及时转化。"更其旌旗，车杂而乘之"，"更"就是更换，指用己方的旗帜更换缴获的敌方战车的旗帜，变为我军战车。"杂"有掺杂、交叉、混合之意，即将己方官兵与俘虏的士卒混合编组到每一个战车单元。比如，一辆战车，车上3人，驾手、箭手、持戈手，车下二三十步卒不等。一半俘虏兵，一半我方官兵，共同组成新的作战单元。

第三层意思，不光要把俘虏的战车和官兵编入我方的部队，还要"卒善而养之"，即善待敌方的俘虏，使被俘的敌人对我方心存感激，心甘情愿地改换门庭，从而变敌军士卒为我方作战力量。如此一来，战车增加了，人马壮大了，军队的战斗力也随之越来越强，孙子称之为"胜敌而益强"。

应该说，孙子的这一思想非常了不起。因为它把握了矛盾转化的精髓，实现了以患为利、化敌为友的转换，弥补了作战过程中的战斗力损耗，为实现速战速决的战略意图提供了持续不断的力量保障。

有的学者认为,孙子这一思想好是好,但实施起来不容易。敌人怎么能够成为战友呢?其实,春秋时代的敌国、敌人,往往同处一个"天下",同属中华民族大家庭。对普通官兵来说,双方并没有深仇大恨,不过是各为其主。一旦其主将战败,归降新主以留得性命也是当时的一种自然选择。所以,战争史上,明智的将领大多通过"善俘"而化敌为友,越战越强。

在这方面,我们解放军可谓是高手。瓦解敌军,是我军政治工作的三大原则之一。通过实行宽待俘虏政策,从政治上动摇敌人军心,破坏敌军战斗力,争取敌军官兵放下武器、投诚起义,这是我军政治工作的重要内容。我军在红军时期,就把优待俘虏、不搜俘虏腰包,作为《三大纪律八项注意》的重要内容。从土地革命战争、抗日战争、解放战争、抗美援朝战争,我军都有瓦解敌军、管理及教育战俘的工作,这些工作在瓦解敌军、夺取战争胜利中发挥了重大作用。抗日战争时期,经过我军艰苦细致的思想争取工作,数千名凶残顽固的日军官兵在投诚和被俘后,成立了"日本士兵觉醒联盟""在华日人反战同盟"等组织,配合八路军、新四军对日军展开宣传争取工作。

解放战争时期,我军更是创造了大规模瓦解敌军和改造投诚、起义部队的辉煌战绩。在这一时期,国共双方的兵员损耗都很大,但解放军在每次战役后,都能迅速补充兵员。这些补充兵员,一部分来自解放区参军入伍的老百姓,而更多的则是战场上被俘的国民党士兵。经过忆苦思甜会、官兵联欢、解放区家乡变化介绍等思想教育后,这些穷人出身的俘虏兵深刻体会到解放军官兵一致、内部团结的和谐氛围,几乎是一夜之间,他们就变成了解放军战士。在这种示范作用带动下,整师整军的国民党军队阵前起义，一大批国民党官兵掉转枪口，成为英勇的解放军指战员。整个解放战争期间，国民党官兵起义、投诚和接受和平改编的共有170余万人。毛泽东同志曾经说过："我们的胜利不但是依靠我军的作战，而且依靠敌军的瓦解。"

解放军瓦解敌军，不只靠政治教育，更注重善待、优待俘虏，以实际行动做到了孙子所说的"卒善而养之"。1955年人民解放军首次授衔就很能说明问题。这次授衔中，一些原国民党军队的军官被授予人民解放军军衔，其中有的被授予将军军衔。比如：

陶峙岳、陈明仁、董其武3人为上将；

孔从洲、韩练成、曾泽生3人为中将；

邓兆祥、张世珍、林遵、魏镇4人为少将。

此外，还有大校6人，上校26人，共3098人获得授衔。

从这些数据不难看出，解放战争期间，解放军人员越打越多，战术水平越打越高，"善俘""优俘"的政治工作做得好，无疑是非常重要的原因。

善待对手，便可转化对手，从而使自身"胜敌而益强"。各领域也都有转化竞争对手、减少对抗阻力、增强自身实力的问题，不妨借鉴孙子"胜敌而益强"的思想，灵活地想一些办法，使自己的朋友变多，对手变少。

（六）制胜原则："兵贵胜，不贵久"

【原文】

故兵贵胜，不贵久①。

【注释】

①兵贵胜，不贵久：贵，重也。胜，速胜。曹操注："久则不利，兵犹火也，不戢将自焚也。"

【译文】

所以，用兵作战贵在速战速决，而不宜旷日持久。

【新解】

《作战篇》的主要谋略思想，层层递进，前后呼应。比如，先讲务必做好充分的战争准备，再讲"取用于国，因粮于敌""智将务食于敌"，从敌国战场上获取各种作战物资，甚至"车杂而乘之，卒善而养之"，缴获敌军的战车、官兵，转化成为我方的作战力量。那么，这一切谋略措施的目的何在呢？孙子的回答是："兵贵胜，不贵久。"

孙子认为，只有备足了战车、兵器，拥有充足的作战官兵，才有足够的力量争取速战速决的胜利。孙子这个观点并不是讲条件、要价码，而是确切地道出了一条战争的客观规律。

这句话的意思很明白，就是强调速战速决，但文字表述上有点令人费解。各个版本的《孙子兵法》都写作"兵贵胜，不贵久"，查一查各家注释，发现他们都将"胜"注释为"速"。比如，有的注释为"贵速胜疾还也"，强调快打快撤。显然，在古代注释家的理解中，"胜"即"速胜"。因为，孙子说过"兵久而国利者，未之有也"。所以，孙子所说的"胜"就是"速胜"。

为什么不直接说"兵贵速，不贵久"呢？因为，行动迅速并不一定能获得胜利。相比之下，还是"兵贵胜"更符合战争规律。曹操从反面分析："久则不利，兵犹火也，不戢将自焚也"，认为战争打久了，若不能迅速收手，就如同玩火自焚。这些解释虽然角度不同，却都切中肯綮。可见，孙子此话就是要求打仗务必速战速决，不能拖拖拉拉、旷日持久。这也是《作战篇》的核心思想所在。

之所以追求速胜，反对持久，原因就在于孙子上文分析的因久战不决造成的三大危害：一是军队战斗力衰竭，二是国家财力空虚，三是外敌乘虚而入。这些危害足以导致国破家亡，这样的战争不仅不能赢得利益，反而赔本，所以一定要尽力避免。最有效的办法，就是争取速战速决。

我在给北大学生讲《孙子兵法》时，曾经有学生提出两个问题。第一个问题是，孙子讲速战速决，毛泽东讲持久战，为什么两位军事家观点完全相反？第二个问题是，日本人想3个月速战速决灭亡中国，结果失败了，中国人14年持久抗战，结果胜利了。究竟是速决战好，还是持久战好？

恐怕有必要从两个方面回答这两个问题。

首先，孙子与毛泽东所处的战略态势不同。孙子处于春秋争霸时期，他撰写兵法13篇的主要目的就是帮助吴王争夺天下霸主地位。而且当时的吴国是南方的大国，实力雄厚，既然要争夺霸主地位，就得主动出击，采取进攻方式去打垮敌军，征服敌国。所以，《孙子兵法》的谋略思想基本上倾向于战略进攻，很少讲防守。毛泽东提出持久战则因当时处于中日力量极度不平衡的情况下，毛泽东何尝不想尽快赶走日本侵略者，但日本的经济、军事实力远远强于中国，中国完全没有能力取得速胜，只有通过持久对抗，不断消耗日本的国力和军力，实现敌我双方力量对比的整体转变，为最终的战略反攻创造条件。

所以，毛泽东提出持久战的方针。

其次，孙子的速决战与毛泽东的持久战，表面上不同，精神实质却基本一致。两种理论都强调持久和速决的转化关系，持久是速决的基础，没有经过持久备战，就不可能具备速战速决的作战能力；速决是持久的目的，持久备战只有通过速战速决才能最终转化为胜利的成果。孙子说的"兵贵胜，不贵久"，强调的是与敌军直接交战之际一定要速战速决，但是动作能不能快得起来，完全取决于战前的准备过程。《作战篇》中孙子说的"兵闻拙速，未睹巧之久也"，强调的就是只有在战前下了一番功夫，老老实实、一五一十地认真准备，一旦打起来才有可能行动迅速，速战速决。孙子是这么说的，也是这么做的。比如，孙子和伍子胥"三师疲楚"之计，在长达6年的时间里来来回回调动楚军。古代的"三"一般不是实际的"三"，而是"多"。"三师疲楚"，就是小群多路、持久地消耗楚军，为最终的战略偷袭做准备。这就把平时持久备战与战时速战速决有机地结合了起来。毛泽东的持久战理论讲究的也只是战略上的持久，通过敌后游击战，一点一点地消灭敌人，但凡大一点规模的战役，也讲究速战速决。如平型关战斗、百团大战等主要战斗，特点都是短平快，快打快撤。所以，毛泽东的持久战也是为最后的速决战做准备。

至于说日本企图三个月速战速决征服中国，却落得个战败投降的下场，这并不是速决战理论本身的错，关键在于日本进行的是侵略战争，不得人心，最终必定失败。同时，从纯军事上来说，日本也没有认清速决与持久的关系，战略野心太大。速决战来不得一厢情愿，必须以实力为基础。尽管当时日本经济、军事实力比中国强，但它毕竟是个小国，战争潜力小，持久作战能力差。中国是个大国，有巨大的战争潜力，战略空间大，经得起耗，而且在耗的过程中，力量不断增强，最终得以集聚巨大的力量实施战略反攻。

进入21世纪，速战速决更是成了名副其实的战争制胜法宝。2003年的伊拉克战争，美军只用了21天就攻入了巴格达，结束了战争。2008年的俄罗斯格鲁吉亚战争仅几天就休战，转入谈判。2001年开始的阿富汗战争和2011年发生的利比亚战争持续时间相对长一些，但也是断断续续的，双方真正的交战时间都很短暂。可以预见，速战速决是未来战争的常态。

现代战争虽然交战时间短暂，作战准备、作战保障却表现出"持久"的特点。1991年的海湾战争，交战只有42天，但美军向海湾地区运送作战部队和各种作战物资、进行战场布势、营造作战态势及组织多国部队，花了将近半年时间。

现代军事理论中有一种说法：战争胜负并不取决于双方交战的具体某一时刻，而取决于双方战前的准备，交战时刻的胜负不过是对战前准备的一次公开检验而已。一个国家平时没有战争准备，舍不得军事投入，武器装备落后，军事训练水平不高，战争来临之际怎么能够速战速决。曾经听到个别人说，武器装备、战备建设纯粹是烧钱的玩意，产生不了任何利润，要那么多干什么？可以少搞一点，少拨点军费嘛。说轻一点，这种观点是缺乏军事常识；说严重一点，这是误国误民的谬论。等到战争来临时再着手战争准备，再临时搞武器装备、战场建设，一切都来不及了，其结局必然是战败。今天的中国建设得如此之好，与革命战争时期大不一样。抗日战争时期可以以空间换时间，让对手暂时占领一些地盘，分散对方的兵力，削弱他的力量，我方则赢得力量转换的时间。今天，我们国家建设初具规模，任何重要城市和地区的丧失都会产生巨大损失。所以，还得重申那句真理："备战才能止战，能战方能言和。"

现代社会已经进入快节奏时代，出现了快餐、快播、快递、快网、快车，等等，一切都空前快速。因此，在当今时代，孙子"兵贵胜，不贵久"的思想不仅适应现代战争的要求，而且适应各个竞争领域的共同要求。我们不妨将孙子的话换个词，改作"干大事贵胜，不贵久"。当代竞争讲究下先手棋，快鱼吃慢鱼。但是，与战争领域一样，各竞争领域的"速胜"都不可能一蹴而就，一夜暴富、一步登天的事情极其罕见。只有功夫在前，打牢基础，才有可能快、准、稳、狠地把握各种发展机会，干出一番大业。

（七）速战速决，取决于主将是否"知兵"

【原文】

故知兵之将①，生民之司命②，国家安危之主③也。

【注释】

①知兵之将：知，识。《周礼·大司徒》："六德：知仁圣义忠和。"郑玄注："知，明于事。"此谓懂得用兵的将帅。

②生民之司命：司，《诗经·羔裘》："邦之司直。"毛亨传："司，主也。"此谓民众命运的掌握者。

③国家安危之主：主，《管子·形势解》："主者，人之所仰而生也。"曹操注："将贤则国安。"此谓国家安危的主宰。

【译文】

懂得用兵之法的将领，是民众生死的主宰、国家安危的柱石。

【新解】

这句话具有双重作用，既是本篇的结束语，又是对全篇思想的总结。这句点睛之笔需要说明的是，能不能做好充分的战争准备，能不能保证速战速决，最终取决于有没有"知兵之将"，或者将领是不是"知兵"。

战争是人与人之间的搏斗，既搏力量，更斗智慧。一般来说，力量强大和占有优势的一方往往拥有战争中的主动权，获胜的可能性更大。然而，力量只是为胜利奠定基础并提供可能性，要将可能性变为现实，还要正确发挥人的主观能动性，即通常所说的"斗智"。正如毛泽东指出的，"战争的胜负，固然决定于双方军事、政治、经济、地理、战争性质、国际援助诸条件，然而不仅仅决定于这些；仅有这些，还只是有了胜负的可能性，它本身没有分胜负。要分胜负，还须加上主观的努力，这就是指导战争和实行战争，这就是战争中的自觉能动性。"（毛泽东，《论持久战》）仔细分析，孙子这句话强调的也正是这个意思。速战速决固然是落实战略决策的重要方法，但要真正在战争进程中用好这种方法，还需要考虑很多因素。军队有多少人马，国库有多少资金，能不能在敌国就地补充资源，固然都是非常重要的，但能不能速战速决，关键还在于将领是否有足够的智慧。

在这里，孙子提出了一个具有跨时代意义的概念——"知兵之将"。古代汉语中"知"与"智"相通。"知兵"，不是说认识几个士兵，而是指精通打仗的规律和用兵的奥妙。"知兵之将"，是指精通兵法、英勇善战的"智将"。孙子认为，这样的将领才有可能用好、用活各种作战物资，才有可能在战场上想办法及时补充作战损耗，更有可能采用灵活的战略战术赢得作战的胜利。所以，这样的将领才是"生民之司命，国家安危之主也"。

"生民之司命"在流传过程中有些文字出入。宋朝《十一家注孙子》本作"生民之司命"，《武经七书》本无"生"字，还有几种版本也无"生"字，改作"民之司命，国家安危之主也"。我认为"生"字并非多余，"生民"实际上是一个词组。《诗经·大雅》第十一篇就定名为《生民》，颂扬后稷生育万民。"司命"是天上的星官。《史记·天官书》说，天上的文昌宫有6颗星，其中第4颗就是司命。司命是定人死生寿夭的神。在孙子看来，智将就是保证民众生命的司命，同时也是国家安全的主宰者。其地位重要，作用巨大，非一般人所能胜任。

然而，历史上不少人忽略了将领保证民众生命、维护国家安全的神圣职责，只喜欢其头顶上的光环，以为人人都可以获得这种光环。所以，有些人读了几本兵书就自诩为"智将"。典型的如战国时期的赵括，兵书倒背如流，以为指挥打仗如同喝蛋汤一样容易，结果长平一仗，被秦军将领白起的诱敌深入之计引入绝境，全军覆没。

可悲的是，赵括不是个例，历史上不乏其后继者。五代十国时期后梁将领刘鄩就是其中一个。刘鄩喜欢读兵书，号称"一步百计"。后梁最后一位皇帝朱瑱继位时任他为镇南军节度使。公元915年，后唐庄宗李存勖进军魏州（今河北大名东北），多次派主力部队攻打刘鄩营地，刘鄩避而不战，而皇帝又多次催促他出战。李存勖与诸将商议说："刘鄩学过《六韬》，喜欢灵活机动地用兵，本来打算等机会袭击我们，现在被朱瑱催逼，必然想速战。"于是，李存勖到处宣扬要撤军回太原，命令爱将符存审防守魏州，主力部队假装西归，实际上却秘密留在魏州东北面不远处的贝州（今河北省邢台市清河县城）。刘鄩果然向皇帝报告说："晋王西归，魏州没有防备，可以出击。"于是，刘鄩率兵万人攻打魏城东部，没想到李存勖从贝州迅速返回夹击。刘鄩突然看见庄宗的大军，惊恐地说："晋王还在此地！"并慌忙引兵撤退，唐军追击到故元城，李存勖与符存审结成两个方阵夹攻，刘鄩摆成圆阵抵抗。双方激战，战不多时，刘鄩大败南逃。

刘仁赡是五代时期南唐大将，比刘鄩小30来岁，差不多是同时代人。他虽然只略通兵书，却有勇有谋。毛泽东在读《新五代史·刘仁赡传时》批注："（兵书）略通可以，多则无益有害。"其中的"略通"二字很有讲究，说明读兵书不能食而不化，死记硬背，而要弄通其思想，掌握其精华，更重要的是在实践中灵活运用。毛泽东此言既指出读兵书的方法，也指出了成为知兵之将的主要途径。

孙子饱经战乱而有兵法13篇，克劳塞维茨与拿破仑大战多年而有《战争论》。这是规律，也是常理。它告诉人们，"知兵之将"只能产生于理论与实践的结合过程中，也只能产生于指导战争过程中自觉能动性的发挥之中。孙子认为，将领只有经过如此历练，才有可能真正成为足智多谋的智将，也才有可能在纷繁复杂的战场上巧妙地运用"取用于国，因粮于敌""务食于敌""车杂而乘之，卒善而养之"等谋略思想，从而越战越强，速战速决。

之所以说"知兵之将"的概念具有跨时代的意义，是因为当代国家安全和战争形态更加需要精通军事谋略、深谙指挥艺术、掌握现代技术、富有实战经验的智将，这样才能在未来战争中做到速战速决。

三

《谋攻篇》
逻辑思路及经典谋略

[篇题解析]

根据《孙子兵法》13篇的逻辑顺序分析,《计篇》《作战篇》《谋攻篇》应当同属第一层次,主要讲战略决策、战前准备、总体谋划的问题。《计篇》制定战略决策,《作战篇》展开战争物资准备,《谋攻篇》则筹划战略思路。诚如杜牧分析:"庙堂之上,计算已定,战争之具,粮食之费,悉已用备,可以谋攻。故曰'谋攻'也。"

顾名思义,"谋攻"即谋划攻战。"谋"的本义是咨询、计议、商量,引申为谋划、谋略。"攻"的本义是攻击、进攻。曹操注:"欲攻战,必先谋。"点出了篇名的要义,即为作战策划相应的谋略。本篇的中心思想是"不战而屈人之兵,善之善者也"。围绕这一中心,孙子从战略、战役,甚至战斗各层次入手,分析如何谋略攻敌,"上兵伐谋,其次伐交",尽量避免"攻城"之类拼实力、拼消耗的恶仗,争取以最小的代价赢得最大的胜利。《谋攻篇》可以说是13篇中写得最漂亮、最精练的。南北朝时期的著名文学理论家、文学批评家刘勰在《文心雕龙》中称赞:"孙武兵经,辞如珠玉。"北宋李淦在《文章精义》中赞叹孙子兵法"一句一语,如串八宝珍瑰",恐怕主要是指这一篇。

本篇围绕"不战而屈人之兵"这一战略思想,先后分析了全破关系、谋攻之法、攻城之法、用兵之法、用将之法、知胜之法，勾勒出孙子这一战略思想的完整体系，其思想主线大致可以分为八个步骤展开。

1. 开宗明义，通过全破的两种方式对比，提出"不战而屈人之兵"的战略思想。

2. 阐明实现"不战而屈人之兵"战略的主要途径是谋攻之法，并阐明其体系性、多样性和互动性。

3. 分析攻城作战的巨大损耗和必然结果，衬托谋攻之法的效费比，证明战胜对手的最佳方式是伐谋、伐交、伐兵、攻城互相配合，巧战而屈人之兵。

4. 重申谋攻之法，强调不仅应尽量避免攻城，而且在征服敌人、拔取敌城、毁坏敌国时都应尽量争取全胜，避免破胜，必须以全胜的战略争胜于天下。

5. 阐明用兵6法，强调在战争不可避免的情况下，要量力用兵，不可硬拼，核心仍然是以小的代价换取大的胜利。

6. 强调实现"不战而屈人之兵"战略的关键是将领，通过分析国君"患军"的三种现象，强调国君要注重御将方法，不宜管得过死，应当放手让他们发挥聪明才智，灵活指挥。

7. 阐明"知胜有五"为主要内容的知胜之道。

8. 最后强调"不战而屈人之兵"的根本基础在于搞清楚敌对双方的情况，这是用谋以及谋略是否成功的前提和基础。

（一）战略最高境界："不战而屈人之兵"

【原文】

孙子曰：凡用兵之法，全国为上，破国次之①；全军②为上，破军次之；全旅③为上，破旅次之；全卒④为上，破卒次之；全伍⑤为上，破伍次之。是故百战百胜，非善之善者也；不战而屈人之兵，善之善者也。

【注释】

①全国为上，破国次之："国"，国都，城市。春秋之"国"，其内涵与今不同。《左传·隐公五年》"郑人……伐宋，入其郛……未及国。"春秋之"国"主要指都城，或以都城为中心，以"郛""郭"为外城及其周围之"乡""遂"在内的地域。"全"，保全，完整。"破"，击破。曹操注："兴师深入长驱，距其城廓，绝其内外，敌举国来服为上；以兵击破，败而得之，其次也。"

②军：泛指军队，亦作为军队编制单位。《周礼·地官·小司徒》："五旅为师，五师为军。"曹操、杜牧注引《司马法》："一万二千五百人为军。"

③旅：《说文》："军之五百人为旅。"曹操注同。

④卒：古代兵制单位，百人为卒。卒长为百夫长。《周礼·地官·小司徒》："五人为伍，五伍为两，四两为卒。"

⑤伍：古代最基本的兵制单位，五人为伍。

【译文】

孙子说，战争的指导法则是，使敌人举国完整地屈服是上策，击破敌国就次一等；使敌全军完整地降服是上策，打败敌人的军就次一等；使敌人一个旅完整地降服是上策，击破敌人的旅就次一等；使敌人全卒完整地降服是上策，打败敌人的卒就次一等；使敌人全伍完整地降服是上策，击破敌人的伍就次一等。因此，百战百胜，还不算是最高明的，只有不经交战而使敌人屈服，才算是最高明的。

【新解】

孙子开门点题，提出了一个重要命题，即用兵之法，"全胜"为上，"破胜"次之，核心就是要力争"以谋制胜"。

估计有不少人不理解，"百战百胜"的将军为什么不是最好的将军？现在如果打一仗，获得胜利的将军立刻就会赢得鲜花、颂歌、勋章，并有机会得到提拔。若谁能够百战百胜，获得连续提拔的机会无疑会增大。

孔子曾说："学而不思则罔，思而不学则殆。"（《论语·为政》）强调的是读书不能光看文字表面，还要思考深层内涵。表面上看，"百战百胜"固然是好的，但是仔细想一想，一百仗打下来，哀鸿遍野、十室九空，杀伤破坏何等巨大。算一算战果，杀敌一千自损八百，获利极小，这叫得不偿失。再则，一个将军需要打一百次仗才能最终征服敌人，意味着他只擅长斗力，不擅长斗智。这种费劲大获利小、长于斗力短于斗智的将军当然算不得"善之善者也"。相比之下，"不战而屈人之兵"，即没有经过大规模杀戮，对交战双方都没有造成巨大的杀伤破坏，巧妙地征服敌人，可谓以小的代价获得大的胜利，其费效比最高，获利最大，最为智慧，当然是"善之善者也"。

孙子"不战而屈人之兵"的观点，体现了中国人崇尚和平、崇尚智慧的思想文化传统。在这个问题上，东西方思维差异很大。西方军事理论家克劳塞维茨认为，战争有"三无限"的特点：一是目的无限，以消灭敌人为最终目的；二是暴力无限，只要能够消灭敌人，有多少军力就使用多少军力；三是手段无限，为了消灭敌人，有什么手段就采取什么手段。在这种思想指导下，西方近代以来的战争规模越打越大，死伤越来越多。

由德、意、日发动的第二次世界大战就是最典型的例证。从 1939 年开始至 1945 年结束，参战国由欧洲几个国家发展为遍布全球的几十个国家和地区，战场范围由欧洲扩大到亚非大陆以及大西洋、北冰洋、太平洋、印度洋等广阔海域，作战手段由常规战争上升为使用原子弹的战争。与西方某些思想相反，中国人虽然也高度重视战争，但是反对暴力制胜，主张谋略制胜。或者说，中国人反对大规模杀戮，主张和平征服。正是基于这种民族思想文化传统，孙子提出："百战百胜，非善之善者也；不战而屈人之兵，善之善者也。"春秋时期墨子救宋的故事可谓运用这一思想的典型范例。

鲁国工匠公输盘为楚王发明并制作了云梯，用来作为楚军进攻宋国的利器。楚国强大，宋国弱小。墨子是宋国的大夫，一生崇尚和平，反对非正义战争，是"非攻"的倡导者。当他得知楚国将要攻打宋国的消息时，连忙来到楚国劝阻楚王和公输盘。但楚王和公输盘仗着拥有新式攻城器械，不为墨子的游说所动。墨子意识到，只有打消楚王和公输盘对云梯的迷信，才有可能打消其攻宋的企图。于是，墨子要求在楚王的大殿上让公输盘用他发明的云梯，模拟进行攻打宋国的场景，而自己则用衣带作城池，以木片作防守城墙的武器，采取各种准备好的策略——化解云梯的进攻。公输盘 9 次变着法采用云梯等攻城器械猛攻，墨子9次灵活应对，结果"公输盘之攻城械尽，子墨子之守圉有余"（墨子，《墨子·公输》），公输盘输得心服口服。

这种最早的军事模拟演习让楚王清楚地看到，宋国不惧怕云梯，如果攻宋必定无功而返。演习结束后，墨子匆匆赶回宋国，组织自己的300弟子及百姓加紧战备，严阵以待。楚王鉴于演习失败，又加上宋国有了防备，不得不放弃侵宋的计划。墨子就这样不费"一枪一弹"救了宋国，达到了"不战而屈人之兵"的目的。

弦高犒师退秦军、诸葛亮七擒孟获，都是未经大战而屈服了敌人，堪称"不战而屈人之兵"的范例。所以说，孙子这一思想并非天方夜谭，而是从大量战争实践中总结出来的经验，是中国农耕文明智慧的结晶。

这么说来，不经交战就可以使敌人放弃进攻，孙子所说的"不战而屈人之兵"是不是意味着压根就不需要战争，纯粹用谋略、外交等和平手段就可以了呢？如果深入了解上面提到的几个故事，你就会意识到墨子救宋、弦高犒师都只是暂时缓解矛盾，并没有真正征服敌人。从古至今，征服敌人最终都是要通过战争。所以，相比较而言，孙子认为"不战而屈人之兵"比"百战百胜"费效比更高，更应予以重视。这就好比人们在从事重大活动时，往往会准备多个备选方案。在理想条件下，可能会选择最为理想且效益最大的方案；在面对现实限制时，可能会选择一个更为实际可行的方案；在最不利的情况下，则可能会采用风险最低或损失最小的方案。常人的思维大多是尽最大努力争取实现理想方案，但通常还是按现实方案办事。孙子的思想其实也就是这么简单，战争与和平之间，尽最大努力争取和平，但不放弃战争。所以，《谋攻篇》一开头便连用5个排比句，阐明"五全五破"，即："凡用兵之法，全国为上，破国次之；全军为上，破军次之；全旅为上，破旅次之；全卒为上，破卒次之；全伍为上，破伍次之。"

这5个排比句，反映的是春秋时期战争的规模和层次。"国"，指国都，借指举国交战；"军"是当时最高一级军事编制单位，12500人为一军；"旅"是基础单位，500人为一旅；"卒"是较低一级单位，100人为一卒；"伍"是最小单位，5人为一伍。"全"与"破"大致就是和平与战争两种手段。"全"即用谋略攻敌，不战而胜，赢得完全胜利。"破"则是用战争手段打败敌国，战而胜之。"五全五破"意味着在孙子的思想中，不论是举国交战，还是战场野战，甚或小规模战斗，各个层次的斗争都必须"全为上""破次之"。首选不战而胜，次选交战而胜，两手并用，互相配合。它既是战略思想，也是战役、战术思想，应当贯穿战争全过程。

可见，"不战而屈人之兵"是一种大智慧，也是超越竞争常规的智慧，不仅贯穿战争全过程，也贯穿人类各种竞争领域之中。怎样既征服对手的意志，又不造成双方重大损伤；既获得期望的利益，又避免遭受巨大的破坏，这是各领域竞争都有必要思考的共性问题，不妨从孙子的谋略中寻求一些智慧的启迪。

（二）实现"不战而屈人之兵"的四大招数

【原文】

故上兵伐谋①，其次伐交②，其次伐兵，其下攻城。攻城之法为不得已。

【注释】

①上兵伐谋：上兵，用兵作战的上策。张预注："兵之上也。"伐谋，用智谋使敌人屈服，曹操注："敌始有谋，伐之易也。"

②伐交："交"，结交、外交。李筌注："伐其始交也。"孟氏注："交合强国，敌不敢谋。"故"交"释以"外交"为善。即以外交途径战胜敌人，瓦解敌之联盟，巩固和扩大自己的联盟。

【译文】

所以，用兵作战的上策是挫败敌人的战略方针，其次是挫败敌人的外交关系，再次是打败敌人的军队，下策才是攻打敌人的城池。

【新解】

孙子提出的"不战而屈人之兵"的思想充满智慧，符合人们追求和平的美好愿望，因而深受世界各国人民的青睐和赞誉。日本企业家兼《孙子兵法》研究家服部千春说："《孙子兵法》不是打仗的，《孙子兵法》是教人和平的，是和平主义者，是不战主义。"（服部千春，《孙子兵法校解》）其理由就是孙子以"不战而屈人之兵"为用兵打仗的最高境界。曾任美国总统的里根也认为："2500年前，中国的哲学家孙子说'百战百胜，非善之善者也；不战而屈人之兵，善之善者也'是指真正成功的军队是这样一支军队——由于其力量、能力和忠诚，它将不是需要用来打仗的一般军队，因为谁都不敢向他寻衅。"简单地说，真正成功的军队只需要威慑对手，而不需要实际打击对手。

这些评价充分肯定了"不战而屈人之兵"中崇尚和平的思想成分，也不乏溢美之词，但不可全信。其实，他们心里十分清楚，战争与和平是一对孪生兄弟，哪有只讲和平不讲战争的兵书，哪有只管威慑不管打仗的军队。作为见多识广的企业家、政治家，他们完全知道孙子这句话的潜台词，但有时可能更倾向于强调那些受众更乐于听到的方面。

那么，孙子此言的潜台词究竟是什么呢？回答这一问题之前，有必要先了解一下孙子惯用的表达方式。孙子和老子、孔子等先秦哲学家一样，非常注重运用夸张、比喻的手法来强调某种重要的思想观点。例如讲攻防问题时，他强调"善守者，藏于九地之下；善攻者，动于九天之上"。"九"是单数之极，"九天""九地"则是最高、最深之处。那么何处为最高？何处为最低？这是无法确定的。显然，孙子的目的在于以这种夸张的比喻说明攻防问题上隐蔽待机和突然行动的重要性。由此可知，所谓"不战而屈人之兵"，其中的"不战"二字，并非表示完全否定，也并非否定一切战争，而是突出强调要尽可能避免直接交战，或者将战争规模限制在尽可能小的范围内，把杀伤破坏降到最低的程度，从而迫使敌人屈服。联系"不战而屈人之兵"后面的一句话，能够更加清楚地看出"不战"二字的真正含义。

孙子说："故上兵伐谋，其次伐交，其次伐兵，其下攻城"。其中的"上兵"，即用兵作战的上策。上策是追求最理想的状态，伐谋伐交，不战而胜；中策是谋求比较理想的状态，在伐谋伐交的基础上小战而胜；下策是立足最现实的状态，伐谋伐交伐兵多手并用，巧战而胜。这里的"上""其次""下"这些字眼并不是割裂关系，也不是多选一的关系，而是主次、先后的关系。一般是先斗智，伐谋伐交，然后是斗力，伐兵攻城。伐谋、伐交、伐兵、攻城多手并用，打组合拳。应当说，古老而美丽的北京城能够保存到今天，多亏毛泽东当年灵活运用了这一谋略思想。

1948年11月初，辽沈战役胜利，当时，在河北平山县西柏坡那个小村庄指挥解放战争战略全局的毛泽东已经清晰地看到了新中国的曙光，希望和平解放古老的北平城。当然，和平解放北平并不是把国民党军队赶跑就完事了，而是要降服其华北主力兵团。毛泽东分析，随着辽沈战役的胜利和淮海战役的顺利发展，位于平津地区的蒋系部队向南撤退的可能性增大，一旦蒋系部队南撤，傅系部队亦必将西逃。如果蒋介石采取撤退方针，人民解放军虽可不战而得平、津等大城市，但国民党军加强了长江防线，对于之后渡江作战不利。于是，毛泽东面临的首要问题是如何"伐谋"——打消蒋介石、傅作义逃跑的念头。11月18日，毛泽东命令刚刚取得辽沈战役胜利的东北野战军停止休整，提前入关，在华北军区主力协同下提前发起平津战役。12月11日，毛泽东指示平津前线领导人，为了不使蒋介石、傅作义下定决心迅速放弃平津向南逃跑，在两周内的基本原则是"围而不打，隔而不围"。具体来说，对北平西面的新保安、张家口等地，我们要采取包围但不直接攻击的策略；对北平以及北平东面的天津、唐山等地，则进行战略性阻隔，不作全面包围，以稳住华北地区的国民党军，避免使其狗急跳墙。局势的发展，正如毛泽东所预料。12月中旬，傅作义将华北"剿总"司令部由北平西郊迁入城内，放弃唐山、芦台，加强塘沽的防守。随着东北野战军和华北野战军的步步逼迫，傅作义集团西逃和南逃的道路已全部被切断，这只"惊弓之鸟"

变成了"笼中之鸟",欲逃无路,"伐谋"成功。

其次是伐交,动员社会各界力量劝傅作义走和平道路,让北平地下党组织对傅作义展开一系列"伐交"。12月中旬,傅作义邀请许德珩、徐悲鸿等20多位知名学者、社会名流到中南海座谈,分析时局。与会者一致认为只有和平才是唯一出路,纷纷呼吁傅作义走和平起义道路。与此同时,平津前线指挥部也派专人与傅作义谈判。"伐交"也取得了一些成效。

再次是伐兵,以战促和。与傅作义的和平谈判进展并不顺利,傅作义自以为尚有55万大军,要价很高,谈判陷入僵局。在此期间,毛泽东命令西面部队发起攻击。12月22日,我军首先攻占了新保安,歼灭敌主力35军军部和两个师。24日,又解放了张家口,全歼守敌第11兵团所属的1个军部7个师。两仗下来,傅作义直接吃到苦头,只得赶快叫停,继续谈判。

最后是攻城,最终解决问题。1949年1月14日,为了让傅作义集团彻底丢掉幻想,人民解放军对天津警备司令部发起总攻,主力从东、西两面实施对进突击,兵锋直指天津中部。进攻发起前,国民党华北"剿总"副司令邓宝珊与人民解放军代表谈判时声称,解放军不可能迅速攻占天津。然而,令他没想到的是,如此固若金汤的城市防御,只经29小时激战就被攻克了。天津失守,北平就完全变成了一座孤城。北平剩余的20万守敌,在我军严密包围之下完全陷入绝境。经过各方艰苦努力,1月16日,双方达成了北平和平解放的初步协议。傅作义最终接受我军的和平条件,率部出城接受改编。1月31日,东北野战军第四纵队在人民群众的欢呼声中进入北平接管防务,古都北平宣告和平解放。

和平解放北平,既是毛泽东高超战略思想赢得的胜利,也是人民解放军的优势实力打出来的胜利。如果不是拥有超过傅作义一倍的兵力，没有打下新保安、张家口和天津，完成对北平的全面包围，傅作义恐怕也不会轻易打开北平大门。由此可见，实现"不战而屈人之兵"，不仅需要伐谋、伐交、伐兵、攻城多种手段并用，更需要以强大的军事实力作坚强的后盾。显然，这是一种把理想与现实、战争与和平、斗力与斗智结合起来的战略思想，是一种"巧战而屈人之兵"的大战略思想，堪称战略思维的最佳境界。

日本学者兼评论家会田雄次曾说："《孙子》是一针见血地道出了人类竞争社会之本质的兵书。……人类的心理从古到今是不变的，因此，《孙子》的学说，在人与人、人的群体与人的群体之间所竞争的方方面面，是可以超越时代而被加以应用的，这样说并非夸张过分。"这段评论应当说是读懂了《孙子兵法》。确实如此，凡事最好不要只使用单一手段，或者直接硬碰硬，将类似于伐谋、伐交、伐兵、攻城的多种手段综合运用，效果可能更好。

（三）避免攻城式消耗战，巧战而屈人之兵

【原文】

攻城之法为不得已。修橹轒辒①，具器械②，三月而后成，距闉③又三月而后已。将不胜其忿，而蚁附④之，杀士三分之一，而城不拔⑤者，此攻之灾也。

【注释】

①修橹轒辒：修，《国语·周语》"修其簠簋"，韦昭

注:"修,备也。"曹操注:"修,治也。"橹,曹操注:"大楯也。"轒辒,古代攻城用的四轮车,用排木制作,外蒙生牛皮,下可藏十数人。

②具器械:具,修置,准备。此句言置备攻城的各种器用、械具。

③距闉:杜佑注:"距闉者,踊土积高而前,以附于城也。积土为山曰堙,以距敌城,观其虚实。"闉通"堙",意为攻城而堆积的向敌城推进的土丘,用来观察敌情、攻击守城之敌,既可于其上施放火器,又便于登城,是古代攻城必修之工事。

④蚁附:曹操注:"使士卒缘城而上,如蚁之缘墙。"蚁,名词用作状语,意为"如蚂蚁一样"。

⑤拔:破城而取之曰拔。《汉书·高帝纪》:"攻砀,三日拔之。"

【译文】

攻城的办法只有在万不得已时才使用。制造攻城的蔽橹、轒辒,准备各种攻城器械,需要花费3个月的时间。构筑攻城的土山又要3个月才能竣工。将帅控制不住自己愤怒的情绪,驱使士卒像蚂蚁一样去爬梯攻城,结果士卒伤亡了1/3,而城池依然未能攻克,这便是攻城所带来的危害。

【新解】

在"上兵伐谋,其次伐交,其次伐兵,其下攻城"的谋略体系中,孙子把攻城列为最后的手段。为什么如此排列呢?

中国是个古老的农业文明国家,我们的祖先很早就知道用垒墙筑城的办法抵御外族掠夺或野兽侵袭,以保护辛勤劳作的成果。考古发掘证明，中国构筑城池，起源于原始社会向奴隶社会的过渡时期，大约在夏王朝建立的前后。随着战争的出现，以及兵器和战术的发展变化，筑城技术进一步发展，城池规模越来越大。商周时期，坚固城池成为统治阶级对外进行防御、对内实行统治的基地。历代统治阶级都把城池的得失作为战争胜负的主要标志，把构筑和加强城池筑城体系作为国家设防的重点。城池筑城体系，一般有高墙、壕沟等主要防护设施；锯齿一样的垛墙，供守军观察、射击和投石；城墙上下还有门洞、甬道、暗道，便于部队出击和机动。此外，在城池外围的交通要道上构筑关城和堡城，作为城池防御的前哨阵地。

不难想象，在以长矛大刀为主战兵器的时代，攻打如此完备且坚固的城池何等困难。无怪乎向来注重战争费效比的孙子，面对"固若金汤"的城池，也只能提出"攻城之法为不得已"。攻城之法为什么"不得已"？孙子进一步分析说："修橹轒辒，具器械，三月而后成，距闉又三月而后已。将不胜其忿，而蚁附之，杀士三分之一，而城不拔者，此攻之灾也。"

孙子的话概括了攻城作战的"三步曲"。

第一步是"修橹轒辒，具器械，三月而后成"。也就是说，这些攻城器械往往需要 3 个月时间才能准备齐全。

第二步是"距闉又三月而后已"。这种土方工程又需要 3 个月时间才能完成。

第三步是"将不胜其忿，而蚁附之，杀士三分之一，而城不拔"。在先秦语言中，"三"和"九"往往都不是实数，而是泛指，代表"多"。前后两个"三月"，泛指第一步、第二步都花去多个月时间，长时间攻不下敌人城池。这种情况下，有些将领很可能控制不住自己愤怒的情绪，驱使士卒像蚂蚁一样爬梯攻城，结果士卒伤亡了 1/3，而敌人的城池依然未能攻克。

孙子认为，这种耗时长、伤亡大、久攻不克的攻城之战得不偿失，是"攻之灾也"，应当尽量避免。

1235 年，窝阔台发兵攻宋。蒙古骑兵采取大迂回战略，从甘陕攻入四川，企图顺长江而下与诸路人马会师，直取南宋都城临安府（今浙江杭州）。战争前期，蒙古铁骑攻城略地，势如破竹。但是，1258 年却受阻于弹丸小城——钓鱼城。

1258 年 7 月，蒙古大汗蒙哥统兵 4 万，另有说法称 10 数万，自六盘山分兵三路进攻四川。十二月，攻占川西、川北大部州县，进抵武胜山，准备进攻合川钓鱼城。钓鱼城坐落在今重庆市合川区城东 5 千米的钓鱼山顶，其山突兀耸立，相对高度约 300 米。地处嘉陵江、渠江、涪江汇合处，南、北、西三面环水，壁垒悬江，城周筑有数丈高的石墙，南北各建有一条延至江中的一字城墙，江边筑设水师码头，布有战船，既可控制三江，又可为重庆提供屏障，是支撑四川战局的防御要塞，地势十分险要。蒙哥派降将晋国宝入钓鱼城招降，被守将王坚所杀。钓鱼城久攻不下，蒙哥命诸将"议进取之计"。术速忽里认为，屯兵坚城之下是不利的，不如留少量军队困扰之，而主力沿长江水陆东下，与忽必烈等军会师，一举灭掉南宋。然而骄横自负的众将领却主张强攻坚城，反以术速忽里之言为迂腐。蒙哥未采纳术速忽里的建议，决意继续攻城。

1259 年 2 月，蒙哥进驻钓鱼城东面不远处的石子山，亲自督军攻打钓鱼城。蒙军连续进攻钓鱼城的东新门、奇胜门、镇西门等处，但在守城军民顽强抗击下，均遭失败。尽管被围攻数月之久，钓鱼城内依然物资充裕，守军斗志高昂。饶有趣味的是，有一天南宋守军居然将两尾重 15 公斤的鲜鱼及百余张蒸面饼抛给城外蒙军,并附上书信,称再守10年,蒙军也无法攻下钓鱼城。相形之下,城外蒙军的境况就很糟了。蒙军久屯坚城之下,又值酷暑季节,加上水土不服,军中暑热、疟疾、霍乱等疾病流行,战斗力大减。王坚乘机多次夜袭蒙古军营地,使其人人惊恐,夜不得安。

蒙军攻城5个月而不能下,前锋元帅汪德臣便单骑至钓鱼城下喊话劝降,被城上投下的巨石击中,不久死于缙云山寺庙中。汪德臣之死,给蒙哥精神上以很大打击。蒙军入蜀以来,沿途所经各山城寨堡,多因南宋守将投降而轻易得手,尚未碰上一场真正的硬仗,没想到钓鱼城之战不仅消磨了大半年时间,而且还被对方打死了爱将。蒙哥更不胜其忿,决定亲自上阵,尽快拿下钓鱼城。七月二十一日,蒙哥亲临东新门外瞭望台,窥探城内虚实以便决战。岂料,一通石炮飞来,击垮了瞭望台,蒙哥被"炮风"(爆炸产生的巨大冲击波)所伤,几日后,蒙哥卒于军中。蒙古军遂撤围北还。

西方史学家称钓鱼城是"上帝折鞭之处"。因蒙军被迫北还,不仅使南宋得以延续20年,同时又遏止了蒙古大军西征欧亚大陆的步伐。在欧洲史学家看来,蒙古大军西征欧洲,是上帝派来惩罚欧洲的,但是,谁也没想到高扬的皮鞭竟然在钓鱼城被折断了。蒙哥,一代天骄,殒命坚城之下,教训极其深刻。

2003年伊拉克战争中,美军活用了第二次世界大战中美国海军的蛙跳战术,丢下几十万伊军不管,跳过伊拉克境内一个个坚城,直取首都巴格达,仅用21天就结束了战争。可见,孙子的忠告,对于现代战争,仍然具有指导意义。

其实,孙子的这一忠告也是生活中的智慧。生活中遇到难题,不要性急,更不能像蒙哥那样急于解决,频繁地正面强攻,结果一炮就没命了。遇事关键还得用智慧，还要有耐心，"上兵伐谋，其次伐交，其次伐兵，其下攻城"，需要一步步稳步推进，不可轻易使用攻城的下策。

（四）善战者追求"全胜"，力避"破胜"

【原文】

故善用兵者，屈人之兵而非战也，拔人之城而非攻也，毁人之国而非久也，必以全争于天下①，故兵不顿②而利可全，此谋攻之法也。

【注释】

①必以全争于天下：全，此言全国、全军。此句谓要用全胜的战略争胜于天下。

②兵不顿：兵刃不钝，兵锋未损。比喻战斗力未损，士气未挫。

【译文】

因此，善于用兵的人，使敌人屈服不用直接交战，攻取敌人的城池不用强攻，攻破敌人的国家不需旷日久战。一定要用全胜的战略争胜于天下，这样军队战力未损、士气未挫，而胜利却可以完满地取得。这就是用计谋攻敌的法则。

【新解】

利德尔·哈特是20世纪英国著名的军事理论家，他曾在格里菲思翻译的《孙子兵法》序言中回忆了会见中国学生的情景：

三、《谋攻篇》逻辑思路及经典谋略

"第二次世界大战期间,一名中国武官——蒋介石的学生——数次来见我。他对我说,我和富勒将军的著作是中国军事院校的主要教材。我听后问他,《孙子兵法》呢?他回答说,《孙子兵法》虽被奉为经典,但大多数年轻军官认为它已经过时,在机械化武器时代不再有多大研究价值。我说,他们现在应当就教于孙子,因为《孙子兵法》这本篇幅不长的书把我20多部书中所涉及的战略和战术基本原则几乎包罗无遗。"这段文字给我留下了很深的印象。

利德尔·哈特的代表性军事著作《战略论》在西方乃至中国影响很大,但他是《孙子兵法》的忠实粉丝。他在《战略论》的扉页上辑录了21条经典军事语录,其中15条取自《孙子兵法》。他尤其欣赏孙子"不战而屈人之兵"的思想,认为最完美的战略,就是那种不必经过战斗而能达到的战略,即"不战而屈人之兵,善之善者也"。受此启发,他提出了著名的"间接路线战略"思想。其核心思想是,把战斗行动尽量减到最低限度,避免正面强攻的作战方式,强调用各种手段出敌不意地奇袭和震撼敌人,使其在物质上遭受损失,在精神上丧失平衡,以达到不进行决战而制胜的目的。认真对比分析一下,不难发现这一思想的基本内容几乎就是从《孙子兵法·谋攻篇》翻译过去的,只不过被冠以一个醒目的现代名词而已。

孙子原话是:"故善用兵者,屈人之兵而非战也,拔人之城而非攻也,毁人之国而非久也。"也就是说,善于用兵的人,使敌军屈服不是靠硬打,攻占敌人的城池不是靠强攻,毁灭敌人的国家不是靠久战。尽管从古文到现代文,从中文到英文,再由英文到中文,具体文字形式有所变化,但基本精神完全一致。利德尔·哈特的贡献在于悟出了孙子"三非"的真谛即不是完全非战、非攻、非久，而是间接采取更为高明的办法使敌人屈服。这种更为高明的办法就是"必以全争于天下"。其中的"全"是指上文强调的"五全"，即全国为上、全军为上、全旅为上、全卒为上、全伍为上。完全、完整地保全自己国家和军队的同时，也尽可能避免打破对方的国家和军队。实现"全胜"的主要途径就是"谋攻"，即以"不战而屈人之兵"为代表的谋略制胜。孙子还特别强调了一个"必"字，要求必须以追求全胜为宗旨的谋略争胜于天下。因为，巧妙运用伐谋、伐交之类的谋略措施，很有可能使敌人的军队由强变弱，一战即溃；使敌人的城防由实变虚，一攻就破；使敌人的国都由治变乱，一举可得。这样的胜利当然就是"兵不顿而利可全"的胜利。古代汉语中，"顿"与"钝"相通。"兵不顿"是说自己的军队没有像刀砍钝了那样，遭受重大损失，而获得了完全、完美的胜利。孙子认为，这就是谋攻之法应有的效果。

随着人类文明的发展，孙子这一思想越来越适应于现代社会竞争的要求。先后两次世界大战中，战争双方长时间恶战、强攻，各参战国都饱受战争创伤。为了战胜对方，避免两败俱伤，西方战略家们将目光投向了《孙子兵法》。1986年，美国前总统吉米·卡特的国家安全事务助理布热津斯基在其《运筹帷幄》一书中提出："孙子说：'上兵伐谋'。进行持久的历史冲突，情况亦然。模仿孙子的话来说，美国欲在美苏争斗中不战而胜，上策是挫败苏联的政策和利用苏联的弱点。"

美苏都是超级核大国，都拥有毁灭对方，甚至毁灭地球的核武器，因此彼此之间不敢打仗，一旦大打出手则很可能使人类终结。但是，争夺世界霸主地位的斗争又使得双方不能善罢甘休。于是，双方在尽力避免战争的同时，不遗余力地展开各种明争暗斗。美国从军事、政治两方面同时下手。

军事上，美国人怂恿苏联搞军备竞争。1983年3月23日，时任美国总统的里根发表电视讲话，宣称将要实施所谓的"战略防御计划"（Strategic Defense Initiative，简称SDI），后来被称为"星球大战计划"（Star Wars Program）。"星球大战计划"的最终目标是彻底消除苏联核武器对美国的威胁；着眼点在于利用美国的技术优势，对苏联导弹进行多层次、多手段拦截，使对手的核武器失去作用；同时，计划攻击苏联部署在空间的卫星，以配合自己的进攻性武器打击对手。这一计划，极大地刺激了苏联，诱使其不断加大军事投入，争夺太空领域的掌控权。1985年苏联军费达到1100亿美元，占当年财政支出的1/3，如此大的军事投入，几年下来，很快就拖垮了苏联本已十分脆弱的经济。

政治上，美国人想方设法向苏联人民灌输西方文化观念，搞乱其思想；大量培植所谓民主党派和组织，瓦解其政府；极力吹捧苏联领导人戈尔巴乔夫的"新思维"，迷惑苏联人民心智。一系列复杂的因素，无形中推动强大的苏联一步步走向变化和动荡。1991年12月25日，克里姆林宫上空飘扬了71年的镰刀铁锤图案国旗缓缓降落，俄罗斯白蓝红三色旗升上了旗杆。

毋庸讳言，美国人确实做到了孙子所说的"屈人之兵而非战也，拔人之城而非攻也，毁人之国而非久也"。

继搞垮苏联之后，为了维护其一超独霸的国际地位，美国继续推进"不战而胜"战略，把矛头指向了更多国家。

中国孙子兵法研究会副会长吴如嵩先生曾经指出："美国的'不战而胜'战略，完全阉割了孙子'不战而屈人之兵'的精神实质,把本来立足于崇尚和平、主张慎战、倡导天下大同的和合文化的战略观念歪曲为霸权主义的理论武器,这是我们必须引起高度警惕的。"先生此言一针见血,入木三分。回首美国搞垮的这些国家,哪一个恢复了元气?它们至今都是长期动荡,民不聊生。俄罗斯从苏联的废墟上勉强站起来,美国接着又展开一系列经济制裁、政治围堵、军事对峙措施,欲置之死地而后快。这与孙子只求征服敌人意志、尽量减少杀伤破坏的"全胜"观念大相径庭。

(五)"全胜"基础是实力,量兵力定战法

【原文】

故用兵之法,十则围之①,五则攻之,倍则战之,敌则能分之②,少则能逃③之,不若则能避之。故小敌之坚,大敌之擒④也。

【注释】

①十则围之:"十"与下文"五""倍"皆言我与敌相比,我所处的力量地位。"十"即十倍于敌。此言绝对优势,但非一定为实数之十倍。

②倍则战之,敌则能分之:倍,比敌人多一倍。敌,即匹敌。言我方有多一倍于敌人之力量则可战而胜敌,双方势力大体均等则分割围歼。

③逃:与下文"避"异文同义,指主动地采取不与敌争锋的办法,并非消极地逃跑。

④小敌之坚,大敌之擒:之,此为"若"义。

【译文】

所以用兵的原则是：有10倍于敌人的兵力就包围他，有5倍于敌人的兵力就进攻他，有2倍于敌人的兵力就要战胜他，有与敌人相等的兵力就要分割他，兵力少于敌人就要退却，实力比敌人弱就要避免决战。所以，弱小的军队如果只知硬拼，就会变成强大敌军的俘虏。

【新解】

谋攻之法，其核心就是尽量追求全胜，力避破胜。但是，在伐谋、伐交还不足以最终征服敌人的情况下，孙子也主张伐兵、攻城。伐兵、攻城属于战役、战斗行动了，这样是不是就可以不顾一切地猛攻猛打了呢？

先看一看孙子原文是怎样说的："故用兵之法，十则围之，五则攻之，倍则战之，敌则能分之，少则能逃之，不若则能避之。故小敌之坚，大敌之擒也。"这段话中，孙子分析了6种兵力对比的情况，并相应提出6种不同的战法，可概括为"用兵六法"。

"十则围之"意思是说，我方有10倍于敌的兵力就可以包围敌人，或者迫使其投降，或者一举歼之。

"五则攻之"意思是说，我方兵力是敌人的5倍时，就可以强攻歼敌，速战速决。

"倍则战之，敌则能分之"，这两句话在流传过程中出现了两个版本，文字有点差异。三国以后的传世本都写作"倍则分之，敌则能战之"，其中的"倍"，指两倍；"敌"，指匹敌。整句话的意思是，有两倍于敌的兵力时，就分割它，各个击破。与敌人势均力敌、旗鼓相当时，就决一死战，决战决胜。《孙子校释》一书中,作者认为传世本上的这种写法与战争常理似有不符。因为,有两倍于敌时的兵力仍然拥有优势,应当是"战之"。与敌人兵力相当时,无优势可言,反倒应当是"分之"。这种情况下"战之",必定是恶战,造成双方巨大损失,这就与孙子主张集中兵力、避实击虚的一贯思想不一致了。而且,这些专家还找到了一些历史上的依据。比如,《史记·淮阴侯列传》有云:"吾闻兵法:'十则围之,倍则战'。"《资治通鉴》载武德元年陈智信、单雄信说李密亦云:"兵法曰:'倍则战'。"据此,《孙子校释》的作者认为,此句当为"倍则战之,敌则能分之"。这么一调整,思路就通顺了。有两倍于敌的兵力时就可以全力以赴,战而胜之;与敌兵力相等时就要设法分散敌人,再各个击破。按军事常规和孙子的一贯思想来看,这样校正确实有道理。但是,也不能完全否定传世本的说法。孙子固然很看重集中兵力、避实击虚,但是他也强调"死地则战""疾战则存,不疾战则亡",用现在的话来说就是,该亮剑的时候就要敢于亮剑,该决战的时候就要敢于决战。所以,"倍则分之"仍然是承接上文的谋略思想,就是要想办法分割敌人,谋求绝对优势;"敌则能战之",则是讲特殊情况,在既不占优势,又不处于劣势,且非战不可的时候,就只能狭路相逢勇者胜了。这也是战争中常有的事情。所以,传世本的这种说法也有道理,我们不妨兼而有之,灵活理解。

"少则能逃之"与"不若则能避之"中的"逃"与"避"互文见义,都是喻指摆脱强敌,避免不利情况下的交战,而不是逃跑、投降。《计篇》中的"实而备之,强而避之"与此思想一致。在孙子看来,兵力"少"和实力"不若",都要理智地回避决战,先退一步,等强弱转换之后,再反戈一击。《三十六计》

中的"走为上",大概源于此。

这6条"用兵之法"各有特色,围、攻、战、分、逃、避,要根据不同的兵力对比情况灵活运用。虽然各种方法表现方式不一,其中的思想灵魂却完全一致,即兵力强大时,以强胜弱;兵力弱小时,避实击虚。总之,要以双方客观实力为基础,打有把握之仗。基于这种思想,孙子反对在敌强我弱的情况下,硬着头皮打明知不可为而强为的仗。

"小敌之坚,大敌之擒也",前一个"之"犹"若",后一个"之"犹"则"。其中的"坚"乃坚持、固执之义。这句话的意思是说,兵少力弱的情况下,不宜战而坚战,不当守而固守,就会被强大的敌人所擒杀。这种战法是意气用事,违背了战争常规,历史上多少英雄曾为之而战死沙场,遗恨终生。我们不妨分析一下项羽的悲剧。无论古代还是今天,人们都一直在争论项羽该不该过乌江的问题。说起这一争论,有必要先还原一下公元前202年垓下之战的情景。

公元前202年11月,刘邦召集5路大军将项羽包围在垓下(今安徽灵璧东南)。当时项羽的楚军尚有约10万人,刘邦的汉军参战兵力已超过60万人。

汉军以韩信亲率的30万人为主力,孔聚为左翼,陈贺为右翼,刘邦坐镇中军,周勃、柴武等预备军在刘邦军后待命。交战初期,双方互有胜负,陷入僵持状态。为此,韩信采用心理战法,让汉军夜间高唱楚歌。楚军自项羽以下,莫不以为汉军已尽得楚地,官兵们士气崩溃。项羽眼见大势已去,趁夜率领800精锐骑兵突围南逃。天明以后,汉军得知项羽突围,派遣5000骑兵追击。项羽渡过淮水后,仅剩百余骑相随,行至阴陵(今安徽定远西北)迷了路,他向一个农夫问路,农夫骗他说:

"向左边走。"于是,项羽带人向左,不料陷进了大沼泽地中。不一会儿,汉兵追了上来。项羽只好又带着骑兵向东跑,到达东城,这时项羽所带领的骑兵只剩下28人,而追赶上来的汉军骑兵有几千人。项羽估计自己不能逃脱了,于是对他的骑兵们说:"吾起兵至今八岁矣,身七十余战,所当者破,所击者服,未尝败北,遂霸有天下。然今卒困于此,此天之亡我,非战之罪也。"(司马迁,《史记·项羽本纪》)接着,他鼓动士兵说,既然上天要灭亡我们,那就杀个痛快再说吧。于是,项羽领着28骑,来回冲阵,再次杀开一条血路,向南疾走,逃至乌江(今安徽和县东北)边。乌江亭长正停船靠岸等在那里,他对项羽说:"江东虽小,地方千里,众数十万人,亦足王也。愿大王急渡。今独臣有船,汉军至,无以渡。"项王笑曰:"天之亡我,我何渡为!且籍与江东子弟八千人渡江而西,今无一人还,纵江东父兄怜而王我,我何面目见之?纵彼不言,籍独不愧于心乎?"(司马迁,《史记·项羽本纪》)"无颜见江东父老"一说由此而来。说完这番话,项羽将跟随自己征战5年的宝马赠给亭长,命令剩余的骑兵全部下马,以短兵器与汉兵搏杀,项羽一人杀汉军百八十人,自己身上亦十几处受创,在精疲力竭的情况下自刎而死。项羽死后,汉军全歼8万楚军,楚地皆降汉,历时4年半之久的楚汉战争以刘邦的胜利而告终。

项羽之死是典型的"小敌之坚,大敌之擒也"。如果真有乌江亭长这么个人在江边接应,我想孙子在场的话一定会建议他,不要为面子所累,迅速渡过乌江,留得"星星之火",未尝不可再成"燎原之势"。俗话说"大丈夫能屈能伸",韩信强忍胯下之辱,刘邦鸿门宴上忍气吞声,方能开创西汉王朝。他们如果逞一时之气,以卵击石,恐怕早已成为刀下鬼,何谈垓下大捷，更何谈开创西汉王朝。

孙子提出的"用兵六法"，既是战争之法，也是竞争之法。商场、赛场、职场等竞争领域，做决策、干大事，无不需要量力而行，根据实际情况灵活应对。项羽那种逞个人英雄豪气，而丢失天下大业的"小敌之坚"，还是少一点为好。

（六）"全胜"关键在将领，切忌缚其手脚

【原文】

夫将者，国之辅①也，辅周则国必强，辅隙②则国必弱。故君之所以患于军③者三：不知军之不可以进而谓之进④，不知军之不可以退而谓之退，是谓縻军⑤。不知三军之事，而同三军之政⑥，则军士惑矣。不知三军之权⑦而同三军之任，则军士疑矣。三军既惑且疑，则诸侯之难⑧至矣，是谓乱军引胜⑨。

【注释】

①国之辅：辅，辅木。《左传·僖公五年》："辅车相依。"杜预注："辅，颊辅；车，牙车。"孔颖达疏："盖辅车一处分为二名耳。辅为外表，车为内骨，故云相依也。"指辅与车必相依持而行。"辅周"，曹操注："将周密，谋不泄。"李筌注："辅，犹助也。"意为国君的辅佐。按，将帅和国家的关系如同辅车相依。如果相依无间，国家一定强盛，如相依有隙，国家一定衰弱。

②隙：缺也，疏漏之意。此言将领佐君不周，有疏漏。

③患于军：患，作动词，为患、贻害。此言危害军队。

④谓之进：谓，可训"使"，见《广雅·释诂》。故"谓之

"进"可作"使之进",命令他们前进。

⑤縻军:縻,原意为牛繮,可引申为羁绊、束缚。杜牧注:"縻军,犹驾御羁绊,使不自由也。"

⑥同三军之政:同,毕以珣《孙子叙录》谓有"冒"义,有干预之意。政,政事,指军中行政事务。曹操注:"军容不入国,国容不入军,礼不可以治兵也。"梅尧臣注:"不知治军之务而参其政,则众惑乱也。"

⑦权:权变,权谋。

⑧诸侯之难:诸侯国乘其军士疑惑之机,起而攻之的灾难。

⑨乱军引胜:乱军,自乱其军;引胜,失去胜利。梅尧臣注:"自乱其军,自去其胜。"

【译文】

将帅好比是国家的辅木,将帅对国家如能像辅车相依那样尽职尽责,国家就会强盛;如果相依有隙,未尽其职,国家必然衰弱。国君危害军队的情况有3种:不知道军队在什么条件下不可以前进而坚持让军队前进,不了解军队在什么情况下不可以后退而坚持让军队后退,这叫束缚军队;不了解军队内部事务,而去干预军队的行政,就会使军队将士迷惑;不懂得军事上的谋略变化,而去干涉军队的指挥,就会使将士们疑虑重重。军队既迷惑又疑虑,那么诸侯国军队趁机进犯的灾难也就到来了。这就是所谓自己扰乱自己而导致敌人获胜。

【新解】

令人不解的是,孙子讲完"用兵六法"之后,紧接着话题一转,说到将领与国君的关系上来了。"将者,国之辅也,辅周则国必强,辅隙则国必弱。"为什么突然要讲这个话题呢?

要研究这个问题,首先得了解一下将领的重要地位和作用。

自从1988年恢复军衔制以来,人们几乎每年都可以从电视节目中看到中央军委主席给新晋上将授衔的仪式,在庄严肃穆的气氛中,上将们神情凝重,神圣感、荣耀感跃然脸上。其实,这种形式自古就有,甚或更为隆重。《六韬·龙韬·立将》中记载了上古时期立将的仪式及内容。

周武王问姜太公:"任命军队的主将应举行什么仪式?"

姜太公回答说:"凡是国家遇到灾难必须出兵时,国君应该离开正殿,在偏殿召见将要被立为主将的人,告诉他'社稷安危,一在将军'。现在有国家不肯归顺,挑起了战争,希望将军能统率军队前去讨伐叛逆。主将接受诏命后,国君就令专门负责占卜事宜的太史斋戒三天,前往太庙钻龟甲进行预测,选择吉利的出战日期进行立将仪式。"

姜太公接着介绍了仪式的具体步骤。

第一步,国君进入太庙正殿大门,处东向西而立。主将进入太庙正殿大门,处南向北而立。

第二步,国君亲自执起象征权力的钺(青铜或铁制作,形状像板斧而较大),用手握着钺的上部,将钺柄交给主将,授权道:"自今日以后,上至于天,军中之事全由将军掌握。"再用手握住斧柄,让主将接住斧刃,并庄重地说:"自今日以后,下至于渊,军中的一切全由将军控制。"

第三步,国君向主将提出一系列要求。第一,看到敌军薄弱环节就进攻,看到敌军强大的地方就停止进攻;第二,不要以为我方人数多就轻视敌军;第三,不要以为肩负的使命重大就决计以死殉国;第四,不要以为自己身份地位高贵就鄙视他人;第五,不要以为自己见解独到而违背众意;第六,不要把一切巧辩之词当作一定正确的理论;第七,士卒未坐,你不可以先坐;士卒未食,你不可以先食;不分严寒酷暑,都必须和士卒同甘苦、共患难。

第四步,主将接受了国君的任命后表态。主将跪拜回答国君说:"臣曾听说,国不可从外治,军不可从中御。作为臣子的如果怀有二心,就不可能忠心耿耿地侍奉国君;作为主将如果心意不定,就不能抵御敌军。臣既然已接受了君命,执掌斧钺,拥有军权,就不敢留有从战场上生还的念头,但我希望国君您能授予我全部的权力。如果君主不应允,我就不敢担任主将。"

第五步,国君同意主将的请求,承诺从此凡是军中的事情,可以不听从君主的命令,一切都由主将来裁决、发号施令。于是,主将马上拜辞远征。

从《六韬》记载的这些情景不难想象,当时立将的仪式何等庄严而隆重。之所以要举行这种仪式,绝不是摆摆样子,孙子一句话道出了其中的奥妙。"将者,国之辅也,辅周则国必强,辅隙则国必弱。""辅",即古代战车夹在车轮外旁的直木,每轮二木,用以加固并增加车轮载重支力。"国"就是整个战车。辅木与车轮衔接紧密,整个战车牢固结实,可经千里颠簸。反之,辅木与车轮有缝隙,整个战车松松垮垮,跑不了几步便会散架。国家好比战车,主将对国君忠心耿耿,尽心辅佐,整个国家必定强盛。如果主将对国君三心二意,虚与委蛇,整个国家必定衰弱。

孙子本篇主题是讲谋攻,中间插进来这么一句话,似乎有点突兀。其实,梳理上下文思路就会发现,这句话不可或缺。此句意在强调,谋攻之法也好,用兵之法也罢,一切都靠将领实施。所以，国君要高度重视将领的特殊地位和重要作用，同时更要敢于授权，放手使用将领。

为什么要授权和放手呢？孙子紧接着说了一段话："故君之所以患于军者三：不知军之不可以进而谓之进，不知军之不可以退而谓之退，是谓縻军。不知三军之事，而同三军之政，则军士惑矣。不知三军之权而同三军之任，则军士疑矣。三军既惑且疑，则诸侯之难至矣，是谓乱军引胜。"

从各种史料来看，春秋之前尚没有专职的武将。诸侯各国的领导体制基本上是文武不分，主要官员身兼文武二职，出将入相。平时在朝为官，战时领命出征，战毕回朝交兵，解除统兵之权。上古时期命将仪式，通常都是临战前拜将，并不是授予终生荣誉，打完仗就不是将军了，回朝继续为官。春秋末期开始，随着周天子"家天下"体系逐渐式微，诸侯坐大，各国军队规模越来越大，战争越来越复杂，不懂兵法的文官偶然"客串"一下将军已经不行了，客观上需要一批专职的军事人才来统领庞大的军队，在战时应对复杂的战争。同时，随着世袭分封制逐步取消，作战成果成为士兵加官晋爵的主要标准，一批在战争中战功卓著的将领被选拔出来成为军事统帅。孙子就是在这个时期被吴王阖闾拜为将军，成为专职武将。战国时期，专职武将大批涌现，吴起、孙膑、乐毅、白起、廉颇等，都是著名将领。

随着专职武将的出现，国君的内心也越来越纠结。一方面，国君需要授予武将军事大权，以便其在纷繁复杂的战场上机断决策、灵活指挥；另一方面，武将军权太大，长期统军，国君又担心其拥兵自重，不听招呼，甚或起兵反叛。出于这种矛盾心理，当时不少国君采用多种方式防范、控制武将。但是，事与愿违，这样做反而搞乱了整个军队。孙子称之为"患军"，并分析了国君为患军队的三种常见现象。

一是"縻军"。"縻"，原意为牛辔，引申为羁绊、束缚。"不知军之不可以进而谓之进，不知军之不可以退而谓之退"，意为国君不了解战场的具体情况，不知道战场上已经不能进攻了，仍然要将领指挥进攻；战场上正需要继续进攻，却非要将领马上撤退，这就使将领束手束脚，无法灵活地指挥作战。

二是"惑军"。齐国将军司马穰苴曾说："古者，国容不入军，军容不入国。"他认为，治国的礼仪法度不能用来治军，治军的礼仪法度也不能用来治国。治军讲究权变，治国注重礼义，两者尽量不要混淆。孙子注意到，如果国君"不知三军之事"，即不了解治军的规律和特点，却要"同三军之政"，即事无巨细地干预军中行政事务，简单地用治国的那一套来治军，规矩变了，套路改了，将领们很可能陷入无所适从的迷惑状态。

三是"疑军"。治军有特殊规律，打仗更有特殊规律，尤其要善于运用权谋、兵法。孙子指出，如果国君"不知三军之权而同三军之任"，在不了解兵法的情况下，非要亲自统军作战，将领们必定产生疑虑。

一旦"三军既惑且疑"，全军上上下下陷入疑惑迷茫之中，必定军心大乱，斗志下降。在弱肉强食的时代，军队虚弱之时，便是"诸侯之难"来临之际，其结果是"乱军引胜"。"引"，在此处为失却之意。梅尧臣注解此句："自乱其军，自去其胜。"

综合来看，孙子这段话核心讲的是御将方法。但是，他没有正面讲，只是从反面总结教训。应当说，这些教训历史上屡见不鲜。

宋王朝军队在与游牧民族的战争中屡战屡败，主要原因也就在这里。宋太祖赵匡胤本身是靠陈桥兵变夺取皇位的，为了巩固皇权，防止武将效仿陈桥兵变，赵匡胤通过杯酒释兵权解除了武将的军权，并严格控制武将。宋太宗赵炅进一步采取"将从中御"的政策，自以为是军事天才，每临战事，都要亲自"图阵形，规庙胜，尽授纪律，遥制便宜，主帅遵行，贵臣督视"。（杨亿，《武夷新集》卷十）一切都由宋太宗自己制定，将领只能遵行，不能违背。而且还要派大员随军监督，严格执行。将领如果不按其阵图和谋划打仗，即使打赢了也要追究抗旨不遵的罪名，弄得不好还要丢官或被问罪抄家。在如此高压的控制下，没有一个将领敢于积极作为，一切照章办事、照图打仗，战场所需要的灵活性、自主性、积极性全都不见踪影，自然是屡战屡败。

相比之下，毛泽东才是真正的军事天才。革命战争年代，毛泽东主要考虑战略问题，战役、战斗问题都放手让爱将们各显神通。粟裕是一位能征善战的常胜将军，毛泽东对其充分信任，曾经三次赋予其指挥决断权。

第一次是1947年5月孟良崮战役期间，粟裕调集了几支强有力的部队，以"猛虎掏心"的战法，从敌人战斗队形中央插入，切断对解放军威胁最大的中路先锋国民党整编74师与其友邻的联系，将74师全部消灭。粟裕将这一想法向陈毅报告，陈毅当即表示同意，遂联名上报中央。毛泽东回电指示："敌5军、11师、74师均已前进。你们须聚精会神选择比较好打之一路，不失时机发起歼击。究打何路最好，由你们当机决策，立付施行，我们不遥制。"

第二次是豫东战役期间，粟裕认为军委原定在鲁西南地区歼灭国民党第5军的计划条件尚不成熟，遂提出"先打开封，后歼援敌"的作战方案，毛泽东回电："完全同意铣午电部署，这是目前情况下的正确方针。"并特别指示："情况紧张时，独立处置，不要请示。"

第三次是淮海战役期间，粟裕建议把战役发起时间提前两天，第二天就收到了中央军委的复电："完全同意鱼（6日）戌电所述攻击部署，望你们坚决执行。非有特别重大变化，不要改变计划，愈坚决愈能胜利。在此方针下，由你们机断专行，不要事事请示，但将战况及意见每日或每两日或每三日报告一次。"

正是由于毛泽东敢于放权，善于放手，战将们才能够挥洒自如，越战越强，跟随毛泽东打出一个新天地。

需要特别指出的是，孙子所说的御将之道并非撒手不管，任由武将擅权。孙子对武将与国君关系的比喻是很有讲究的，"将者，国之辅也"，一个"辅"字，既突出了武将的重要地位和作用，又明确了武将的定位和角色只能是国家这架战车上的辅木，必须与车体衔接紧密才能发挥安全保障作用。这就意味着武将不能脱离国君擅自行动，战略上应服从国君决策，战术上可以根据战场情况灵活应变。

孙子总结国君为患军队的教训，意在说明过于严厉的管理方法只能束缚人的手脚，遏制人的活力，从而引导人们反思什么是正确的管理方法。孙子虽未给出答案，其实人人已各有答案。

（七）"全胜"前提在知敌，知胜五法并用

【原文】

故知胜①有五：知可以战与不可以战者胜，识众寡之用②者

胜，上下同欲③者胜，以虞待不虞④者胜，将能而君不御⑤者胜。此五者，知胜之道也。

【注释】

①知胜：预测胜利。

②识众寡之用：懂得兵力众与寡的灵活运用。

③上下同欲：欲，意愿。同欲，即同心同德。

④以虞待不虞：虞，备也。《国语·晋语四》："卫文公有邢翟之虞。"韦昭注："虞，备也。"

⑤将能而君不御：御，驾驭。在此为制约之意。

【译文】

预见胜利有5种方法：知道可以打或不可以打的，能够胜利；知道兵多和兵少的不同用法的，能够胜利；全军上下一心的，能够胜利；以己有备对敌无备的，能够胜利；将帅有指挥才能而国君不加以牵制的，能够胜利。这5条，是预见胜利的方法。

【新解】

孙子认为，将领受到国君的信任，大权在握之后，也不能盲目自信，胡乱指挥，应当预先分析判断敌对双方强弱，预见战争胜负，然后再决策和作战。国君和将领能不能策划高超的谋略，前提和基础在于"知"。于是，孙子提出了"知胜五法"——"知可以战与不可以战者胜，识众寡之用者胜，上下同欲者胜，以虞待不虞者胜，将能而君不御者胜。此五者，知胜之道也。"

战场情况如万花筒一般变化多端，要分清哪些至关重要，哪些无关紧要，不能眉毛胡子一把抓，要抓主要矛盾和矛盾的主要方面。孙子提出"知胜有五"，关注的都是最重要的问题、决定战争胜负的关键性因素。

第一，"知可以战与不可以战者胜"，看看双方将领战略判断的对错。强调的是将领对双方整体情况、综合实力是否"门清"，对能不能打、能不能胜是否有一个清醒的判断。只有判断正确的一方，才能正确决策，赢得胜利。

第二，"识众寡之用者胜"，其中的"众寡"是指人马的多与寡、大部队与小部队、主力部队与突击分队。"识众寡之用"则是看将领是否精通兵力运用的方法，或者说是否善于灵活指挥。作战指挥既讲究量力而行，又讲究力量配合。只有灵活运用大小力量，并且注重主次配合，才能赢得胜利。

第三，"上下同欲者胜"，与《计篇》中"令民与上同意"基本上是一个意思，主要指军队思想意志上下一致，有同一个愿景、同一种精神。就战略指挥而言，"上下同欲"还包括将领与国君之间要统一战略意图，从思想上实现高度集中统一的指挥。

第四，"以虞待不虞者胜"，其中的"虞"，通"预"意为有准备。该句意为看看双方军队作战准备的疏密程度，以己方的有备对待敌方的无备，方能取得胜利。

第五，"将能而君不御者胜"，其中的"御"通"驭"，意为驾驭。在军事领导体制内，国君对将领干涉过多，势必束缚将领的指挥才能，导致每战必败。相反，将领有指挥才能而国君不加牵制，往往能够赢得胜利。

孙子以非常肯定的语气强调："此五者，知胜之道也。"意在说明，要想通过谋攻之法、用兵之法赢得战争的胜利，首先必须从这5个方面实施战略预测和战略判断。而且，这是一组多面镜，从5个不同的角度分析判断，五位一体，既看重点，又看综合。建立在这样基础之上的谋攻之法和用兵之法，可以将主观臆断成分降到最低，针对性、准确性、灵活性达到最高，军队赢得胜利的可能性就最大。

不少人曾经探讨过一个问题：19世纪末，日本一个小国为什么胆敢发动甲午战争，主动进攻一个貌似强大的世界性大国，而且居然打赢了？用孙子的"知胜五法"来分析，可以看出，日本发动战争并不是盲目冒险，而是先知后行的。

18世纪下半叶，有不少人看好中国，或者说忽悠中国，认为中国即将崛起，坚信以中国之丰富物产，如能积极变革，中国将成为世界最大强国，雄视东西洋，风靡四邻，当非至难之事也。1887年，日本参谋本部制定了所谓的《清国征讨方略》，提出了以5年为期进行战争准备，一举击败中国的侵略构想。日本为什么如此大胆呢？因为当时的日本，正处于产业革命高潮时期，急需对外输出商品和输出资本。既然邻居如此富裕，日本便加大了对中国的侦察和研究，出动乐善堂、玄洋社等间谍组织和人员潜入中国，加紧对中国各方面的情报搜集和渗透。深入中国的日本间谍们得出的结论与世界舆论大不一样，他们向国内报告清国的"上下腐败已达极点，纲纪松弛，官吏逞私，祖宗基业殆尽倾颓"。而中日两国"唇齿相保、辅车相依"，在列强虎视眈眈下，清国一旦不保，日本势将进退维谷。因此，日本要先发制人。此后间谍们提供了一连串报告，多方面对比了进攻中国的可行性。

第一个方面，日本战略目标明确且坚定，大清却沉醉于表面的天下太平之中,在日本间谍宗方小太郎眼中,中国"犹如老屋废厦加以粉饰"。用孙子的话来说,日方做到了"知可以战与不可以战",而大清却浑然不知大战即将来临。

第二个方面,日本战争准备紧锣密鼓,磨刀霍霍,大清却毫无战备之举。早在1867年,日本明治天皇睦仁登基伊始,就蓄意向海外扩张。1871年,琉球一艘渔船遇飓风漂至中国台湾,与当地少数民族发生冲突,部分渔民被杀,为日后日本侵略瓜分中国埋下伏笔。1874年,日本以琉球是日本属邦为借口大举进攻中国台湾岛,这是近代史上日本第一次发动对中国的武装侵略。1879年日本完全并吞了琉球王国,将其改设为冲绳县。在这些火力试探的同时,日本一直积极准备大规模战争,自1890年后,日本以国家财政收入的60%来发展海军、陆军。与日本相反,大清国认为西方也好,日本也罢,"并不利我土地人民",都只是想在贸易上占些便宜而已,于是放松了军备意识。1891年以后,北洋水师甚至连枪炮弹药都停止购买了。用孙子的话来说,日本做到了"以虞待不虞",而大清国的战争准备严重不足。

第三个方面,日本做到了"上下同欲者胜",大清国却一盘散沙。从1893年起,明治天皇决定每年从自己的宫廷经费中拨出30万元,再从文武百官的薪金中抽出1/10,补充造船费用。日本国内士气高昂,以赶超中国为奋斗目标,准备进行一场以"国运相赌"的战争。相反,1894年,大清为了迎接慈禧太后六十寿诞,挪用海军建设费用来修建颐和园,供她"颐养天年"。与此同时,大清整个社会思想崩溃。日本间谍宗方小太郎报告说,大清王朝全民丧失信仰,社会风气江河日下,"人心腐败已达极点",官员冒领公款、挥霍浪费甚至侵吞赈灾款粮等现象层出不穷。

第四个方面,日本军事实力逐渐强大,大清军力徒有其表。在19世纪七八十年代的中日冲突中,中方在硬实力上一直占有优势。1890年,北洋海军2000吨位以上的战舰有7艘,总吨位27000多吨,号称世界第八、亚洲第一;而日本海军2000吨位以上的战舰仅有5艘,总吨位约17000吨。然而,到甲午战争前夕,日本已经建立了一支拥有63000名常备兵和23万预备兵的陆军。同时,日本拥有军舰32艘、鱼雷艇24艘,总排水量72000吨,超过了北洋海军。相反,北洋海军自1888年正式建军后,再没有增添过任何舰只,舰只渐渐老化,与日本新添的战舰相比,北洋海军战舰火力弱、射速慢、航速迟缓。

此外,对于双方的将领、经济、社会等各方面的情况,日本的间谍都做了深入的研究和分析,从而促使日本政府最终得出一个明确的判断:大清王朝这块肥肉可以一举吞食。1894年,日本假借解决朝鲜危机之名,悍然向中国发动了侵略战争,大败清军,北洋水师全军覆没,给中国人民带来了深重的灾难。

回顾这段沉重的历史,我们不难看出,孙子提出的"知胜五法"是指导战争的客观规律,按照它去谋划战争、指导战争、指挥作战,就很可能赢得胜利;违背它,或者无视它,像晚清政府那样浑浑噩噩,只能一败涂地。仔细想想,孙子的"知胜五法"也是现实生活中各个领域的制胜之法。

(八)"全胜"重在智胜,智胜缘于"知胜"

【原文】

故曰:知彼知己,百战不殆[①];不知彼而知己,一胜一负;

不知彼，不知己，每战必殆。

【注释】

①百战不殆：殆，危。百战不殆，即言每战必胜而无危险。

【译文】

所以说，既了解敌人，又了解自己，百战都不会有危险；不了解敌方但了解自己，或者胜利，或者失败；既不了解敌人，又不了解自己，那每次战争都会失败。

【新解】

这段话是《谋攻篇》的结束语，也是对"知胜之道"的进一步补充和强调。它强调在运用"知胜有五"方法时，必须同时关注敌我双方的情况，而不能只看自己，不看敌人，或者只注重观察敌人，不注重了解自己。所以，孙子接着提出了"知彼知己，百战不殆"的名言，即做到了"知彼知己"，则百次决策、百次作战都不会失败。如果只做到一半，知己而不知彼，则一胜一负。如果两眼一抹黑，敌我双方的情况都没有弄清楚，毫无疑问，每次决策和作战都必定失败。

其实，"知彼知己，百战不殆"这句话的意思非常简单明了，不外乎提醒人们，每次决策或者行动，都要尽可能把敌我双方的情况搞清楚再拍板、再行动。但是，整部《孙子兵法》中，孙子在这个问题上用的笔墨最多，全文共有 79 个"知"字，从第一篇《计篇》到最后一篇《用间篇》，几乎每一篇都从不同的角度强调了知彼知己的重要性，或者分析知彼知己的谋略方法。孙子为什么如此重视这个非常简单的问题呢？其实，道理很简单。犹如万丈高楼平地起,"地基"是一切的基础。"知彼知己"就是这种基础,一切决策、措施、行动都建立在这一基础之上。毛泽东清晰地看到了这一点,他曾说:"中国古代大军事学家孙武子书上'知彼知己,百战不殆'这句话,是包括学习和使用两个阶段而说的,包括从认识客观实际中的发展规律,并按照这些规律去决定自己行动克服当前敌人而说的;我们不要看轻这句话。"(毛泽东,《中国革命战争的战略问题》)在毛泽东看来,战略决策、作战指挥,一切都源自"知彼知己"这一基础。因此,他特别强调"我们不要看轻这句话"。

需要指出的是,"知彼知己"虽然至关重要,可是现在人们对这句话理解并不一致,甚至有一些误读。

先说第一种误读。现在不少人在引用孙子这句话的时候,总是把它引用成"知己知彼,百战不殆"。这样难道错了吗?其实也并没什么大错,基本上还是符合孙子原意的,不外乎强调先把敌对双方的情况搞清楚再决定,或者再行动。但是,如果从学真经的角度看,大家的习惯用法就不准确了。查一查《孙子兵法》原文,《谋攻篇》和《地形篇》两次说到这句话,但一定是"知彼知己,百战不殆",与人们的习惯用法顺序不一。习惯用法是先知己,后知彼,孙子则强调先知彼,后知己。这种顺序并非要区分出孰重孰轻,两者都很重要,缺一不可。但相对而言,知彼更加困难。因为,战场上双方都是聪明人,斗智斗勇,制造各种状况,如云雾一般,很难透过云雾看清真相,然而我方的决策、行动都必须准确针对敌方的想法和状况而定。因此,在知彼问题上要舍得下更大的功夫。

第二种误读主要出现在翻译上。孙子明明写的是"知彼知己",但是查阅各种外文版《孙子兵法》,除日文版是一千多年前日本遣唐使从中国直接带过去，不存在翻译问题外，英、法、俄等版本几乎皆将之译为"知敌知己"。比如，英文版就译成"If you know the enemy and know yourself, you need not fear the result of a hundred battles"，直译就是"知敌知己"。如此反过来又导致有些中文版的《孙子兵法》白话译文也将之写成"知敌知己"。孙子那个年代已经有"敌"字，如《作战篇》中有"因粮于敌""务食于敌"等等，但此句原文写的就是"知彼知己"，从未出现"知敌知己"的字样。这有何讲究呢？孙子是一位打过仗的将领，他深知交战双方很少只是两个孤立的对手单打独斗，往往是两大阵营、两大集团的斗争。如果写成"知敌知己"，很容易将人们的目光聚集到单一对手身上，而忽略其他潜在对手，以致决策和行动出现缺失或漏洞。而写成"知彼知己"，一个"彼"字则很容易引导人们分析决策时开阔眼界，既了解当面主要对手，又兼顾侧翼或身后潜在对手，从而避免出现盲区。

此外，还有一种误读，那就是把孙子这句话误为"知己知彼，百战百胜"。这样有什么不妥呢？至少有两点：一是如前面所说，颠倒了"彼"和"己"的顺序，二是用"百战百胜"替代了"百战不殆"。查一查原文，"知彼知己"后面紧跟的一定是"百战不殆"，而不是"百战百胜"。孙子遣词用句非常讲究分寸，从来不说大话、空话。为什么他只说"百战不殆"？因为他深知，战争胜负是多种因素共同作用的结果，"知彼知己"固然是重要因素，甚至在某些特殊情况下是决定性因素，但是仅此一个因素还不能决定战争胜负，政治、经济、军事、外交等方面的因素共同作用才能最终决定胜负。不过，做到了"知彼知己"，便可能避免胡乱决策，进而避免错误行动，避免失败。所以，孙子在"知彼知己"之后只说"百战不殆"，而不说"百战百胜"。

也许有的朋友会提出一个疑问：毛泽东的题词不就是写的"知己知彼，百战百胜"吗？毛泽东写的还会有错吗？

从文献上来看，毛泽东先后三次引用过孙子这句话。第一次是1936年12月在中国抗日红军大学演讲《中国革命战争的战略问题》时，毛泽东说："中国古代大军事学家孙武子书上'知彼知己，百战不殆'这句话，是包括学习和使用两个阶段而说的，包括从认识客观实际中的发展规律，并按照这些规律去决定自己行动克服当前敌人而说的；我们不要看轻这句话。"第二次是1938年5月26日至6月3日，在延安抗日战争研究会上演讲《论持久战》时，毛泽东说："战争不是神物，仍是世间的一种必然运动，因此，孙子的规律，'知彼知己，百战不殆'，仍是科学的真理。"这两次引用孙子的话，均完全遵循原文"知彼知己，百战不殆"。

第三次引用则引发了许多不同看法。1950年5月，毛泽东为全国军事情报会议和全国战略情报会议题词："知己知彼，百战百胜"。不少人说，写错了。我以为，并不是写错了，而是在当时的特殊背景条件下毛泽东有意体现针对性而故意这么写的。1950年1月，中华人民共和国刚刚成立不久，全国上上下下仍然陶醉于胜利的喜悦之中。面对错综复杂的形势和任务，为了让大家迅速冷静下来，毛泽东决定在全党全军开展整风运动，要求各级党组织开展批评与自我批评，克服党内领导干部的居功自傲情绪、盲目乐观思想、命令主义作风，以及极少数人贪污腐化、政治上堕落、违法乱纪等错误。在全国性整风运动进入高潮之际召开的全国军事情报会议和全国战略情报会议上，毛泽东自然把"知己"放在首位。同时，这是针对情报工作的题词，为强调其重要性，所以又把"百战不殆"改为"百战百胜"。这样既强调了情报工作的至关重要性，又是对情报功臣们几十年重大贡献的褒奖。所以，不能说毛泽东写错了，更不能说毛泽东不懂《孙子兵法》。

其实，毛泽东不仅多次引用孙子的"知彼知己，百战不殆"这句话，在战争实践中，他也确实高度重视"知彼知己"。

我军研究《孙子兵法》的老前辈，原军事科学院副院长郭化若将军曾经评价说："《孙子兵法》中'知彼知己，百战不殆'的名言，揭示了正确指导战争的规律，至今仍是科学的真理……《孙子兵法》中关于作战方针、作战形式、作战指导原则等的论述，都是以'知彼知己，百战不殆'这一思想为基础的。"（《中国大百科全书·军事》）这段话揭示了《孙子兵法》的核心。确实，孙子的整个思想大厦都建立在"知彼知己，百战不殆"这一思想基础之上。理解了"知彼知己，百战不殆"，才能理解孙子整个思想体系。它既是军事哲学的基石，又是一种朴素的、辩证的唯物主义认识论和方法论。可以毫不夸张地说，它也是世界所有竞争领域必须遵循的认识论和方法论。

四

《形篇》
逻辑思路及经典谋略

[篇题解析]

《形篇》中的"形"字，不是指形象、形势，而是指形体，是有血有肉的实体。军队的实体当然指的就是实力。

本篇以一个"形"字为篇名，说明军事实力问题是全篇的主题。围绕这一主题，孙子先后分析了军事实力的形成、军事实力的作用、军事实力的对比、军事实力的发挥、军事实力的计算、军事实力的要求等问题，充分说明军事实力是战争制胜的物质基础。但是，孙子并不是唯实力论者。他强调军事实力重要性的同时，更注重阐明军事实力必须与谋略艺术相结合才能充分发挥能量的思想。通篇充满着唯物主义和军事辩证法思想，闪耀着智慧的光芒。本篇文字虽少，蕴意颇丰，思想深刻，按逻辑思路一步步揭示有关军事力量的重要观点。

1. 篇名点题，阐明本篇主题是军事实力问题。强调优势的军事力量来自战前的积极战备、自主战备，并提出战备需要达到的标准。

2. 指出力量强弱与进攻防御之间的关系，分析攻防两种作战方式对力量强弱的不同要求，强调量力而行。

3. 揭示如何巧用力量及灵活攻防的方法，提出避强击弱的作战方法。

4. 强调智胜、渐胜的方法，主张谋胜于庙堂，争胜于平时，一步步削弱对手力量，尔后一举取得决定性胜利。

5. 总结战争胜负规律，提出"先胜"思想，重申力量优势来自平时战备，而且要政治、经济、外交、军事全方位备战。

6. 明确决策之际必须客观评估双方实力、计算军事实力的五步法。

7. 归纳全篇主题，说明作战的一般规律是以优胜劣、以强击弱，强调既要在平时谋求绝对优势力量，又要在作战时集中运用优势力量。

（一）实力乃制胜根基，根基源自先胜

【原文】

孙子曰：昔之善战者，先为不可胜①，以待敌之可胜②。不可胜在己，可胜在敌③。故善战者，能为不可胜④，不能使敌之必可胜。故曰：胜可知，而不可为⑤。

【注释】

①先为不可胜：王晳注："不可胜者，修道保法也。"

②以待敌之可胜：待，等待。可胜，指敌方可能被战胜的机会或条件。

③不可胜在己，可胜在敌：言不可被战胜的条件，在于消除己方的弱点；能否胜敌则在于敌人是否有隙可乘。曹操注："自修理，以待敌之虚懈也。"

④能为不可胜：能创造自己不可被敌战胜的条件。

⑤胜可知，而不可为：言胜利可以预见，但却不能强求。张预注："己有备则胜可知，敌有备则不可为。"

【译文】

孙子说：从前善于打仗的人，先要创造条件使自己立于不败之地，然后捕捉战机战胜敌人。不会被敌战胜的主动权掌握在自己手中，能否战胜敌人则在于敌人是否有隙可乘。所以，善于作战的人，能够创造不被敌人战胜的条件，却不一定能够做到必定战胜敌人。所以说：胜利可以预见，但不可强求。

【新解】

现在市面上有一些解读《孙子兵法》的书籍，突出强调了"诈"的策略，似乎《孙子兵法》全部要义就在于一个"诈"字，教人们如何诡诈、欺骗。其实，翻遍《孙子兵法》，只有一处使用了"诈"字，即《军争篇》所言："兵以诈立，以利动，以分合为变者也。"此处的"诈"仅就战役、战术而言，强调作战需要以诡诈多变取胜，根据利益大小决定作战行动，灵活运用兵力。如果以这一作战思想取代战略思想，把这一种具体原则上升为核心主题，则无异于买椟还珠，舍本逐末。

翻开《孙子兵法》，大量的思想观点都是倡导当老实人，做老实事；按规律办事，认认真真干实事。如《计篇》强调，将领必须具备智、信、仁、勇、严"五德"，才能胜任统军作战的任务。其中，并未提到"诈"。再如，《作战篇》中强调，要想赢得速战速决的胜利，先得下笨拙的功夫，老老实实地搞好战备，投机取巧非但不能速胜，反而招致失败。《形篇》的第一段话说得就更明白了:"昔之善战者,先为不可胜,以待敌之可胜。不可胜在己,可胜在敌。故善战者,能为不可胜,不能使敌之必可胜。故曰:胜可知,而不可为。"我们来逐句理解这段话。

第一句话,"昔之善战者"。一个"昔"字,意味着过去所有善于指挥打仗的将领都遵循着一条共同的规律,即"先为不可胜,以待敌之可胜"。"不可胜",指我方不可被战胜的条件。"可胜",指敌方可能被战胜的机会或条件。这句话中的"先"和"为"不可忽略。"先"是时间概念,强调的是交战之前预先做好战争准备。"为"是讲行为主体,强调把功夫下在自身,从自身做起。一旦战前准备到位,便可创造不可被战胜的条件,立于不败之地。以这种有利状态等待敌方可能被战胜的机会或条件出现。其结果必然是以强胜弱,以有备胜无备。

第二句话,"不可胜在己,可胜在敌"。追求不可被战胜的地位当然是好事,但创造这种有利地位的过程却是非常艰苦的事情。人们往往只看到这一地位所带来的荣耀和安全感,却容易忽视为达到这一目标所必须经历的艰辛与挑战。孙子针对这种常见心理,特别提醒说:"不可胜在己,可胜在敌。"他认为做好战争准备不能靠等待,也不能靠外援,更不能靠侥幸,唯一的途径是靠自主作为。是不是一定会出现可以战胜敌人的机会或条件,这取决于敌人是否决策失误、行动失败,不依我们的主观愿望而定。

也许有的朋友会想,我们可以主动用计用谋,引诱敌人出错。诚然,灵活运用谋略确实可以引诱敌人出错,导致敌人出乱,促使敌人衰弱,但这只是可能性,并非必然性。敌人也会用计用谋,敌人也会想方设法避免出错。所以孙子又客观地指出:"善战者,能为不可胜,不能使敌之必可胜。"也就是说,我们只能把希望寄托在自己的主观努力上，不能把希望寄托在敌人必定会犯错误，或必然会受骗上当上。如果对方不犯错误，不管你准备多充分，谋略多巧妙，也不一定能够取胜。

第四句话，"故曰：胜可知，而不可为"，即胜利可以预见，却不能强求。之所以说可以预见，是因为战争规律告诉人们，准备充分则胜，准备不充分必败。之所以说不能强求，正如张预在注释《孙子》时所说的："己有备则胜可知，敌有备则不可为。"

值得注意的是，孙子在这段话中连用了两个"善战者"。"善"不仅指善于，还包含完善之意。善于指挥打仗的将领，由于战前做好了充分的战争准备，或靠威慑对方避免了战争，或以立于不败之地的优势轻而易举地打败了对方，均杀伤小而获利大，可谓"善之善者也"。

朱元璋之所以能够从一个小和尚成为明朝开国皇帝，重要原因之一，就在于他事业中兴之际所采用的战略路线与孙子揭示的这一规律相吻合。

公元1356年，朱元璋顺利进入集庆（今南京），并将集庆改名"应天府"，从此有了一块比较稳定的、有发展前途的根据地。此时，占据浙江、四川、湖广的张士诚、陈友谅、方国珍等已纷纷称王称帝，有人也建议朱元璋称帝。但朱元璋感到自己力量还不够强大，不能急于称帝，还必须隐蔽地壮大自己的力量。于是，他自称吴国公。

朱元璋文化程度不高，但善于征求意见。打下徽州时，曾征求学士朱升对他今后战略发展的意见。朱升提出："高筑墙，广积粮，缓称王。"这9个字几乎总结了朱元璋一贯实行的方针，字字说在他的心坎上。朱元璋听了非常高兴，立刻将之奉为基本战略。用孙子的话来说，就是"先为不可胜"。此后，朱元璋命令军队自己动手生产，兴修水利，减轻农民负担。几年工夫，到处兴屯，府库充盈，军粮充足。

当时，朱元璋所在的应天府周围势力云集，长江上游有陈友谅，下游有张士诚，东南有方国珍，南面有陈友定。虽然他们都是反抗元朝的武装，但彼此征战。朱元璋尽量避免参与他们的争斗，让其互相厮杀。与此同时，趁各方势力混战之际，朱元璋把军事进攻的矛头指向土地肥沃、盛产粮食丝绸的浙江一带，先后占领诸暨、处州等地，并顺势把孤立的元军据点一个个消灭。各方势力互斗，彼此实力大减。相反，蛰伏几年的朱元璋实力大增，超过各方势力，形成了"先为不可胜，以待敌之可胜"的优势。于是，朱元璋采纳谋士提出的对东南采取守势，对东北面和西面采取攻势的战略，1363年6月先击败陈友谅，1367年9月再战张士诚，随后消灭方国珍，先后击破几大势力集团，扫清了统一全国的障碍。1368年，朱元璋在应天称帝，国号大明，年号洪武。

试想，如果朱元璋不顾自身实力，不做长期战备，直接杀入各大集团混战之中，或许中国历史将会改写。

历史不能假设，规律却需尊重。

（二）实力强弱决定作战方法，量力而行

【原文】

不可胜者，守也①；可胜者，攻也。守则有余，攻则不足。善守者，藏于九地②之下；善攻者，动于九天之上③，故能自保而全胜也。

【注释】

①不可胜者，守也：张预注："知己未可以胜，则守其气而待之。"意为知道己方不能取胜，就要采取防守策略，等待机会。

②九地：九，在此乃言单数之极。汪中《述学·释三九篇》云："生人之措辞，凡一二之所不能尽者，则约之三以见其多；三之所不能尽者，则约之九以见其极多。"九地，梅尧臣注："言深不可知。"藏于九地之下，即言深秘隐藏其形而不露也。

③动于九天之上：九天，梅尧臣注"高不可测"。

【译文】

不能战胜敌人，就要采取防御措施；可以战胜敌人，就要采取进攻策略。一定数量的兵力，用于防御则可能有余，用于进攻则可能不足。所以善于防御的人，防御时隐蔽自己的兵力如同深藏在九地之下；善于进攻的人，展开自己的兵力如同神兵自九天而降。这样既能保全自己而又能获得完全的胜利。

【新解】

谋求优势力量只是第一步，更重要的一步是如何运用力量，最大化地发挥力量的作用。于是，孙子紧接着分析了不同情况、不同战法中，灵活运用力量的谋略艺术。

作战，最基本的方式就是进攻和防守。有攻必有守，有守必有攻。在一般人看来，打第一枪的必定是攻者，打第二枪的则很可能是防者。其实不然，攻守之势并不由开枪先后顺序决定，"不可胜者，守也；可胜者，攻也，守则有余，攻则不足"，揭示了其中的奥妙。

古今学者对这句话有三种理解。

第一种意见认为："不可胜者，守也"是指我方不可被战胜的条件，或敌方不可胜我，这是采取防守方式所能获得的有利态势。"可胜者，攻也"，指敌方可能被战胜的机会或条件，或我方可以战胜敌人，这是采取进攻方式所能产生的效果。

第二种意见以张预为代表，认为"知己未可以胜，则守其气而待之。知彼有可胜之理，则攻其心而取之"。第一种意见认为"不可胜"指我方不可被战胜的条件，此处却指己方不可能取得胜利，两种意见相反，但也不失为一种理解。

第三种意见认为："敌不可胜，则取守势；可胜，则取攻势。"（李零，《兵以诈立》）前两种意见中，"不可胜"是我，"可胜"是敌，而此处"不可胜""可胜"均指敌方状态。第三种意见与前两种意见理解角度又不一样，但从道理上似乎也说得通。

《孙子兵法》书名一般译作 The Art of War（战争艺术），而没有译成"战争原理"或"战争科学"。虽然外文版《孙子兵法》很多词句译得不准确，但在书名的翻译上还是颇费心思、措辞得当的。"原理""科学"内涵相对稳定，"艺术"却讲究特色和变化。孙子这句话充分体现了这一特点。三种意见均有道理，可供人们多视角理解、多方法运用这一思想。只是相对而言，第一种意见与上文的表述更为契合，整体思路保持了一致性和连贯性。尽管理解角度不一，但有一点大家普遍认同，那就是以实力确定攻守之势，来不得主观随意。

孙子接着分析其中的原因："守则有余，攻则不足。"宋代的《十一家注孙子》《武经七书》本作"守则不足，攻则有余"，各本皆同。基本意思是说，采取防守是因为敌强我弱，实力不如对方；采取进攻是因为我强敌弱，实力超过对方。但汉简本则写作"守则有余，攻则不足"。有的专家解释为："采取防御是因为敌人兵力有余，采取进攻是因为敌人兵力不足。"如果按这种方式理解，难道敌人兵力有余时我们只能防御，敌人兵力不足时我们必须进攻吗？战争史告诉我们，实际情况并非如此。有时，即使敌人兵力有余，我方也不得不进攻。所以，我的观点是：同样的兵力，用于防御可能有余，用于进攻则可能不足。因为防御是比进攻相对有利于弱势一方的一种作战方式。防御的一方，战线较短，容易得到人员、物资补充，战斗力恢复快；有地利优势，以逸待劳；受攻击者往往容易获得各方同情，有道义支持。相反，进攻的一方，战线较长、机动作战、易受谴责，诸因素使其损耗大、补充难、外援少。进攻作战之所以需要拥有超过防御一方3~5倍的兵力优势，原因就在这里。

综合起来看，前后两句话强调的都是实力问题，依实力定攻守。意在提醒将领，一定要客观分析敌我双方实力，分清强弱，量力而行，切不可当守而攻，或当攻而守。当守而攻，不仅没有足够实力战胜敌人，反而很容易被强大的敌人战胜。正如《谋攻篇》所说："小敌之坚，大敌之擒也。"当攻而守，则很可能丧失战机，让煮熟的鸭子飞掉。

作为一个将领，不仅要弄清楚什么情况下应该进攻，什么情况下应该防守，而且还应当明白怎样进攻，怎样防守，攻守有什么技巧。孙子一语道出了其中的奥秘："善守者，藏于九地之下；善攻者，动于九天之上，故能自保而全胜也。"这句话强调了一个"善"字，善守、善攻。善守者，往往深藏不露，犹如藏身九层地下，无影无踪，令进攻者无从下手。善攻者，往往突发制人，犹如动于九霄云外，闪电式突击，令防守者猝不及防。在中国传统文化中，"九"并不是实数，往往表达极点、顶点、多数。"九地""九天",并非一定是九层地下,或九重天上,而是强调极深、极高之处。

这是孙子常用的一种表达方式。即通过极度夸张、形象比喻的方法表达某些重要的思想观点。"不战而屈人之兵,善之善者也"中的"不战"两字也采用了这种表达方式,"不战"并非完全表示不战,而是强调尽可能把迫不得已的战争控制在最小范围内,把杀伤破坏降到最低程度。战争的规模和破坏小到常人难以察觉的程度,几乎接近于不战,这才是最为明智的、利益最大化的胜利。

藏于九地之下,强调的是隐蔽性。动于九天之上,强调的是突然性。一藏一动,使对方看不见、摸不着,不知如何进攻;想不到、料不定,不知如何防守。如果将领能够把这两种作战方式灵活运用,则既能保全自己,又能取得完全的胜利。

孙子是辩证法大师,通常注重关照矛盾双方及互相转化。而此处"善守者",只讲一个"藏";"善攻者",只说一个"动",似乎偏于一端,与孙子辩证思维习惯不太吻合。事实上,单纯的"藏"并不是防御的全部内容,单纯的"动"也不是进攻的所有办法。克劳塞维茨曾说:"防御这种作战形式绝不是单纯的盾牌,而是由巧妙的打击组成的盾牌",所以应"以防御开始而以进攻结束"(克劳塞维茨,《战争论》)。恩格斯更明确指出,防御不应当只是消极的,而应当从机动中吸取力量,并且只要一有机会,"防御者就应当采取进攻行动","最有效的防御仍然是以攻势来进行的防御","消极防御,即使有良好的武器,也必败无疑"。毛泽东更是反对单纯躲藏式的消极防御。

有趣的是,竹简本中此句为"善守者,藏于九地之下,动于九天之上"，中间没有"善攻者"三字。专家们分析很可能是汉代抄书者漏掉了这几个字，因为这样一来，只讲了防守，没讲进攻，而且十一家注本和武经七书本均有"善攻者"，表述为"善守者，藏于九地之下；善攻者，动于九天之上"。

从军事理论和战争实践上来说，我更倾向于竹简本的版本。因为，时间上它比传世本早上千年，更接近原文；思想上"藏""动"兼顾，更符合孙子的辩证法。单纯一个"藏"，算不上"善守者"，只有将"藏"与"动"结合起来，寓攻于守、寓守于攻，两手并用，打组合拳，才是高明的"善守者"。至于"善攻者"，按孙子的思维习惯推理，应当有相应的表述，也许是在两千多年流传过程中散失了。

三国时期的夷陵之战，陆逊可谓灵活运用了孙子这一思想。

公元219年，孙权袭取荆州，擒杀关羽，吴、蜀两国结仇。公元221年7月，刘备亲率蜀汉军队十几万人，对吴国发动了大规模战争。孙权在面临蜀军战略进攻的情况下，奋起应战。他任命右护军、镇西将军陆逊为大都督，统率朱然、潘璋、韩当、徐盛、孙桓等部共5万人开赴前线，抵御蜀军。陆逊上任后，通过对双方兵力、士气以及地形诸条件的仔细分析，认为刘备兵势强大、锐气正盛、报仇心切，吴军应暂时避开蜀军的锋芒，再伺机破敌。他耐心说服了吴军诸将，使他们放弃了立即决战的要求，果断地撤兵。军队一直后撤到夷道（今湖北宜都）、猇亭（今湖北宜都北）一线，然后停止了撤退，利用险要地势筑起高城，坚守不出。

公元222年正月，蜀军先头部队沿着长江由上而下，进入夷陵地区，被吴军挡住了前进的道路，只好在长江两岸安营扎寨。二月，刘备亲率主力从秭归进抵猇亭，建立了大本营。在吴军扼守险要，坚守不出的情况下，蜀军不得已在巫峡、建平（今重庆巫山北）至夷陵一线数百里地上设立了 50 多个营寨。从正月到六月，两军一直相持不决。刘备为了迅速同吴军进行决战，多次派人到阵前骂战，但是陆逊一直沉住气不予理睬。蜀军将士求战不得，逐渐斗志涣散松懈。六月的江南，正值酷暑时节，暑气逼人，蜀军将士忍受不了江面闷热，纷纷躲进两岸树林中乘凉。刘备无可奈何，只好让水军舍舟转移到陆地上，把军营设于岸边密林里，让部队休整，准备到秋后再发动进攻。

　　陆逊看到蜀军士气沮丧，毫无阵形，认为战略反攻的时机业已成熟。山峡一带地势崎岖狭窄，难以展开大规模进攻，陆逊通过小部队试探性进攻，发现最好的办法是火攻。因为蜀军的营寨都是由木栅所筑成，其周围全是树林、茅草，一旦起火，就会烧成一片。决战之日，陆逊命令官兵们各持茅草一把，乘夜突袭蜀军营寨，顺风放火。火势瞬间变得凶猛无比，蜀军大乱。陆逊乘势发起反攻，蜀军全线溃败。刘备乘夜突围逃遁，逃入永安城（今重庆奉节东）中。

　　刘备逃到永安城后，吴将潘璋、徐盛等人都主张乘胜追击，扩大战果。但此时刘备收拢散兵，赵云的后军已来增援，永安驻军接近 2 万，陆逊已经失去攻克永安的机会。再加上他顾忌曹魏方面乘虚而入，袭击后方，于是停止追击，主动撤兵。九月，曹魏果然攻吴，但因陆逊早有准备，魏军无功而返。次年四月，刘备羞愧于夷陵惨败，一病不起，最终辞世。

　　夷陵之战就这样结束了。

　　此战，陆逊先是藏于险隘之处，后是动于火攻之中，得手之后旋即退兵转入防守，巩固既得胜利。攻守结合，灵活转换，可谓深得孙子的攻守之道。其战果堪称典型的"自保而全胜"。

　　令人不得不赞叹的是,孙子2500多年前提出攻守之道,不仅没有随着时间的推移而过时,反而越来越鲜活,完全适应现代信息化战争的要求。"善守者,藏于九地之下;善攻者,动于九天之上",在孙子心目中还是夸张和想象,只是用来强调"藏"和"动"的程度,在当时的条件下不可能上九天,入九地。可是在今天的技术条件下,这一想法却变得完全可行,而且未来战争十有八九就是这么个打法。现在,地面、空中、水上各种侦察通讯、指挥控制系统大多依赖卫星通信系统,比如美国的GPS、中国的北斗通信系统,它们犹如天上的眼睛俯瞰着大地。那么,未来战争很有可能就是从九天之上开始动手的,先挖掉"天眼",空中、地面、水上的各种系统就会陷入瘫痪。再比如,现在侦察技术非常先进,导弹发射架、战舰、战机平时就被对方看得清清楚楚,因此不得不藏于九地之下。现在核动力潜艇一般能够下潜500~600米,一旦潜伏在深海之中,那可不是"藏于九地之下"吗?在这种状态之下发射导弹,那可真是防不胜防。有些国家害怕中国的核潜艇,原因也就在这里。

　　人世间许多事情具有相通性、相似性。为人处世亦有攻守之道,机会来了,应当"动于九天之上",毫不手软,关键是动作要像闪电般迅速而勇猛。机会未到时,要善于"藏于九地之下",耐心等待,关键要藏得住,多少人因为忽略了"藏",在机会到来时为暗箭所伤。总之,无论我们的生活、事业处于高潮还是低潮、顺境还是逆境、成功还是失败,都应该坚持攻与守结合,藏与动呼应。

（三）善战者力避强攻，设法"胜于易胜"

【原文】

见胜不过众人之所知，非善之善者①也；战胜而天下曰善，非善之善者②也。故举秋毫③不为多力，见日月不为明目，闻雷霆不为聪④耳。古之所谓善战者，胜于易胜者也。

【注释】

①见胜不过众人之所知，非善之善者：言预见胜负的能力不高出众人的水平，不算是高明者。

②战胜而天下曰善，非善之善者：力战而胜之，天下人都说好，不算好中最好的。曹操注："交争胜也。太公曰，争胜于白刃之前，非良将也。"王晢注："以谋屈人则善矣。"

③秋毫：兽类于秋天新长出的极纤细的毛，用以比喻轻细之物。

④聪：听觉辨音能力强。

【译文】

预见胜利不超过一般人的见识，不算高明中最高明的。激战而后取胜，即使是天下的人都说好，也不算是高明中最高明的。这就好像能举起秋毫称不上力大，能看见太阳、月亮算不上眼明，能听见雷霆算不上耳聪一样。古时候所说的善于打仗的人，总是胜在能找到容易战胜的敌人并战胜之。

【新解】

孙子主张根据实力强弱、战场利弊、攻防态势，相应地灵活运用兵力。基于这一主张，他进一步运用一系列比喻来对比简单拼力气与灵活用智慧的效益。他说："见胜不过众人之所知，非善之善者也；战胜而天下曰善，非善之善者也。故举秋毫不为多力，见日月不为明目，闻雷霆不为聪耳。古之所谓善战者，胜于易胜者也。"

这段话有两层意思，一是主张避免暴力作战，二是主张以智取胜。

先看第一层意思。

春秋时期，周天子的势力逐渐衰微，诸侯势力壮大，出现了"征伐之令自诸侯出"的局面。同时也就打破了世卿世禄制度，军功爵制开始登上历史舞台。这是历史的进步。从此，将军不仅出于豪门，也可出于卒伍，普通士兵杀敌有功可以得到奖赏和提拔，军功卓著的则可能被擢升为将军。

然而，进步的事物并非尽善尽美。军功爵制打破世卿世禄制桎梏的同时，也滋长了人们嗜杀争功的风气。战场上动辄杀人盈野，血流成河，人民生命财产和社会生活遭到极大破坏。老子曾描述这一场景："师之所处，荆棘生焉；大军之后，必有凶年。"（老子，《道德经》）孙子虽然并不反对战争，但也不赞成滥用武力。他认为："见胜不过众人之所知，非善之善者也；战胜而天下曰善，非善之善者也。"即对胜利的预见不超过一般人的见识，不算高明中最高明的。激战而后取胜，即使是普天下都说好，也不算是高明中最高明的。孙子连用三个很有意思的比喻为之定性："故举秋毫不为多力，见日月不为明目，闻雷霆不为聪耳。""举秋毫"，即把动物在秋天新长出的极其纤细的毫毛举起来。"见日月"，即肉眼看见日月。"闻雷霆"，即耳朵听得见雷霆。这些都是凭原始本能赢得的胜利，是寻常之事。

言下之意，孙子认为将领预见胜利的能力与常人同步，大战而后取胜，没什么稀奇之处，也不值得特别称道。

经过这一番铺垫，孙子接着道出了第二层意思——他所希望的战争方式。他认为，真正值得称道的"善战者"，即"胜于易胜者也"。

"胜于易胜"用白话来说，就是战胜那些容易战胜的敌人。这是大家都知道的常理，孙子何以奉为"善战者"呢？

《孙子兵法》的一大特点是言约而意丰。精练的语句表达丰富的思想，精妙的文字包含深刻的内容。要想深入理解和把握孙子思想精髓，不能仅仅停留于字面，而要穿透纸背，联系上下文或整个思想体系动态地理解。"易胜"的字面意思是容易被战胜之敌。如果仅限于此，孙子此言确实有失水准。但是，从孙子整个思想体系来看，不难看出这个"易"字并非指静态，而是指动态。因此我们有必要从两个角度理解。一是敌人过于强大时，不宜正面对抗，而要"实而备之，强而避之"，然后通过一系列谋略措施诱使强敌出错、生乱、变弱，一旦对方由治变乱、由强变弱，便可以抓住机会战而胜之。可见"易"字中包含着一个动态转变的过程，也是斗智的过程。二是找准敌人最容易被战胜的薄弱环节，予以致命一击。在孙子看来，善于用智慧使原本强大的敌人变得弱小，或者善于找准敌人容易被攻击的命脉，然后兵不血刃地战而胜之，这样的将领才是"善之善者"。

努尔哈赤之所以能够以13副遗甲起兵，最终开创大清王朝，重要原因之一就在于他所采取的"伐大树"战略自觉或不自觉地暗合了孙子这一谋略思想。

努尔哈赤起兵后，在女真各部族中异军突起，并逐步开展统一女真各部族的战争。在进攻乌拉部族的一次战斗中，双方你攻我守，乌拉兵白天出城对垒，夜里入城固守，双方相持3天。皇太极与其兄莽古尔泰急不可耐，想立即过河进攻。努尔哈赤不同意，将乌拉比喻为大树，教导皇太极说："欲伐大木，岂能骤折？必以斧斤伐之，渐至微细，然后能折。"这实际上就是孙子所说的"弱敌""易敌"的思想。在努尔哈赤的指挥下，他们先后毁掉乌拉的一些外围城寨，经过一年的努力，最后消灭了乌拉。从此，"伐大树"之说成为努尔哈赤和皇太极与明朝作战的基本战略。

努尔哈赤所要砍伐的"大树"很多，先是女真内部各大部族，然后是强大的明王朝。为了一棵一棵地砍倒这些"大树"，努尔哈赤先是效忠明王朝，多次进京朝贡，明朝皇帝认为其是"忠顺守边"的好将领，并授权其统一不"忠顺"的各部族，努尔哈赤的势力得以逐渐壮大。与此同时，为了扩大联盟、减少对手，努尔哈赤积极与蒙古各部落首领联姻、结盟，并与朝鲜交好。

在基本上统一了女真各部族，并且军事实力已足以与辽东明军抗衡之后，努尔哈赤才将斧头挥向了明王朝这棵大树。1616年，努尔哈赤建立了后金政权（1636年皇太极改国号为大清），与明王朝展开地盘争夺。1619年，后金军队在萨尔浒之战中大败明军，并趁势夺取辽东70余城。随后，努尔哈赤逐步将势力由辽东推进到辽西，乃至推进到长城脚下的山海关。历经30年，后金军队如同伐大树一般，一斧一斧砍掉了明王朝的军队，自身不断壮大，军事实力超过了风雨飘摇的明王朝。1644年，李自成率领的农民军推翻了明王朝，清军趁机大举入关，攻占京城，先后剿灭李自成和南明政权，最终实现了清太祖努尔哈赤问鼎中原的宏伟梦想。

努尔哈赤"伐大树"的战略，较好地诠释了孙子的"胜于易胜"思想。并且从其统一战争的实践中不难看出，运用孙子这一思想需要做到"四个善于"。一要善于斗智，力争使对手由强变弱；二要善于强壮自身，增强"举秋毫""见日月""闻雷霆"的能力，孙子并非反对实力战，而是强调越是有超强的能力，越无需恶战；三要善于以己之长，击敌之短，找准敌人最容易战胜的薄弱环节予以打击；四要善于坚持，要有耐力，无论是弱化敌人，还是强壮自身，都必须经历一个渐进的过程，唯有坚持努力，方能使对方处于"易胜"的状态。

放眼当今社会，孙子的"胜于易胜"理论及其中所包含的这4个要点，实际上远不止是兵法，称其为人生之法、竞争之法也一点不为过。无怪乎日本东京大学名誉教授金谷治曾经感言："《孙子》十三篇是中国最古的兵书。在议论战略、战术当中它的深远的洞察，并不单是战争，而且蕴含着能够适用于人生整个历程的智慧。"

（四）善战者如隐形高手，"胜已败者也"

【原文】

故善战者之胜也，无智名，无勇功①。故其战胜不忒②，不忒者，其所措必胜，胜已败者也。

【注释】

①无智名，无勇功：杜牧注："胜于未萌，天下不知，故无智名；曾不血刃，敌国已服，故无勇功也。"张预注："阴谋

潜远，取胜于无形，天下不闻有料敌制胜之智，不见搴旗斩将之功。"

②忒：失误。《周易·豫》："四时不忒。"郑玄注："忒，差也。"不忒，不差、不失误之意。

【译文】

因此，高明的指挥员所打的胜仗，从表面上看不出显赫的胜利，因此没有善谋的名声，也没有勇武的战功。所以，他的取胜不会有差错。之所以不会出现差错，是因为他们的作战措施建立在必胜的基础之上，战胜了那些已处于失败地位的敌人。

【新解】

"胜于易胜"的谋略艺术非常巧妙，但是运用这种谋略并不是一件容易的事情，需要进一步灵活地配套运用一系列谋略，才能使很难对付的对手变为很容易战胜的对手。所以，孙子接着说："故善战者之胜也，无智名，无勇功。故其战胜不忒，不忒者，其所措必胜，胜已败者也。"

这段话有两层意思。

首先，善战者不能为功名而战。中国人历来崇拜"良将"。何为"良将"？一般解释为："能征善战的将领。"然而，对照古代兵家的观点，这种解释并不准确。姜太公曾说，善于用兵作战的人，不等敌人出兵列阵就将其歼灭；善于消除祸患的人，不等祸患发生，就能将之清除；善于打胜仗的人，能够取胜于无形之中。最高明的制胜战略就是不战而胜。因此，通过战场上冲锋刺杀、白刃格斗取得胜利的将领，不能称为良将；在作战失利后才加强守备的将领，不能称为高明的将领。琢磨其中的味道，这与孙子的观点何其相似。孙子直言不讳地说："见胜不过众人之所知，非善之善者也；战胜而天下曰善，非善之善者也。故举秋毫不为多力，见日月不为明目，闻雷霆不为聪耳。"两位军事家的具体措辞不同，但对"良将"的评判标准却惊人一致。在他们看来，打恶仗、胜于难胜的将领，虽然很容易引起众人瞩目，也很容易得到君主或上司给予的功名和奖赏，但杀伤破坏太大，所获利益甚小，不是"良将"之所为。真正的"良将"，即"善战者"，往往无需大战、恶战便可征服敌人，所以"无智名，无勇功"。也就是说，在人们浑然不知的情况下，他就巧妙地征服了敌人，赢得了巨大的利益，同时又没有造成巨大的杀伤破坏，因而表面上没有什么可歌可泣的感人事迹让人们称颂他，也没有气壮山河的英雄壮举让上层奖励其勇武的战功。

没有经过大战、恶战，何以征服敌人呢？这就是第二层意思所要说明的问题了。"其战胜不忒，不忒者，其所措必胜，胜已败者也。""其所措必胜"，是指所采取的谋略措施都非常巧妙，能够顺利实施，每一项措施都巧妙地削弱了敌人，使其逐渐走向失败。这样的将领打仗必胜无疑，不会有差错。因为，最终交战时，敌人已经处于失败地位了。所以，无需大战、恶战，只需小战，甚至不战，就可征服敌人。能使杀伤破坏最小化，所获利益最大化，当然是"善之善者也"。但是，这种胜利不是一次性冲杀的结果，而是长期斗智斗勇的结果，常人见不到其中的刀光剑影。所以杜牧注云："胜于未萌，天下不知，故无智名；曾不血刃，敌国已服，故无勇功也。"

可见，在孙子的标准体系中，"良将"不仅能征善战，还应当能谋善战。西晋灭吴的幕后英雄羊祜就堪称这样的良将。

西晋灭吴,是中国历史上成功跨越长江天险,完成统一大业的典范,也是对孙子"胜于易胜""胜已败者"思想的成功运用。这场战争的真正策划者是羊祜。

司马炎称帝建立西晋后,便积极筹划消灭孙吴政权的战争,以实现统一全国的大业。

公元269年,司马炎任命大将军卫瓘、司马伷分镇临淄、下邳,加强对孙吴的军事布置,又特地调任羊祜为荆州诸军都督。羊祜到任后,并不急于攻打东吴,而是采取一系列谋略措施加强自身的战争准备和军事实力,同时削弱东吴,瓦解东吴,使之由强变弱。

首先,他发现荆州的形势并不稳固,百姓的生活不够安定。于是,羊祜大量开办学校,兴办教育,安抚百姓,招揽人才。这些措施迅速地安定了荆州的社会秩序。

其次,他注意到戍守边疆官兵的军粮也不充足。于是,把军队分作两半,一半执行巡逻戍守的军事任务,一半垦田。当年,全军共垦田5000多公顷。羊祜刚就任时,军队连100天的粮食都没有,到后来粮食积蓄可供军队用10年,大大增强了军队的战斗力。

再次,羊祜深知"亲而离之"的道理,于是实施怀柔、攻心之计。在荆州边界,羊祜对吴国的百姓与军队讲究信义,每次和吴人交战,羊祜都预先与对方商定交战的时间,从不搞突然袭击。有部下在边界抓到吴军两位将领的孩子。羊祜知道后,马上命令将孩子送回。不久之后,那两位孩子的父亲率其部属一起来降。打猎的时候,羊祜约束部下,不许越过边界线。如有禽兽先被吴国人所伤而后被晋兵获得,他都送还对方。羊祜的这些做法,使吴人心悦诚服。

最后，鉴于曹操在赤壁之战中因军队不习水战而失败的教训，羊祜建议晋武帝司马炎派专人为益州刺史，负责制造船只，训练水师。晋军所建造的大型战船，长120步，可容纳2000余人，上构木城，筑起楼橹，四面开门，船上可骑马驰骋。这些战船数量众多，为实现"水陆并进"灭吴提供了重要的军事支持。

公元276年10月，经过7年努力，羊祜的备战措施成效显著，荆州边界的晋军实力远远超过了吴军。吴国又因为吴主孙皓的高压统治使国内各种矛盾日益激化，将士离心，又因缺乏统一对策，败象日益明显。晋灭吴的条件和时机已经成熟。于是，羊祜向司马炎上奏，即《平吴疏》，在分析敌我双方作战态势的基础上，提出了水陆俱下、六路并进的作战计划。司马炎接受了羊祜的建议，但由于西北鲜卑族首领起兵反晋，后方不稳，加之太尉贾充等人的反对，原定的伐吴计划不得不暂时搁置。

3年后，司马炎采用羊祜拟制的计划，发兵20万，分6路进攻吴国，以摧枯拉朽之势，一举灭吴，实现了国家的统一。可惜，此前两年已染病去世的羊祜没能亲眼见证这一历史时刻。在庆功宴上，当满朝文武欢聚庆贺的时候，司马炎手举酒杯，流着眼泪说："此羊太傅之功也，惜其不亲见之耳！"

羊祜既没有在战场上立下显赫战功，也没有亲自享受满朝的歌颂，但他的谋略措施却实实在在地使晋方日益强大，吴方渐趋衰败，实为晋灭吴之战的第一功臣，是真正的良将、智将。

纵观中国历史，羊祜这样的良将并不少见，然而，被载入史册的却寥寥无几，毕竟人们更容易聚焦在那些战功卓著的将领身上，更乐于传颂那些惊心动魄、气壮山河的英雄故事。但是，就历史的发展和社会的进步来说，尤其是就当代战争领域来说，我们更需要羊祜这样的良将、智将，或者说更需要孙子所推崇的"其所措必胜，胜已败者也"的战争艺术。

（五）胜负决定权，取决于"修道而保法"

【原文】

故善战者，立于不败之地，而不失敌之败①也。是故胜兵先胜而后求战，败兵先战而后求胜。善用兵者，修道而保法②，故能为胜败政③。

【注释】

①不失敌之败：言不放过敌人可能为我所败的机会。杜牧注："窥伺敌人可败之形，不失毫发也。"王皙注："常为不可胜，待敌可胜，不失其机。"

②修道而保法：杜牧注："道者，仁义也；法者，法制也。"按："道"与《计篇》"道者，令民与上同意"中的"道"同义，指政治。"修道"即修明政治。"法"，亦指《计篇》"法者，曲制、官道、主用"中之"法"，指法令制度。"保法"即确保法制。

③能为胜败政：政，通"正"。《道德经》第四十五章"清静为天下正"，即言为天下之主。能为胜败政，意谓能在胜败问题上成为最高的权威或主宰。

【译文】

因此，善于作战的人，总是使自己立于不败之地，而不放过任何击败敌人的机会。所以，胜利的军队通常是先有胜利的把握，而后才寻求同敌人交战；失败的军队往往是先冒险同敌人交战，然后企求侥幸取胜。善于用兵的人，必须修明政治，确保法制，才能够主宰战争胜负。

【新解】

孙子主张"胜于易胜""胜已败者"，表面上看起来是打弱者、打败者，似乎不费吹灰之力，其实这是一种"功夫在诗外"的谋略艺术。敌人的虚弱和失败并非天成，而是由于我方用计、用谋使其出错，诱其生乱，从而使敌人由强变弱，由盛而衰。但是，对方并不会轻易上当受骗，更不会自动衰弱。这就需要己方对敌实施谋略攻击的同时，也要下大力气加强自身建设，提升自身实力。于是，孙子递进式地提出三点建议。

首先，"善战者，立于不败之地，而不失敌之败也"。这句话强调的是，要想"胜于易胜""胜已败者"，首先自身要强大，才有能力抓住机会战胜敌人。所以，善于指挥打仗的人，总是想办法使自己立于不败之地，而不放过任何击败敌人的机会。

其次，"胜兵先胜而后求战，败兵先战而后求胜"。这句话意在说明，要想"立于不败之地"，重点在于战前做好充分的准备。战争实践一再证明，胜利的军队通常是先有胜利的把握，而后才寻求同敌人交战；失败的军队往往是先冒险同敌人交战，然后祈求侥幸取胜。

最后，"善用兵者，修道而保法，故能为胜败政"。这句话进一步说明谋求"先胜"的途径和效果。其中"修道而保法"是指平时进行战争准备的主要抓手，即修明政治，确保法令制度的贯彻实行。朝廷政治清明，才能人心所向；社会秩序稳定，才能繁荣经济。"修"和"保"都是表示长期动作的动词，意味着这些工作必须在战争来临之前长期坚持进行，才能逐步提升国力、军力。拥有优势的国力、军力，才能在战争中掌握胜负的决定权。"故能为胜败政"中的"政"，通"正"。《道德经》第四十五章中的"清静为天下正"，即言为天下主宰者。其中的意思与孙子的思想十分相似，强调的也是战争胜负的决定权来源于平时战备和自身建设。

时下有人把谋略区分为"阴谋"与"阳谋"。所谓"阴谋"，是指采用欺诈、蒙骗等手段，表面意图和真实意图不一致的谋略。所谓"阳谋"，是指表面意图与真实意图统一的一种谋划，所有行动与计划都让对手看见、知道。照此标准，孙子上述三招当属阳谋。

然而，纵观中国古代战争史不难发现，这种区分并不科学。在实际的战争准备和征战过程中，很难区分哪些是阴谋，哪些是阳谋。谋略天生有阴阳两面，互为表里。《三十六计》中"瞒天过海"的解语揭示了这种两面性："备周则意怠，常见则不疑。阴在阳之内，不在阳之对。太阳，太阴。"意为，防备得周全时，更容易麻痹大意；司空见惯的事情往往不会引起怀疑。隐秘的计谋常潜藏在公开的事物之中，并不是和公开暴露的事物相对立。所以，非常公开的事物里，往往隐藏着非常机密的计谋。可见，阴阳其实融为一体。《兵经百言》中也有相似说法："有用阳而人不测其阳，则阳而阴矣；有用阴而人不测其阴，则阴而阴矣。善兵者，或假阳以行阴，或运阴以济阳，总不外于出奇握机，用袭用伏，而人卒受其制。"意思是说，有人采用公开行动但敌方无法了解其中的深意，那么表面上的行动实质就是阴谋；有人采用隐蔽的行动但敌方无法识破其真相，那么这个行动就真成了阴谋。善于用兵的人，有的借助公开的行动来掩护隐蔽的行动，有的用隐蔽的行动来辅助公开的行动，总不外乎突出奇招、把握战机，以偷袭或埋伏的手段最终制服敌军。归结起来就是一句话：阴阳一体，互为表里。

"修道而保法"就有阴阳两面的考虑。首先，它一定是长期的、公开的、大规模的举动，而且，其目的完全在于加强自身建设。同时，不可否认，它也有隐蔽的一面。加强自身建设，当然是为了有充足的能力迎接挑战，用孙子的话来说，就是谋求"先胜"，然后"胜于易胜""胜已败者"。纵观历史，成大业者无不如此。

公元前771年，平王东迁之后，周天子逐渐失去掌控天下的能力，实力稍强一点的诸侯国纷纷争夺天下。齐桓公开始也急于争霸，宰相管仲却认为齐国的实力尚不足以与秦国、晋国等强大的对手硬碰硬，于是建议先提升自身实力再说。齐桓公采纳了管仲的意见，修明政治，确保法制，推行改革，实行军政合一、兵民合一的制度，通过减少税收，提高人口的生育水平，增加齐国人口的总体数量。经过一番改革和建设之后，齐国国力大为增强，齐桓公这才开始凭借优势实力向中原地区发展。他先与邻国修好关系，建立军事、政治联盟。最早一次建立联盟的活动发生在齐桓公五年（公元前681年）。这一年，齐桓公召集宋、陈、蔡、邾等四国国君在齐国的北杏（今山东东阿）"会盟"。所谓"会盟"，就是诸侯间会面和结盟。当时，一些较小的诸侯国为了抵御大国侵略而联合作战；一些较大的国家则利用自己的实力和影响力，吸引其他小国加入自己的阵线。北杏会盟的主要议题是各国协力平息宋国内部争夺君位的变乱。整个会盟由齐桓公主持，这就奠定了他在齐、宋、陈、蔡、邾五国联盟中的领导地位，齐桓公成为历史上第一个代替周天子充当盟主的诸侯。当时中原华夏诸侯苦于戎狄等游牧部落的攻击,于是齐桓公打出"尊王攘夷"的旗号,率领诸侯军队东征西讨。通过"尊王",齐桓公在政治上得到周天子的认可和支持,有了正统领导地位;通过"攘夷",他在军事上得到各诸侯国的赞同和支持,掌握了实际号令诸侯军队的权力,从而成为当时天下公认的霸主。

刘邦由小小的泗水亭长成为西汉王朝的开创者,也经历了漫长的"修道保法"过程。初入咸阳时,他与关中百姓"约法三章",秋毫无犯,深得人心,与项羽坑杀秦卒20万、让秦人家家户户披麻戴孝的暴行形成鲜明对照。称帝之后,他又以秦朝覆亡为鉴,采取了与民生息、恢复发展生产的政策。同时,大兴马政,官民共同养马。这一政策持续了60年,为汉朝建立强大骑兵部队奠定了雄厚的基础,使汉武帝得以远征漠北,大败匈奴。

唐朝初期的强盛,同样源自"修道保法"。唐太宗采取选用廉吏、惩治贪官、减轻剥削、注意民众休养生息、推行均田制等修明政治的措施,使唐王朝日益强盛,威服四方。

尽管时代变迁,但是孙子所揭示的规律和真理仍然没有变,甚至更富有生命力,也更富有现实意义。在当今激烈的国际竞争中,实现中华民族伟大复兴,既不能一蹴而就,也不可能是一帆风顺的,一定会遇到来自各方面的阻力,所以,需要极大的耐心、高超的智慧和扎实的努力。用孙子的话来说,要"修道而保法",功夫下在平时,下在自身,而不去寄希望于偶然的机会或别人的施舍;功夫下在实处,下在细处,而不要耍嘴皮、唱高调。

孙子揭示的这些规律和真理同样适用于企业经营、团队管理，甚至学校教育、市场投资等多个领域。在各项管理中，我们要寓努力于平时，用智慧于细节，谋实力于事前。

事虽殊，其理同。需要注意的是，掌握这些规律和真理，不是一日之功，重在自觉，贵在坚持，要在巧行。

（六）客观评估双方实力，五步法以窥全貌

【原文】

兵法：一曰度①，二曰量②，三曰数③，四曰称④，五曰胜⑤；地生度⑥，度生量⑦，量生数⑧，数生称⑨，称生胜⑩。

【注释】

①度：《礼记·明堂位》："颁度量。"郑玄注："度为丈尺、高卑、广狭也。"张预注："度以量地。"故此言度量土地幅员。

②量：《汉书·律历志》："量者，龠、合、升、斗、斛也，所以量多少也。"此言计量物质资源。

③数：贾林注："算数也。以数推之，则众寡可知，虚实可见。"王晳注："百千也。"此言计算部队实力的强弱，兵员的多寡。

④称：《楚辞·惜誓》"若称量之不审兮。"王晳注："称，所以知轻重。"杜牧注："称，校也。"此言衡量双方实力之对比的状况。

⑤胜：指胜负优劣的情状。曹操注："胜败之政，用兵之法，当以此五事称量，知敌之情。"

⑥地生度：曹操注："因地形势而度之。"地，指国土幅员。此句言敌我交战，必先以双方所拥有的土地幅员为基础。

⑦度生量：赵本学注："既度之，则其地之所容者何阵，或当用广、用长、用圆、用方，奇正当居何处，当分为几阵，皆可知矣，此'度生量'也。"此言基于双方拥有"地利"的状况，可知其物质资源之储备及国力之强弱也。

⑧量生数：梅尧臣注："因量以得众寡之数。"此言由物质资源状况之计量，可知所拥兵员之众寡。

⑨数生称：王皙注："喻强弱之形势也。"此言由兵员之众寡可知双方兵力强弱之对比。

⑩称生胜：曹操注："称量之，知其胜负所在。"此言由双方强弱形势之衡量对比，可知其优劣胜负之情状。

【译文】

兵法上衡量双方力量有5个着眼点：一是度，二是量，三是数，四是称，五是胜。敌我所处地域宽狭的不同，产生双方土地面积大小不同的"度"；敌我土地面积大小的"度"的不同，产生双方物产资源多少不同的"量"；双方物产资源多少的"量"的不同，产生双方兵员多寡不同的"数"；双方兵员多寡的"数"的不同，产生双方军事实力强弱不同的"称"；双方军事实力强弱的"称"的不同，最终决定战争的成败。

【新解】

孙子是一位非常务实的军事思想家，他的一切谋略思想都不是拍脑瓜子随便拍出来的，均建立在物质基础的考量之上。他不仅强调"善战者"必须平时扎扎实实加强建设，提升军事实力，而且要求人们战前客观具体地计算双方的综合实力，尤其是军事实力，从而清楚双方的强弱对比，然后再量力决策、量力作战。因此，他提出一个按田赋制度计算双方军事实力的办法。

田赋是中国古代朝廷对拥有土地的人课征的土地税。"田"是指按田地征收的田租；"赋"，就是军赋，用今天的话来说，可以理解为国防费。不打仗的时候，军赋可以按田地多少折合成钱粮，称作人头税，需要打仗的时候则是按田地多少征集兵员。我国从夏朝开始就建立了"兵出于农，计田赋以出兵车"的制度。《作战篇》对"智将务食于敌"的讲解提到了西周时期田赋的征收办法："九夫为井，四井为邑，四邑为丘，丘十六井，出戎马一匹，牛三头。"战争状态下，每一个"丘"的行政区域，估计相当于现在一个村庄，必须提供1匹马、3头牛。再大一级的行政区域，则要提供1辆战车、4匹马、12头牛、72名步卒。孙子正是根据这种田赋制度提出了军事实力的计算方法，即"兵法：一曰度，二曰量，三曰数，四曰称，五曰胜；地生度，度生量，量生数，数生称，称生胜。"

这段话有两层意思。

第一层意思是明确度、量、数、称、胜5个衡量标准。

"度"是度量土地幅员的尺度单位。郑玄注："度为丈尺、高卑、广狭也。"

"量"是计量粮食等物质资源的容量单位。《汉书·律历志》："量者，龠、合、升、斗、斛也，所以量多少也。"

"数"是计算兵员多寡的数量单位。贾林注："算数也。以数推之，则众寡可知，虚实可见。"

"称"是衡量双方实力对比的指标。王晳注："称所以知轻重。"杜牧注："称，校也。"

"胜"是指双方兵力比较的结果。

曹操理解孙子之意,强调说:"胜败之政,用兵之法,当以此五事称量,知敌之情。"

那么,怎样用这5个标准衡量双方实力强弱呢?这就是这段话说的第二层意思。孙子确定的这5个标准环环相扣,彼此具有直接的因果关系,可谓"地生度,度生量,量生数,数生称,称生胜"。其内在逻辑是,根据田地的广度可以分析出可产粮食的数量,根据可产粮食的数量可以判断所能供养军队兵员的人数,根据供养军队兵员的人数可以分析双方军事实力的强弱,最后根据双方军事实力的强弱可以预测战争的胜负。在今天的条件下,孙子这种计算方法已经很不科学了。现在打仗不光靠兵员,还要靠技术和各种武器装备,单纯计算人数多少已经不能准确计算军事实力了。但是,在以农业为主体的单一经济模式时代,这一计算方法还是比较客观、较为科学的。它不仅可以用于计算军事实力,政治、经济等方面的状态均可依此分析计算。孙子就曾经用这种方法准确地预测春秋末期六卿分晋的走势。晋昭公去世后,晋国公室越来越弱小,而六位卿大夫却越来越强大。范氏、中行氏、智氏、韩氏、赵氏、魏氏六卿分别把持国政,最终导致晋室瓦解,史称"六卿分晋"。

1972年山东临沂银雀山发掘的汉墓出土的竹简中,除整理出《孙子兵法》13篇之外,还有《吴问》《见吴王》等几篇短文,专家们分析这些很可能是后人总结孙子事迹和言论的作品。其中,《吴问》记载了吴王阖闾与孙子的一次对话。此文短小精练,篇幅不超过300字,但详细记录了孙子运用"度量数称胜"的方法分析六卿分晋的趋势的故事。

《吴问》的内容大体如下。

吴王阖闾问孙子:"晋国被分成了6个小诸侯国,谁先灭亡？谁能最后成功呢？"孙子回答说："他们灭亡的先后顺序，依次是范氏、中行氏、智氏、韩、魏，如果赵氏不改变他们原有的田制，晋国最后是他们的。"

接下来，阖闾就问他得出这一结论的原因。

孙子说，范氏和中行氏实行以 80 步为畹、160 步为畛的田制。（这里的"畹"和"畛"都是田地大小的计量单位。一说 30 亩为一畹，一说 12 亩为一畹。畛的面积比畹大一倍。）智氏实行以 90 步为畹、180 步为畛的田制；韩氏和魏氏实行以 100 步为畹、200 步为畛的田制。虽然田制单位面积大小不一，但他们每个田制单位所抽的税是一样的，即"伍税之"，也就是按收成的 20% 征税。按照这个税率来算，田制单位面积越小，赋税越重。所以，赋税最重的是范氏和中行氏，然后是智氏、韩氏和魏氏。这种田赋制度必然带来至少三个方面的不良反应。首先，百姓赋税重，必然越来越穷困，世家收税多则必然越来越富有；其次，世家有钱了，必然供养大量的非生产人员、服务人员，以致"主骄臣奢"、贪污腐化；最后，世家为了获得更多的财富和功赏，就会对外扩张、穷兵黩武。这三种不良反应形成恶性循环，时间一长，实行这种田亩制度的范氏、中行氏、智氏，以及韩氏、魏氏都会相继灭亡。

相反，赵氏则实行以 120 步为畹、240 步为畛的田制。赵氏的一"畹"地不仅比其他几家大得多，更重要的是赵氏不抽税。这种制度必然带来至少三个方面的积极变化：一是老百姓劳动所得全归自己，自然也就富裕起来；二是赵氏不收税，也就无钱供养过多的非生产人员、服务人员，因而上上下下不得不公正廉洁；三是由于不收税，周边民众都流向赵氏，以致兵源增多。这三个方面的积极变化，必然使赵氏越来越强大，所以，晋国最终必然成为赵氏天下。

阖闾听完这番分析，深表认同，赞叹地说："善，王者之道，宜以厚爱其民者也。"

历史发展的进程与孙子的估计大致差不多，公元前490年，赵、韩、魏、智氏灭了范、中行二氏；公元前453年，赵、韩、魏三氏又灭了智氏，分掌了晋国的政权；50年后，赵、韩、魏正式建立各自的诸侯国。孙子虽然没有料到最后会是三家分晋，但对范氏、中行氏、智氏灭亡顺序的判断，使人不得不佩服他的先见之明。

孙子的分析过程，文字记载很简短，但实际上暗含了"度量数称胜"的五步计算方法。孙子从田亩大小、征税多少，推测出物产多少、官民贫富，再由物产多少、官民贫富，推测出政权状态、兵源多少，最终由政权状态、兵源多少，推测出综合实力、战争胜负。最后，孙子借吴王之口道出了富国强兵的根本之道，或者说，与《形篇》基本精神相一致的思想，即优势的军事实力以及"胜于易胜""胜已败者"的有利态势，均来自平时的"修道而保法"。

孙子的"度量数称胜"计算方法及其实践，告诉人们一个道理：干任何一件大事都不能单凭主观臆断，而是要非常客观地分析自身与周边对手的实力强弱，争取优势，力避劣势。然而，优势力量和有利态势不会自然天成，需要从最根本的地方着手。用吴王的话来说，就是"王者之道，宜以厚爱其民者也"，即优秀的管理者一定是从与人为善、厚待身边人、协调好一切关系做起。

四、《形篇》逻辑思路及经典谋略

（七）优势不限于数与量，更在于区位态势

【原文】

故胜兵若以镒称铢①，败兵若以铢称镒。称胜者之战民②也，若决积水于千仞③之溪者，形也。

【注释】

①以镒称铢：镒，铢，古代计量单位。一镒为二十四两，一两为二十四铢。一镒合五百七十六铢。以镒称铢，比喻兵力众寡悬殊。

②战民：《尉缭子·战威》："夫将之所以战者，民也。"此言统帅指挥部众参加作战。

③仞：长度单位，说法不一。《说文》及赵歧注《孟子》均谓八尺，《仪礼》郑玄注与《吕氏春秋》高诱注则为七尺。"千仞"，盖言其高也。

【译文】

所以胜利的军队较之失败的军队，有如以"镒"称"铢"那样占有绝对优势；而失败的军队较之胜利的军队，就像用"铢"称"镒"那样处于绝对劣势。因军事实力强大而取胜的军队，其将领指挥军队作战时，就像掘开几千米高崖的积水一样，势不可当。这就是"形"所应当具有的状态。

【新解】

军事力量优势的理想程度和状态是怎样的？孙子打了一个

167

比喻:"胜兵若以镒称铢,败兵若以铢称镒。称胜者之战民也,若决积水于千仞之溪者,形也。"

品味这段话,你会发现它有两层意思。

第一层意思,这段话用比喻揭示了一条胜负的规律,并突出强调了军事力量优势应有的状态,即"胜兵若以镒称铢,败兵若以铢称镒"。"镒"和"铢"是古代的计量单位。"镒"是比"两"大的单位,1镒等于24两;"铢"是比"两"小的单位,1两等于24铢。24乘24,1镒就相当于576铢。"以镒称铢",比喻兵力众寡悬殊,好比巨人与侏儒交手,胜负毫无悬念。这两句话言简意赅,揭示了古往今来的一条胜负规律,那就是,通常取得胜利的军队,是因为具有如同以"镒"称"铢"那样的绝对优势;而失败的军队则如同以"铢"称"镒"那样处于绝对劣势。

第二层意思,这段话进一步提醒人们注意,光有绝对优势力量还不够,还要善于运用优势力量并使其发挥出应有的能量。于是,孙子接着又用比喻说:"称胜者之战民也,若决积水于千仞之溪者,形也。"各种传世本中,这句话中均没有"称"字,但汉简本有,所以据此增加"称"字,使句子意思与上文也更为协调。之前讨论计算军事实力方法时说过"称生胜",这里接着说"胜兵若以镒称铢,败兵若以铢称镒",故应当是"称胜",也就是说我们要通过衡量对比,在实力上居于绝对优势地位。"战民"的"战"意为指挥作战,即统帅三军将士与敌作战。这里还有一个字需要稍作解释,那就是"仞"。"仞"是古代的长度单位,关于仞的具体尺寸说法不一,有的说8尺,有的说7尺。"千仞",比喻极高。把这几个关键词连接起来看,整句话说的是军事实力强大的一方指挥部队作战,就像决开万丈悬崖的积水一样,能量巨大,势不可当。这就是军事实力的"形"。仔细分析,这种"形"实际上包含两大组成因素,一是犹如巨量的山涧积水那样,拥有绝对优势的物质力量,二是犹如在8000尺高处集中打开一个缺口让巨量积水冲泻而下,一静一动,两者结合,便能产生巨大的能量。前者要求的是绝对优势的军事实力,后者强调的是高效运用军事实力的方法,即集中压倒性优势力量,在有利的态势下,突然快速地发起攻击。如果仅有优势实力,在置于不利地位时,又不善于灵活地运用,优势反而成为劣势。

前些年,西方军事理论界提出了一种新的作战理论,即"非对称作战"。这种作战理论是指以绝对优势的作战力量与处于绝对劣势的对手进行决战,以确保胜利。非对称作战的特征有多种,如作战时间的非对称、作战空间的非对称、作战力量的非对称、技术水平的非对称、作战手段的非对称、作战样式和战术战法的非对称等,其中最明显的是作战力量的非对称。美国近二十几年进行的海湾战争、科索沃战争、阿富汗战争、伊拉克战争等,之所以都赢得了军事上的胜利,最为重要的原因就在于美国每次作战都会谋求绝对的军事优势。以科索沃战争为例:战争的一方是以美国为首的北约,另一方是南斯拉夫联盟共和国(南联盟)。双方总体经济实力相差700倍,总体军事实力相差400倍,武器装备技术水平相差一二代。这种实力相差悬殊的战争被称为"毫无悬念的战争"。

很多人都认为"非对称作战"是一种崭新的理论,其实,它不过是2500多年前孙子"以镒称铢"思想的翻版而已。

联系我们自身的生活,孙子这一谋略思想至少给人们为人处世、工作创业支了两招:一是要善于在平时积攒力量,提高能力，形成"以镒称铢"的优势；二是要善于在关键时刻巧用实力，不是分散利用，而是在有利的时机、有利的态势下，迅速果断出击，释放高山决水般的巨大能量。两者有机结合，方能成就大业。

五

《势篇》
逻辑思路及经典谋略

[篇题解析]

《势篇》与《形篇》是姊妹篇。之所以说是姊妹篇，是因为它们分别阐述了作战中两个密不可分又相辅相成的重要问题。《形篇》讲军事实力，《势篇》则讲运用实力的形势、态势、气势。比如，常人的拳头不至于夺人性命，少林寺武僧一拳则可置人于死地。同样由皮毛血肉组成的拳头，为什么力量差距如此之大？关键就在于少林寺武僧多年练就了一身武功，挥拳之际，借势打力，发挥出巨大力量。可见，实力是静止的，本身不能成倍地释放力量；态势是动态的，在运动之中推动实力倍增，从而使一分的实力发挥出十分的能量。人们常说的顺势而为、乘势而上，强调的都是"势"所蕴含的倍增效能。

本篇以一个"势"字为篇名，着重分析将帅如何在军事实力的物质基础上，充分发挥主观能动性，在军队编成、指挥、战法和部署上形成一种"势险节短"之势，使有限的军事实力与险峻的作战态势结合起来，并在这种态势下集中而快速地投入战斗，犹如物理学上所说的，质量乘以加速度，产生巨大的力量，从而使官兵们激发出以一当十的冲击力量，一举战胜敌人。孙子大致分 5 个步骤，逐步分析了谋势、造势、借势、任势、用势的问题。

1. 开篇说明有利的作战态势需要从 4 个方面营造，即编制体制、指挥系统、战术变化、实力运用 4 要素。

2. 突出研究奇正问题，并将其作为全篇的重点，解读营造有利作战态势的关键，生动形象地分析奇正之变的原理和规则。

3. 具体分析如何营造"势险节短"的战场态势。

4. 强调有利作战态势的作用和战场指挥的要求，主张营造"势险节短"态势的同时还需要造成敌人的"无备"和"不意"，通过故意制造出我军混乱、胆怯、虚弱的假象，麻痹和迷惑敌人。但是，制造假象不能随心所欲，必须以实力为基础。

5. 分析"任势"的方法，明确地告诉人们，营造并用好有利之势，关键在于选准并用活将领。"将得其人"便可使木石变活，力量倍增。最后从整体上对战场态势应有状态进行形象描述，将择人、造势、借势、任势融为一体，可谓画龙点睛。

（一）形与势密不可分，四维度综合造势

【原文】

孙子曰：凡治①众如治寡，分数②是也；斗众③如斗寡，形名④是也；三军之众，可使毕受敌而无败者，奇正⑤是也；兵之所加，如以碫⑥投卵者，虚实是也。

【注释】

①治：治理，这里指管理军队。

②分数：曹操注："部曲为分，什伍为数。"刘寅《武经七书直解》："分谓偏裨卒伍之分，数谓十百千万之数。"此言军

队的编制和员额。

③斗众：指挥大部队战斗。

④形名：曹操注："旌旗曰形，金鼓曰名。"张预注："用兵既众，相去必远，耳目之力所不闻见，故令士卒望旌旗之形而前却，听金鼓之号而行止。"意谓以旌旗金鼓为号联络与指挥军队。

⑤奇正：既指兵力，又指战法。主力部队为正，机动分队为奇。战术上先出为正，后出为奇，正面为正，侧击为奇，明战为正，暗袭为奇。总之，在人们意料之中为正，出乎人们的意料为奇。

⑥碫：磨刀石，此泛指坚硬石块。

【译文】

孙子说，管理大部队如同管理小部队一样井然有序，这是军队编制问题。指挥大部队如同指挥小部队作战一样灵活自如，这是属于指挥号令的问题。统率全军能够使它在遭到敌人的进攻时不致失败，这是"奇正"战术变化的问题。军队进攻敌人如同用石头打鸡蛋一样战而必胜，这是"避实击虚"的正确运用问题。

【新解】

在孙子的笔下，"势"是一个内涵非常丰富的概念。它既可从整体上指战略态势，又可从局部上指战役布势、战术位势、军心气势，等等。而且整体与局部之间是一种包含关系，即战略态势由各种各样的战役、战术之"势"综合而成。因此，孙子在《势篇》首先综合分析了作战整体态势形成的4个关键要素:"凡治众如治寡,分数是也;斗众如斗寡,形名是也;三军之众,可使毕受敌而无败者,奇正是也;兵之所加,如以碫投卵者,虚实是也。"

首先是指挥体制要素。"治众如治寡,分数是也",这里的"治"意为治理掌管。这句话是说管理大部队如同管理小部队一样井然有序,关键就在于"分数"得当。"分",即分层分级;"数",即人员数量。一支军队有上万之众,主要靠分层设级,定编定员,然后各级配备指挥官,由上而下地分层分级管理,整个部队才有可能整齐划一,行动一致。还有一种说法,"分数"是春秋时期曾经采用过的军队最基层的编制单位,类似于现在的连、排。解放军这一轮军改,主要目的就是理顺指挥体制,使军队在现代化战争条件下能够更加灵活快速地投入作战,并打赢战争。

其次是指挥号令要素。"斗众如斗寡,形名是也",这里的"斗"意为指挥战斗。整句话的意思是指挥大部队如同指挥小部队作战一样灵活流畅,关键在于"形名"。曹操解释说:"旌旗曰形,金鼓曰名。"《尉缭子》则具体记录了春秋战国时期"形名"的具体用途:"鼓之则进,重鼓则击。金之则止,重金则退。"可见,"形名"主要是用来传达指挥号令的。分布在不同地区的部队,闻鼓而动,听金而止,协调一致,形成合力作战之势。

再次是战术变化要素。"三军之众,可使毕受敌而无败者,奇正是也",其中的"毕",传世本皆作"必",唯汉简本作"毕",更合孙子本意。本句意为统率全军能够使它在四面受敌的情况下不致失败,关键在于"奇正"。"奇正"有多重含义:从兵力上讲,主力部队为正,机动分队为奇;从作战位势上讲，正面强攻为正，侧翼迂回为奇；从战法运用上讲，常规战法为正，非常规战法为奇，等等。人们对"奇"字的读音也有分歧。有人认为应该读"机（jī）"。我查了一些资料，"奇"读作"机"有几种情况：一是指单数，二是指命运不佳，三是作为姓氏使用。这三种情况与军事上的奇正之术无关。在军事语境中，"奇"字只有在特指预备队或机动部队的时候，才必须读作"机"。相传，黄帝的大臣风后写了一本兵书，叫《握奇经》，又名《握机经》。"握奇""余奇"之兵乃主帅直接控制的机动部队，这里的"奇"就应读作"机"。从战略战术上来说，"奇"一般指出人意料的创新性战法，反常规战法。

最后是兵力运用要素。"兵之所加，如以碫投卵者，虚实是也"，其中的"碫"，原意是磨刀石，此处泛指坚硬的石头。本句是说军队进攻敌人时如同用石头砸鸡蛋一样势不可当，关键在于兵力虚实运用精妙。"虚实"也有多重含义：兵力强大为实，弱小为虚；防务周密为实，疏漏为虚；士气高昂为实，低落为虚；军心稳定为实，躁动为虚；战法明用为实，暗用为虚，等等。此处"以碫投卵"主要是指运用力量时的状态威猛无敌。

在孙子看来，营造有利的战场态势绝非仅限于鼓舞一下官兵斗志，或将部队置于死地，而是要全方位努力，系统化展开，至少要从分数、形名、奇正、虚实4个方面下功夫，从而使自己的部队指挥体制顺畅、指挥号令明确、战术变化灵活、力量运用精当，各个子系统都处于良好状态，从而共同形成整体合力、全局优势。

孙子不愧为打过仗的将军，《势篇》开头这段话既是其指挥打仗的经验之谈，也揭示了作战的一般规律和基本模式。即使是在现代战争中，作战预案也必须明确作战企图、战斗编成、指挥程序、指挥号令、作战方法、协同方法、保障方法等，这些方面综合筹划，共同使部队形成虎狼之势。显然，孙子强调的4个要点无疑也是其中必不可少的基本内容。

现在打仗的基本模式是一体化联合作战，更需要整体筹划、统一协调、互相配合。孙子讲的分数、形名、奇正、虚实，虽然古朴，但在现代战争中仍是营造有利作战态势的关键，必须予以高度重视。更重要的是孙子的这种谋略思想值得我们灵活运用，以便在新的战争条件下，从更多方面谋求有利的作战态势。

（二）造势关键在奇正，出奇制胜定乾坤

【原文】

凡战者，以正合①，以奇胜②。故善出奇者，无穷如天地③，不竭如江河。终而复始，日月是也，死而复生，四时是也。声不过五，五声④之变，不可胜听也⑤；色不过五，五色⑥之变，不可胜观也；味不过五，五味⑦之变，不可胜尝也；战势不过奇正，奇正之变，不可胜穷⑧也。奇正相生，如环之无端，孰能穷之？

【注释】

①以正合：合，交战。曹操注："正者当敌"。即言以正兵与敌正面交战。

②以奇胜：曹操注："奇兵从傍击不备也。"即言出奇制胜。

③善出奇者，无穷如天地：言出奇制胜之法如宇宙万物之变化无穷，而非言如天地之大。

④五声：古代的五个音阶，宫、商、角、徵、羽合称五声。

⑤胜，在此训为"尽"。《孟子·梁惠王上》："谷不可胜食也""材木不可胜用也"，即言食之不尽，用之不尽。故"不可胜听"，言听之不尽。

⑥五色：古代五种原色，指青、黄、赤、白、黑。

⑦五味：古代味分酸、甜、苦、辣、咸五种，以此五味为原味。

⑧不可胜穷：此言无穷无尽之意。

【译文】

一般作战都是用"正兵"当敌，以"奇兵"取胜。所以，善于出奇制胜的人，其战法变化如同天地那样无穷无尽，像江河那样不会枯竭。终而复始，如同日月的运行；去而又回，像四季的更迭。乐音不过五个基本音阶，但五音演奏的乐章却变化无穷，听不胜听；颜色不过五种色素，却有五色的变化，看不胜看；滋味不过五种，可五味的变化，尝不胜尝；战术不过奇正，可是奇正的变化，无穷无尽。奇与正互相转化，就像圆环旋绕不绝，无始无终，谁能穷尽它呢？

【新解】

分数、形名、奇正、虚实，4个重要因素合力营造出有利的作战态势。这4个因素中，最重要的是奇正。所以，接下来孙子着重研究奇正问题，并将其作为全篇的重点及营造有利作战态势的关键。

孙子用一句话揭示了古代作战的一般模式："凡战者，以正合，以奇胜。"一个"凡"字，意味着从战争规律上来说，自古打仗通常都是用这种模式打的。人们往往把它理解为主力部队从正面迎击敌军主力,突击分队从侧翼偷袭敌人要害。毫无疑问,这样理解是正确的,符合孙子本意。但是,中国古代兵法语言往往言简而意丰,辞微而旨远,需要人们仔细品味,方能领悟其中的真谛。"以正合,以奇胜",如果仅仅将其理解为正面出击和侧翼偷袭,未免过于简单化。敌对双方都照此方法打仗,势必呈现正兵对正兵,奇兵对奇兵的状态,仅仅需要拼力气、拼胆量而已。《孙子兵法》的魅力恰恰就在于关键字眼含义的丰富性、多样性和深刻性。概括地讲,"奇正"的本质内涵正如毛泽东对《后汉书》的一则批注所说:"正"是原则性,"奇"是灵活性。用兵常法为正,变法为奇。

近两年有人以揭示重大发现的口吻宣称,《孙子兵法》从古至今被人们误读最多的就是"以正合,以奇胜",认为将这句话诠释为以主力从正面迎击敌人、分队从侧翼偷袭制胜,是完全错误的解读。应当把"奇"读为"机",理解为预备队,全句讲的是用主力部队正面交战,必要时再投入预备队,予敌致命一击。这种理解确实有独到之处,把"奇"念作"机",看作主将掌握的机动分队。但是,如果按照这种理解,把"奇正"固化为一种作战方法,那么接下来这段话就不好理解了:"故善出奇者,无穷如天地,不竭如江河。终而复始,日月是也,死而复生,四时是也。声不过五,五声之变,不可胜听也;色不过五,五色之变,不可胜观也;味不过五,五味之变,不可胜尝也。"这段话中,孙子逐步解释了奇正之变的问题。

先看第一句话:"故善出奇者,无穷如天地,不竭如江河。"说的是善于出奇制胜的人,总是注重奇正之变,变换的谋略思路像天地运转、江河流淌那样,生生不息、随时变化,强调的是永恒变化。

再看第二句话："终而复始，日月是也，死而复生，四时是也。"是说奇正应当像日月转换、四季更替那样，彼此转化、相互依托，强调的是奇正相互转化。

再看第三句话："声不过五，五声之变，不可胜听也；色不过五，五色之变，不可胜观也；味不过五，五味之变，不可胜尝也。"说的是奇正应当像五声、五色、五味那样，既变化多端，又彼此综合，强调的是互相渗透。

显然，在孙子的思想中，正与奇并不仅仅是指主力军和预备队，更多是指作战的常法与变法。孙子之所以不厌其烦地用4个比喻说明奇正之变的永恒性、相互性、多样性和综合性，就是为了形象地描述"奇"与"正"之间的变化问题，或者说常法与变法的转化问题。

孙子为什么如此看重奇正之变的问题？其实，他不仅看重奇正之间的变化，也非常看重作战中一切矛盾关系的变化。比如全与破之间需要变化，攻与守之间也需要变化，虚与实之间仍然需要变化。这些谋略手段的相互变化，至少可以带来三个方面的效果。一是把敌人变糊涂了，使他们眼花缭乱，不知道我方怎样布阵，也不知道我方怎么个战法，束手无策，那不就非常被动了吗？二是把自己变安全了，敌人束手无策，当然也就不敢贸然来挑衅和攻打我方，我方当然也就相对安全了，赢得了进一步准备的时间。三是变出有利战机。孙子"诡道十二法"的核心是"攻其无备，出其不意"，我方一旦通过变化使敌人眼花缭乱，不知所措，无法防备，自然也就比较容易攻打了。

楚汉战争时期，韩信在兵力非常悬殊的情况下采用了奇正之变的办法，创造了以 3 万之众大败 20 万赵军的战争神话。

公元前 205 年，项羽在彭城击败刘邦，使得原本投靠刘邦的诸侯纷纷选择中立，严重威胁汉军侧翼。为了摆脱这一不利局面，刘邦采纳了张良等人的建议，制定了"正面坚守、侧翼发展、敌后袭扰"的战略方针。这其实就是运用了孙子所说的"以正合，以奇胜"的谋略思想。

公元前 204 年 10 月，韩信统率 3 万汉军，越过太行山，向东挺进，对背叛汉王而割据一方的赵国发起攻击。赵王歇、赵军主帅陈余闻讯后集结 20 万大军于井陉口（今河北井陉东）防守。井陉口是太行山有名的八大隘口之一，在它以西，有一条长约几十千米的狭窄驿道，易守难攻，不利于大部队行动。赵军先行一步，扼守住井陉口，安营扎寨，居高临下，以逸待劳，又因兵力雄厚，因而处于优势和主动地位。

面对强敌，精通兵法的韩信想到了出奇制胜、一举破赵的良策。他指挥部队开进到距井陉口 15 公里的地方扎下营寨，到了半夜时分，韩信迅速实施作战部署。一面挑选 2000 名轻骑，让他们每人手持一面汉军的红色战旗，由偏僻小路迂回到赵军大营侧翼的萆山（今河北石家庄西）潜伏下来，准备乘隙袭占赵军大营，断敌归路。此可谓"奇兵"。一面又派出 1 万人为前锋，乘着夜深人静、赵军没有察觉之际，渡过绵蔓水（今河北井陉县内）东岸，背靠河水布列阵势。此可谓"正兵"。

赵军对身后潜伏的汉军毫无觉察，只望见前方汉军背水列阵，无路可退，都禁不住窃窃哂笑，认为韩信置兵于"死地"，根本不懂得用兵的常识，因而对汉军更加轻视。殊不知，韩信的背水列阵，看似违背了兵法常规，实则是"正法奇用"。按兵法常规确实不应背水列阵，军无退路很可能全军覆没。然而，韩信有意违背兵法常规的做法背后却有着自己独特的考虑：一是使官兵们"置之死地而后生"，激发出他们以一当十的力量；二是以此来迷惑赵军，使其脱离营寨。

天亮之后，韩信亲自率领一部分汉军，打着大将的旗帜，摆开大将的仪仗鼓号，向井陉口东边的赵军进逼过去。赵军见状，以为机会来了，马上出营接战。两军戈矛相交，厮杀了一阵后，韩信佯装战败，让部下胡乱扔掉旗鼓仪仗，向绵蔓水方向后撤，与事先在那里背水列阵的部队迅速会合，赵王歇和陈余误以为汉军不堪一击，于是挥军追杀，倾全力猛攻背水阵，企图一举全歼汉军。

汉军士兵看到前有强敌，后有水阻，无路可退，所以人人死战，个个拼命，挡住了赵军的凶猛攻势。这时，埋伏在赵军营垒翼侧的2000汉军轻骑兵趁势杀入空营，干掉少量守军，迅速拔下赵军旗帜，插上汉军战旗，一时间战旗林立，迎风招展。一面战旗象征着一支部队，那2000面战旗意味着多少支部队呢？

战争最为激烈的时刻，既是双方力量拼搏最为吃紧的时刻，又是双方意志较量最为关键的时刻。激战之中的赵军官兵猛然发现自己大营上插满了汉军战旗，顿时惊恐大乱，纷纷逃散。占据赵军大营的汉军轻骑见赵军溃乱，当即乘机出击，从侧后切断了赵军的归路；而韩信则指挥汉军主力发起全面反击。赵军仓皇向泜水（在今河北邢台）方向败退，被汉军追上，全部被歼，陈余被杀，赵王歇束手就擒。

试想，如果韩信仅知道用主力部队从正面与赵军接战，或者仅仅按常规战法避免背水列阵，恐怕是不可能创造出这一以少胜多的经典战例的。无怪乎，明朝兵书《草庐经略·奇兵》

感言:"兵无奇不胜,故将非奇不战。"将这句兵家之言稍稍改动一下,我们亦可得到生活与事业中的智慧:事无奇不彰,故人非奇不动。对倾向于追求平淡生活的人来说,这句话可以置之不理。但是,对倾向于轰轰烈烈干一番大事的人来说,这却是一条宝贵的指南。在守正的基础上出奇,在出奇的同时守正。两手并用、互相配合,才有可能既行得稳,又出得彩。

天地运转、江河流淌、日月更替、四季轮回,以及对五声、五色、五味的描述,核心都是为了说明奇正之变。孙子紧接着说了一句话:"战势不过奇正,奇正之变,不可胜穷也。奇正相生,如环之无端,孰能穷之?"

从这段话,我们至少可以读出孙子奇正论的三层意思。

首先,"战势不过奇正",强调的是打仗的态势或战术不外乎"奇"与"正"两种,只不过表现形式不同罢了。从兵力上讲,主力部队为正,机动分队为奇;从作战位势上讲,正面强攻为正,侧翼迂回为奇;从战法运用上讲,常规战法为正,非常规战法为奇,等等。虽然形式千变万化,但万变不离其宗。

其次,"奇正之变,不可胜穷也",强调的是奇正并非固定不变的,而是可以和自然规律一样,无穷无尽地变化。一旦固化下来,形成某种定势,比如"以正合,以奇胜"固化为双方主力对主力、奇兵对奇兵,直接硬碰硬,那结果就没有什么悬念了,只要看双方谁的力量大、勇气足,便可预知胜负。按照这种固化的模式,井陉之战中韩信就不可能以3万人马战胜赵国的20万大军了。在战争中,往往是变化孕育胜利的契机。而一成不变、固化僵硬则很容易成为靶标,任人研究,甚至任人摆布。法国人在法德边境花了12年工夫,耗资50亿法郎,修建了延绵数百千米的马奇诺防线。防线由钢筋混凝土建造而成,十分坚固，内部拥有各式大炮、壕沟、堡垒、厨房、发电站、医院、工厂等等，通道四通八达，较大的工事中还有有轨电车通道，可谓固若金汤。法国人怎么也不会想到，1940年5月德军绕过马奇诺防线，从法国与比利时的边境阿登高地一带突破，闪击法国，使马奇诺防线形同虚设，完全失去作用。显然，法军之败，就败在有正无奇、不知变化这个关键点上。

最后，"奇正相生，如环之无端，孰能穷之？"这句话意在说明奇正变化的内在机理。它不是无规则的乱变，而是相互转化、合力创新。这句话的关键是"奇正相生"4个字。记得有一次给外国军官讲《孙子兵法》时，一位学员曾对此提出疑议。他问道：四季、五声、五色、五味等自然现象都有四五个元素，可以按规律循环往复地变化，奇与正不过两个元素，如果按照排列组合的方法计算，充其量也只有4种不同组合，怎样能够"奇正相生，如环之无端"来回转个不停呢？这位学员确实动了脑筋，要不然提不出这种难题。

如果把"奇"与"正"固定地理解为预备队和主力军，确实不好回答这位学员的问题。殊不知，在孙子的观念中，"奇"与"正"并不是固定不变的，它们彼此之间可以随时变化。我们不妨在头脑中想象一下先秦作战时所采用的五军阵。这种阵法，正兵通常围绕中军，分布在前后左右四个方位。如果有的方向上奇兵与正兵互换位置，即正兵假装奇兵，奇兵假装正兵，有的方向则按常规布阵，每个方向正兵与奇兵布阵方法各不相同，也就是每个方向上都展开奇正之变，其整体状态可不就"如环之无端"吗？不难想象，如果八卦阵的各个方向都布阵方法各异、作战战法多样，那不就像一个圆圈来回转动，让对方看不清真正的阵势和战法了吗？

综合上面三层意思不难发现,"奇正"并非固定地代指一种作战方法或一种作战状态,而是一种军事哲学思想概念。其实质是强调打仗务必"正合奇胜"、两手并用,但又不能僵化、固化,任何事物一旦固化、定格,就容易被人们把握变化规律和必然走向。

老子曾说:"以正理国,以奇用兵,以无事取天下。"(老子,《道德经》)意思是说,要用规范的方式治理国家,用奇变莫测的办法带兵打仗,用无为的方法来治理天下。笼统地这么讲,倒也讲得过去,但经不起仔细推敲。其实,无论是治国还是治军,甚至管理企业,以及为人处世,都应当有正有奇,以正为主,以奇为辅,奇正相生。

(三)有利态势的基本形态:势险而节短

【原文】

激水之疾,至于漂①石者,势也;鸷鸟②之击,至于毁折③者,节④也。是故善战者,其势险,其节短。势如彍弩⑤,节如发机⑥。

【注释】

①漂:浮,漂移。《尚书·武成》:"血流漂杵。"杜佑、张预注"转",运、行之意。义近。

②鸷鸟:猛禽,盖鹰鹯之类。《说文》:"鸷,击杀鸟也。"

③毁折:言擒杀鸟雀。

④节:节制,《孟子·离娄》:"礼之实,节文斯二者是也。"审度长短。此句曹操注:"发起击敌。"张预注:"鹰鹯之擒鸟

雀，必节量远近，伺候审而后击。"

⑤彍弩：彍，弩弓张满曰"彍"。《汉书·吾丘寿王传》："十贼彍弩"。颜师古注："引满曰彍。"即言张满待发的弩。

⑥节如发机：机，《说文》："主发之为机。"节如扣动之机关，一触即发。此两句言势为张满之弩，节即为击发之机件——弩牙，比喻发机迅疾。

【译文】

湍急的流水飞快地奔泻，以至于能漂移石头，这便是流速飞快的"势"；雄鹰迅飞搏击，以至能捕杀雀鸟，这就是短促急迫的"节"。所以善于指挥作战的人，他所造成的态势是险峻的，发动攻击的节奏是短促的。险峻的态势就像张满待发的弯弓，短促的节奏就像击发的弩机。

【新解】

奇与正，可谓道与术的结合体。从道的层面上说，它是一种军事哲学思想，告诉人们如何按照战争矛盾运动的规律，把握力量、状态、方法等问题上的"奇""正"辩证关系，从而营造正合奇胜的有利战略态势。从术的层面上讲，它不是抽象的概念，而是让人们能够直观感知的战场状态，或者能够实际运用的战术方法。所以，孙子讲完奇正相生的原理之后，紧接着就回到造势问题上来，具体分析如何运用种种奇正之变的方法营造"势险节短"的战场态势。

战场态势的具体形态可谓千变万化，诸如兵多将广的威势、置之死地的险势、万事俱备的顺势、众志成城的气势、以众击寡的胜势等，没有固定的形态。但是，其基本要求却是大体一致的。孙子没有分别论述各种态势的情形和特点，而是连用几个比喻引导人们意会其共性的要求："激水之疾，至于漂石者，势也；鸷鸟之击，至于毁折者，节也。是故善战者，其势险，其节短。势如扩弩，节如发机。"

这段话有三层意思。

第一句话："激水之疾，至于漂石者，势也；鸷鸟之击，至于毁折者，节也。"孙子连用两个比喻描绘有利态势应有的状态。

水乃至柔之物，本身并不具备漂起石头的力量。但是在陡峭的山间，湍急的水流却可以使石头漂走。力量从何而来？按照物理学原理，质量乘以加速度能产生巨大的力量。陡峭的地势迫使水流集中且高速地飞流而下，从而赋予柔弱的水足以漂石的力量。

鸷鸟，这里是指性情凶猛的大鸟，如山鹰、黑雕之类。这种类型的鸟一般体型比较大，不如小鸟灵活，为什么还能够捕捉到地面上灵巧的小兔子？孙子认为，关键就在于鸷鸟捕食之际的"节"把握得好。这类鸟的捕食方式并不单一，有时候在悬崖或高树上，静等猎物出现，然后俯冲扑食；有时在高空盘旋搜寻猎物；有时掠地而过，在低空中捕食；有时快速而敏捷地扇动双翅，紧随猎物飞行追捕。无论哪一种方式都有一个共同点，那就是它们在捕捉猎物的那一瞬间往往会度量最短的距离并发起冲击，以至野兔之类的灵巧动物都来不及反应。这就是孙子所说的"节"。

第二句话："是故善战者，其势险，其节短。"点明两个比喻的军事含义，即将领要营造有利的作战态势，必须发挥激水漂石和鸷鸟搏击的巨大力量，所以要注意把部队部署在险峻的位置上，实施短促突击。

第三句话："势如彍弩，节如发机。"进一步用比喻说明，这种状态之下的部队犹如张满的弯弓，将士们精神饱满、斗志高昂；在攻击的瞬间犹如扳机发箭，整个部队飞速向前，势不可当。

身经百战的刘伯承元帅对此深有同感。他认为："《孙子兵法》《兵势》一篇，就是说明兵力的分布，正兵与奇兵的战斗行动（正兵就是指主要集团，奇兵就是指辅助集团）；布势必须险恶，战斗经过短促干脆。"因为战争是一种斗智斗勇的特殊活动，四平八稳的环境及心平气和的状态很难激发军人的斗志。相反，危险的环境往往使军人直面死亡，求生欲望陡增。尤其是在兵力相对弱小的情况下，"投之于险"并实施集中而短促地突击，才能够断绝官兵们所有的侥幸、依赖等念头，从而激发出他们的全部潜能，使其个个以一当十，勇往直前，形成一种"以碫击卵"的作战锐利之势。在长期战争实践中，刘伯承始终把握"势险节短"这一作战指导思想，并在敌强我弱的军事对抗中运用自如。他认为"势"不是固定不变的，因而要求指挥员要善于根据战场上的变化，凭借自身良好的军事素养、指挥艺术和战斗经验，适时造成有利于我、不利于敌的"兵势"。他要求各级指挥员，战役布势、战斗部署要力求险，作战行动要快速勇猛，战役战斗过程要短促，使敌人的处境就像"驼子走下坡路，趋势很陡"，敌人想要挡住我军的进攻，就像"抓沙子搪水，徒劳无功"。

1938年3月16日的神头岭战斗，堪称刘伯承追求"势险节短"的典型战例之一。在这次战斗中，他以一个营的兵力作钳制部队，奇袭日军重要补给线——邯（郸）长（治）兵站集结地黎城，吸引其南面的潞城之敌翻越神头岭前往救援。与此同时，他以3个团的兵力作为主攻部队，在黎城、潞城之间的神头岭三面设伏，对援敌形成较大数量优势。其中一个营埋伏在国民党军队废弃的工事内，隐蔽时特别要求不能挖动旧工事上的陈土，踩倒的草一定要顺着风向扶起来，严格进行隐蔽伪装。此处距敌必经之道只有25米，攻击距离之短远远超出常规，几乎咫尺之间。上午9时30分，当日军完全进入设伏地区时，伏击部队突然开火，顿时将日军车队截为数段。由于隐蔽点距离公路不过几十米，所以八路军的手榴弹可以密集地投到日军头上爆炸，接着机枪、步枪一起开火，猛烈的火力几乎覆盖了整个日军车队。日军根本没想到会在神头岭遭到八路军的伏击，被打了个措手不及，阵脚大乱，死伤惨重。这场战斗持续了2个小时，共毙伤俘敌1500余人，缴获长短枪500余支、子弹万余发。战后，参加过这次作战的日本随军记者本多德治胆战心惊地回忆道，在几千米地段的山梁上，露出一两千张愤怒的脸，"连被憎恶的心燃烧着的充满着敌忾心的目光也可以清楚地看到"。八路军"势险节短"的作战锐利之势由此可见一斑。日军不得不承认，这次战斗是八路军"一流的伏击战"。

　　刘伯承清楚地意识到营造险峻的战场态势不能"玩空手道"，而是需要一定的物质基础——实力。他用我们都熟知的武松打虎的故事，说明险峻的态势与物质基础的关系。他说，武松之所以能够打虎成功，是因为在胆量和武功的基础上，他还喝了十碗老酒、吃了几斤牛肉，这些综合条件共同构成了强大的力量，从而营造出有利于武松的战斗态势。如果武松是个没有武功的人，又是在饥疲之后，恐怕事情就要倒过来了。

　　贝多芬的《命运交响曲》时而高亢激越，时而轻松舒缓，非常生动形象地表现了人生命运的交响曲线。人的一生中，大多数时光平淡无奇、波澜不惊，但总会有需要冲刺的时刻。毫无疑问，如果冲刺之时迈着大方步、叼着小烟斗，是不可能激发出洪荒之力的。但凡成大事者，在这种时刻往往给自己施加巨大的压力，断绝一切退路和依靠，集中全部精力和能力，抓住关键节点奋力一搏，从而战胜困难或对手，开辟人生新境界。这种拼命状态，显然与孙子推崇的"势险节短"别无二致。

（四）巧行惑敌、动敌之术，致敌之乱势

【原文】

纷纷纭纭①，斗乱②而不可乱也；浑浑沌沌③，形圆而不可败④也。乱生于治，怯生于勇，弱生于强⑤。治乱，数也；勇怯，势也；强弱，形也。故善动敌者，形之⑥，敌必从之⑦；予之⑧，敌必取之。以此动之，以卒待之。

【注释】

①纷纷纭纭：《说文》："贠云，物数纷贠乱也。"徐锴《系传》云："即今'纷纭'字。"此句曹操注："旌旗乱也，示敌若乱，以金鼓齐之。"

②斗乱：言在纷乱状态中指挥战斗。

③浑浑沌沌：杜佑注："浑浑，车轮转行；沌沌，步骤奔驰。"此句统言混迷不清，非以"浑""沌"分别状写车驰与徒奔。

④形圆而不可败：形圆，行阵形制为圆形，即圆阵。圆阵首尾相接，四面外向，旋转应敌，是利于坚守、难以战败的军阵。

⑤乱生于治，怯生于勇，弱生于强：曹操注："皆毁形匿情也。"梅尧臣注："治，则能伪为乱；勇，则能伪为怯；强，则能伪为弱。"此句谓示敌混乱在于战之严整，示敌怯懦在于战之勇敢，示敌软弱在于战之坚强。

⑥形之：曹操注："见羸形也。"梅尧臣、张预、赵注本诸家同。杜牧则注云："非止于羸弱也。言我强敌弱，则示以羸形，动之敌来；我弱敌强，则示以强形，动之使去。"杜说较是。

⑦从之：跟着采取相应的措施。此言既然战场表现反映部队的情况、素质，那么高明的指挥员就会故意在战争中示人以假象，使对方随着这个假象做出错误的举动。

⑧予之：给敌人以小利，引诱其上钩。

【译文】

旗帜纷纷，人马纭纭，貌似混乱实则并不混乱；浑浑沌沌，迷迷蒙蒙，部署军队成圆阵就不会失败。示敌混乱，必须以严格的训练为前提；示敌怯懦，必须以内在勇气为基础；示敌弱小，必须有强大的兵力作后盾。军队严整而能示敌混乱，这是组织编制有序；勇敢而能示敌怯懦，这是态势有利；强大而能示敌弱小，这是实力雄厚。因此，善于调动敌人的将帅，用伪装的假象迷惑敌人，敌人就会听从调动；投其所好引诱敌人，敌人就会上钩。总之，以小利去调动敌人，用重兵伺机攻击敌人。

【新解】

将领必须善于营造"势险节短"的有利作战态势。但是，在实际的战场上，再有利的作战态势，一旦开战军队也会出现混乱。所以，一个将领不仅要善于在战前平静的环境中精心筹划，更要善于在开战后的混乱环境中从容指挥。这就是孙子所说的："纷纷纭纭，斗乱而不可乱也；浑浑沌沌，形圆而不可败也。"

应当说，这两句话至少有两层含义。

一是战场上旗帜纷纷、人马纭纭、混乱不堪，战车奔驰、尘土飞扬、混沌迷蒙，通常情况下官兵们都很容易因极度惊恐而胡乱奔跑，整个部队乱作一团，难以合力作战。避免这种状态的有效办法便是营造"势险节短"的作战态势，使整个部队像张满的强弓，每个官兵像弦上的利箭，以强大的压力激发他们的勇敢斗志，在高速冲击中释放他们的全部力量。如此，才能使部队即使在混乱的环境中战斗也能够保持严整而有序的状态；即使在战车冲撞的混战中也能够保持完整而坚固的阵形。

二是对将领在混战中指挥作战的要求。面对混乱环境，将领也会像普通官兵一样感到紧张和恐慌，但他们的精神状态往往影响的不仅仅是自身，而是整个部队。所以，孙子要求将领在"斗乱"之际，即在混乱的环境中指挥部队作战时，要保证自己思想不乱，沉着指挥，从而保持整个部队扰而不乱。在"浑浑沌沌"的战车拼杀中，最重要的是军队能保持圆阵阵形完整，各战车联成一个整体，抵抗对方猛烈冲击而不至于失败。

不难想象，如果既没有营造"势险节短"的有利态势，将领又惊慌失措，全军势必大乱。著名的淝水之战，用事实为孙子的观点做了很好的诠释。

公元383年，前秦苻坚在统一北方后，强征各族人民，亲率60万步卒和27万骑兵，以其弟苻融为先锋，挥师南下，企

图一举灭晋。前秦许多大臣都表示反对，但一心希望尽早统一中国的苻坚信心满满地说："区区长江天险算什么？我拥有百万大军，只要我一声令下，叫士兵们把皮鞭投入长江，足可断掉流水了！"面对前秦的强大攻势，东晋上上下下一片震惊恐慌。宰相谢安临危受命，负责领军迎敌。一天，他的侄子谢玄进房间问他计策，谢安神色平和，毫不慌张，回答说："我心里已经有谋划了。"接着就不再言语。谢玄不敢再问，就请吴兴太守晋宁侯张玄去请教。谢安依然不谈战事，却邀请张玄一起坐车外出去山间别墅，并召集亲朋好友，以别墅为赌注和张玄下围棋。谢安平时棋艺不如张玄，这天张玄心中害怕，就输给了谢安。得胜之后，谢安回头对他的外甥羊昙说："我就把这座别墅交给你了。"然后，他又出门游玩，直到夜里才回来。显然，大敌当前之际谢安却安于下棋，目的在于稳定诸将的情绪，遏制惊慌失措的心理，达到孙子所说的"斗乱而不可乱"的目的。

　　苻坚自认为百万大军必定胜券在握，于是先礼后兵，派不久前在襄阳之战俘虏的东晋尚书朱序前去劝降谢石，朱序却私下提示谢石宜先发制人，击溃前秦的先锋部队，其理由是："前秦虽有百万之众，但还在进军中，如果兵力集中起来，晋军将难以抵御。应趁秦军尚未全部抵达的时机，迅速发动进攻，只要能击败其前锋，挫其锐气，就能击破秦军百万大军。"谢石起初认为前秦军队强大，打算坚守不战，待敌疲惫再伺机反攻。听了朱序的建议后，谢石认为很有道理，便改变了作战方针，决定转守为攻，主动出击。

　　11月，谢玄遣部将刘牢之率精兵5000人夜渡洛涧（今安徽洛河），大破秦军前哨，斩梁成等前秦将领，歼敌1.5万。晋以劣势兵力首战告捷，士气大振，于是水陆兼程，直逼淝水东岸。

苻坚得知洛涧兵败，晋兵正向寿阳而来，大惊失色，马上和苻融登上寿阳城头，亲自观察淝水对岸晋军的动静。只见晋军阵形严整，苻坚又望八公山（在今安徽淮南西）上的草木，以为皆是晋兵，心中不由得害怕起来。

初战告捷后，谢玄决心进一步主动出击。他针对秦军上下离心、各族士兵厌战的情况，及苻坚恃众轻敌又急于决战的心理，遣使要求秦军略向后撤，以便晋军渡河决战。苻坚不知是计，以为能够来个半渡而击，于是下令部队稍退。岂料，前军一退，后军就乱了阵脚。与此同时，朱序趁机在队伍中大喊"秦兵败了"，导致秦军大乱，各部队亡命奔逃。晋军乘机抢渡淝水猛烈进攻，大败秦军。溃兵逃跑时听到风声和鹤叫声，都以为是追兵来了，因而昼夜奔跑、饥寒交迫，死者十之七八。

谢玄乘胜收复洛阳、彭城等地。苻坚身中流矢，单骑而逃。

谢玄在前线打败苻坚后，通过驿站向谢安传送战报。战报送达之时，谢安正在和客人下围棋，看完信，就随手放在床上，毫无欣喜之色，依旧沉稳地与客人对棋。客人问他前方战事如何，他淡然回应道："小子们打败了敌人。"客人听了欣喜若狂，再也无心下棋，急于把这个好消息告诉别人，便告辞走了。谢安送走客人，回到内宅后，再也按捺不住喜悦的心情，高兴得手舞足蹈，过门槛的时候跟跟跄跄把木屐齿碰折了都不知道。

东晋以8万之军大败前秦百万大军，简直令人难以置信。然而，这就是历史。尽管说苻坚有百万大军可能略显夸张，但不可否认的是，东晋确实是以少胜多、以弱胜强。显然，前秦并不是输在军事力量上，而是输在部队的气势和主帅的定力上。谢安也不是赢在军事力量上，而是赢在部队的气势和主帅的定力上。

真正经历战争的人会深深地体会到,谢安这种定力是非常难得的。在混乱的环境中作战,双方的军人一定都处于高度紧张、恐慌之中。优秀的将领务必想方设法使自己保持镇定,然后才能保持自己的部队不乱,阵形不乱。同时,又要想办法加剧敌军的混乱。毫无疑问,每个将领都希望自己具备这种本事。但是,具备这种本事,并不是一件容易的事情,需要用计用谋。孙子接着说出了这种谋略:"乱生于治,怯生于勇,弱生于强。治乱,数也;勇怯,势也;强弱,形也。故善动敌者,形之,敌必从之;予之,敌必取之;以此动之,以卒待之。"

这段话包含着什么样的谋略思路?恐怕得特别花点工夫琢磨才能弄明白。

首先看第一句话:"乱生于治,怯生于勇,弱生于强。"这句话的关键词是"生",可以理解为"产生于""源自"。"乱生于治"是说对敌方显示出混乱的假象,必须以能够严格管理自己的部队为前提,放得开,收得拢;"怯生于勇"是说对敌方显示出怯懦的假象,必须以自己的官兵有勇敢斗志为基础;"弱生于强"是说对敌方显示出弱小的假象,必须以自己拥有强大的兵力为后盾。试想,如果平时不能很好地掌控部队,在混乱的战场上主动制造部队的混乱,势必乱上加乱;如果官兵们没有勇敢的斗志,在险恶的战场上主动显示胆怯,势必加剧官兵们的恐惧;如果没有优势的实力,在以力量为基础的战场上主动摆出虚弱的样子,势必使官兵丧失取胜的信心。整段话说的是运用谋略、制造假象都必须以实力为基础,在有把握的基础上再玩谋略。

再看第二句话:"治乱,数也;勇怯,势也;强弱,形也。"这句话进一步指出,制造这一系列假象不仅要有雄厚的基础，而且重中之重是要把握好三个关键问题。其一，"治乱，数也"，简单四个字，强调的是部队实际上严整有序却能够以混乱的假象示敌，关键在于"数"。前面讲到过"分数"就是组织编制问题。有灵活的组织编制，各部队密切协同，才能够得心应手地以混乱的假象示敌。其二，"勇怯，势也"，强调的是官兵们实际上勇敢顽强却能够以怯懦的假象示敌，关键在于己方处于有利的作战态势，官兵们斗志昂扬；其三，"强弱，形也"，强调的是兵力实际上占有优势却能够以弱小的假象示敌，关键在于军队实力雄厚，势不可当。可见，灵活的编制、有利的态势、强大的实力，是虚中之"实"，柔中之"刚"。

仔细品味孙子这几句话，不难发现其核心思想与诡道十二法中的"能而示之不能"如出一辙，与老子强调的"大道无形""大智若愚"神韵相通。套用时髦说法，就是要会"装"。装得越像，效果越好。

再看第三句话："故善动敌者，形之，敌必从之；予之，敌必取之。"其意在于说明制造种种假象的目的所在。战争是聪明人的游戏，若一方聪明，一方愚蠢，双方便不可能站到同一个战场上。因此，战场上的对手往往不会轻易地受骗上当。但是，再聪明的人也摆脱不了"逐利"的天性。对手的混乱、胆怯、虚弱，往往会被认为是可乘之机、可图之利。孙子正是抓住这种逐利的天性，要求将领成为"善动敌者"，其中的"动"就是调动，想方设法调动敌人，使之出错、出乱。向敌方显示出混乱、胆怯、虚弱等假象，敌方很可能认为有利可图而贸然行动。这就是孙子所说的"形之，敌必从之；予之，敌必取之"。

接下来再看第四句话："以此动之，以卒待之。"其中的"以此动之"，在宋代十一家注本中作"以利动之"，汉简本则写作"以此动之"。我认为当以竹简本为准。"此"指上句"形之""予之"等手段。"以卒待之"中的"卒"不是指某一个士卒,而是指处于"势险节短"状态的精兵劲卒。这句话指出了这种谋略的两个关键点,一个是用种种假象示敌以可图之利,一个是一旦敌方贸然行动,我方便以精兵劲卒予以打击。

综合起来看,所谓"示形动敌"应当包含三层意思。首先要有"真家伙",即优势的军事实力和"势险节短"的有利态势。其次要会装假,主动显示出混乱、胆怯、虚弱等不堪一击的状态。最后要把握关键,即以灵活的编制、有利的态势、强大的实力为坚强后盾。三者有机结合,才能够"假戏真唱",使敌人信以为真,为利所动,一头撞到我方的重锤之下。

战国时期秦军主将白起之所以能够让饱读兵书的赵括命丧长平,关键就在于活用了"示形动敌"之计。

公元前260年农历四月,秦昭王命令左庶长王龁率领军队向长平(今山西省晋城高平市)的赵国军队发动进攻,赵孝成王命令廉颇迎战。赵军和秦军的侦察兵遭遇,秦军侦察兵斩杀了赵军的副将。秦军趁机攻杀赵军,并夺下几座城池。赵军数战不利,主将廉颇针对秦军远道而来、急于决战的特点,决定采取以逸待劳、消耗敌人的战术与秦军打持久战。于是,他选择有利地形,命令士兵筑营固守,任凭秦军挑战,坚壁不出。赵王不知就里,以为这是廉颇胆怯的表现,几次派人责备。

秦国丞相范雎深知廉颇很难对付,必须率先除掉。于是,他派人携带千金到赵国实行反间计,散布流言说:"秦国军队最害怕赵奢的儿子赵括带兵抗击。廉颇倒是容易对付,而且他就要投降了。"赵王本来就对廉颇数次战败、坚壁不出的行为心怀不满,现在又听到秦国的反间言论,便不顾臣相蔺相如和赵括母亲的谏阻，执意派赵括接替廉颇为主将。

赵括乃赵国名将赵奢的儿子，年轻时学兵法，谈起兵事来父亲也难不倒他，因此他自诩为精通兵法。秦王听说赵括成为赵国主将之后暗中大喜，秘密地任命武安君白起为上将军，王龁为尉裨将（上将军副将），出兵进攻赵国，并下令：军中不准泄露白起为秦军将领的消息，否则杀无赦。

赵括走马上任后，马上更换部队将领，改变军中制度，又一改廉颇的作战方针，主动出兵进攻秦军。白起针对赵括年轻气盛、自命不凡的特点，采取诱敌深入之计，命令秦军假装败逃。赵括不知是计，挥师追击，一直追到秦军壁垒之下，却屡攻不下。这时，白起兵分两路，一路25000人的部队突袭到赵军的后方，并切断赵军的粮道，另一路5000人的骑兵部队插入赵军营垒之间，将赵军主力分割成两支孤立的部队。接着，白起又派出轻装精兵向赵军发动多次攻击，赵军数战不利，被迫就地建造壁垒，转为防御，以待救援。

秦昭王得知赵军主力的粮道被截断，就亲自到河内郡，加封当地百姓爵位一级，并征调15岁以上的青壮年，将他们全部集中到长平战场，拦截赵国的援军和粮食运输。赵军被围，士兵46天没有饭吃，不得不相互残杀为食。赵括将剩余的人马组织成4支突围部队，轮番突围了四五次仍不能杀出重围。在彻底绝望的情况下，赵括只好亲率精锐部队强行突围，结果被秦军乱箭射死。赵括一死，部队大乱，剩下的40万官兵全部投降。白起向秦王建议："赵国士兵反复无常，如果不全部杀掉他们，恐怕再生事端。"秦王点头认可，于是白起用欺骗的手段将赵国降卒骗到大坑全部活埋，只留下年纪尚小的240名士兵放回赵国。穿越历史，想象一下当时的情景，真是惨绝人寰的巨大悲剧！

此战之后，赵国元气大伤，再也无力单独和秦国全方位对抗。

外行看热闹，内行看门道。综合起来看，白起之所以胜利，得益于其战法符合孙子"示形动敌"的谋略思想，以小利引诱敌人，用重兵伏击敌人。赵括之所以失败，就在于被白起的假象所迷惑，轻敌冒进。

白起坑卒固然罪不可赦，赵括不擅兵法更为可悲。兵法本无罪，它只是一种思路、方法，其效果好坏取决于人们的内心想法和目的。我们完全可以从善意的目的出发，和平运用孙子的谋略思想。激烈的竞争既需要造势，更需要灵活运用"乱生于治，怯生于勇，弱生于强"等"示形动敌"方法迷惑和调动对手，最大限度地发挥自身的有利态势。

（五）谋势贵在择将，并充分释放其能量

【原文】

故善战者，求之于势，不责于人①，故能择人而任势②。任势者，其战人也，如转木石。木石之性，安则静，危则动③，方则止，圆则行。故善战人之势，如转圆石于千仞之山者，势也。

【注释】

①不责于人：《说文》："责，求也。"
②择人而任势：挑选合适人才，充分利用形势。
③安则静，危则动：安，平。危，高，险。

【译文】

善于作战的人，总是设法造成有利的态势，而不苛求部属，所以要选择善于"任势"的将帅。善于"任势"的将帅指挥军队作战时，就像滚动木头、石块一般。木头、石块的特性，通常是放在安稳平坦的地方就静止，放在险陡倾斜的地方就滚动；方的容易静止，圆的滚动灵活。所以，善于指挥作战的将帅所造成的有利态势，就像转动圆石从几千米高山上滚下来一样。这就是"势"应具有的状态。

【新解】

能不能巧妙地"造势"，灵活地"用势"，关键在于人。于是，孙子接着提出了一个很重要的谋略概念："任势"。他说："故善战者，求之于势，不责于人，故能择人而任势。"理解这句话前先解释三个字。一个是"责"，意为苛求。一个是"择"，此处既可理解为"选择"，亦可理解为"释放"，因为在古代汉语里"择"可与"释"相通，即释放将领的手脚。再一个字就是"任"，此处意为发展和利用。这句话强调的是，善于作战的人，总是想方设法追求和营造有利的态势，而不去苛求部属拼命死战，所以要注重选择有才能的将领造势和用势。我认为，这句话有三个要点值得人们重视。

第一个要点是，干大事要高度重视营造有利态势，不要过分依赖个别人才，因为人才能力高低、忠诚与否，不由我们掌握。第二个要点是，虽然不要过分依赖个别人才，但需要人才群体，所以要广泛选择人才。第三个要点是，一旦组建了人才团队，就要放手使用他们，释放他们的能量，合力发展和利用有利的态势。态势发展良好，自然就有更多人才了。

唐代著名宰相陆贽曾在奏章中说："克敌之要，在乎将得其人；驭将之方，在乎操得其柄。将非其人者，兵虽众不足恃；操失其柄者，将虽材不为用。"此言着重阐明战胜敌人的关键在于选到合适的将领，驾驭将领的方法在于把握住驾驭的艺术。如果选的将领是不适合的人才，兵力虽多也不足依仗；驾驭将领的方法没掌握好，将领虽有才能也难以发挥作用。

我估计陆贽这个思想来自孙子，是受孙子思想的启发形成的，但是孙子比他说得更形象。孙子说，一旦选择和放手使用了合适的将领，不只是能够使将领的才能充分释放出来，即使木头、石块也能够面貌一新，能量倍增，即所谓"任势者，其战人也，如转木石。木石之性，安则静，危则动，方则止，圆则行"。木头和石块，如果静止地放置在地上，很难移动，若放在陡峭的危险之地，则容易滚动；如果其形状方方正正，就很难移动，将其削成圆形则能轻易滚动。同一木石，位置险易、形状方圆的不同，其活动能量差别巨大，怎么发挥出木石的作用，关键就在于人们的选择和打造。同样道理，部队在平稳的状态下很难灵活机动，在危险的情况下则能雷厉风行；按通常战法很可能有劲使不出，用"环之无端"那样随机变化的战法，则可能力量倍增、势不可当。其中的关键，就在于将领的造势和任势。这句话形象地说明善于发挥和利用有利态势的将领一旦指挥部队官兵作战，就如同转动木头和石块，使其力量倍增。

汉武帝之所以能够一改西汉初期的弱势状态，使汉王朝走向强盛，成为中国封建王朝第一个发展高峰，关键在于他非常善于"择人而任势"。

武帝还是太子时，曾请教老师卫绾如何才能解决民生问题和匈奴外患。卫绾回答说："得人！"武帝听了这句话后，广延各方人才，为自己聚集了一大批有才之士。班固的《汉书·公孙弘卜式兒宽传》说，汉之得人，于兹为盛，儒雅（学问渊博）则公孙弘、董仲舒，笃行（品行纯厚）则石建、石庆，质直（正直敢言）则汲黯、卜式，推贤（推荐贤人）则韩安国、郑当时，定令（制定法令）则赵禹、张汤，文章（文采出众）则司马迁、相如，等等。这简直就是一个庞大的人才方阵。

汉武帝之所以能够延揽如此众多的人才，关键在于他在用人问题上，"不拘一格降人才"。比如，两位彪炳史册的将军，卫青和霍去病，最初地位都很卑微。卫青是个私生子，母亲生下他以后，生活很困难，还饱受社会冷眼，于是就把卫青送回到他父亲那里。在父亲那里，卫青也是抬不起头来，天天夹着尾巴做人，最后实在混不下去了，又回到母亲身边，做了平阳公主的骑奴。像卫青这样的出身，汉武帝也敢大胆重用，这在等级森严的封建社会，绝对算是奇迹。

再说霍去病，他是卫青的外甥。卫青的姐姐在平阳公主府当女奴，与平阳县小吏霍仲孺私通，便有了霍去病。但这位小吏不敢承认自己和公主的女奴私通，于是霍去病只能以私生子的身份降世。在率军抗击匈奴之前，霍去病是宫里的勤务员，与其母亲一样，也是专门伺候人的奴才。但是，霍去病18岁那年被汉武帝直接任命为剽姚校尉，随卫青打击匈奴。

同时，汉武帝还注重引进外族人才，金日磾本是休屠王太子，一个地道的"胡儿"，汉武帝发现他有才能，多次提拔他，后来武帝临死之前，金日磾与霍光、上官桀等一起被选为托孤重臣。匈奴小王赵信战败投降汉朝，被封为翕侯，并在多场战斗中立过战功，还给汉朝骑军带来了先进的骑兵战术。这些情况说明汉武帝选拔人才是不受阶级出身与民族差别限制的。

而且，汉武帝选拔人才不搞暗箱操作，而是公开在全国范围招纳贤才。他曾于元光元年及元封五年两次颁布求贤诏，诏告全国："盖有非常之功，必待非常之人。故马或奔踶而致千里，域有负俗之累而立功名。夫泛驾之马，跅弛之士，亦在御之而已。其令州郡察吏民有茂才异等可为将相及使绝国者。"（班固，《汉书·武帝纪》）其中，"泛驾之马，跅弛之士，亦在御之而已"，即人才各有能力，各有弱点，就看怎么运用。这种观点与孙子转动木石的观点完全一致。国君一旦选准了将领，用活了将领，军事力量之"形"和战场作战之"势"都随之倍增，势必可凭十万之兵敌百万之众。

汉武帝正是因为善于"择人而任势"，身边聚集了一大批杰出人才，而且用其所长，放手使用，众人齐心协力，帮助汉武帝东并朝鲜、南吞百越、西征大宛、北破匈奴，奠定了西汉疆土的基本范围，开创了汉武盛世的局面。

实际上，任何个人或组织都处于某种态势之中，如顺势、逆势、红火之势、窘困之势、和睦之势、混乱之势、欣欣向荣之势、日薄西山之势，等等。虽然身处什么样的态势无法由自己决定，但是可以积极应对。不妨活用孙子"择人而任势"、灵活转动木石的谋略，提前谋势和布势，积极造势和任势，从而不断改善和优化自身所处的态势。

孙子意犹未尽，最后又用一句话对战场态势应有的状态进行整体描述："故善战人之势，如转圆石于千仞之山者，势也。"善于指挥官兵作战的将帅所造成的有利态势，就像转动圆石从几千米高山上滚下来一样。这就是"势"应具有的状态。不难想象，高山滚石，用力甚小，而势能巨大。部队在这种状态之下作战，势必以山呼海啸之势，勇往直前、所向披靡。毫无疑问,这是古往今来的将领都孜孜以求的状态。

然而,战争不是自拉自唱的独角戏,而是双方斗智斗勇的对手戏。因此,营造高山滚石的作战态势并不是一件容易的事情,其中有几个重要因素不可或缺:一要将得其人,选择优秀的将领谋形造势;二要善择地势,选准险要位置排兵布阵;三要巧妙任势,将部队变成圆石那样灵活机动,使敌人变得木鸡一样呆板。三者结合,方能赢得"如转圆石于千仞之山"的有利态势。

无论是个人还是集体,无论身处市场、职场还是赛场,都犹如木石,蕴含一定的能量,但平常都处于"原生态",在没有创造有利态势或借助强大外力的情况下,原本几斤几两就只有几斤几两。通常平凡之力只能做平凡之事,有非凡之力才能成就非凡之业。由平凡到非凡并无捷径可走,更不能等天赐良机。只有在平时隐蔽蓄势、巧妙造势,关键时刻积极借势、灵敏任势,才有可能使平凡的木石"危则动""圆则行",迸发出非凡的力量,从而"如转圆石于千仞之山",用力甚小而能量巨大,不露声色成就非凡之业。

六

《虚实篇》
逻辑思路及经典谋略

[篇题解析]

《形篇》讲的是根据军事实力强弱确定攻守之法,《势篇》讲的是运用军事实力,重在以奇正之术营造有利的态势。在实际作战过程中,力量与态势必须紧密结合起来,就像拳头与武功结合才能发挥巨大的力量,箭头只有放在紧绷的弓弦上才能飞出去射穿敌人胸膛一样。那么,军事实力也只有与作战态势结合起来,才能形成坚实的力量,打击虚弱的敌人。显然,实力与态势结合的目的就是以实击虚。诚如张预分析:"《形篇》言攻守,《势篇》说奇正。善用兵者,先知攻守两齐之法,然后知奇正;先知奇正相变之术,然后知虚实。盖奇正自攻守而用,虚实由奇正而见,故次《势》。"

虚实,是一对外延非常广泛的概念。一般而言,无者为虚,有者为实;空者为虚,坚者为实;弱者为虚,强者为实。表现在战场上,可以呈现出多种多样的状态。胆怯、柔弱、混乱、饥饿、疲劳、寡少、无备等为虚,勇敢、刚强、严整、饱食、安逸、众多、有备等为实。虽然表现形态各异,但有一点是相同的,即无论是军事力量,还是作战部署、军心士气、战场态势、天时地利,以及部队管理等方面,实者往往处于主动地位,虚者往往处于被动地位。本篇主要论述将领在战场上需要把握"虚实"的辩证关系,通过种种方法争取战争中的主动地位。围绕这一核心,孙子既强调将领要活用"避实而击虚"的原则,正确选择作战方向；又要求将领要学会在战场上巧妙制造各种假象，造成我之势常实、敌之势常虚的有利作战态势。《草庐经略·虚实》中说："虚实之势，兵家不免。善兵者，必使我常实而不虚，然后以我之实，击彼之虚，如破竹压卵，无不摧矣。"可谓深得其旨。

全篇主要讲作战态势和双方力量虚实的形成，作战指挥方法的虚实变化和虚实选择，以及转变虚实的方法和奥妙，突出强调一个"变"字。其逻辑思路大致如下。

    1. 开篇强调作战态势和作战力量的虚实并不是自然形成的，也不是固定不变的，完全可以人为地转化，办法便是"善战者，致人而不致于人"。

    2. 接着从两方面分析如何调动敌人，使敌方由实变虚，使我方由虚变实的主要方法。办法是"利之、害之、出其所必趋也"。

    3. 再次分析巧妙调动敌人的要求，强调"致人而不致于人"的方法一定要运用得神不知鬼不觉，方能掌握战争主动权，并进一步分析攻守作战中调动敌人的4种方法。

    4. 研究调动敌人的配套办法，那就是要善于战术伪装和战术欺骗，使敌人不知不觉分散兵力，我方则得以隐蔽地集中兵力。

    5. 分析战术伪装和欺骗的效果，即必然使敌人晕头转向，敌人人马虽然众多，却空有一身力气，不知如何作战。

    6. 提醒人们注意，无论调动敌人，还是欺骗敌人，抑或选择作战目标，前提是采用"动态知敌四法"了解敌情，方能准确下手。

7. 把战术欺骗与"动态知敌四法"结合起来，阐明调动和削弱敌人的最佳状态是使敌人无知无识，变成"睁眼瞎"，即使看到我军部署或作战方法也不知如何应对。而达到这种状态的奥妙就在于变化。

8. 最后以水喻兵，生动形象地说明战场变化的基本方法和作战指挥的关键原则，那就是要根据敌情和战场具体情况适时变化。

（一）虚实既是客观存在，亦可人为改变

【原文】

孙子曰：凡先处战地而待敌者佚①，后处战地而趋战者劳②。故善战者，致人而不致于人③。

【注释】

①先处战地而待敌者佚：处，占据；佚，安逸、从容，贾林注："先处形胜之地以待敌者，则有备豫，士马闲逸。"

②后处战地而趋战者劳：趋，奔赶，此处为"促"，仓促。张预注："便利之地，彼已据之，我方趋彼以战，则士马劳倦而力不足。"

③致人而不致于人：致，招致、引来。《周礼·秋官·小司寇》："掌外朝之政，以致万民而询焉。"致人，调动敌人。

六、《虚实篇》逻辑思路及经典谋略

【译文】

孙子说：凡先占据战场等待敌人的一方就主动安逸，后到达战地而仓促应战的就被动疲劳。所以善于指挥作战的人，总是设法调动敌人而不被敌人调动。

【新解】

孙子在《虚实篇》中一开头就用了一个"凡"字，这句话说的是但凡打仗都必须遵循的规律就是抢占有利战场。但凡先进入战场摆好阵势的一方往往处于以逸待劳的状态，而后进入战场的一方不得不仓促应战，势必处于疲劳应战的状态。显然，前者是坚实而主动的，后者是虚弱而被动的。这句话虽然只是讲到争夺战场，其实意在揭示一条规律：在激烈的军事较量中，一切都是创造来的、争取来的，不仅要抢先夺取战场，道路、战机、粮草、人心等等，也都要先下手为强，先得手便可掌握主动权。毛泽东说，主动权是军队在战争中行动的自由权，行动自由是军队的命脉，失掉了这种自由，部队运转不灵，谋略运行不畅，整个军队就有被打败或被消灭的危险。

在一般人心目中，要想抢先就得快跑，使出浑身力气跑在前面才能"先处战地"。然而，战场上的情形并不总能令人称心如意。一旦对方先行一步，另一方无论如何拼命奔跑也难以超越。显然，在这种情形下拼体力、抢速度是无济于事的。孙子历来不主张简单地拼体力，而是主张巧妙地拼智力。体力斗不过的时候，就斗智力。孙子提出了一个妙招："故善战者，致人而不致于人"。"致人"，即调动敌人，"致于人"，就是被敌人所调动。如果敌人已经跑在了前面，难以追及，可以用"利而诱之"的办法，引诱他们跑到其他方向，或者用"出其所必趋"

的办法，迫使其放弃已有阵地，转身驰援不得不救援的地方。如此我方则能抢先占领有利位置，从而夺得战争主动权。

唐太宗李世民和他的大将李靖十分推崇孙子的"虚实论"。李世民曾经感叹地说："朕观诸兵书无出孙武，孙武十三篇无出虚实。夫用兵，识虚实之势，则无不胜焉。"李靖则立即回应说："千章万句，不出乎'致人而不致于人'而已，臣当以此教诸将。"（李靖，《唐李问对》）二人对《孙子兵法》简直是推崇备至。

《孙子兵法》哪一篇写得最好，哪一句是核心，这是个"仁者见仁，智者见智"的问题。有的人认为《谋攻篇》最好，"不战而屈人之兵"是核心；有的人认为《势篇》最佳，"奇正之变"道出了兵法的要义。李世民和李靖的观点虽与众不同，但不无道理，甚至可以说深得孙子之意。按照孙子的思维逻辑，用兵打仗先要有优势的军事力量，然后要营造有利的作战态势，力量与态势的结合则表现为"以碫击卵"，以我之实，击敌之虚。所以，怎样"使敌势常虚，我势常实"（李靖，《唐李问对》）是战争指导者必须始终考虑的核心问题。解决这一核心问题的关键，就在于能否做到"致人而不致于人"。秦赵阏与之战中，赵奢的战法可谓暗合了孙子这一思想。

公元前269年，秦昭襄王以赵国不履行交换城邑的协议为由，派秦国著名客卿胡阳为将，率军攻打赵国的要地阏与（今山西和顺）。同时，为了防止赵军出兵救援，秦国发兵一支向东直插武安（今河北武安县西南）。武安在阏与东南面大约50千米的地方，紧挨赵国首都邯郸（今河北境），秦军占据这个地方，既可与阏与成掎角之势，又可阻止赵军的救援行动。赵惠文王紧急召见名将廉颇、乐乘等，询问阏与是否可救。两人均认为阏与距邯郸甚远，且道路崎岖险阻，难以救援。唯赵奢认为，两军相逢勇者胜。于是，赵惠文王命赵奢率军救援阏与。但赵奢并不急于直奔阏与，他率军从邯郸出发，刚走十多千米就下令安营扎寨，命令军中加固营垒，在营区周围修筑了许多屏障，故意做出毫无进取的姿态。并且他命令部队说："有以军事谏者死。"（司马迁，《史记·廉颇蔺相如列传》）军中有一人建议火速去救武安，赵奢立即把他杀掉了。

  这样，一直过了28天，赵奢令士兵再次增筑营垒。秦军派遣间谍进入赵军驻地侦察，赵奢以美食招待后把他放走。间谍把赵军的情况报告给秦军将领，秦将非常高兴，认为赵军"夫去国三十里而军不行，乃增垒，阏与非赵地也。"（司马迁，《史记·廉颇蔺相如列传》）随之放松了警惕。在送走秦军间谍以后，赵奢突然作出决定，集合部队，卷甲而趋，向西急进。仅两天一夜即抵达距离阏与25千米的地方。被抛在武安的秦军听说赵奢已抢先逼近阏与，如梦方醒，慌忙调集兵力奔向阏与。秦军攻阏与不克，突闻赵援兵到来，仓促分兵迎击。赵奢采纳军士许历的建议，发兵万人抢占阏与北山高地。秦军后到，攻山不下。赵军利用有利地势，居高临下，俯击秦军，阏与守军也出城配合。秦军支撑不住，死伤逃散过半，大败而归，阏与之围随之解除。

  阏与之战的过程并不复杂，然而其中却蕴含着一段"致人而不制于人"的谋略运用。赵奢将军本来是要解阏与之围，却在仅离开邯郸15千米之处驻军28日，并修筑工事，作出畏惧秦军、仅求保住都城的消极姿态，这就导致原本严密防范赵军的秦将思想麻痹、士气疲怠，心理上由实变虚。赵奢在利用敌方间谍迷惑敌军的同时，又以迅雷不及掩耳之势迅速抵近阏与

25千米之处驻扎下来,随即又抢先占据居高临下的有利地形。本来秦军可以以逸待劳,但当赵军突然出现在面前时乱了手脚,力量上由实变虚。

值得注意的是,孙子讲的虚实虽然包含战术欺骗,但那只是具体手段,其核心思想与老老实实做人、做事并不矛盾。在生活的各个领域,要想使自己处于有利状态和主动地位,必须首先扎扎实实地谋求优势力量,多方面营造有利态势,这样才能使自身力量充实。处于有利状态和主动地位时,也不能随心所欲地胡乱作为,应当找竞争对手的薄弱环节下手,或者向市场洼地进军。这叫避实击虚。同时,自身的真实状态也不宜完全暴露,让对方看个底儿透,毫无遮掩很容易受到攻击,需要虚实相间。尤其是由于种种原因,自身已经处于弱势状态、被动地位的时候,怨天尤人是无济于事的,正确的办法应当是活用孙子"致人而不致于人"的谋略,积极想办法化解矛盾、转移对抗、消除障碍。

(二)用谋略转化双方虚实,并避实击虚

【原文】

能使敌人自至者,利之也;能使敌人不得至者,害之也。故敌佚能劳之①,饱能饥之②,安能动之③,出其所必趋④也。行千里而不劳者,行于无人之地也。攻而必取者,攻其所不守⑤也;守而必固者,守其所不攻也。

【注释】

①佚能劳之:言敌若休整良好,就使其劳顿疲敝。

②饱能饥之：曹操注："绝粮道以饥之。"王皙注："谓敌人足食，我能使之饥乏耳。"

③安能动之：曹操注："攻其所必爱，出其所必趋，则使敌人不得相救也。"

④出其所必趋：出，出击。谓进攻敌人必然奔赴援救之地。

⑤攻而必取者，攻其所不守：李筌注："无虞易取。"言我出击必能取胜的原因，是由于攻击敌戒备虚懈之处。

【译文】

能使敌人自动进入我方预定区域的，是用小利引诱的结果；能使敌人不能到达预定区域的，是制造困难阻止的结果。敌人休息得好，就使他疲劳；敌人粮食充足，就使他饥饿；敌人驻扎安稳，就使他移动。这些都是抓住敌人要害予以打击，促使敌人去救援的结果。行军千里而不疲劳，因为走的是没有敌人阻碍的地区；进攻而必然能得手，因为进攻的是敌人戒备虚懈之处；防御而必然能稳固，因为扼守的正是敌人无法进攻的地方。

【新解】

曾经有位教授说："以劣胜优是伪命题！战争从来都是以优胜劣。"此论一出，立刻引起激烈讨论。不少人觉得耳目一新，认为这一观点颠覆了传统的说法，颇有创新味道，为之拍手叫好。更多的人则认为这种说法不对，误解了以劣胜优的真正含义，忽略了优劣是可以转化的，强弱是可以改变的。

究竟哪一种观点是正确的？

我们不妨先看看孙子的说法："能使敌人自至者，利之也；

能使敌人不得至者，害之也。故敌佚能劳之，饱能饥之，安能动之，出其所必趋也。"

这段话有两层意思。先看第一句话："能使敌人自至者，利之也；能使敌人不得至者，害之也。"这句话意思是说，用敌人贪图的利益诱惑敌人，使其紧追不舍，从而自动进入到我方预定区域；用敌人畏惧的困难阻碍敌人，使其畏缩不前，不能到达预定区域。这里的"利之""害之"，就是主动给敌人制造混乱和困境。那么，"利之""害之"要干什么呢？第二句话紧接着说明了其目的："故敌佚能劳之，饱能饥之，安能动之，出其所必趋也。"

"佚能劳之"是指敌人休息得好，就想办法使他变得疲劳不堪；

"饱能饥之"是指敌人粮食充足，就想办法使他变得饥饿难耐；

"安能动之"是指敌人驻扎安稳，就想办法使他变得奔波不定。

综合运用这些办法，势必使敌人由强变弱，由优变劣。同时，我方则由弱变强，由劣变优。

问题是怎样才能劳敌、饥敌、动敌呢？

孙子用简单几个字点出了绝招："出其所必趋也。"

这句话在传世本与汉简本中有所不同。《十一家注孙子》《武经七书》本皆作"出其所不趋"，且下文还有"趋其所不意"5字。而汉简本的文句却是"出其所必趋也"。"不趋""必趋"意思大相径庭。如果按传世本所说，向敌人不去救援的地方出兵，则不足以威胁敌人，也就不可能调动敌人。只有向敌人必然前往救援的地方出兵，才能引起敌人的恐慌，从而调动敌人。曹操注《孙子兵法》的时候很可能依据的版本与汉简本一致，所以他在此句下注释说："使敌不得不相往而救之也。"注释"安能动之"一句时称"攻其所必爱，出其所必趋，则使敌不得不相救也。"此外，北宋李昉等人编纂的《太平御览》两次引用这句话时均作"必趋"。可见，后人把"必趋"易为"不趋"，显然是哪位未经战争的书生随意篡改的结果。

"必趋"，即敌人必须前往救援的地方，一般当指命脉、要害、利益关切点。一旦找准这些地方予以打击，便可调动敌人不得不按照我方的指挥棒奔跑，或者牵制敌人使其不能按照自己的意志行动，从而使敌人由强变弱，由优变劣，由实变虚。

1947年毛泽东和彭德怀在保卫延安战役中所采用的"蘑菇战术"与孙子这一思想颇为相似。

1947年2月，蒋介石命胡宗南率15个旅，共计23万人马向延安进犯，当时陕北地区只有彭德怀的西北野战军及军委直属队，共计2万多人，仅为胡宗南集团的1/10。面对敌强我弱的态势，毛泽东决定撤出延安，诱敌深入，以便各个击破。当时，许多人对放弃延安的决定大惑不解，很不愿意。毛泽东耐心地说明撤走的必要性，他说："我们在延安住了十年，挖了窑洞，吃了小米，学了马列主义，培养了干部，指导了中国革命，全中国全世界都知道有个延安，延安不能不保，但是延安又不可保。"他反复说明，作战不在于一城一地的得失，主要是消灭敌人的有生力量。

胡宗南集团占领延安一座空城后，蒋介石十分得意，飞到延安视察，嘉奖其进入延安的部队，并召集中外记者组织"参观团"，大肆宣扬所谓的重大胜利，借以蒙骗大众。同时，为迅速实现其在军事上首先解决西北问题，割断我党右臂，并将我党中央和人民解放军总部逐出西北，然后调兵进攻华北，各个击破我军的目的，胡宗南急忙调整部署，以5个旅守备延安及其以南占领区，以整编第1军、第29军共10个旅，积极寻找我军主力决战。

针对胡宗南急于寻找陕北解放军主力决战的心理，西北野战兵团采取变幻莫测的运动战法，以一小部分兵力佯装主力边战边退，把敌军主力诱向延安西北安塞方向，而将主力隐蔽集结在延安东北的青化砭以南设伏。3月25日，胡宗南部队担任侧翼掩护的第31旅旅部及一个团2900余人进入野战军伏击圈内，仅经过一个多小时的战斗，即被全部歼灭。

4月17日，毛泽东亲自发出《关于西北战场的作战方针》。他指出："敌现已相当疲劳，尚未十分疲劳；敌粮已相当困难，尚未极端困难。……如不使敌十分疲劳和完全饿饭，是不能最后获胜的。这种办法叫'蘑菇'战术，将敌磨得精疲力竭，然后消灭之。"

正是由于采取了这种战法，使胡宗南大军不得不在广阔的陕北地区"武装大游行"，东奔西跑，肥的拖瘦，瘦的拖垮。更重要的是他们晕头转向，完全被毛泽东和彭德怀的战略战术所迷惑。此后，西北野战军又接连赢得羊马河战役、蟠龙战役的胜利。经50天作战，野战军共歼敌1.4万余人，将胡宗南军队在陕甘宁边区的重点进攻完全打败。不过一年的时间，延安又被毛泽东收复，胡宗南集团损兵折将10万人之后，不得不撤出延安。

看完这个战例，我们不妨回到前面提出的问题，如何看待以劣胜优。毫无疑问，两军面对面交战的时候，一般都是强胜弱败、优胜劣败，这是军事斗争的普遍规律。正如毛泽东所说，

"几个大汉打一个大汉之容易打胜，这是常识中包含的真理。"（毛泽东，《论持久战》）然而有意思的是，毛泽东自身的战争实践却恰恰违背了这一常识性的"真理"，他率领中国工农武装这一位"大汉"，打败了日本侵略者、美国帝国主义、国民党八百万大军三个"彪形大汉"，是典型的以弱胜强、以劣胜优。显然，那位教授的创新性见解无法解释这一铁的事实。

那么，毛泽东为什么能够以劣胜优呢？还是毛泽东自己道出了其中的奥秘。他曾说："战争的胜负，固然决定于双方军事、政治、经济、地理、战争性质、国际援助诸条件，然而不仅仅决定于这些；仅有这些，还只是有了胜负的可能性，它本身没有分胜负。要分胜负，还须加上主观的努力，这就是指导战争和实行战争，这就是战争中的自觉的能动性。"（毛泽东，《论持久战》）所谓"自觉的能动性"，在战争中主要体现为灵活的战略战术。灵活的战略战术，可以改变力量对比，化劣势为优势，化被动为主动，进而赢得战争的胜利。那么，孙子所说的"出其所必趋"，是不是灵活的战略战术呢？答案不言自明。

"利之""害之""劳之""饥之""动之"这些都是主动出击，使敌军由实变虚，由强变弱的办法。与此同时，对自己部队来说，也有个避免疲劳、减少损耗的问题。于是，孙子接着提出："行千里而不劳者，行于无人之地也。攻而必取者，攻其所不守也；守而必固者，守其所不攻也"。这段话假设了三种情况。

一是部队行军千里而不疲劳，因为走的是没有敌人阻碍的地区，用不着与敌人交战，当然也就不会有损耗和疲劳。

二是部队发起进攻必然能得手，因为进攻的是敌人不防守的地点，或者防守薄弱的地点，当然容易取胜。

三是部队防御必然能稳固，因为扼守的正是敌人无法进攻的地方，或者进攻力量不足的地方，当然有能力守住。

从表面上看，孙子假设的这三种情况似乎有点"小儿科"。敌人不拦截、不防守、不进攻的地方当然能一帆风顺，这是众人皆知的常理。如果我们仅仅理解到这个层面，那就太肤浅了。联系上文"善用兵者，致人而不致于人"，你就会意识到，敌人之所以不拦截、不防守、不进攻，那是因为我方用计、用谋将敌人调离了我方要行进的地区，使其放松了对我方进攻目标的防备，或者畏惧了我方严防死守的地方，如此我方才能走而必顺、攻而必取、守而必固。

这里有一个关键词颇有争议。传世本皆作"守而必固者，守其所不攻也"，汉简本作"守其所必（下缺）"，《御览》卷三一七引此作"守其所必攻"。《孙子兵法校释》的作者校正此句时分析：守其所不攻，固可守而必固，何益于战胜攻取？故传世本存疑。如作"必攻"。连接上句，其意即为：防御之所以牢不可破者，乃因防御力量配置于敌人必攻之地也。换言之，唯其料敌之所必攻，故能加强守备使之牢固也。所以，应依据汉简本、《御览》作"必攻"。

汉简本《孙子兵法》是西汉时期流行的版本，比宋朝以后的版本更接近孙子13篇的本来面貌，所以专家学者们通常以汉简本作为依据校订传世本的错误。但是，即使汉简本也与孙子生活的年代相差二三百年，更何况其还是秦始皇焚书坑儒之后，刘邦让韩信、张良等人组织人马重新搜集整理校订的版本，因此，汉简本也未必与原本完全一致。此处如果改作"必攻"，从现代军事理论的角度来讲完全说得通，但亦有两个问题难以解释。其一，本篇中心思想是强调通过调动敌人，使我势常实，敌势常虚，然后避其实，击其虚。"守其所必攻"，必然是实对实，硬碰硬，似乎与文意不符。其二，即使守敌人必攻之处，就一定守而必固吗？在我强敌弱的情况下，守而必固当然不成问题，反之，敌强我弱，则恐怕未必了。相比之下，显然还是"守其所不攻也"更符合孙子的思想原意。

按照我的理解，孙子喜欢用夸张的手法强调一个重要的谋略思想。比如，"不战而屈人之兵"中的"不战"二字并非完全不战，而是尽量小战、巧战。同样道理，这段话中的"不守""不攻"也有夸张之意，并非完全不守和不攻，而是说防守比较薄弱、进攻力量不足。

然而，这种防守薄弱之处或者进攻乏力的状态并非自然形成，而是我方主动用计、用谋麻痹或调动敌人而形成的。

三国时期，邓艾巧渡阴平就是如此。

公元263年，魏相司马昭派兵18万，分三路大举伐蜀：征西将军邓艾率兵3万多，自狄道（今甘肃临洮）向甘松（今甘肃迭部）、沓中（今甘肃舟曲）行进；雍州刺史诸葛绪率兵3万多，自祁山向武街（今甘肃成县）、桥头（今甘肃文县）行进；镇西将军钟会率主力10余万人，分别从斜谷（今陕西眉县）、骆谷（今陕西周至）、子午谷（今陕西西安），进军汉中。战事展开之后，钟会所指挥的东路魏军主力，虽然占据了汉中一带，但被大将军姜维所率蜀汉军阻拦在险要之地剑阁，无法前进。剑阁是汉中通往巴蜀的咽喉要道，号为天险，"一夫当关，万夫莫开"，易守难攻。钟会在此久攻不下，进退两难，粮草殆尽，运粮困难，便萌生撤军的想法。一旦退兵，此次战役将半途而废，前功尽弃。可是要说进兵，面前雄关是他难以逾越的。这时西路统帅邓艾已攻占沓中，得知钟会撤军的想法后，立即向司马昭提出从阴平小道进兵，绕道剑阁直扑成都的方案。司马昭同意了邓艾自阴平进军。

应该说，邓艾这个计划有很大的冒险成分：其一，阴平与剑阁相隔50多千米，是氐羌民族居住区，崇山峻岭，很难行走，"艾自阴平道行无人之地七百余里……山高谷深，至为艰险，又粮运将匮"。（陈寿，《三国志》）部队行此险地，一旦敌人有所察觉，那将是全军覆没。其二，因是奇袭，就不可能大部队行动，最多几千精锐而已。这几千人将面对涪城、绵竹等处守军和成都蜀汉的中央部队，如果蜀军沉着应战，固守待援，那么邓艾这几千人既无援军，又无粮草，也很可能全军覆没。

那么，邓艾明知走阴平如此危险，为什么还要斗胆冒险呢？因为，他判断越是危险的地方越安全。蜀军大将军姜维所率蜀汉军被钟会吸引在剑阁一带，阴平此等难行之道不会有什么防守，如同孙子所说的"无人之地""不守之地"，走这种地方可以取得"攻其无备，出其不意"的效果。

战事进程果然如邓艾所料。

10月中旬，邓艾率精兵自阴平出发，沿着阴平小道翻越摩天岭，在无人之地行进700余里，凿山通道，架桥建阁，至无路之处，甚至"以毡自裹，推转而下。将士皆攀木缘崖，鱼贯而进"。（陈寿，《三国志》）经过艰苦行军，邓艾军神不知鬼不觉地进至江油，直扑涪城。邓艾军虽然兵力较少，但如神兵天降，立刻引起蜀国上下极度恐慌。涪城守将马邈面对从天而降的魏军，不战而降，蜀军陷于大乱之中。老百姓听说邓艾大军已进入平原地区，惊慌失措，纷纷向山泽逃窜，不可禁制。魏军从此一路顺利，接连攻下涪城、绵竹等城，逼近成都，迫使"扶不起的阿斗"——蜀后主刘禅自缚出降，延续43年的蜀汉政权遂告灭亡。

邓艾虽然比孙子晚六七百年,但他巧渡阴平之举无疑是对孙子"行千里而不劳者,行于无人之地也。攻而必取者,攻其所不守也"的最好诠释。

由孙子的这条谋略思路,我们想到了一则人生道理:事业是否顺利,并不在于道路平坦不平坦,而在于是否善于想办法消除不利因素,一旦不利因素消除了,崎岖山道也如同平坦大道一般。竞争是否成功,并不在于对手厉害不厉害,而在于是否善于用计、用谋调动对手,一旦成功调动对手转移视线,即使身处绝境也可以一马平川。

(三)多种方法虚实变化,强敌无从应对

【原文】

故善攻者,敌不知其所守;善守者,敌不知其所攻①。微乎微乎,至于无形②;神乎神乎,至于无声③,故能为敌之司命④。进而不可御者,冲其虚⑤也;退而不可追者,速而不可及也。故我欲战,敌虽高垒深沟,不得不与我战者,攻其所必救也;我不欲战,画地而守⑥之,敌不得与我战者,乖其所之⑦也。

【注释】

①故善攻者,敌不知其所守;善守者,敌不知其所攻:不知,王晳注:"不知者,攻守之计,不知所出耳。"梅尧臣注:"善攻者,机密不泄;善守者,周备不隙。"

②微乎微乎,至于无形:微,微妙。《荀子·议兵》:"诸侯有能微妙之以节。"谓虚实运用变幻莫测,微妙到了极致,则无

形可睹。

③神乎神乎，至于无声：神，神奇，神妙。《易·系辞》："阴阳不测之谓神。"言虚实运用难以捉摸，就似神奇到了极致，则无声息可闻。

④故能为敌之司命：司命，主宰命运者。《管子·国蓄》："五谷食米，民之司命也。"张预注："故敌人死生之命，皆主于我也。"

⑤冲其虚：虚，虚懈之处，此言我方进攻之处正是敌人虚懈之处。

⑥画地而守：画，界限，指画出界限。孟氏注："以物画地而守，喻其易也。"

⑦乖其所之：乖，违，相反，此处引申为改变、调动之意。全句言调动敌人，将其引向别处。

【译文】

所以对于善于进攻的人，敌人不知道该如何防守；对于善于防守的人，敌人不知道该怎么进攻。微妙呀！微妙到看不到形迹；神奇呀！神奇到听不见声息，所以这些人能成为敌人命运的主宰。前进而使敌人无法抵御的，是因为袭击他空虚的地方；撤退而使敌人无法追击的，是因为行动迅速得使敌人追赶不上。所以，我方要打，敌人即使高垒深沟也不得不脱离阵地作战，是因为我方进攻了敌人的要害；我方不想打，仅仅在地上画一道界线，我方也能守得住，敌人也无法来同我方作战，是因为我方设法调动了敌人，使敌人背离了所要进攻的方向。

六、《虚实篇》逻辑思路及经典谋略

【新解】

1944年英吉利海峡曾经展开了一场波澜壮阔的登陆作战，这也是目前为止世界上最大的一次海上登陆战役，使第二次世界大战的战略态势发生了根本性的转变。这就是著名的诺曼底登陆。令人不可思议的是，将近300万盟军官兵渡过英吉利海峡前往法国诺曼底，以严谨精细著称的德国人居然判断失误，严防死守加莱方向，放松了对诺曼底方向的戒备。尤其是盟军6月6日在诺曼底登陆之际，素有"沙漠之狐"称号的德军海岸防务总司令隆美尔元帅，竟然不在前线，而是在德国家乡给夫人露西亚过生日！德国人为什么会判断错误呢？说到这里，不得不佩服英国人和美国人的虚实之计用得好，一系列扑朔迷离的计中计、谜中谜，迷惑了德国人，确实做到了孙子所说的"善攻者，敌不知其所守"。

我们不妨先了解一下孙子这段话的意思。孙子说："故善攻者，敌不知其所守；善守者，敌不知其所攻。微乎微乎，至于无形；神乎神乎，至于无声，故能为敌之司命。"他的这段话进一步说明，敌人不拦截、不防守、不进攻的地方，并非是敌人不想拦截、不想防守、不想进攻，而是被我方虚虚实实的谋略措施弄得晕头转向，不仅不敢作为、不知如何作为，甚至我方进攻时，敌人不知道如何防守，不知道应该在什么地方防守；我方防守时，敌人也不知道怎么进攻，不知道应该进攻什么方向。在我方虚实变幻的谋略措施面前，敌人几乎如盲如聋，分不清东南西北，辨不明虚实强弱，方寸大乱，手足无措。英美联军之所以能够把德国人搞晕，主要是因为他们在兵力部署、登陆方向、攻击时间等问题下足了虚实变化的功夫。

登陆作战关键在于选准登陆地点。盟军要想成功登陆，最佳的登陆地点应当具备以下三个条件：一是要在从英国机场起飞的战斗机半径之内，二是航渡距离要尽可能短，三是登陆场附近要有大港口。从荷兰韦利辛恩到法国瑟堡长达480千米的海岸线上，符合这三个条件的地点有三个：康坦丁半岛、加莱和诺曼底。

康坦丁半岛地形狭窄，不便于展开大部队，最先被否决。加莱和诺曼底各有利弊。加莱的优点是距英国最近，仅33千米，而且靠近德国本土；缺点是德军在此防御力量最强，守军是精锐部队，工事完备坚固，并且附近无大港口，也缺乏内陆交通线，不利于登陆后向纵深发展。诺曼底虽然距离英国较远，但优点有三：一是德军防御较弱；二是地形开阔，可同时展开30个师；三是距法国北部最大港口瑟堡仅80千米。几经权衡，盟军司令部选择了诺曼底。但是，接下来又出现了一个问题，那就是如何隐蔽登陆方向和地点。一旦德军搞准了盟军的登陆方向和地点，增兵防守，恐怕登陆作战也是很难成功的。于是，如何进行战略欺骗，使德军放松对诺曼底区域的戒备，就成了整个战役的重中之重。为此，盟军展开了一系列战略欺骗。

从1944年3月开始，巴顿将军就在加莱对面的英国多佛尔港集结大军，安营扎寨，摆出从加莱进攻的架势。

当年在多佛尔港内，有成百上千辆的M4A1、M5A1、M3A3坦克列成方阵，密密麻麻望不到头，这可都是美军的主战坦克啊！隆美尔是个玩了半辈子坦克的德军元帅，看到侦察机拍回的照片，一语断定：这是美国第一集团军群。可是，他没料到那些坦克都是"模型"。不仅坦克是假的，军车、舰船，包括整个美国第一集团军群，全是假的！这实际上是盟军一个代号为"水银行动"的军事欺骗计划。该计划的目的，是制造一支假的大军,佯攻加莱地区,牵扯敌军防卫主力。"巴顿将军"作为虚拟出来的大军的统帅,则时不时地出现在假前线附近,给对方造成他在此主持领导备战的错觉。

隆美尔随即抽调出了23个师,组成第15集团军,全部压在了加莱这片狭小的区域,准备在此迎战盟军。

另一个颇有戏剧性的欺骗动作则是一个代号为"铜头"的军事欺骗计划。

1944年2月,蒙哥马利元帅受命指挥即将举行的盟军反攻欧洲大陆行动。英国情报部门深知,从那一刻起,蒙哥马利元帅的一举一动都处于德国间谍的监控之下。为了掩护精心准备了两年的诺曼底登陆战役、转移德军的注意力,盟军策划了一个代号为"铜头"的军事欺骗计划——打造一个假蒙哥马利,让他出现在北非的战场上,使德国人相信,蒙哥马利远离英国,从而放松对法国诺曼底地区的重兵把守。经过慎重考虑,英国海外领地直布罗陀被认定为实施"铜头"计划的理想地点,因为这里是德国间谍活动最活跃的地区之一。于是,英军找到一位名叫梅伊里克·克利夫顿·詹姆斯的澳大利亚人,让他冒充蒙哥马利。让人称奇的是,无论是五官长相、体格姿态,还是行为举止,詹姆斯与蒙哥马利几乎如出一辙。经过一番训练和装扮之后,假蒙哥马利于1944年5月26日凌晨,乘专机抵达直布罗陀,在人们的欢迎中走下飞机。随后,一个浩浩荡荡的车队将他送到总督官邸,总督亲自出迎,并于当晚举行了欢迎宴会。接着,他奔赴阿尔及尔,与英军在地中海区域的指挥官一起视察军队。再之后,他又飞到了开罗。这一切活动都有德国间谍跟踪,并将其一举一动用电报发回德军总部。隆美尔据此判断蒙哥马利身在北非,盟军不可能在1944年6月的第一周实施登陆。于是1944年6月6日这一天，隆美尔放心大胆地回到德国家乡，给夫人过生日去了。让他做梦也没想到的是，此时真正的蒙哥马利一直在英国秘密地筹划诺曼底战役，并于6月6日亲自率领英军在剑滩和金滩登陆了！

　　常言道：棋逢对手，将遇良才。战场上交战双方通常都是谋略高手，正如孙子所言："兵者，诡道也。"自古以来，但凡打仗没有不绞尽脑汁用计、用谋的将领。那么，为什么素有"沙漠之狐"美誉的隆美尔本来能征善战，也很有谋略，却被盟军蒙住了呢？

　　重要的原因恐怕就在于盟军不是简单地用虚实之计，而是特别注重计中用计，谋中用谋，变幻莫测。就像孙子所说："微乎微乎，至于无形；神乎神乎，至于无声"。前半句用"微乎微乎"描述谋略运用变化莫测，微妙到了极致，简直不露痕迹。后半句则用"神乎神乎"感叹谋略运用难以捉摸，神奇到了极致，简直无声无息。不言而喻，一旦谋略运用达到如此出神入化的程度，再狡猾的对手也无法应对。于是乎，"故能为敌之司命"。

　　"司命"一词在《作战篇》已经出现过，"知兵之将，生民之司命，国家安危之主也"，"司命"喻指民众生死的主宰者。此处"能为敌之司命"，即指敌方生死的主宰者。这种主宰者不是上天册封的，也不是国君任命的，而是将领活用虚实变幻谋略赢来的。

　　现实生活中，大多人都希望自己在生活、工作中，能处于进退自如、不受制约的状态。在这种状态中，能够按照自己的想法办事，也没有什么阻力和障碍，干什么事都可以得心应手。但是，在复杂的现实生活和激烈的日常竞争之中，哪有这样好的事情呢？不过，如果我们善于运用孙子的谋略，或许能够主动营造这种状态。那就要想办法成为掌握自身和对手的"司命"，掌握行动的自由权和主动权。那么，用什么具体的办法呢？孙子层层递进地说了4个排比句："进而不可御者，冲其虚也；退而不可追者，速而不可及也。故我欲战，敌虽高垒深沟，不得不与我战者，攻其所必救也；我不欲战，画地而守之，敌不得与我战者，乖其所之也。"这4句话既蕴含了战场上与敌周旋的智慧，也揭示了竞争场上与各种矛盾博弈的技巧。

第一句话"进而不可御者，冲其虚也"，强调的是我军发起进攻时敌人之所以无法抵御，是因为我们袭击了他空虚的地方。这里的关键词是"冲其虚"，"冲"，即攻击，袭击。曹操注："卒往进攻其虚懈。"梅尧臣注："进乘其虚，则莫我御。"其中这个"虚"字可以表现为多种状态，如兵力虚弱、防务虚懈、士气低落等，一旦这些弱点被攻击，敌人势必无法抵挡。

第二句话"退而不可追者，速而不可及也"，强调的是我军撤退时敌人之所以无法追击，是因为我们行动迅速得使敌人追赶不上。其中关键是一个"速"字。张预注："兵之情主速，风来电往，敌不能制。"汉简本此处作"退而不可追者，远而不可及也"，《御览》三一七卷引用这句话时亦作"远"。如果我军撤退时，不仅跑得快，而且跑得远，敌人自然追不上。所以，"远而不可及也"也不失为一种理解，一种方法。

第三句话"我欲战，敌虽高垒深沟，不得不与我战者，攻其所必救也"，设想的是我军要展开进攻，敌人即使高垒深沟也不得不脱离阵地跑到平原上与我军交战，是因为我们攻击了敌人要害之处。其中"攻其所必救"最为紧要。必救之处，往往是利害攸关之处。

第四句话"我不欲战,画地而守之,敌不得与我战者,乖其所之也",设想的是我军不想交战,虽然画地防守,敌人也无法来同我作战,是因为我们设法调动他,使他背离了所要进攻的方向。"乖",意为违背、相反。"之",此处为动词,表"往""到"之意。这句话很有古道仙风的感觉,不由得让人想起《西游记》第50回孙悟空用金箍棒在地上画圈保护唐僧的场景。孙悟空外出化缘,为防备妖怪袭击,用金箍棒在地上画了一个圆圈,请唐僧坐在中间,猪八戒、沙和尚侍立左右,马和行李置于近旁。孙悟空再三嘱咐师徒三人不要走出圈子。虽然表面上看不到任何防备设施,但妖怪来袭时都被耀眼金光吓退。只可惜,唐僧三人耐不住寂寞,自己主动走出圈子,陷入妖怪洞府之中。孙悟空的"画地而守"之所以没有保护好师傅和师弟,原因在于他采取的是消极防御。相比之下,孙子的"画地而守"则是积极防御,即用计、用谋将直奔而来的敌人引向相反的方向。让敌人与别的敌军交战,等他们战个你死我活、精疲力竭的时候,再乘虚而入,收渔人之利。

总之,这4句话精辟地说明了战场上进退攻守的要诀。进则找薄弱环节,"冲其虚";退则行动迅速,"速而不可及";攻则打其要害,"攻其所必救";守则误导敌人,"乖其所之"。其中"乖其所之"更具智慧,也更不容易。总之一句话,不要将自己置于与敌人硬碰硬的位置,而要想办法避实击虚,或者诱敌为虚。

毛泽东当年佯攻贵阳、威逼昆明的"神来之笔"可谓很好地运用了孙子的这一谋略。

1935年3月,红军四渡赤水,渡过乌江,跳出了蒋介石精心设置的"绝境"。对于下一步该往哪里走,全军上下都非常迷茫。3月31日这天,毛泽东在行军的路旁摊开地图,在图上画了一道从贵州省向东南、向西、向西南,入云南,经昆明附近至元谋、金沙江畔的一条大迂回的红杠杠。这条迂回路线,实际上是为红军由滇北渡过金沙江后,北上川西,与红四方面军会合,再创建新的苏区而计划的。但是,要渡过金沙江,实现北上川西的战略意图,需要把固守滇北的滇军调出来。

红军强渡乌江后,坐镇重庆的蒋介石慌了手脚,连忙从重庆飞到贵阳"督师"。当时,他错误地估计红军会回师黔东南,与红二、红六军团会合,所以,他把主力放在黔北和黔东南,而贵阳只有两个团的守军。毛泽东抓住这一战机,做出了攻打贵阳的态势。为什么明明要走昆明,却背道而驰去攻打贵阳呢?一些人不理解。毛泽东解释说,只要能将滇军调出来,就是胜利。因为调出了滇军,滇北就空虚了,为红军下一步抢渡金沙江扫除了障碍。但是,滇军是云南军阀的部队,其主要任务是保护云南统治集团的利益和地盘,他们是不愿意远离云南,也不容易被调出来的。所以,调离滇军的办法必须是"攻其所必救"。蒋介石的行辕设在贵阳,而贵阳兵力薄弱,滇军又是离贵阳最近的一支部队,所以,红军只要做出全力攻打贵阳的态势,滇军就不得不前来救援。

毛泽东将红军分为三路:一路从贵阳北面的扎佐直攻贵阳,红军所到之处,贴满了"拿下贵阳城,活捉蒋介石"的标语,造成非拿下贵阳不可的声势;一路以最快速度东进,造成直取贵阳东面的瓮安、贵定,向湖南方向发展的态势;一路在遵义北部的桐梓一带牵制南下之敌,摆出与敌决战的姿态。蒋介石既不知红军真实意图,也不知红军兵力虚实,不时听到红军已到贵阳近郊的报告,着实让他心慌意乱。他一方面匆忙调滇军孙渡的部队火速增援贵阳，一方面命令守城部队赶修城防工事，死守飞机场，并备好轿子、马匹和向导，随时准备逃跑。同时，蒋介石急忙令部队往贵阳东南面的清水江一带集中，以阻止红军东进南出。

正当蒋介石指挥他的部队纷纷向贵阳以东集结时，云南境内兵力已经非常空虚。这时候，毛泽东等人趁机率领中央红军主力由清水江地区突然急转南下，由贵阳、龙里之间突破敌军防线，向云南方向急进。当敌人发现时，已经为时太晚。

中央红军进入云南后，立即兵分三路，向金沙江畔快速推进。5月3日，中央红军一部在军委总参谋长刘伯承的率领下，成功抢渡金沙江皎平渡。随即中央红军主力在当地船工的大力支持下，2万余人于5月9日全部顺利渡过金沙江，到达会理地区。至此，中央红军终于摆脱了约40万敌军的围追堵截，彻底打破了蒋介石企图围歼红军于川黔滇地区的狂妄计划。

毛泽东曾经说，平生最为得意的一笔就是四渡赤水。巧渡金沙江是红军长征中一次杰出的战术行动，展现了毛泽东的军事智慧，也确实是神来之笔：兵锋直指贵阳，既"避实击虚"，又"攻其必救"；既调动敌人，又"乖其所之"，将其引到错误方向；既开辟了一条生路，又"退而不可追，速而不可及"。

毛泽东在那么困难、那么危险的情况下都能够巧用谋略，掌握行动的自由权和主动权，使红军摆脱敌军重重包围的困境。我们今天再难也难不过那个时候，如果我们也能像毛泽东那样活用谋略，应当也能使自己在复杂的现实生活和激烈的日常竞争中处于有利状态。

（四）致敌力量虚弱之法：形人而我无形

【原文】

故形人而我无形①，则我专而敌分②；我专为一，敌分为十，是以十攻其一也。则我众而敌寡；能以众击寡者，则吾之所与战者，约矣③。吾所与战之地不可知④，不可知，则敌所备者多；敌所备者多，则吾所与战者，寡矣⑤。故备前则后寡，备后则前寡，备左则右寡，备右则左寡，无所不备，则无所不寡⑥。寡者，备人者也⑦；众者，使人备己者也⑧。

【注释】

①形人而我无形：形人，使敌现形；形，显露之意。梅尧臣注："他人有形，我形不见。故敌分兵以备我。"

②我专而敌分：专，专一、集中。分，分散。言我方能集中兵力而敌人兵力不得不分散。

③吾之所与战者，约矣：约，少、寡。杜牧注："约，犹少也。"此句言能以十击一，可造成我众敌寡之态势。

④吾所与战之地不可知：所与战之地，所准备与敌交战的地点。此句言我方准备与敌开战之战场敌不能知。

⑤则吾所与战者，寡矣：张预注："不能测吾车果何出，骑果何来，徒果何从，故分离其众，所在辄为备，遂致众散而弱，势分而衰。是吾所与接战之处，以大众临孤军也。"

⑥无所不备，则无所不寡：此句言若处处设防，必所备皆寡，陷于被动境地。

⑦寡者，备人者也：我方兵力之所以相对薄弱，是分兵备敌所致。孟氏注："备人则我散。"张预注："所以寡者，为兵分

而广备于人也。"

⑧众者，使人备己者也：言我兵力所以占有相对优势，是迫使敌人分兵备我所致。曹操注："上所谓形藏敌疑，则分离其众，以备我也。"孟氏注："备我则彼分。"

【译文】

因此，要设法使敌人暴露形迹却不让敌人探察我军的情况，这样我军的兵力就可以集中而敌人的兵力就不得不分散。我军兵力集中在一处，敌人兵力分散在10处，我军就能用10倍于敌的兵力去攻击敌人，这样就会造成敌寡我众的有利态势。能做到以众击寡，那么同我军当面作战的敌人就有限了。我军所要进攻的地方敌人无从知晓，那么对方所要防备的地方就多了。对方防备的地方越多，那么我军所要进攻的敌人就越少。所以如果防备了前面，后面的兵力就薄弱；防备了后面，前面的兵力就薄弱；防备了左边，右边的兵力就薄弱；防备了右边，左边的兵力就薄弱；处处防备，必然处处兵力薄弱。可见，兵力薄弱是因为处处设防，兵力充足是因为迫使敌人处处布兵。

【新解】

有些人以为，孙子所说的"冲其虚也""避实击虚"就是专找敌人的虚弱之处打。其实非也。也许有人要问：难不成是找强者打吗？正是！强者也可以避实击虚。

孙子说："故形人而我无形，则我专而敌分；我专为一，敌分为十，是以十攻其一也。"这段话说的是转化敌人强弱的办法，其中关键是"形人而我无形"。

"形人"，这里的"形"作使役动词，使显露之意。"形人"，就是使隐蔽状态的敌人暴露原形。第二个"形"作名词，意为真形。"形人而我无形"，即我的真实状态被假象掩盖起来，不露任何痕迹。"使敌人形迹暴露而我不露痕迹"这种办法如果运用得巧妙，产生的效果是"我专而敌分"。

"我专为一，敌分为十，是以十攻其一也。"意为一旦我方的部队在种种假象的掩盖之下悄悄地集中为一，变成一个拳头，敌方的部队在我种种假象诱骗之下分散开去，变成十个手指头，真正交战之时双方的兵力对比便是以拳头砸指头"。

一旦形成十比一的兵力对比，则"我众而敌寡"，即我方的兵力众多，敌方的兵力寡少。"能以众击寡者，则吾之所与战者，约矣"。"约"，即少、寡。这句话的意思是说，我方以10倍于敌的兵力交战，当面之敌自然就极少了，原本强大的敌人就这样转为虚弱、沦为被动了。

值得注意的是，汉简本此处作"我寡而敌众，能以寡击（下缺）"，"击"之后字迹脱落，当为"众"字。如此一来，汉简本与传世本文意相左。根据孙子高度注重辩证分析问题的特点判断，汉简上的这句话很可能是孙子继阐明以强击弱的方法之后，又辩证分析以弱击强方法的一段文字。似为：虽自总体而言，我寡敌众，但若能灵活运用"形人而我无形"的方法，同样可以造成"以十攻其一"的态势，从而以寡击众。如果此句与传世本的这段话构成前后文关系，则更为辩证、更为透彻。无论处于强势还是弱势，都可以想办法转化敌人，使其由强变弱，由实变虚。只可惜，流传过程中汉简上的这些文字散失，所以未能收入传世本。

概括起来说，运用这一谋略需要把握三个关键点：一是"形人"，即巧妙运用各种假象、伪装、欺骗措施，诱使敌人暴露,并调动敌人东奔西跑。二是"我无形",即采用种种手段隐蔽自己的企图、状态和行动,使敌人不知不觉,不得不分兵应对。三是"以十攻其一",即分散敌人之后,准确选择其中至关重要的一路,或最为虚弱的一路,集中兵力予以打击,便可起到断其一指伤其其余的效果。

著名的孟良崮战役中,陈毅、粟裕的战法可谓综合了这三个要点。

1947年3月底,蒋介石展开对山东的重点进攻。国民党军集中24个整编师60个旅约45万人的兵力,编成3个兵团,由陆军总司令顾祝同指挥,采取密集靠拢、稳扎稳打的战法,于4月上旬从正西、西南、正南三个方向成弧形,拉网式向鲁中山区推进,企图与华东野战军主力决战于鲁中或迫使其北渡黄河。

当时,华东野战军共13个纵队,27万人。面对强敌,陈毅、粟裕毫不畏惧,指挥部队在鲁南、鲁中地区主动出击,实行高度机动回旋,力求调动敌人,捕捉战机。然而,一个多月下来效果不佳,仅4月下旬在泰安歼灭敌第72师主力。这是因为敌人接受了屡次被歼的教训,改变了战法,不轻易为我调动。他们加强了兵力密度,成纵深梯次部署,作弧形一线式推进,使华东野战军无法分割和各个击破。针对这一情况,中央军委和毛泽东在给陈、粟电报中指出:"敌军密集不好打,忍耐待机,处置甚妥。只要有耐心,总有歼敌机会。"指示华东野战军进一步向东北方向后退,诱敌深入,相机歼敌。根据中央军委指示,华东野战军主力实施迷惑敌人战术,有意在退却的道路扔下一些被服或枪支。这些假象果然使蒋介石和他的参谋总长陈诚产生了错误判断,他们误认为华东野战军"攻势疲惫",可能继续向东北方向撤退。于是,蒋介石命令各部兼程前进，跟踪追剿，以实现在鲁中山区与华东野战军主力决战之目的。我军的部署既削弱了敌人的戒备心理，又促使敌军分兵冒进。尤其是南线的第一兵团司令官汤恩伯贸然改变稳扎稳打的战法，不待第二、第三兵团统一行动，即以整编74师为主，整编第25、第83师在左右两翼配合，以沂蒙公路上的坦埠为主要目标，于11日自蒙阴东南的垛庄东西地区北犯。

整编74师原为国民党74军。该师全系美械装备，为甲种装备师，号称国民党"五大主力"之一，是蒋介石指定的典范部队。师长张灵甫毕业于黄埔军校第4期，在陆军大学甲级将官班受过培训。抗日战争时期，张灵甫曾被誉为模范军人，在湘西会战中，又因战功卓著而荣获自由勋章，因此深受蒋介石青睐。他仗着蒋介石的器重，骄横异常，出发前口吐狂言："把陈毅赶进东海里喂鱼去！"

华东野战军原计划先集中兵力，打击孤立、暴露的国民党军右翼第7军及整48师，但11日晚获悉处于中间战线的国民党整74师冒进，便于就近集中主力加以分割歼灭，所以当即改变计划，决定首先歼灭该师。粟裕分析：敌军一字长蛇阵虽摆了8个整编师（军），多数与整74师相距仅一二日的行程，敌军兵力虽占优势，但是74师进入我主力集结位置正面，我军部署不需做大的调整，即可在局部对74师形成五比一的绝对优势。只要将敌阵撕开一个口子，将74师从其左右两翼部队的结合部分割开，就能虎口拔牙，一举歼灭之。

粟裕速请陈毅拍板，陈毅一锤定音："我们就要有百万军中取上将首级的气概。"

自5月12日起，华东野战军担任主攻的5个纵队迅速展开行动；9纵和4纵全力正面抗击74师的进攻；1纵从敌25师和

74师的结合部向纵深猛插，撕开长蛇阵，并抢占制高点；8纵以同样战术从83师和74师的结合部插入；6纵作为一支奇兵从百里之外飞兵直插垛庄，并于15日拂晓拿下垛庄，封堵了74师的后门。

74师被合围，蒋介石开始并不惊慌，他认为该师战斗力强，又处于易守难攻之地，附近又有强大的增援兵团，正是与我华东野战军决战之机。于是，蒋介石严令张灵甫坚守孟良崮，吸引华东野战军主力，来个"中心开花"，左右两翼25师和83师向74师靠拢，并急令其他各部队向中心攻击前进，对华东野战军部队来个反包围。然而，各路敌军均被华东野战军部队阻击，难以前进。83师师长李天霞挥师向前，被我华东野战军8纵阻拦，与74师相距仅5千米。他企图以猛烈的炮火杀出一条血路，但无济于事，只能眼睁睁看着华东野战军围攻孟良崮，歼灭74师。

此战，华东野战军一举歼灭全副美式装备的第74师，沉重打击了国民党军队，粉碎了国民党军对山东的重点进攻计划，创造了解放军在敌重兵集团密集并进的态势下，诱敌分兵冒进，从战线中央分割围歼其进攻主力的范例。也可以说，此战很好地诠释了孙子"形人而我无形，故我专而敌分"的谋略思想。

在孟良崮战役中，敌我力量对比悬殊，我们巧妙运用战略战术，成功将敌军由强变弱，然后避实击虚，一举歼灭74师。如今，虽然我国与某些国家在军事力量上存在一定差距，但也不至于像孟良崮战役时差得那么大。如果我们灵活运用孙子"形人而我无形"的谋略，同样有机会将强大的对手由强变弱，由集中变为分散，然后便可"冲其虚也"。

《孙子兵法》深谙辩证法精髓，始终贯穿对事物两个方面的同时分析，以及对矛盾对立转化的研究。在论述了运用谋略示形惑敌、趁敌之虚之后，孙子紧接着对军队战略战术提出要求，即隐蔽企图和行动。孙子说："吾所与战之地不可知，不可知，则敌所备者多；敌所备者多，则吾所与战者，寡矣。故备前则后寡，备后则前寡，备左则右寡，备右则左寡，无所不备，则无所不寡。寡者，备人者也；众者，使人备己者也。"

这段话有三层意思。其中的谋略思路，既适合于打仗，也适合于日常竞争，我们不妨仔细品味个中的滋味。

第一层意思，"吾所与战之地不可知，不可知，则敌所备者多；敌所备者多，则吾所与战者，寡矣。"这句话承接前一段话，"形人而我无形"，即通过虚实变化，使敌人暴露而我方隐蔽。其中的关键是变化的过程要非常巧妙，使敌人眼花缭乱、晕头转向，以至于不知道究竟将在什么地方与我方交战。同时我方还要隐蔽自己的企图和行动。由于不知道与我方交战的地点，敌人便不得不四处防备，防备的地方越多，兵力越分散，那么在我方选定的交战地点上，与我方直接面对面交战的敌人就越少。

第二层意思，"故备前则后寡，备后则前寡，备左则右寡，备右则左寡，无所不备，则无所不寡。"这句话进一步分析周密防备为什么反而会变得寡少。原因就在于投入战场的兵力是有限的，顾得了前面，顾不了后面，顾得了左面，顾不了右面，如果面面俱到，全面防备，无异于"撒胡椒粉"，看上去到处都有，但每一处都很寡少、很虚弱。

第三层意思，"寡者，备人者也；众者，使人备己者也"更深层次揭示了强弱、虚实转化的关键秘诀。原来兵力众多的一方，若不善于积极主动地用计、用谋迷惑和调动敌人，只是一味地防备敌人，被对方牵着鼻子走，就会变得兵力寡少且虚弱。原本兵力弱小的一方，若能积极主动地用计、用谋，便能够玩弄敌人于股掌之中，使其不得不时时防备、处处防备，以至于兵力分散，力量虚弱，从而使自己变得人多势众、力量充实。

  弄清了这三层意思，我们就不难理解毛泽东为什么能够在兵力悬殊的情况下先后赢得四次反"围剿"战争的胜利了。1930年底，红军与国民党军第一次交锋，红军4万，国民党军10万，结果红军大胜。此后，蒋介石逐步加码，第二次、第三次、第四次交锋，兵力分别是20万、30万、40万，结果还是没有剿灭红军，反而是红军越剿越多，到第五次反"围剿"前红军发展到了10万人。其中的关键在于，毛泽东灵活地采用了游击战的战略战术。

  "敌进我退，敌驻我扰，敌疲我打，敌退我追"，毛泽东的这一游击战思想可谓深得孙子兵法精髓。毛泽东所言之"退"，并非单纯退却，而是灵活运动，带着敌人遛弯，让其晕头转向，不知东南西北，即孙子所说的"吾所与战之地不可知"。敌人不知道将在什么地方交战，便不得不四处防备。防备的地方越多，兵力越分散。毛泽东所说的"打"，也不是四面开花，全面打击，而是选择被我方拖得精疲力竭的一路敌人予以打击，这样一来在具体作战的地点上，双方的兵力便是"吾所与战者，寡矣"。

  第五次反"围剿"时，红军有10万兵力，国民党军直接进攻中央苏区的兵力达到了50万，与前几次相比，差距并不算特别大。可是，这一次红军却遭遇了惨败。不可否认，兵力悬殊是一个重要原因。但是，更重要的原因是红军的战略战术出了问题。当时执掌红军指挥大权的博古，一味听从外国军事顾问李德的建议。李德是德国人，原名奥托·布劳恩，在苏联接受了初期的军事教育，其军事理念深受正规战理论的影响。他主张采用阵地战的方式，堡垒对堡垒，阵地对阵地，寸土必争。当时，蒋介石也有一个外国高级军官顾问团，团长冯·赛克特是个德国人，曾经担任过德国国防部部长一职。这位顾问团长给蒋介石支的招是"铁桶计划"，即步步为营，节节筑堡，逐步将红军包围起来并收紧，使其无路可逃。战争中最忌讳打对等之仗，也最忌讳打透明之仗。当自身力量相对较弱时，还按照对方的模式进行战斗，将自己的地点、兵力暴露无遗，而且还要分兵抵抗，能不败吗？

现代社会竞争日趋激烈，客观上要求人们集中精力和资源，合力制胜。然而，还是有不少人不知不觉分兵出击，四面开花。比如，有的人做企业，经营项目越来越多，摊子铺得越来越大。究其原因，关键就在于这些人被各种商机弄得眼花缭乱，见到利益就冲动，遇到机会就眼红，不知主阵地在哪，也不知竞争对手是谁，盲目出手，纵横并进，以致极大地分散了人力、资金和技术，失去了自主掌控的能力，被动应付分散在各个不同领域的项目，长期处于"东一榔头西一棒子"的状态。没有主业、主战场、主力军，一旦遇到需要巨额资金的重大商机，又难以收拢资金、集中人才，只能眼睁睁看着商机"花落别家"。这显然是犯了孙子所说的"无所不备，则无所不寡"的毛病。其实，仔细想一想，人生很多情况下都不宜分兵，也不应被别人牵着鼻子走，而是要想办法掌握主动权，做到孙子所主张的"使人备己"，这样才能够集中精力和力量，使自己处于积极主动的有利状态。

（五）防我力量虚弱之法：预知交战时空

【原文】

故知战之地，知战之日，则可千里而会战①。不知战地，不知战日，则左不能救右，右不能救左，前不能救后，后不能救前，而况远者数十里，近者数里乎？以吾度之，越人之兵虽多，亦奚益于胜哉②？故曰：胜可为也。敌虽众，可使无斗③。

【注释】

①故知战之地，知战之日，则可千里而会战：孟氏注："先知战地之形，又审必战之日，则可千里期会，先往以待之。"此言若预先了解掌握战场之地形条件与交战时间，则可以奔赴千里与敌人交战。

②亦奚益于胜哉：奚，何；益，补益、帮助。

③敌虽众，可使无斗：敌虽人多，然因我拥有主动权，使其无法与我较量。张预注："分散其势，不得齐力同进，则焉能与我争。"其说甚是。

【译文】

所以，能预知交战的地点、时间，那么即使相距千里也可以同敌人交战。不能预知在什么地方打，在什么时间打，那就左翼不能救右翼，右翼也不能救左翼，前面不能救后面，后面也不能救前面，何况军队远者相隔几十里，近者相隔几里呢？依我分析，越国的军队虽多，对争取战争的胜利又有什么补益呢？所以说，胜利是可以实现的。敌军虽多，可以使他无法同我军较量。

【新解】

自古作战，一般是强者攻，弱者守，众者胜，寡者败。双方正面拼杀，兵来将挡，水来土掩。《孙子兵法》中当然少不了这些常规战法。但是，孙子在揭示"常法"的同时，很注重研究"变法"。"敌虽众，可使无斗"就是一种不同凡响的变法。

那么孙子有什么高招让兵多将广的敌人无法战斗呢？其实，孙子早就将奥妙说出来了。那就是要通过"形人而我无形"之类的办法，使敌人变成聋子、瞎子，四处乱撞。这里只不过是再次重申和补充说明这一办法的效果。

孙子毕竟是饱经战火的人，对战场作战的每一个环节都思考得非常细致、深刻，而不是大而化之。他注意到，在迷惑敌人、隐蔽自己，使敌人兵力分散的同时，还有一个至关重要的因素必须精准把握，那就是确定交战的时间和地点。一般来说，人们如果清楚地掌握了作战的时间、地点，即使远离战场千里，也可以准时集中各部队合力作战，不至于东奔西跑，徒劳地耗费官兵体力。这就是孙子所说的："知战之地，知战之日，则可千里而会战。"因此，聪明的将领往往想方设法使对方不知、不识。对我方来说，敌方不知、不识我方的意图和行动，就难以阻拦和打击我方，我方不仅可以提前进入战场有利位置，而且兵强马壮，战斗力高强。对敌方而言，不知道作战的时间和地点，不仅不能对我方造成伤害，对其自身更是"左不能救右，右不能救左，前不能救后，后不能救前"，纵然敌方部队总体规模庞大，但各支部队彼此分离，自顾不暇。且不要说相隔几十里远的部队无法相互照应，即使近在咫尺的两军也难以互相救援。

孙子结合吴越之争给吴王打气，说："以吾度之，越人之兵虽多，亦奚益于胜哉？"其中的"度"，读作"夺"，推测、推断之意。虽然孙子心里非常清楚，战争胜负并不完全取决于兵力多少，但是他作为一个山中隐士求见吴王，并向吴王解说兵法13篇，自然要含蓄、谦卑一点。所以，他用推测式的语气说，根据我的分析判断，越国军队人数虽然众多，但对争取战争的胜利又有什么益处呢？

对于这句话，有的人提出疑议，认为孙子此处不是讲兵法，而是为了证明自己兵法中的军事指挥艺术如何有效。因为吴国一直比越国强大，越国根本不是吴国的对手。所以，孙子此言有违史实。那么，这种推测是否成立呢？

首先可以肯定的是，孙子为吴王论兵，自然以越国为设想的作战对象。此处的"越人"当指越国。

其次，越国并非一直比吴国弱小。它在整个东周时期一直比较强大，春秋时期曾威胁到了齐国的安全。齐桓公称霸之前曾征伐孤竹国、离枝国，这两国虽然都很小，但紧邻越国，他担心越国会出兵救援而危及齐国安全。于是齐桓公问计于宰相管仲："天下之国，莫强于越。今寡人欲北举事孤竹、离枝，恐越人之至，为此有道乎？"（管子，《管子·轻重甲》）管仲针对越国的情况提出建议：建沼池，造大船，鼓励齐民学游水，重金奖励能游者，做水上迎敌的准备。由于事先有准备，所以当越军来袭时，齐军大败越军。当时吴国也时常与齐国为敌，齐桓公不担心吴国，却害怕越国。足见越国在孙子见吴王之前也曾经一度强大。

最后，孙子此言是以推测、假设的语气说的，只是为了烘托即将亮明的观点，并不是实际分析吴越强弱。但也可以理解为，越人之兵众多尚且可以战而胜之，兵力不多的话就更不在话下了。

接着，孙子得出一个结论："故曰：胜可为也。"这里的"为"，指的是主动作为，积极争取，强调只要充分发挥主观能动性，巧妙调动敌人，分化敌人，就能够赢得胜利。这就是事物的辩证法，也是战争的制胜法。因此，"敌虽众，可使无斗"，即敌人虽然人马众多，我也有办法让他无法与我拼斗。真乃充满自信、饱含智慧的大谋略！

写到这里我不由得想起楚汉战争时期刘邦与项羽在广武战场上的那段对话。

公元前204年11月，项羽屯兵广武与刘邦形成对峙。广武，即今河南荥阳之北，有三皇山，上有东西二城，各在一山头，相距200余步，中隔山涧，两边喊话可闻。对峙了几个月后，项羽因为粮草不继，后方不稳，为了逼迫刘邦投降，他以活煮刘邦的父亲刘太公相要挟。刘邦料定他不敢做出如此非人道的事情，幽默地回答说：别忘了分我一杯羹尝尝。见刘邦软硬不吃，项羽沉不住气了，隔着山涧请求似的冲着刘邦喊："天下匈匈数岁者，徒以吾两人耳，愿与汉王挑战决雌雄，毋徒苦天下之民父子为也。"（司马迁，《史记·项羽本纪》）意思是说，如今天下混乱了好几年，都是因为你和我二人争斗，为了不让天下百姓白白受苦，我想跟汉王你单挑，以此决定胜负。半年前彭城之战中，刘邦刚刚败给项羽，元气尚未恢复。于是，他嘲讽式地回答："吾宁斗智，不能斗力。"项羽一听不由得怒上心头，命令暗藏的射手放箭，一箭射中刘邦胸口，刘邦险些摔下马来。刘邦不愧为一代枭雄，在危急时刻也能随机应变。他顺势弯腰，不捂胸部伤口而去摸脚，大声说："臭小子，射中了我的脚趾！"说完便倒在地上。其实，刘邦伤得很重。回营后，他裹好伤口，乘上马车，强忍着剧痛前往各营巡视。刘邦这么做除了安定军心外，主要还是为了不让项羽知道自己伤重而乘机进攻。双方对峙10个月后，项羽粮草用尽，将士疲乏，最后与刘邦约定，以鸿沟为界，分割天下，西边属汉，东边归楚，并送还了刘邦的父亲和妻子。鸿沟之约后，双方偃旗息鼓，项羽率兵东去，刘邦也想西还。但谋士张良和陈平建议，可趁楚军士气低落、粮草不足之际，回头追击项羽。刘邦采纳了这一建议，调集各路人马全面追击，项羽猝不及防，节节败退，退到垓下（今安徽灵璧县南），被诸侯联军团团包围，项羽被迫自杀，刘邦开创了西汉王朝。

刘邦的故事告诉人们，"敌虽众，可使无斗"并不是一件容易的事情，需要高超的智慧、灵活的策略，以及极大的耐心和坚强的意志。

谋略是一体两面的思维工具，既能用来打击对方，又能用以防范对方。在现实竞争中，如果自身处于强势状态，应当提防竞争对手的迷惑、误导等措施，以免分散人力、物力、财力，丧失竞争优势。如果自身处于劣势，则要主动想办法迷惑、误导竞争对手，使之分散力量，无法集中全力对我们进行攻击。

值得注意的是，运用这些谋略关键是要把对方的情况摸准、搞实，而在真假难辨的战场、商场上，做到这一点不是一件容易的事情。

（六）动态侦察敌方虚实之法：四法知敌

【原文】

故策之而知得失之计①，作之而知动静之理②，形之而知死生之地③，角之而知有余不足之处④。

【注释】

①策之而知得失之计：策，策度、筹算。

②作之而知动静之理：作，兴起，此指挑动。杜牧注："言激作敌人，使其应我，然后观其动静理乱之形。"

③形之而知死生之地：形之，伪形示敌。

④角之而知有余不足之处：角，较量。指与敌进行试探性接触，以观虚实。

【译文】

所以，通过筹算来分析敌人作战计划的优劣，通过挑逗来了解敌人的活动规律，通过佯动示形来掌握敌人有利和不利的地形情况，通过小规模与敌试探性接触来探测敌人兵力部署的强弱。

【新解】

战争是力量的拼搏，更是智慧的较量，交战双方往往都会用计、用谋，制造假象以迷惑对方。因此，要想使敌方"无斗"，必须精准地搞清楚其兵力部署、阵地结构、行动规律、力量虚实等情况，而这些生死攸关的情况往往都会被种种假象所掩盖，甚至深藏不露。一旦搞不清楚这些方面的情况，"敌虽众，可使无斗"便是一句空话。为解决这一难题，孙子进一步提出策、作、形、角"四知之法"，即"策之而知得失之计，作之而知动静之理，形之而知死生之地，角之而知有余不足之处"。

策，即策算、筹划。"策之而知得失之计"是指综合分析侦察获得的种种情报，仔细策算，以了解判断敌人作战计划的优劣。

作，即佯动、挑动。"作之而知动静之理"是指主动调动部队运动，诱使敌人采取相应行动，由此观察敌人活动的规律。

形，即以假象示敌。"形之而知死生之地"是指以突然调整布防之类的办法，引诱敌人做出反应，一旦敌人也调整布防，我们便可观察其优势所在和薄弱致命的环节。

角，即打斗、较量。"角之而知有余不足之处"是指与敌进行小规模试探性接触较量，直接了解敌人作战的决心是否坚定，力量是否充足，斗志是否高昂。

这4句话讲的是动态了解敌人虚实的办法，或者说动态促使隐蔽之敌自我暴露的办法，在实际战场上往往需要综合起来运用。通过策、作、形、角4种动作，全面侦察了解敌人的作战计划、活动规律、兵力部署、作战能力，然后才能准确判断敌人虚实，正确地避实击虚。

当今，战争形态出现多种变化，军事技术也不断进步，但孙子的"四知之法"仍然富有生命力，人们可以在更高的技术层面上灵活运用这一策略。第二次世界大战期间，美国在太平洋战争中的某些做法就与孙子的"四知之法"有着异曲同工之妙。

1941年12月7日，日本成功偷袭珍珠港，彻底激怒美国。1942年4月18日，美国空军16架B25式轰炸机飞临东京上空，投下炸弹和燃烧弹后顺风直飞中国。这次空袭震动了日本朝野，也促使日军下定决心进攻中途岛。

4月28日，日本海军联合舰队司令长官山本五十六在其旗舰"大和号"巨型战列舰上召开海军高级将领会议，确定了进攻中途岛的具体作战计划：先派遣一支舰队进攻北太平洋方向的阿留申群岛，在该群岛的阿图岛、基斯卡岛登陆，以此为诱饵，将美军舰队的注意力引到北面去，然后主力舰队趁机夺占太平洋中部的中途岛。作战日期初步定在6月初。

5月上旬，美国海军情报局破译了日本海军主要通讯系统JN–25的部分密码，发现在日军一系列有关太平洋的电报中，"AF"两个字母异常突出。这一代号显然表示某一重大军事行动。由约瑟夫·罗彻福特少校领导的夏威夷情报站认为"AF"是中途岛，但华盛顿海军情报处坚持认为是阿留申群岛。"AF"究竟是中途岛还是阿留申群岛，事关重大，决定着美军如何决策、如何部署的问题。

正当美军高层伤脑筋时，罗彻福特与他的情报小组成员们翻查以前堆积如山的电文。记忆力过人的罗彻福特从浩如烟海的电文中找到1942年初的一份日军电报，该电报指示水上飞机从马绍尔群岛起飞前往珍珠港，并特别强调要注意避开来自AF的空中侦察。从地图上分析，AF只能是中途岛。为了进一步查实，夏威夷情报站的分析员贾斯柏·赫尔姆斯想到了一个能够确认"AF"是不是中途岛的妙计。他要求中途岛海军基地的司令官用浅显的英语向珍珠港发了一份作为诱饵的无线电报，说中途岛上的海水淡化设备出现了问题，导致整个中途岛面临缺水的危机。不久后罗彻福特和他的小组成员们截获并破译了日本海军联合舰队司令长官山本五十六从海上发往日本大本营海军部的一份密电："据报'AF'缺乏淡水，攻击部队带足淡水。"这样"AF"便被证实为指的是中途岛，也就是日本海军的下一个攻击目标。

知战之日，知战之地后，太平洋舰队司令尼米兹上将决定对阿留申群岛按兵不动，而把舰队埋伏在中途岛附近，给日军迎头痛击。尼米兹将当时美军在太平洋上的3艘航空母舰——这是当时可用的全部航母力量——全部调集到中途岛附近，同时还增加了中途岛上的守军，并在岛上加强修筑工事。1942年6月3日，日军如期对中途岛发动攻击，双方鏖战一整天，最后以日军的惨败告终。

美军大获全胜，情报部门无疑是大功臣。其分析日军企图、破译日军密码、确定作战地点的一系列做法，显然与孙子的"策之而知得失之计""作之而知动静之理"有异曲同工之处。

我认为，用好"四知之法"必须把握三个要点。一是主动，要积极主动制造各种假象和诱骗动作，诱使敌人自己跳出来。二是巧妙，假亦真来，真亦假，真真假假交织在一起，让敌人难以分辨，被动接招。三是综合，四种动作往往不是单打一，只用一种，而是综合运用，使敌应接不暇。经营企业的朋友，恐怕很快就能联想到，这一策略同样适用于商业领域。了解竞争对手，分析市场动态，都离不开这些方法的灵活运用。

（七）隐蔽我方状态虚实之法：战胜不复

【原文】

故形兵之极，至于无形①；无形，则深间不能窥，智者不能谋。因形而措胜于众②，众不能知；人皆知我所胜之形③，而莫知吾所以制胜之形。故其战胜不复④，而应形于无穷⑤。

【注释】

①故形兵之极，至于无形：言将以假象迷惑敌人的用兵方

法运用到妙不可言的程度，可以达到使人无形可窥的程度。

②因形而措胜于众：因，由，依据。 措，放置。曹操注："因敌形而立胜。"此言由于示形取得的胜利置于众人面前，众人不知其因。

③人皆知我所胜之形：形，形态、形状，此处指作战的方式、方法。言人们只见我胜敌的方法，而不知我究竟怎样运用这种方法取胜。

④战胜不复：用以战胜的谋略方法不重复出现。

⑤应形于无穷：李筌注："不复前谋以取胜，随宜制变也。"杜牧注："敌每有形，我则始能随而应之以取胜。"

【译文】

所以伪装佯动做到最好的地步，就看不出形迹。看不出形迹，即便有高明的间谍也窥察不到我军底细，聪明的敌人也想不出对付我军的办法。根据敌情变化而灵活地运用战术，即使把胜利摆在众人面前，众人还是看不出其中的奥妙。人们只知道我方用来战胜敌人的方法，但是不知道我方是怎样运用这些方法来出奇制胜的。这是因为每次战胜我方都不重复使用老一套的办法，而是根据不同的情况，变化无穷。

【新解】

孙子认为，要想使"四知之法"真正产生效果，前提条件是巧妙和隐蔽，一旦被对方发现，"四知之法"也就不灵了，反而很可能给对方将计就计之机。为此，孙子进一步提出"形兵之极，至于无形"的要求。强调伪装佯动做到看不出形迹的地步，即便对方有高明的间谍也窥察不到我军底细，聪明的敌人也想不出对付我军的办法。就好比魔术大师，在观众面前大变活人，观众看到了表演的全过程，但谁也看不出这个大活人究竟是从哪儿变出来的，于是无不称奇叫好。战场上的高手更是如此，当着敌人的面做出各种动作，敌人虽然看见了全过程，但不知其真正意图所在，不知如何应对，毫无招架之功，甚至都不知道自己是怎样败的。这种战术的奥妙就在于两个字："变化"。

孙子之所以强调变化，是因为他冷静地看到了人们容易忽略的两个问题。

其一是战术伪装和欺骗问题。一般来说，小部队行动，采取伪装和欺骗的方式相对容易，但是大部队运动和大范围布局，采取伪装和欺骗的方式就是一件很难的事情了。现在卫星定位技术很先进，我们各部队、各基地的位置很可能已被敌方精准锁定。一旦有所动作，要想不让敌方知道是不可能的。比如，站在舟山群岛的普陀山上，可以清楚地看清山下我们海军的一个潜水艇基地。如果我们的潜水艇毫不遮掩地出行，很容易被人掌握行踪。犹如在牌桌上，对手已经知道你的底牌了，胜算自然大打折扣。怎么办呢？孙子提出了一个很独特的概念——"形兵"，即伪装部队部署，用假象迷惑敌人。孙子认为，形兵做到极致，就是无形。自己部队的部署和行动全都用假象掩盖，不露任何痕迹，其效果是"深间不能窥，智者不能谋"。敌人隐藏在我军内部很深的间谍也很难从真真假假的现象中摸清我军的底细，再聪明的敌军将领也很难凭借真假难辨的情报谋划对付我军的办法。就好比间谍躲在普陀山上，虽然能够清楚地看到我军有几艘潜水艇，但不知道潜水艇的活动规律，也不知道潜水艇的活动方式，仅仅知道潜水艇外形，照样无法应对。

其二是反向思维问题。为了不在同一个地方跌倒两次，失败者必定总结教训，其教训往往直接针对胜利者的经验。如果胜利者照搬上次作战的经验，那么下次作战就会撞到曾经手下败将精确瞄准的枪口上。在孙子看来，除了隐蔽和伪装之外，还要善于变化。他说了一句有点绕口的话："因形而措胜于众，众不能知；人皆知我所胜之形，而莫知吾所以制胜之形。"其中的"措"，意为放置，即把东西放置在什么地方。文中用了三个"形"字，第一个"形"，指战场形势；第二个"形"，指胜利的状态；第三个"形"，指谋略运用。整句话说的是，我根据战场情况变化而灵活运用战术，即使把胜利的事实摆在众人的面前，众人还是看不出取胜的奥妙。人们只看到了我方取得胜利的整个过程和最终结果，甚至谋略方法，但谁也不知道我方究竟是如何运用这些谋略方法出奇制胜的。

变化，可以出敌意料，掩敌耳目；变化，可以改善环境，创造战机。

至于究竟如何变化，孙子又提出一个重要观点："战胜不复"。

这一观点，文字上没有什么奇特之处，其内涵却颠覆了人们的常规思维模式。自古以来，人们往往胜利了总结经验，失败了吸取教训。但大多数人喜欢对经验津津乐道，对教训讳莫如深。如此一来，按经验办事就成了较为普遍的习惯：上次打胜了，下次照原样来。孙子则不然，他提出："战胜不复，而应形于无穷。"提醒人们，每次作战都不要重复前一次取胜的战法，而应当根据战场实际情况灵活调整策略，做到千变万化，无穷无尽。

被毛泽东誉为"用兵新孙吴"的刘伯承元帅亲自指挥的"七亘村伏击战"，可以说很好地诠释了孙子这一思想。

1937年10月，刘伯承率领129师386旅进抵山西平定地区，当时日军正猛攻娘子关。为了切实控制正太路（河北正定—山西太原）南的平行大道，日军必然加紧从井陉至平定的小路运兵运粮。刘伯承计划在七亘村打一仗，钳制日军的迂回进攻，掩护娘子关的友军作战。七亘村是理想的伏击战场，它是井（陉）平（定）小道的必经之地，从七亘村往东到石门，是一条长达5000米的峡谷，谷深数十米，底宽不足3米，地势十分险峻。经过实地调查，刘伯承选中了这个伏击阵地，随即命令第772团在七亘村附近待命。10月26日拂晓，测鱼镇日军的辎重部队在300多步兵的掩护下向西开进。9时，日军进入伏击区。第772团第3营故意放过敌人的前卫部队，然后对它的本队发起了猛烈的突袭。我方地形选得实在太便利了，八路军从陡坡顶上用机枪、步枪向谷底的日军猛烈射击，一捆捆手榴弹垂直往下投。日军顿时像"炸了窝的马蜂"似的乱碰乱撞，死的死，伤的伤。一阵短促猛烈的火力袭击后，八路军战士们高呼口号冲入敌群，与日军展开了白刃战。2个多小时后，枪声、喊杀声渐渐沉寂下来。日军除少数逃回测鱼镇外，其余全部被歼。此次战斗共歼灭日20师团辎重队300余人，缴获骡马300余匹和一批军用物资。

照常理来说，日军在七亘村遭受伏击，肯定不敢再走此道。然而，两天之后，也就是28日，日军运输大队再次原道而行。日军是犯傻还是不怕死？其实，日本人并不傻，不少日本军官学过《孙子兵法》，知道"战胜不复，而应形于无穷"的用兵原则。他们猜想，既然刘伯承精通《孙子兵法》，就绝不会违背这一原则，也就不可能在同一地点再次采用同一种战法。所以，重走七亘村反而更安全。

战争是斗智斗勇的活动,是双方智谋的较量。刘伯承很清楚日军急于打通正太路,从背后威胁太原。据此,他判断七亘村仍然会是日军进军的必由之路,因为舍此别无其他通道。再从日军目前的作战特点来分析,他们屡胜之后极为骄横,通常以一股蛮劲向预定目标执拗地突进,毫不理会一些小的损失。于是,刘伯承决定再次在七亘村西改道庙公路南侧山地设伏。

28日清晨,敌人的辎重部队果然循原路过来了,前后有100多骑兵,300多步兵作掩护。当然,他们毕竟吃过亏,一路加强了搜索警戒,遇有可疑处便发炮轰击。到了七亘村附近,他们更加小心翼翼,对村里村外进行了多次炮击以确保安全。第772团第3营的指战员们隐蔽在灌木、草丛和石洞里,沉着镇定,不发一枪。11时许,日军进入了伏击地域。第3营的机枪、步枪一齐响了起来,给敌人以猛烈打击。战至黄昏,共击毙日军百余名,缴获骡马几十匹。剩余日军乘夜色朦胧,突围而出,小部分向西逃往平定,大部分则向东退回测鱼镇。

在同一个地点先后两次设伏,最后都大获全胜。形式上看似"不变",从指挥艺术上来看则反映了刘伯承敢于变化常规,违背经典,根据战场实际情况灵活创新战法的过人之处。

现在许多领域同质化竞争的现象比较严重。比如,在市场竞争中,某种产品受欢迎,各个商家便争相效仿,压价销售,降低成本,使原本有希望做得更好的产品质量下降、信誉扫地,最终无人问津。在同质化竞争激烈的行业中,从业者必然前有堵、后有追,互相掣肘,生存不易,做大更难。春秋末期享有"商神"美誉的范蠡就为我们破解这一难题提供了思路。他的经商诀窍是:"夏则资皮,冬则资绨,旱则资舟,水则资车,以待乏也。"即夏季购入皮货,冬季购入丝绸,旱时购买舟船,涝时购买大车，等待市场缺乏某种货物的时候再卖出。其核心是反季节操作、差异化经营。现在有些人借鉴范蠡这一思想，提出"人无我有，人有我新，人新我变，人变我精"以及"人无我有，人有我优，人优我廉，人廉我转"等经营理念。尽管措辞不一，但贯穿其中的主线是一致的，那就是要善于灵活变通。用孙子的话来说，就是要善于"战胜不复，而应形于无穷"。

（八）战争之神，神在"因敌变化而取胜"

【原文】

夫兵形象水①，水之行，避高而趋下；兵之形，避实而击虚。水因地而制流，兵因敌而制胜。故兵无常势，水无常形；能因敌变化而取胜者，谓之神②。故五行无常胜③，四时无常位④，日有短长，月有死生⑤。

【注释】

①兵形象水：孟氏注："兵之形势如水流，迟速之势无常也。"此言用兵的规律如水的运动规律一样。

②神：高明。

③五行无常胜：五行，金、木、水、火、土。此句言五行相生相克变化无定数，如用兵策略奇妙莫测。

④四时无常位：此言四季推移代谢，永无休止。

⑤月有死生：泛指月有朔望圆亏的变化。

【译文】

用兵的规律好像水的流动，水流动时总是避开高处，流向低处，作战的规律也是要避开敌人坚实的地方，攻击敌人虚弱的地方。水因地形的高低而制约其流向，作战则应根据不同的敌情，决定不同的打法。所以，用兵作战没有固定刻板的模式，没有一成不变的作战方法。能够根据敌情变化而采取灵活战法取胜的，就叫作用兵如神。五行相生相克，没有哪一个固定常胜，四时相接相代，也没有哪一个固定不移，白天有短有长，月亮也有缺有圆。总之，世间一切都在变化之中。

【新解】

《孙子兵法》中有一个很有趣的现象，全文主要讲的是铁与血的战争，孙子却多次用柔软的水来比喻。一刚一柔，似乎风马牛不相及。但是，仔细一琢磨，孙子以水喻兵又是那么贴切，既生动形象，又给人以智慧的启迪。其实，这种表达方式并不是孙子个人的发明，而是中国传统智慧的反映。

中国传统的智慧富有水的性质，是水性智慧。这一特质渗透在中国军事智慧、政治智慧、处世智慧及文化艺术智慧等各个方面。

比如，老子说，"上善若水""水善利万物而不争"。（老子，《道德经》）在老子看来，水集"无为而治""顺势而为""以柔克刚"的特性于一身，是道的象征和载体；孔子说，"知者乐水，仁者乐山"。（《论语》）一个"知"字，反映了先哲对水所蕴藏的变通、悠然、淡泊等丰富智慧的认知。唐太宗李世民认识到："水能载舟，亦能覆舟。"视百姓为水，视统治者为舟。水表面上柔弱，但蓄势而发则成滔天洪水，势不可当。这种水与舟的比喻，映射出统治者与被统治者之间应有的宽严有度、轻重适宜的关系，体现了高超的政治智慧。古人为人处世的哲学中有"君之交淡如水"之说,强调顺其自然的交友原则,还有"滴水之恩,当涌泉相报"的说法,道出中国人知恩感恩的恒久美德。文人墨客更是钟情于山水,以水言志,借水抒情。中国人就这样从一滴水中窥见一个世界,悟出一段人生,获得一种智慧。

孙子受中国传统智慧的熏陶,也从水的特性中看到了智慧的光芒,发现了兵法与水的天然共性。水无形,兵也无形;水多变,兵也多变;水走低,兵也讲究避实击虚;水积势,兵也注重谋形造势;水柔韧,兵也要求持重坚守。孙子正是因为看到了"水形"和"兵形"的相似性,所以多次以水喻兵。如《形篇》中说:"称胜者之战民也,若积水于千仞之溪者,形也。"形象地描述了优势军事实力应当具备的状态,即像高山积水那样,一旦突然掘开任其冲泻而下,能量巨大。《势篇》中说:"故善出奇者,无穷于天地,不竭如江河。"生动地比喻出奇制胜的谋略应当像水流那样灵活多变,变化无穷。《虚实篇》再次以水喻兵,而且措辞非常贴切而优美:"夫兵形象水,水之行,避高而趋下;兵之形,避实而击虚。水因地而制流,兵因敌而制胜。故兵无常势,水无常形;能因敌变化而取胜者,谓之神。"这段话犹如一幅写意画,气势磅礴,神形灵动,把水的柔软性、灵活性与兵法运用过程中的多样性、应变性有机地融为一体。

孙子在前面提出了一个重要观点:"战胜不复,而应形于无穷。"那么如何才能做到"战胜不复"呢?办法多种多样,其中最为重要的是向水学习。一要学习水的柔性,二要学习水的活性。水总是由高处流向低处,用兵打仗也应当避实击虚,出乎敌人的意料。水总是依据地形确定流向,用兵打仗也应当根据敌情灵活变化制胜方法，使敌人不知如何应对。

总之，用兵打仗没有固定不变的战场态势，如同水没有固定不变的形态一样，只有那些能够根据敌情变化而随时调整战法的人才称得上用兵之神。

抽象的谋略思维就这样生动形象地被表述了出来，灵活用兵的战争智慧就这样随着潺潺流水注入了人们的脑海中。

孙子意犹未尽，最后还强调了一句："故五行无常胜，四时无常位，日有短长，月有死生。"金、木、水、火、土，五行相生相克，循环更替，没有哪一个固定常胜；春、夏、秋、冬，四季相接相代，周而复始，也没有哪一个固定不移；白天有短有长；月亮有缺有圆。这是4种自然规律，其共性都是一个"变"字。孙子的意思非常明显，世间一切事物都在变化，唯一不变的就是一切都在变。关乎生死存亡大事的战争，其战略战术更要讲究变化。

2016年3月，美国深度思维公司研发的AlphaGo与韩国棋手李世石的人机围棋大战吸引了全世界的目光。经过5局激战，阿尔法围棋以4∶1战胜李世石。围棋因其多变性和复杂性被誉为棋类游戏的巅峰，阿尔法围棋的胜出有力地证明：具有自主学习能力的智能机器能够在智力上超越人类。既然智能机器能够在棋盘上战胜人类，我们也就有理由相信它们将在战场上把人类淘汰出局。有人预言，人工智能武器将会是继火药和核武器后"战争领域的第三次革命"。

信息时代的战争，交战双方的核心竞争发生在认知领域，谁能够更快地处理信息、理解行动环境、实施决策并执行行动，谁就能赢得主动权。与人脑相比，人工智能的最大优势是反应速度更快、容量更大且不受时空或体力限制。

可以预见，智能化战争正向我们走来。一些专家害怕了，他们认为在智能机器人面前，传统的军人只能束手就擒，或者像李世石一样，被智能机器人打败。

战场永远是人类最新技术的试验场。我们确实应当正视智能化战争，研发智能化武器装备和操作系统，但也不必谈虎变色，更不能说在智能化战争中谋略全然无用。我认为，智能化武器装备更多地起战术性作用，很难全局、整体、动态地筹划纷繁复杂的战争全局。据分析，李世石在第4局之所以能出奇制胜，就是因为阿尔法狗缺乏人类所特有的直觉、顿悟、灵感等能力。因此，孙子"战胜不复，而应形于无穷"的谋略思想完全可以运用于智能化战争，以对付敌人的智能化部队，更可与我方的智能化系统相结合，发挥出更加神奇的作用。

七

《军争篇》
逻辑思路及经典谋略

[篇题解析]

《军争篇》之"争",即争夺、争抢之意。军争,则专指军事上争利、争胜。曹操注:"两军争胜。"李筌注:"争者,趋利也。"王晳注:"争者,争利。得利则胜。"诸家解诂,均合孙子之意。可见,本篇主题是论述出征过程中敌我双方争相创造取胜的有利条件,争夺有利的态势和战机,以掌握战争的主动权。战争是一个复杂的系统活动,决策、指挥、攻守、造势、变化等等,都是将领必须考虑的重要事情。本篇重点分析国君决策定下来之后,将领受命出征,向战场开进的一路上要注意的一系列关键问题,诸如如何争夺道路、争夺战机、争夺态势等等,重点强调"以迂为直,以患为利"的军事辩证法思想。

全篇的主题是如何在行军作战过程中争夺有利道路、有利战场、有利态势和有利战机,以最终实现作战的胜利。本篇写作逻辑清晰,从将领受命出征开始,逐步深入到战场的争利策略,再进一步讨论争利过程中的重点、难点、痛点,展现了行军作战的全过程。

1. 篇名点题,阐明本篇主题是指军事上争利、争胜。揭示行军作战的基本程序,并强调其中最为重要的是军争问题,同时指出军争的基本思路是"以迂为直,以患为利"。

2. 分析了3种军争方法，提醒速度与实力的结合问题。

3. 紧接着提醒将领在军争过程中一定要注意避免误入歧途，或者避免陷入敌人埋伏。同时，还要想办法迷惑敌人，使其无法阻挡我方的进攻。为此，孙子提出了"三不三要"6点建议。

4. 接着孙子针对部队提出要求，部队行军过程中应当做到"其疾如风，其徐如林，侵掠如火，不动如山"。

5. 进一步说明统率千军万马的方法，即通过明确的指挥号令，一民之耳目。

6. 创造性提出心理战的方法，主张攻心夺气，并提出治气、治心、治力、治变的"四治之法"。

7. 最后总结式地告诫人们，军争全过程应当注意8个方面的禁忌，避免陷入不利境地或被动局面。

（一）与对方军争，捷径未必是最好的路

【原文】

孙子曰：凡用兵之法，将受命于君，合军聚众①，交和而舍②，莫难于军争③。军争之难者，以迂为直，以患为利④。故迂其途，而诱之以利⑤，后人发，先人至⑥，此知迂直之计者也。

【注释】

①合军聚众：合，《诗·大雅·民劳》："民以劳止，汔可小休。惠此中国，以为民逑。"毛亨传："逑，合也。"郑玄笺：

"合，聚也。"曹操注："聚国人，结行伍，选部曲，起营为军陈。"梅尧臣注："聚国之众，合以为军。"

②交和而舍：交，接、接触；和，军门。曹操注："军门为和门，左右门为旗门，以车为营曰辕门，以人为营曰人门，两军相对为交和。"舍，止、止宿。《左传·庄公三年》："凡师，一宿为舍。"

③莫难于军争：没有比两军相对，争夺制胜条件更难的了。曹操注："从始受命，至于交和，军争难也。"张预注："与人相对而争利，天下之至难也。"

④以迂为直，以患为利：梅尧臣注："能变迂为近，转患为利。"张预注："变迂曲为近直，转患害为便利。"

⑤故迂其途，而诱之以利：贾林注："敌途本近，我能迂之者，或以羸兵，或以小利，于他道诱之，使不得以军争赴也。"

⑥后人发，先人至：言比敌人后出动，而先到达要争夺的要地。

【译文】

孙子说：大凡用兵的法则，主将接受国君的命令，从征集民众，组编军队，到同敌人对垒，在这个过程中没有比争取先机之利更困难的了。而争取先机之利最为困难的地方，是要把迂回的弯路变成直道，把不利条件变为有利条件。所以要用迂回的途径，并用小利引诱敌人，这样就能在比敌人后出动的情况下先到达要争夺的要地，这便是懂得以迂为直的方法了。

【新解】

本篇第一段话就描述了古代将领带兵打仗的一般程序和全

过程:"凡用兵之法,将受命于君,合军聚众,交和而舍,莫难于军争。"

这段话告诉我们,古时候打仗,一般分为三步。第一步是国君决策,将领接受命令;第二步是将领召集人马,领军出征;第三步是部队到达战场,与敌军面对面筑垒扎营。孙子把这三个步骤描述为"将受命于君,合军聚众,交和而舍"。"交",不是指外交,而是相接、接触,即敌对双方互相打照面了;"舍",意为停止、驻扎,指安营扎寨。曹操注释说,战场上双方营垒的正门称为"和门",左右门为"旗门",两军营门对营门叫"交和"。从走出国门到进入战场,这一路走来,最为困难的是与敌军争夺道路、战机、有利态势等等,孙子称之为"军争"。

孙子进一步分析说,军争中最困难的则是"以迂为直,以患为利",即把迂远的道路变为直达的道路,把患害的事情变为有利的事情。迂和直是对立的,患和利也是对立的,孙子注意到这些对立的关系并非固定不变,而是可以通过主观努力使之变化,并在变化中创造机会,在变化中谋取利益,这充分体现出军事辩证法的思想。

敌军的埋伏和拦截、官兵的疲劳和饥饿、地形的崎岖和险阻,都是影响部队行动的患和害,而且不可避免。这就要求将领要善于把坏事变为好事,把不利变为有利。东汉末年,曹操带兵攻打宛城(今河南南阳)时,部队行军长途跋涉,走得很辛苦。时值盛夏,太阳火辣辣地挂在空中,散发着巨大的热量,大地都快被"烤焦"了。这一路上都是荒山秃岭,方圆数十里找不到取水的地方。士兵们都很口渴,不断有人中暑倒下。曹操看在眼里,急在心头,心想这样下去可不行,不但会贻误战机,还会有不少的人马损失在这里。怎么办?他忽然灵机一动,脑子里蹦出个主意。他抽出令旗指着前面一个小山包说:"前面不远的地方就有一大片梅林,结满了许多梅子,又酸又甜,大家再坚持一下,走到那里吃到梅子就可以解渴了!"士兵们听了曹操的话后,嘴里都流出了口水,精神也振作起来,鼓足力气加紧前行,终于到达了前方有水源的地方。(刘义庆,《世说新语》)曹操利用人们对梅子酸味的条件反射,成功地克服了干渴的困难,堪称典型的"以患为利"。

通常情况下,一听说要走远路、弯路、小路、险路,队伍中难免会有人发出牢骚怨言,以致行动不一,影响进军速度。针对这种情况,孙子想出了一个办法:"迂其途,而诱之以利",即一旦选择了一条表面曲折,其实最合理的路线,就要让官兵们看到诱人的目标和利益,如曹操诱之以梅子,让士兵们鼓足干劲,乐于奔命,这样就可以做到"后人发,先人至"。虽然比敌人后出发,但有可能比敌人先到达。这是"诱之以利"的对象是自己部队的情况。其实,利诱的对象也可以是敌人。正如唐代贾林所注解的那样,敌人的道路本来很近,但是我们要想办法让他绕远道,或以小股残弱之兵,或以小的利益,诱使其跑到别的道路上去,敌人便不能按时进入预定战场了。

战争的残酷性告诉我们,任何时候都要保持清醒的头脑,既要善于在困难的情况下对自己的部队"诱之以利",激励官兵继续前行,又要巧妙运用相同的策略来迷惑敌人,使其陷入困境,同时,我们还要防范敌人对我们使用"诱之以利"的手段,以免陷入不利境地。孙子认为,这样才算得上是"知迂直之计者也"。

"迂直之计"充满了辩证法色彩,也可以说是一种生活智慧、竞争智慧。直路近，弯径远；近途快，远路慢；平道易，险地难，这是一般的规律。通常情况下，欲速则不达。但是如果充分发挥主观能动性，灵活运用谋略，针对环境的虚实、实际情况的优劣，把实现长远目标和近期目标综合起来考虑，就有可能变迂为直，变患为利。所以，在有些情况下，近，反而是真正的远；远，很可能变为实际的近。比如，面对与同事的矛盾，直接从正面入手反而容易激化矛盾，从侧面迂回解决则很可能化解矛盾。至于在对抗和竞争之中，更需要以迂为直，以患为利。竞争双方都会干扰对方的计划，迟滞对方的行动，拖延对方的时间，降低对方的效率。因此，竞争中不要幻想走径直快捷的路，而要善于先退一步，然后前进两步。该迂就迂，该直就直，迂直结合。

也许有人会产生一个问题：竞争本质上就是要争夺，我们是不是应该专门选迂回、间接的道路走呢？当然不是。孙子只是提出了一种思维方法。在实际的竞争中，需要与对手正面交锋时，当然还得直接竞争。

（二）三种军争方法，保持冲刺力量为上

【原文】

故军争为利，军争为危①。举军而争利则不及②；委军而争利则辎重捐。是故卷甲而趋③，日夜不处，倍道兼行④，百里而争利，则擒三将军⑤；劲者先，罢者后，其法十一而至⑥。五十里而争利，则蹶⑦上将军，其法半至；三十里而争利，则三分之二至。是故军无辎重则亡，无粮食则亡，无委积则亡⑧。

【注释】

①军争为利，军争为危：为，有也。《孟子·滕文公上》："夫滕，壤地褊小，将为君子焉，将为野人焉。"赵歧注："为，有也。"此句曹操注："善者则以利，不善者则以危。"

②举军而争利则不及：举，全、皆。梅尧臣注："举军中所有而行则迟缓。"

③卷甲而趋：卷，收、藏也。

④日夜不处，倍道兼行：处，止也。此处指不得休息。倍道，行程加倍之意。

⑤擒三将军：杜佑注："欲从速疾，卷甲束杖，潜军夜行；若敌知其情，邀而击之，则三军之将为敌所擒也。"

⑥其法十一而至：按其规律，只有十分之一的人能到达。

⑦蹶：折损。表示被动，被挫败。

⑧无委积则亡：委积，指物资储备。《周礼·地官·遗人》："遗人掌邦之委积，以待施惠。"郑玄注："少曰委，多曰积。"

【译文】

所以军争有有利的一面，同时也有危险的一面。如果全军带着所有装备去争利，就不能按时到达预定地域；而如果放下装备辎重去争利，装备辎重就会损失。因此，卷起盔甲轻装急进，昼夜不停，连续加速强行军，走上100里去争利，三军的将领都可能被俘，强壮的战士先到，疲弱的士卒掉队，其结果只会有十分之一的兵力赶到；走50里去争利，上军的将领会受挫折，只有半数兵力赶到；走30里去争利，只有三分之二的兵力赶到。因此，军队没有辎重就不能生存，没有粮食就不能生存，没有物资就不能生存。

【新解】

"以迂为直,以患为利",强调的是要善于选择被人们忽略的路径,也要善于将坏事变成好事。这讲的是一条基本原则,或者说思维方法。但是,我们与对手竞争不可能总是绕着道走,总会遇到在同一道上同时赛跑的情况。那么该怎么办呢?孙子接着提出了直接竞争的办法。

他说:"军争为利,军争为危。举军而争利则不及;委军而争利则辎重捐。"即凡事都有利有弊,军争也是如此。"军争为利,军争为危",意在提醒将领要注意,在军争问题上有利就会有弊。与敌人争夺道路、战场、战机,一旦抢先一步争夺到手,当然是利。然而,争夺的过程却随时面临着种种危险。这里所说的危险主要不是指敌人给我们造成的危险,而是指将领若不能把握好辎重与速度的关系所带来的危险。孙子说,"举军而争利则不及,委军而争利则辎重捐"。"举军",意为带着全部装备粮草,重装进行。"委军",则意为丢下装备粮草,轻装前进。如果军队把辎重全都带上,当然有利于作战,这是"利",但速度肯定提不上来,不能按时到达战场,这又是"患"。如果军队为了跑得快一点,破釜沉舟,把坛坛罐罐都扔掉,速度当然提上来了,这是"利",但士兵没吃、没喝、没武器,到达战场也无法作战,这又是"患"。

孙子进一步假设了三种情况。

第一种情况,"是故卷甲而趋,日夜不处,倍道兼行,百里而争利,则擒三将军,劲者先,罢者后,其法十一而至"。"卷甲而趋",就是把铠甲卷起来,轻装快跑,昼夜不停地跑。这样能够日行百里。用现代军事术语来说,这是强行军。但是跑得快的冲在前面,跑得慢的落在后面,只有十分之一的人能够按时赶到战场，十分之九的人都掉队了。古代诸侯，一般都有三军。纵队是上、中、下三军，横队是左、中、右三军。三军之帅，都叫"将军"。然而，经过这样的强行军之后，部队变得零零散散，士兵无力战斗，三军的将领都有可能被敌人擒获。有的专家根据历史上的个别注释认为，被俘虏的不是"三将军"，而是"三军将"，即统率三军的主将。我认为还是"三将军"符合逻辑。如果统率三军的主将都当了俘虏，各军将领还能安然无事？这显然说不过去。

第二种情况是"五十里而争利，则蹶上将军，其法半至"。"蹶"，就是折损。这句话说的是日行五十里的行军情况，二分之一的人能够按时到达战场，二分之一的人掉队。用现代军事术语来说，这是急行军。虽然到达的人马多了一些，但作战力量仍旧不足，先头部队的将领有可能战死。

第三种情况是"三十里而争利，则三分之二至"。用现代军事术语来说，这是常行军。日行三十里，三分之二的人按时到达战场，三分之一的人掉队，但三军将领安然无恙，能够继续指挥作战。

这三种情况各有利弊，没有对错，就看战场实际情况和作战任务需要哪一种。"百里而争利"适用于不惜一切代价争夺生死攸关的时间和地点的情况，只要能够先敌一步，哪怕剩下一个人也在所不惜；"五十里而争利"适用于争夺十分重要的目标和战机的情况，既要加快速度，又要保持一定的战斗力；"三十里而争利"则适用于平常行军。整个行军过程并非从头至尾都是一个模式，根据实际情况，有可能轮换着采用不同的模式。无论是古代战争，还是现代战争，都是如此。当年红军长征，既有"百里而争利"，又有"五十里而争利"，也有"三十里而争利"。其中,我军在抢夺安顺场和飞夺泸定桥的争夺战中就轮番采用了急行军和强行军的办法。

中央红军长征途中历经大小战斗无数,最具传奇色彩的当属大渡河畔抢夺安顺场与飞夺泸定桥的战斗。

1935年5月22日,刘伯承和彝族首领小叶丹举行了结拜兄弟的仪式后,红军顺利通过彝族聚居区,向大渡河畔的安顺场兼程急进,准备渡过大渡河。安顺场坐落于大渡河南岸的河谷地带,面对奔腾汹涌的大渡河,背枕巍峨挺拔的营盘山,两侧四五十里是高山,兵力在此处无法展开,若遇强敌伏击,部队极易被消灭。营盘山的名称,是人们为了纪念太平天国的名将石达开而取的。1863年5月,太平天国的翼王石达开曾在此抢渡大渡河失败,在清军和土司武装夹击下全军覆没。据说在全军覆没之前,石达开为了不让自己的妻子儿女被俘受辱,他将五个妻妾、两个幼子沉于大渡河中,并写下了"大江横我前,临流曷能渡"的诗句,发出了无可奈何的悲叹。中央红军在同一季节接近大渡河,蒋介石一面严令川军加紧布防,一面调集中央军赶往追堵,扬言要让我军成为第二个石达开。

1935年5月24日,担任先遣队的红1军团的第1师第1团在团长杨得志的率领下,急行军40多千米,首先赶到安顺场岸边。此时船只已大部分被敌掠往对岸,红军只夺到一条小船,杨得志马上组织由17名勇士组成的渡河奋勇队执行渡河任务,渡河奋勇队在迫击炮和重机枪掩护下冲向对岸,奇迹般地战胜了有一营之众的守军,控制了渡口,被敌人视为插翅难飞的天险大渡河终于被打开了一个缺口!

红军虽然夺取了安顺场渡口,却因水流太急无法架桥。刘伯承计算,如果仅靠缴获的4只渡船昼夜摆渡,全军2万多人过河需要一个多月。这时敌中央军薛岳部正向大渡河急进，只有几天的路程，川军主力也陆续赶来，面临着巨大危险的红军必须另找出路。

中革军委得知安顺场的情况，一面要红1师及干部团继续在安顺场渡河，然后沿大渡河东岸北进；同时又紧急决定以红2师第4团为先锋，夺取安顺场北面的泸定桥，然后主力沿大渡河西岸北上争取通过此桥。此时，敌军两个旅已前往增援泸定城，双方都在抢时间。

红4团团长是王开湘，政委是杨成武。5月27日清晨，红4团从安顺场出发，沿大渡河西岸崎岖不平、紧邻悬崖峭壁的羊肠小道急进，沿途打掉了敌人的一个营，一直走到半夜，足足走了40千米。按现在的行军速度，这已经是急行军了。可是，第二天拂晓，红4团刚上路，就接到红1军团转发军委的电报，因敌情变化，军委命令他们提前一天，即于29日晨赶在增援川军前面到达泸定桥。他们打开地图一量距离，还有120千米，于是决定强行军。行军途中，红军发现对岸敌军两个旅正同自己隔江并行奔向泸定桥，紧急关头，杨成武、王开湘认为必须再加快速度。但到傍晚时突然下起了大雨，队伍摸黑行进在泥泞的路上，根本走不快。这时杨成武看到对岸的敌人点着火把，忽然有了主意，他让红军也打起火把，并告诉各连队：假使对岸敌人问我们是哪部分的，就用白天被打败的敌人的番号，说是今天被"共匪"打败的某师某团某营。就这样，红军欺骗着敌人，敌人也没有怀疑，两路的人打着两路的火把，各怀着不同的目的并行前进。走了数十千米，对岸的敌人停下休息了。红军抓住时机，加速前进。杨成武在回忆录中说，河边的羊肠小道，本来很难走，当时路面淌着雨水，滑倒得更多了，拐杖也不灵了，一不留神，能来个倒栽葱，真说得上三步一摔，九步一跌，队伍简直是在滚爬中前进的。但就是在那样的条件下，有的人还不断打瞌睡，有的人走着走着，就站住了，后面的人推他，他才猛然惊醒，又加快步伐跟了上去。是的，我们的战士实在太疲劳、太困倦了。为了防止跌到河里，最后大家不得不解下自己的绑带，一条一条接起来，拉着前进。

就这样，红4团一天一夜急行军120千米，终于在29日晨6时赶到泸定桥边，接着便与敌军展开了惊心动魄、气壮山河的铁索桥争夺战。经2小时激战，我军拿下了泸定桥。随后，中央红军主力全部由泸定桥渡过了大渡河。

通过泸定桥后，毛泽东对指战员们说，我们的行动已经证明，中国共产党领导的红军不是太平军，我和朱德也不是"石达开第二"，蒋介石欲借助大渡河天险消灭红军的如意算盘又打错了。

孙子不仅要求根据战场情况和作战任务灵活采用相应的行军方式，而且连用三个"亡"字提醒人们，无论采取哪种方式，都不能扔掉武器和必要的粮食，不能为了抢速度而放弃必要的装备和供给。他说："军无辎重则亡，无粮食则亡，无委积则亡。""委积"，泛指财物、货财。这就告诉人们，战争，乃至任何领域的竞争，都必须建立在实力的基础之上，没有实力作支撑，欲速则不达，干什么都干不成。

（三）军争途中切忌盲目，避免误入歧途

【原文】

故不知诸侯之谋者，不能豫交①；不知山林、险阻、沮泽②

之形者，不能行军；不用乡导③者，不能得地利。故兵以诈立，以利动，以分合为变④者也。

【注释】

①不能豫交：豫通"与"，豫交，即结交诸侯。

②沮泽：《礼记·王制》："居民山川沮泽。"何胤《隐义》云："沮泽，下湿地也。"指水草丛生之沼泽地带。

③乡导：向导。乡、向古通。指熟悉该地区情况的带路人。

④以分合为变：分，指分散兵力；合，指集中兵力。言用兵作战当灵活处置兵力的分散与集中。曹操注："兵一分一合，以敌为变也。"

【译文】

不了解列国诸侯战略企图，不能与其结交；不熟悉山岭、森林、险要、阻塞、水网、湖沼等地形，不能率军行进；不重用向导，就不能得到地利。所以用兵打仗要依靠诡诈才能成功，根据是否有利决定自己的行动，以分散兵力与集中兵力作为战术变化手段。

【新解】

《孙子兵法》有不少经典名句流传很广，几乎是家喻户晓，诸如"不战而屈人之兵""知彼知己，百战不殆"等等。其中，"兵以诈立"也是人们津津乐道的一句名言。有专家学者以这句话为书名进行了深入探讨，还有学者以这句话为核心编纂了相关书籍。更有不少人根据这句话，认为《孙子兵法》是专讲欺诈的兵书。甚至有些人据此认为，孙子是中国古代诡诈第一人，认为他破坏了中国的诚信传统。这种批判对不对？孙子所说的"兵以诈立"究竟是不是恶意欺诈？我们不妨回到原文，看看孙子是在什么情况下说出这句话的，探究其原本意义，然后再做出更为客观的判断。

孙子讲完了百里争利、五十里争利、三十里争利的三种方法之后，紧接着提醒将领在军争过程中一定要注意避免误入歧途，或者避免陷入敌人的埋伏，甚至还要想办法迷惑敌人，使其无法阻拦。应该怎么办呢？孙子提出了6点建议："故不知诸侯之谋者，不能豫交；不知山林、险阻、沮泽之形者，不能行军；不用乡导者，不能得地利。故兵以诈立，以利动，以分合为变者也。"

这6点建议可以简要地概括为"三不三要"。

"三不"，是指要搞清楚行军途中的客观情况，不要蒙头乱跑。

第一个"不"，是"不知诸侯之谋者，不能豫交"。"诸侯"，指行军沿路可能经过的国家。如果不了解这些国家的想法，就无法提前做好外交疏通工作。一旦未经疏通就贸然进入某个国家，麻烦就大了。当年，孙子设计了一套精巧的袭扰战术，在楚国东面轮番用三支部队袭扰、调动楚军来回奔波，其真实目的是掩护吴军从楚国西北面偷袭。但是，从北面迂回偷袭，必须经过唐、蔡等国，而这几个小国一直是楚国的附庸。这一战术的施行需要一个成熟的时机。从公元前512年开始，吴国轮番袭扰楚国达6年之久，终于，在公元前506年，机会悄然而至。这年秋天，楚国围攻蔡国，蔡昭侯求救于吴。唐成公听说蔡昭侯欲搬吴军攻楚，也遣使入吴，表示愿与蔡、吴联合，一起进攻楚国。于是，孙子奏请吴王发兵攻打楚国。3万吴军借道唐、蔡两国地界，长驱直入杀到柏举，偷袭了楚国后院。

第二个"不"，是"不知山林、险阻、沮泽之形者，不能行军"。"山林"，是山地和森林，翻山越岭、穿越森林，不好走。"险阻"，是悬崖峭壁，或道路不通的地形，也不好走。"沮泽"，是沼泽草地，或低洼难行之地，更不便行军。军队必须事先侦察了解清楚，才能进入这些地区。孙子令军队偷袭楚国，先是乘舟溯淮水而上，然后舍舟而行，会合蔡、唐两国之兵，先后通过河南湖北交界地区的大隧、直辕、冥阨三个要隘，直趋汉水。如果不是事先侦察了解清楚地形和路况，吴军不可能顺利迂回千里。

第三个"不"，是"不用乡导者，不能得地利"。即用熟悉地形的当地老百姓带路，这样可以少走弯路。当然，前提是诚实可信的老百姓。如果在某些作战行动中使用了不可靠的乡导，那可能就无法达到预期的效果。

简单地说，就是在没有搞清敌情、地形和路况的情况下，不能贸然行军。

"三要"，讲的是行军途中要发挥主观能动性，用多种谋略手段迷惑调动敌人，或者组织部队边走边打。

第一个"要"，是要"兵以诈立"。"诈立"，即以诡诈多变迷惑敌人，使其不知我方实情，然后才能取胜。孙子在《计篇》中说过："兵者，诡道也。"可见，这不仅仅是军争之法，更是战争基本法则。诡诈欺骗是赢得战争胜利的重要手段之一，虚虚实实，真真假假，互相诱骗，施计用谋乃军事斗争的一条普遍规律。

第二个"要"，是要"以利动"。就是要根据利弊采取行动。具体地说，究竟采取何种行军类型要根据战斗任务、作战企图和地形利弊来决定,要注意在高山、平原、湖泊、沼泽各种地区中趋利而避害。

第三个"要",是要"以分合为变"。"分",即兵力分散;"合",即兵力集中。"分合为变",是说在某些地点要分散兵力,某些地点要集中兵力,某些地点则要分进合击。军队兵力变化不定,从而使敌人无法阻拦。

概括起来说,行军不是单纯走路,要像足球运动员带球运动那样,融入欺骗、分合之类的战术动作,让对方不知如何拦截。

孙子所说的这"三不三要",表面上看起来似乎都是些寻常道理,甚至是众所周知的常识。可是在纷繁复杂的战场上,这些常识往往容易被忽略,甚至在种种利益驱动下,这种常识往往被不自觉地违背。可是,一旦忽略或违背了这些常识,小则流血牺牲,大则全军覆没。

不可否认,战争中的"诈",当然包含诡诈之意,但是主要用于对敌作战。而且"诈"的含义很广,灵活多变、示假隐真、虚实相兼等等,都是其具体方法和表现,所以,不能仅仅把它理解为损人利己的欺诈。应当说,它与诚信并不矛盾。我们在职场、商场讲究诚信的同时,也都需要善意的变化。

(四)军争之时部队应有状态:风林火山

【原文】

故其疾如风①,其徐如林②;侵掠如火,不动如山;难知如阴③,动如雷震④。掠乡分众⑤,廓地分利,悬权而动⑥。先知迂直之计者胜,此军争之法也。

【注释】

①其疾如风：曹操注："击空虚也。"张预注："其来疾暴，所向皆靡。"

②其徐如林：指部队行列整肃，舒缓如林木般有序。

③难知如阴：难以窥知实情，有如阴云蔽日。

④动如雷震：杜牧注："如空中击下，不知所避也。"贾林注："疾雷不及掩耳。"此句言行动迅速，使人猝不及防。

⑤掠乡分众：曹操注："因敌而致胜也。"何氏注："得掠物，则与众分。"

⑥悬权而动：权，秤锤，用以称物轻重。此句指权衡利害得失，而后决定行动。

【译文】

所以，军队行动迅速时犹如疾风，行动舒缓时犹如森林，攻击时犹如烈火，防御时犹如山岳，隐蔽时犹如阴天，冲锋时犹如雷霆。掠夺敌国的乡邑，瓜分敌国的财物；开疆拓土，分兵占领扼守有利之地形；衡量利害得失，然后相机行动。事先懂得以迂为直方法的就能获得胜利，这是争取先制之利的原则。

【新解】

提及"风林火山"，很多年轻人可能会误以为它源自日本。因为在日本，"风林火山"这几个字随处可见。它们不仅出现在畅销小说、热播连续剧和网络游戏中，还广泛地被用于餐馆命名、菜谱设计以及各类旅游纪念品中。这些东西传入中国，以致很多中国的年轻人以为它是日本文化的体现。其实，这几个字源自于中国，是《孙子兵法》中的一句经典名言。那么，日本人为什么这么钟情于这几个字呢？

这就得从16世纪说起。16世纪是日本的战国时期，有一位名叫武田信玄的将军，能征善战，他的用兵方略和为政之道在日本战国史上留下了极具影响力的一笔。之所以把他的名字与"风林火山"几个字紧紧地联系起来，是因为他曾经让突击队高举一面绣着"风林火山"几个大字的战旗，以激励官兵们英勇作战。此后，这面军旗便成为武田军的一种象征。这面旗帜一直保存在日本山梨县盐山市云峰寺之中。为什么几百年来这面旗帜一直保存在寺院里？据说，武田信玄于1551年在此出家为僧。

武田信玄为什么要在突击旗上绣这几个大字？这4个字又表达了什么意思？

据史书记载，《孙子兵法》传入日本是在公元735年。当时，在中国留学的日本学生吉备真备将《孙子兵法》等中国兵书带回了日本。与中国情况类似，《孙子兵法》传入日本后并未迅速传播，而是被奉为珍贵的秘籍，只在皇室和高级武将间流传。武田信玄作为"战国第一名将"，当然能够接触到这本兵法秘籍，并且非常推崇此书。武田信玄从16岁开始上战场，一生参与了大约80场大规模战斗。他在作战中比较注重运用《孙子兵法》的谋略，最典型的是他设计的"风林火山"军旗。这4个字直接取自《孙子兵法·军争篇》中的4句话："其疾如风，其徐如林，侵掠如火，不动如山"。每句话的最后一个字组合起来便是"风林火山"。

孙子这几句话是紧接上文而说的。前面主要针对将领而言，强调军争时将领要善于"以迂为直，以患为利"，要善于趋利避害，还要善于战术变化，等等。接下来，孙子针对部队提出要求。他认为将领谋略水平再高，部队行动不给力也难以在军争中获利。因此，他特别针对部队提出了"其疾如风，其徐如林，侵掠如火，不动如山"的要求。

其疾如风：指部队动作神速，有如狂风之迅疾。

其徐如林：指部队行列整肃，舒缓如林木森然有序。

侵掠如火：指部队攻击时有如烈火之猛，不可遏止。

不动如山：指部队防守时似山岳之固，不可动摇。

前两句是对部队行进时的要求——快如风，缓如林；后两句是对部队作战时的要求——攻如火，守如山。

其实，孙子还说了两句话："难知如阴，动如雷震。"显然，这是针对部队待机状态的要求。

难知如阴：指部队隐蔽待机时深藏不露，有如阴云蔽日，深不可测。

动如雷震：指部队抓住战机突然行动时，犹如迅雷不及掩耳，无法抵御。

概括起来看，孙子这6句话的潜台词意在说明，部队只有具备这些特点，才能在行军作战中落实将领的谋略。西汉名将李广与匈奴交战70余次，赢得"飞将军"美誉，其中不乏很多可圈可点的精彩故事。

有一次，匈奴大举入侵上郡，汉景帝派亲近的宦官跟随李广整训士兵，抗击匈奴。这位宦官喜欢游玩，有一天带了几十名骑兵，纵马驰骋，遇到3个匈奴人，便与他们交战。那3个人转身射箭，伤了宦官，几十名骑兵也被射杀将尽。宦官跑回大营向李广哭诉历险经过，李广肯定地说："这一定是射雕手。"所谓射雕手，就是匈奴人中射箭技术最好的大力士，因为雕飞得很高，非强弓不能及，非技艺精湛者难以命中。于是，他带上百名骑兵，急追这3个人。3个匈奴人没有马，徒步行走了数十千米。李广命令骑兵散开，从左右两边包抄，并亲自射击那3人，结果射死2人，活捉1人，发现他们果然是匈奴射雕手。待捆绑好俘虏上马，李广发现匈奴有数千骑兵向他们疾驰而来。匈奴兵看见李广，以为是诱敌的骑兵，都大吃一惊，连忙上山布阵。李广的骑兵们也非常恐慌，想回马奔逃。

　　面对数十倍的匈奴骑兵，李广知道逃跑或者硬拼都不是办法，只能智取。于是，他心生一计，镇静地对大家说："我们离大军几十里，现在这样逃跑，匈奴一追赶射杀我们，那我们就全完了。我们若留下，匈奴一定会以为我们是为大军来诱敌的，必然不敢来袭击我们。"李广出人意料地命令骑兵："前进！"队伍进到离匈奴阵地大约1千米的位置停了下来，李广又下令说："都下马解鞍！"骑兵中有人说："敌人多而且离得近，如果有紧急情况，怎么办？"李广说："敌人原以为我们会逃跑，现在都解鞍就表示不逃，可以使敌人更加坚信我们是来诱敌的。"果然不出李广所料，匈奴骑兵真就没敢袭击。相持了一会儿，有个骑白马的匈奴将军出阵监视李广等人，李广上马与十几名骑兵奔驰上前射杀了这个白马将军，然后又返回到他的骑兵中间，解下马鞍，命令士兵把马放开，随便躺卧。这时刚好天黑，匈奴的将领看到李广这架势，有点摸不着头脑，只好远远地观察汉军动静，不敢贸然进攻。天黑下来，他们认定汉军一定有埋伏，怕汉军半夜袭击他们，便连夜全部逃了回去。到了天亮，李广一瞧，山上已没了匈奴骑兵，这才带着骑兵们安然回到大营。

　　这一则故事颇有传奇色彩，完美契合了孙子这6句话。李广及他所率领的骑兵，追击匈奴的时候"其疾如风"，解鞍下马休息的时候"其徐如林""难知如阴",突袭白马将军的时候"侵掠如火""动如雷震"。正因为整个部队能够行动一致,把动与静、攻与守、进与退有机统一起来,才能够虎口拔牙、化险为夷。试想,如果百十来号官兵行动不一、拖拖拉拉,李广再好的谋略,再高的武艺,也难以对付数千惯于骑射的匈奴骑兵。

孙子连用6个比喻描述军争之时军队应有的状态,意在告诉将领们一个战争制胜的法则:只有平时把部队练出"风林火山"的状态,才能够到战场上与敌"争利"。所以,接下来他进一步说明这样一支军队在战场如何"争利":"掠乡分众,廓地分利,悬权而动。先知迂直之计者胜,此军争之法也。"

掠乡分众,说白了就是抢。至于抢什么,解释不一。有的人解释为"分兵数路,掳掠敌国乡邑",这是把"众"理解为众卒、兵力。有的人则解释为"抄掠敌国的农村,瓜分敌国的人力",这是把"众"理解为从事农业生产的劳动力,普通民众。我认为,这两种解释都可以说得通。但是,不妨增加第三种解释。孙子在《计篇》曾经说"兵众孰强",意在强调要比较敌对双方兵器和物质保障谁的更强。由此可知,"众"也有众物的意思,泛指一切财物。所以,"掠乡分众"不妨理解为掠夺敌国的乡邑和瓜分敌国的财物。"廓地分利",其中的"廓",通"扩",指开拓。此句意为开疆拓土,分兵占领扼守有利之地形。这两句话,合起来都强调抢和掠。加上这一处,《孙子兵法》中一共用了4次"掠"字。如本篇前面提到过的"侵掠如火"以及《九地篇》中的"重地则掠""掠于饶野,三军足食"。宋代一些儒生抓住这一点,认为孙子倡导抢掠,将其视为和烧杀抢掠的秦人没什么两样。这些批评者似乎非常仁慈敦厚。殊不知,战争自始就是一种暴力活动,既然是暴力活动,当然也就不同于日常生活。在日常生活中掠夺是不道德的行为，战争中的掠夺却是战争与生俱来的属性。古代战争讲究掠夺，现代战争仍然重在掠夺，只不过掠夺的方式和内容不同罢了。过去掠夺的是土地和财物，现在掠夺的则是心理和制权：打垮敌国的心理意志，迫使其俯首称臣；夺取制空权、制海权、制信息权等等，让战场或地区，甚至世界按我的规则运行。这其实与孙子所说的"掠乡分众，廓地分利"并没有什么本质差别。

需要指出的是，孙子这些话都是站在进攻者的角度来说的，强调以积极主动的行动去争夺利益。反之，作为防御的一方，当然就要想办法阻止进攻者"掠乡分众，廓地分利"，保护好自己的疆土和各种利益。

其实，在这一问题上没必要过多纠结，我们更应当关注的还是"悬权而动"4个字。"权"是秤砣，秤砣悬挂在秤杆上，用来称轻重。战国时期，人们经常用"权"和"轻重"指权术和兵术的运用，特别是指斟酌利害。孙子用这4个字意在提醒人们，战场上并不是所有利益都可图，有的看上去好像有利，其实害大于利。所以，不要见到利益就眼红，遇到机会就冲动。夺什么地盘、争什么利益、用什么方法，都要根据具体情况，权衡利害得失，而后决定行动。曹操对此注释"量敌而动"，道出了孙子此言的深刻含义。

对于"悬权而动"的思想，估计不会有什么人反对，大家都希望根据实际利弊灵活应变。问题是怎样"悬权而动"，关键要领是什么？

孙子紧接着给出了答案。他说："先知迂直之计者胜，此军争之法也。"分析这句话之前，有必要先介绍一个小小的学术争议问题。明代兵学家赵本学在《赵注孙子》中认为，这句话

"与上文不相蒙,当在'无邀正正之旗,无击堂堂之阵,此治变者也'之下,为一节之结语耳"。但是汉简本于"悬权而动"下即接此句,意味着此句不在篇末。乍一看,赵本学的分析好像很有道理。的确,《军争篇》接下来的几段话都还是讲军争过程的谋略,还没讲完,因此把"军争之法也"放到最后做结束语似乎很符合逻辑,与《形篇》《势篇》的风格也非常相似。但是,仔细分析上下文,我觉得孙子把这句话放在"悬权而动"后面也是很有道理的。

《军争篇》一开始就提出了"以迂为直,以患为利"的观点,告诉人们要善于在不利中看到有利,在祸患中看到机会,不要见利就上、见患就躲。这就是辩证法,也是智慧的眼光。那么,"悬权而动"的关键,就是要具备这种辩证法的慧眼,才能正确地"争利",才能在"掠乡分众,廓地分利"的过程中赢得胜利,而不至于误入歧途或陷阱。孙子认为,这才是正确的军争之法。

不言而喻,"悬权而动"既是一种兵法,也是一种哲学思维方法,具有广泛的普适性。人们为人处世,不可避免地存在着"争利"的问题。我们既不可为了贪图一点小利而丢了大利,也不可因为畏惧困难而放弃争利。一定要准确甄别利之大小、利中之患或者患中之利,然后"悬权而动"。当争则争,当让则让。

(五)统率千军万马的方法:一民之耳目

【原文】

《军政》①曰:"言不相闻,故为金鼓②;视不相见,故为旌旗。"是故昼战多旌旗，夜战多金鼓。夫金鼓旌旗者，所以一民之耳目也③。民既专一，则勇者不得独进，怯者不得独退。此用众之法也。

【注释】

①《军政》：古兵书，已佚。梅尧臣注："军之旧典。"

②故为金鼓：为，设置。金，杜佑注："钲铎也。"金鼓，古代用以指挥军队进退的号令器具，擂鼓进军，鸣金收兵。

③所以一民之耳目也：民，士卒、军队。一，统一、齐一。用金鼓来统一士卒的视听，使士兵们的行动一致。

【译文】

《军政》说："作战中用语言指挥，士兵听不到，所以设置金鼓；用动作指挥，士兵看不见，所以设置旌旗。"所以昼战多用旌旗，夜战多用金鼓。金鼓、旌旗是用来统一全军行动的。全军的行动既然一致，那么勇猛的士卒不会单独前进，怯懦的士卒也不会单独后退，这就是指挥大部队作战的方法。

【新解】

有的人读书不太细致，只看个大概。比如，有人说《孙子兵法》是中国最古老的兵书，有人说《孙子兵法》是世界上第一部军事著作。显然，这些都是读书不精细造成的错误说法。严谨的学术著作一定写的是"《孙子兵法》是现存最古老的一本兵书"。什么是"现存"？"现存"是流传到今天仍然能够见得到的。很多没有留存下来的书籍都见不着了，其中有不少比《孙子兵法》还要古老。比如今天解析的这段话，孙子就引用了西周时期一部兵书的内容。他说:"《军政》曰:'言不相闻,故为金鼓;视不相见,故为旌旗。'是故昼战多旌旗,夜战多金鼓。夫金鼓旌旗者,所以一民之耳目也。民既专一,则勇者不得独进,怯者不得独退。此用众之法也。"孙子引用《军政》的名言,说明这本兵书不可能晚于孙子生活的年代。至于该兵书产生于什么年代,很难考证,因为早就失传了,人们只能从《左传》等史籍中找到关于它的只言片语。学者们根据史料推测这本书应当是西周时期的兵书,而且是侧重于讲军事法规制度的兵书。从这一引文至少可以看出两点:其一,《孙子兵法》并不是中国古代最早的兵书,而只是流传至今仍然能够见得着的最古老的兵书;其二,《孙子兵法》并非完全是孙子个人的思想,它吸收了前人的思想,博采《军政》之类古老兵书的精华,是集大成之作。

那么,孙子为什么要引用这段话呢?

因为上文讲到"掠乡分众,廓地分利"。部队散开了分头行动,如果没有统一的指挥号令,各行其是,势必自乱阵脚,不仅不能争利,反而很可能被敌人各个击破。所以,即使在分头行动的情况下,也必须使整个部队协调一致,共同行动。怎么做到这一点呢?孙子借用《军政》的话,引入了古代战场指挥系统:"言不相闻,故为金鼓;视不相见,故为旌旗。故夜战多金鼓,昼战多旌旗。"战场广阔,几支部队相距比较远,喊话听不到,便用金鼓传令。部队之间距离再大一点,鸣金击鼓都听不到了,就用旌(古代用羽毛装饰的旗子)旗(上有龙纹、熊虎图案的旗帜)。一般白天作战部队散得开一些,视线好,所以多用旌旗。夜间作战,部队不能散得太开,而声音传得比较远,所以多用金鼓。

鸣金击鼓，摇旌舞旗，是要做什么？孙子说："夫金鼓旌旗者，所以一民之耳目也。"金鼓是听的，旌旗是看的。前者凭耳朵，后者凭眼睛。所以说，这些东西是用来"一民之耳目"的。我们需要特别注意这个"一"，它不是数字"一"，而是统一的意思。"民"是指部队官兵。"耳目"，在此是比喻，指各部队官兵们的思想和行动。也就是说，用这些工具传达指挥号令，指挥协调各部队，统一官兵们的思想和行动。有的版本写成"所以变民之耳目"。我认为这个"变"字难于理解。变民之耳目容易引起混乱，还是"一民之耳目"思想明确，方法得当。

为什么要统一思想和行动呢？孙子一语道出其目的："民既专一，则勇者不得独进，怯者不得独退。此用众之法也。"一旦官兵在主将的号令指挥下将思想和行动统一起来，形成一个有机的整体，那么能力强、胆子大的人不至于逞强使能，单独争夺头功，而必须与整体步调一致；那些能力弱、胆子小的人也不会临阵退却，而是在整体合力的鼓舞下勇敢战斗。孙子指出，这就是指挥人数众多的大部队作战的方法。

值得注意的是，孙子讲的传达指挥号令的方式虽然颇为原始，但是"一民之耳目"的思想却相当时兴。当今世界战争形态已经发生了巨大的变化，信息化战争的基本作战形式是一体化联合作战。陆、海、空、火箭军各军兵种部队，以信息为纽带、以网络为中心联合作战。这种联合，不是传统意义上的手拉手、肩并肩式的联合，而是形散神聚式的联合。作战部队分散在陆、海、空天、电，乃至太空、多维空间，彼此距离很远，各自为战显然是难以形成聚合力量的，必须一体化联合起来。就像孙子那个时代必须把分散在各处的部队统一协调起来一样。那么，怎样使距离遥远、天各一方的作战部队融为一体呢？当然，鸣金击鼓的方式已然不灵了。现在的办法是，在联合作战指挥机构的统一指挥控制下，使用 C^4KISR 系统，统一协调和指挥各个部队行动。

C^4KISR 是几个英文单词的缩写。C^4 是指挥（command）、控制（control）、通信（communications）、计算机（computer），K 是杀伤（kill），I 是情报（intelligence），S 是监视（surveillance），R 是侦察（reconnaissance）。其作用相当于古代的鸣金击鼓。它能将所有信息数据库和数据汇集起来，达到信息共享、共用、共调，从而确保各军兵种与指挥部之间交换信息和数据，大大提高指挥的时效性和准确性，增强部队行动的适时性和协调性。

吸引全世界目光的美军击毙本·拉登的"海王星之矛"行动，可谓信息化战争的一个经典之作。在这次行动中，虽然直接参与作战的编制表上只有 28 个美国海军陆战队员的名字，其中还包括 1 名翻译和 1 只军犬，但行动背后有高层指挥决策，依托 30 余颗侦察卫星和"全球鹰"无人机全时段定位引导，10 余架"支奴干"运输机和 F-15 战斗机全程空中支援，"卡尔文森"号航母在海上支援策应。可以说，海军陆战队队员只是"前台的演员"，其依托的却是陆、海、空天、电融为一体的信息化"舞台"，以及数千千米之外指挥中心全方位的"导演"。

我们未来面临的很可能就是这种战争。虽然我军信息化作战能力已经有了很大的提高，但是想要高效地"一民之耳目"，真正做到诸军兵种一体化联合作战，还需我们不断努力、提升。但愿学习和研究尖端信息技术的年轻朋友能够致力于国防，为发展我军信息化指挥控制系统积极献计献策。

《六祖坛经》中说："一灯能破千年暗，一智能灭万年愚。"强调了智慧照亮人心灵，启迪人思想的巨大作用。我想把后一句稍微改动一下:"一智能启万径门"。宋代学者郑厚在《艺圃折衷》中评价说"孙子十三篇,不惟武人之根本,文士亦当尽心焉。"的确,《孙子兵法》许多谋略思想反映了人类竞争活动的共同规律,具有普适性。"一民之耳目"不仅适用于打仗,也适用于企业管理以及各领域的团队管理。企业或团队管理固然要注重宽松、自由、和谐的氛围,但是放任各部门、各单位自行其是,它们恐怕立刻就会成为一盘散沙,相互掣肘。因而,管理者应当想办法通过各种方法明确指挥号令,统一全员的思想和行动,形成合力,携手干出一番大业。

(六)军争之中心理战方法:"四治之法"

【原文】

故三军可夺气①,将军可夺心②。是故朝气锐,昼气惰,暮气归③。故善用兵者,避其锐气,击其惰归④,此治气者也。以治待乱,以静待哗⑤,此治心⑥者也。以近待远,以佚待劳,以饱待饥,此治力者也。无邀正正之旗⑦,勿击堂堂之陈⑧,此治变者也⑨。

【注释】

①三军可夺气:夺,失也。《荀子·富国》:"罕兴力役,无夺农时。"气,指刚劲勇锐之士气。

②将军可夺心:张预注:"心者,将之所主也。夫治乱勇怯,皆主于心。故善制敌者,挠之而使乱,激之而使惑,迫之而使惧,故彼之心谋可以夺也。"

③朝气锐，昼气惰，暮气归：归，止息。梅尧臣注："朝，言其始也；昼，言其中也；暮，言其终也。"张预注："朝喻始，昼喻中，暮喻末。"

④避其锐气，击其惰归：此言避开敌初来时的锐气，等待敌人士气衰懈再进行打击。

⑤以治待乱，以静待哗：乱，陈皞注："政令不一，赏罚不明，谓之乱。"哗，指骚动不安。

⑥治心：张预注："善治己之心以夺人之心。"即从心理上制服、战胜敌人。

⑦无邀正正之旗：邀，阻击、截击。正正，曹操注："正正，齐也。"

⑧堂堂之陈：陈，阵。堂堂，张预注："行陈广大。"言不要攻击阵营强大、实力雄厚之敌。

⑨此治变者也：言此乃掌握机动应变的方法。

【译文】

对于敌人的军队，可以打击他的士气；对于敌人的将领，可以搅乱他的决心。军队初战时士气饱满，过一段时间后就开始逐渐懈怠，最终就会疲乏衰竭了。所以善于用兵的人，要避开敌人初来时的锐气，等待敌人士气衰竭时再去打他，这是掌握军队士气的方法。用自己的严整对付敌人的混乱，用自己的镇静对付敌人的浮躁，这是掌握军队心理的办法。用接近战场的部队对付远道而来的敌人，用安逸休整的部队对付疲劳奔走的敌人，用饱食状态的部队对付饥饿的敌人，这是掌握军队战斗力的办法。不要去拦击旗帜整齐、队形严整的敌人，不要去攻击阵容强大、实力雄厚的敌人，这是掌握机动变化的办法。

【新解】

经常有人问这样一个问题："你们当年打仗怕不怕？"我知道这是明知故问。打仗哪有不怕的呢？

其实，"怕"是人的本能生理反应，与思想境界无关，与人品好坏也没有关系。是个人就会有这种反应，而且自古如此。只不过有的人能够迅速适应，由怕到不太怕，有的人可能难以适应，一直转换不过来，时时刻刻都害怕。孙子早就注意到这种现象，告诫将领们无论是行军还是打仗，都要在军心士气上巧妙地实施攻与守。他说："故三军可夺气，将军可夺心。"这句话强调的是面对强大的敌军，不要在其士气旺盛的时候发起进攻，而要首先想办法挫伤其士气，使其衰竭，然后再攻打；面对睿智的敌军将领，不要在其头脑清醒的时候发起攻击，而要首先想办法搞乱其心理意志，使之乱了方寸，然后再行攻击。用现代的观念来看，这是典型的心理战战法。事实一再证明，无论古今，战场上斗智斗勇，斗的是心气。正如《尉缭子》所说"夫将之所以战者，民也；民之所以战者，气也。气实则斗，气夺则走。"（尉缭，《尉缭子·战威》）这是一条客观规律，敌我双方均是如此。不仅敌方的军心士气有可能被我方动摇或削弱，我方的军心士气也有可能被敌方动摇或削弱。因此，聪明的将领一定要想办法让敌人气虚，而让我军气实。

怎么使敌方气虚，我方气实？孙子提出了"四治之法"："是故朝气锐，昼气惰，暮气归。故善用兵者，避其锐气，击其惰归，此治气者也。以治待乱，以静待哗，此治心者也。以近待远，以佚待劳，以饱待饥，此治力者也。无邀正正之旗，勿击堂堂之陈，此治变者也。"

这段话的关键词是"治"，即掌握、控制。"四治"即治气、治心、治力、治变。

"治气"，即掌控军队士气。孙子发现军队士气的虚实有点像太阳起落：朝气锐，昼气惰，暮气归。所以优秀的将领要注意从两方面掌握和控制敌对双方的士气。对于敌方，当其士气正旺、求战心切的时候，不与其交战，使其鼓舞起来的士气自动懈怠。对于我方，要在回避与敌军交战的同时逐渐鼓舞士气，一旦敌军士气低落，我方便一鼓作气，以高昂的士气发起攻击。公元前 684 年，齐国进攻鲁国，双方战于长勺（今山东莱芜）。鲁军一鼓作气，打败齐军。当鲁庄公问曹刿为什么不同意在敌军第一次击鼓时，出兵迎战，曹刿解释说："夫战，勇气也。一鼓作气，再而衰，三而竭。彼竭我盈，故克之。"（左丘明，《左传·庄公十年》）

"治心"，即掌控军队心理。军人在战场上的心理状态永远不可能像在训练场那样平静，更不可能像电影、电视剧中那样沉着。人们常常在银幕上看到这类情景：激战时，我军官兵勇敢地将敌人扔过来的正在燃烧的手榴弹捡起来扔回敌群。可以说，战场上的军人时时刻刻都面临着这样的危险，很难保持平静的心情。可是，心不静则乱，乱则不能斗。所以，孙子提出："以治待乱，以静待哗。"我认为这句话主要是针对指挥官讲的。在官兵们普遍高度紧张惊慌的时候，指挥官要想办法控制部队的情绪，同时，用计、用谋，制造敌人的混乱。只有指挥官保持沉着冷静，才能稳住官兵们的情绪，同时，指挥官还要主动出招激起敌军的骚动不安。

"治力"，即掌控官兵体力的艺术。长途行军或持续作战，官兵的体力必然逐渐下降。如何保持自己部队的体力，而又能削弱敌军的体力？孙子提出了 3 个办法，即"以近待远，以佚待劳，以饱待饥。"对这3句话有必要从两方面理解。一方面，对于我方来说，要尽可能选择近道奔赴战场，尽可能先敌一步摆好阵势，尽可能保障充足的粮食弹药，如此方能保持或增强作战力量。另一方面，"待"，并不是消极等待，其潜台词是用谋略削弱敌人。想办法诱使敌人走远道，让其疲劳不堪，使其饥肠辘辘，从而削弱敌人的作战力量。

"治变"，即掌控机动应变之方。按计划行军途中或者进入战地时，很可能出乎意料地遇到强大的敌军，在这种情况下，孙子主张"无邀正正之旗，勿击堂堂之陈"。"邀"，就是阻击、截击。"正正之旗"，是指旗帜整齐、队形严整的大军。"堂堂之阵"，则是指阵容强大、实力雄厚的强敌。对于这种敌军，我方一般应当迅速回避，不要主动攻击。如果实在要攻击，也得先运用谋略分散敌军、搞乱敌阵，然后再击之。

归结起来看，"四治之法"，核心在于夺敌军之气、乱敌将之心，同时养我军之气、定我将之心，控官兵之力，掌机动之变。

孙子的"四治"之法，虽然是针对古代行军作战提出的谋略办法，但是联系现代战争或社会竞争，相信不少人可以从中获得一些启发。现代战争主要是打击精神和意志的战争，不需要占领敌国领土，只需要打垮敌国意志；不追求消灭敌国军队，只追求摧毁敌国军队的斗志。所以，在未来战争中，政府、军队、民众承受战争打击的能力，在很大程度上决定着战争的胜负。这就要求各级政府领导、各级军队指挥官，必须掌握孙子的"四治之法"，培养处变不惊、临危不惧、遇事不乱的心理素质和危机处理能力，在战争或者灾难来临之时，能沉着应对，以自身的定力影响军队和民众。同时，也不妨以"四治之法"，巧妙引发敌方的混乱和衰弱。

（七）用兵八大禁忌，防止陷入不利境地

【原文】

故用兵之法：高陵勿向①，背丘勿逆②，佯北勿从③，锐卒勿攻④，饵兵勿食⑤，归师勿遏⑥，围师必阙⑦，穷寇勿迫⑧，此用兵之法也。

【注释】

①高陵勿向：向，指仰攻，杜牧注："向者，仰也。"梅尧臣注："敌处其高，不可仰击。"此说甚是。

②背丘勿逆：背，杜牧注："背者，倚也。"倚托之意。逆，迎击。

③佯北勿从：佯，假装、伪装。张预注："敌人奔北，必审真伪。"此言敌若假装败退，我当不要追击。

④锐卒勿攻：言敌精锐，不要去攻击。

⑤饵兵勿食：饵，诱饵、以小利相诱。言敌人若以诱兵作饵，不要理睬。

⑥归师勿遏：遏，阻、截击。言敌师退还其国途中不可正面阻截。

⑦围师必阙：张预注："围其三面，开其一角，示以生路，使不坚战。"此言包围敌人，当留缺口。

⑧穷寇勿迫：穷，困厄。言对陷入绝境之敌不宜逼迫。

【译文】

所以，用兵的原则是：敌军占领山地时不要仰攻，敌军背靠高地时不要正面强攻，敌军假装败退时不要追击，遇到敌军

精锐时不要攻打，面对敌人的诱兵时不要理睬，敌军退回本国时不要去阻击，包围敌人时不要四面堵死，敌军已陷入绝境时不要过急逼迫。这些都是用兵的法则。

【新解】

《军争篇》的最后一段话"故用兵之法：高陵勿向，背丘勿逆，佯北勿从，锐卒勿攻，饵兵勿食，归师勿遏，围师必阙，穷寇勿迫，此用兵之法也"，专家们将之概括为"用兵八戒"，即带兵打仗的8种禁忌。韩国著名作家郑飞石在称赞了《孙子兵法》的军事、政治价值之后，感叹地说："它也是一本处世学的教科书，可谓万古不灭的名著。"这应当不是虚美之言。事实确实如此。"用兵八戒"讲的是战场上与敌军"争利"过程中的8种禁忌，其实，换一个角度思考，为人处世、商场竞争不也需要遵循"八戒"所蕴含的谋略思路吗？

"高陵勿向，背丘勿逆"，说的是地形和位置方面的禁忌。地形有阴阳、向背、顺逆。从上攻下是顺势，从下攻上是逆势，这是一般的常识。所以，当敌人占据制高点、处于居高临下的位置时，我方不可由下往上仰攻，这叫"高陵勿向"。"背丘勿逆"仍然是讲山地作战的禁忌，但与"高陵勿向"角度不同。它强调的是，敌军背靠丘陵险阻，我方不要正面攻击。一旦攻击，敌军便会退到高处，处于居高临下的有利位置，而我方则将陷入由下往上仰攻的不利境地。正确的做法应当是放弃攻打，或者用谋略将敌军引到开阔的平地，然后再战。

接下来6种禁忌是针对敌人不同状态应当采取的对策。

"佯北勿从""锐卒勿攻""饵兵勿食""归师勿遏"这4种是面对强敌的办法。

"佯北"，指假装逃跑的敌人。"从"，是跟随、追赶之意。敌军故意先行败退，骗我方追赶，随后便会返身一刀，所以对这种敌军不要追赶。"锐卒"，指敌军精锐部队，跟其交手必然硬碰硬，很可能得不偿失，所以不能攻。"饵兵"，是指敌人派出的小股部队，他们犹如鱼饵，企图吸引我方进入他们的伏击地带，这种饵兵不可吞食，避免上钩。

"归师勿遏"中的"归"字，不能理解为"逃"，"归师"是指主动回撤的军队。这种军队至少有两大特点。第一，他们是有计划、有步骤、有防护地回撤，完全有能力打击追踪、埋伏的对手。第二，他们是长期在外作战的士兵，一旦踏上回归的道路，内心必然急切，一旦遇到拦截，势必拼死一战。所以，孙子提醒将领注意，不要半道拦截主动回归的敌军。

对付这4种敌军，基本的办法是不搭理，你玩你玩的，我自岿然不动。

后两种情况主要是讲如何削弱敌人。

"围师"，是指被包围的敌军。如果围得太紧，反而促使其做困兽之斗，即孙子所谓"死地则战"，这种敌军斗志高昂，很难对付。注意，孙子在这里用的是"必"，其他七句话都是"勿"，唯独此处是个"必"，足见其强调之意。这句话强调包围敌军时必须留一个缺口。为什么呢？至少有两个效果。一是动摇敌军，让其面对既受到包围，又有一条生路的情况，此时敌方将领举棋不定，部队意见不一，就会出现混乱，导致部队斗志下降。另一个效果则是引诱敌军跑出来，再次进入我方的伏击地带，几经折腾，我方便很容易战而胜之了。

"穷寇"，是指陷入绝境的敌军。人在走投无路的情况下，一切希望、等待、依靠、侥幸都没了，心中只留下一个念头:与其战败而死不如拼死一搏。这个时候迸发出来的精神力量是无法估量的。孙子说"置之死地而后生",指的就是这种状态。所以,不要往死里逼迫陷入绝境的敌军,这叫"穷寇勿迫"。

对付这两种敌军,基本办法是我玩我的,主动用计、用谋削弱敌人,然后战而胜之。

综合起来看,"用兵八戒"讲的都是战术问题,其核心思想还是"避实击虚,灵活用兵"。

战术是最鲜活的东西,也最富于变化。不同敌情用不同的战术,甚至同一敌情也可以用不同的战术。所以,千万不要把"用兵八戒"变成固定模式,而是需要吸收其中的思想和灵活用兵的思维艺术。

比如,孙子说"穷寇勿迫",毛泽东却反其道而行之,道出了"宜将剩勇追穷寇,不可沽名学霸王"的经典名言。

1948年秋天,人民解放军连续发起辽沈、淮海、平津三大战役,给国民党军队以致命的打击。为了获得喘息的机会以便卷土重来,国民党开始发动"和平攻势"。在这历史的紧要关头,1948年12月31日,毛泽东为新华社写了一篇新年献词《将革命进行到底》,指出人民解放战争的胜利已经是确实无疑了,国民党反动派看到中国人民解放军在全国范围的胜利,已不能用单纯的军事斗争的方法加以阻止,就大搞"和平阴谋"。我们不能让敌人有喘息的机会,必须将革命进行到底。1949年4月15日,国共双方谈判,我方提出8条24款,限蒋介石20日前表态。20日,南京国民党政府拒绝在和平协议上签字,谈判破裂。4月21日,毛泽东发布了《向全国进军的命令》,命令人民解放军"奋勇前进,坚决、彻底、干净、全部地歼灭中国境内一切敢于抵抗的国民党反动派，解放全国人民，保卫中国领土主权的独立和完整"。21日清晨，人民解放军即执行最高统帅的进军令，在西起九江的湖口，东至江阴长达500千米的战线上，发动了渡江战役，国民党反动派惨淡经营了三个半月的长江防线，一触即溃。23日晚，人民解放军解放南京，宣告国民党政权的覆灭。解放南京的第二天下午，毛泽东便写下了著名的诗篇：《七律·人民解放军占领南京》

　　钟山风雨起苍黄，
　　百万雄师过大江。
　　虎踞龙盘今胜昔，
　　天翻地覆慨而慷。
　　宜将剩勇追穷寇，
　　不可沽名学霸王。
　　天若有情天亦老，
　　人间正道是沧桑。

八

《九变篇》
逻辑思路及经典谋略

[篇题解析]

按照人们一般的套路来说，但凡打仗都必定要先根据战争决策制订计划和方案，然后各级将领带领部队按计划和方案作战。但是，孙子却提出了一个反常规的思想，要求将领在实际作战过程中不一定按事先的计划和方案作战，甚至不一定听从国君的命令。他的原话是："君命有所不受"，即国君的命令也可以不接受。孙子为什么要提出这么一种反叛的观点？它对我们现代作战或竞争有没有意义呢？《九变篇》将给予明确的回答。

这是13篇中文字最少的一篇，仅200多字。"九"在传统文化中常常用来虚指，表示"多"的意思，"九变"，即多变。战争中情况瞬息万变，有利的战机稍纵即逝，因此若想夺得战场主动权，将领必须懂得因地制宜、机断行事，切不可刻舟求剑、墨守成规。本篇主要是告诫将帅在指挥作战中应根据实际情况，采取灵活机动的战略战术，在各种战场地形条件下通晓利害转化，以赢得战争的胜利。

归结起来看，《九变篇》主要讲的就是战场上要机动变化，核心就是"变"。围绕这个核心思想，孙子一步步分析了5个方面的重要问题。

1. 对灵活指挥提出要求，孙子一口气列举了9种可以灵活处置的情况，但核心是说，战场上一切情况都可以果断处置，甚至连君命都可以"有所不受"。

2. 提出辩证思维的方法，要"杂于利害"，即权衡利害轻重，趋利避害，才能灵活应变。

3. 列举 3 种误导敌人，使其自乱的方法。

4. 强调无论如何变幻战术，都不能玩空手道，必须以坚实的战备为基础，"恃吾有所待"才是灵活指挥的前提。

5. 最后，孙子认为将帅能否因敌制变，与将帅的性格和心理素质有直接的关系，尤其是性格上的弱点即"五危"，一旦被敌人掌握利用，就会有覆军杀将之灾。

总之，本篇在 13 篇中虽然篇幅最短，但字字珠玑，句句经典，值得细细品读。

（一）"君命有所不受"并非鼓励不听话

【原文】

孙子曰：凡用兵之法，将受命于君，合军聚众，圮地无舍①，衢地合交②，绝地无留③，围地则谋，死地则战。途有所不由④，军有所不击，城有所不攻⑤，地有所不争，君命有所不受⑥。故将通于九变之地利者，知用兵矣。将不通于九变之利者，虽知地形，不能得地之利矣。治兵不知九变之术⑦，虽知五利⑧，不能得人之用矣。

【注释】

①圮地无舍：圮，毁坏、倒塌。舍，止也，此处指宿营。此句意如梅尧臣所注："山林、险阻、沮泽之地，不可舍止，无所依也。"

②衢地合交：衢地，谓四通八达之地。合交，指结交邻国以求多助。

③绝地无留：绝地，李筌注："地无泉井、畜牧、采樵之处为绝地。"

④途有所不由：途，道路。由，从、通过。

⑤军有所不击，城有所不攻：张预注："纵之而无所损，克之而无所利，则不须击也；拔之而不能守，委之而不为患，则不须攻也。"

⑥君命有所不受：曹操注曰："苟便于事，不拘于君命。"贾林注："决必胜之机，不可推于君命，苟利社稷，专之可也。"

⑦九变之术：术，方法、手段之意。《孟子·告子》："教亦多术矣。"

⑧五利：指"途有所不由，军有所不击，城有所不攻，地有所不争，君命有所不受"的五条好处。

【译文】

孙子说：大凡用兵的法则，主将接受国君的命令，征集民众组编军队，出征时不可在"圮地"宿营，在"衢地"应结交诸侯，不可在"绝地"停留，在"围地"要巧设计谋，在"死地"就要坚决奋战。有的道路不要走，有的敌军不要打，有的城邑不要攻，有的地盘不要争，有的国君命令不要接受。所以，将领能够通晓以上各种灵活机变的战术，就算得上懂得用兵了。

将领不精通以上灵活机变战术的运用，即使了解地形，也不能得到地利。指挥军队不知道九变的方法，虽然知道"五利"，也不能充分发挥军队的战斗力。

【新解】

"凡用兵之法，将受命于君，合军聚众"，这句话与《军争篇》开头第一句话一样，说的都是统军作战的一般流程。意思是说大凡用兵的法则，主将接受国君的命令，征集民众组编军队，然后开赴战场。

接下来几句讲的是灵活变化的问题。军队行进过程中很可能遇到种种复杂地形和意料之外的情况。孙子先列举了在5种地形条件下可以采取或不能采取的行动，即"圮地无舍，衢地合交，绝地无留，围地则谋，死地则战"。"圮地"为山林、险阻、沼泽、房屋倒塌等难行之道，军队在这样的地形条件下不要宿营扎寨；"衢地"为几个诸侯国相互毗邻的四通八达之地，军队处于这样的地理位置就要注意联盟结交；"绝地"指的是离开本国越过边境，深入敌国的作战地域，军队在这样的地方不要久留，要快速通过；"围地"指的是进退两难，敌人用少量兵力就可以围攻我方的地域，军队在这样的地方要仔细谋划，寻找突破口；"死地"，顾名思义，为进退不得、走投无路之地，这时候军队就要殊死奋战，以求得置之死地而后生。

接下来，孙子又列举了5种"有所不"的情形："途有所不由，军有所不击，城有所不攻，地有所不争，君命有所不受。"意思是说有的道路原计划要走，但到实地一看敌人有埋伏，就不要非走这条道了；有的敌军原计划要打，但当面一看这支敌军或不堪一击，或难以攻打，也就不必硬打；有的城邑原计划要攻取，如果敌人已经放弃，或者加强戒备，就不宜强攻；有的地域原计划要争夺，如果到实地一看或争来不利，或可能过于费时费力，影响夺取更重要的目标，那也不要再争。推到极端来说，一般情况下国君的命令应当坚决执行，但是如果这一命令与战场实际情况不符时，也可以不执行。"君命有所不受"这句话实际上是对前面所说的种种情况的总结和升华，意在强调战场上一切都要根据实际情况灵活变化。战场上往往计划赶不上变化，交战之前不可能将开战后的一切情况精确计划，国君的命令与千里之外的战场实情不一定吻合，如果将领不知变化，死抱着计划或命令指挥作战，很可能打败仗。可见，孙子这句话虽然反叛，但反映了战争的客观要求，也是国君用好将领的关键所在。

令人敬佩的是，孙子不仅敢于提出这样的观点，而且在实践中也敢于采取这样的行动。公元前512年的某一天，在伍子胥的举荐下，孙子得以觐见吴王阖闾，并呈上兵法13篇，吴王看了几篇便被其中的谋略思想深深地吸引，不知不觉"口之称善"，连声说"好，好，真好！"赞叹之余，吴王突然产生一个念头：这些兵法讲得头头是道，是否真正适合战争的实际呢？于是他对孙子说："你的13篇，我都看过了，可以小试于训练士兵吗？"孙子自信地回答："可以！"紧接着，阖闾又提出了一个让孙子毫无思想准备的问题："可以试之于妇人吗？"孙子果断地回答："可以。"

更加出乎孙子意料的是，阖闾所说的"妇人"并非吃苦耐劳的普通妇人，而是吴宫的宫女。180名宫女在官吏的引导下来到吴宫后面供君主行猎的园林中，兴奋地等待着做战争游戏。

孙子将宫女分为左、右两队，各90人，每人配发一件长长的画戟，并指定吴王最宠爱的两个妃子分别担任左、右队队长。一切安排就绪之后，孙子向宫女们规定了前进、后退、左刺、右劈等一系列动作的方法和口令，但是当他下令操作时，一心做游戏的宫女们哪管那么多规定，嘻嘻哈哈，乱作一团。待宫女们止住欢笑后，孙子首先做自我批评，他说："刚才可能是我说得不够清楚，以致大家不熟悉动作要领和指挥号令，这是为将的过错。"接着，他又重复了几遍动作和号令，并特意告诫两位队长，要求她们带头听从号令。尔后，孙子亲自操槌击鼓，命令宫女向左方前进，宫女更加放肆地捧腹大笑起来。孙子知道，再这样下去不行，必须用武力整肃军纪，杀一儆百。于是，他厉声喝住左、右两队，严肃地说："纪律约束交代不清楚，指挥号令没有再三申明，这是将领的过错。但是，当将领三令五申地说明纪律和号令之后，下属仍不执行命令，那就是军官和士兵的过错了。"说完，孙子下令斩左、右队长。这时，在检阅台上津津有味地观看下方演练的吴王阖闾，见孙子真要斩自己的二位爱姬，大为惊骇，急忙派人传令说："寡人已知将军能用兵了。寡人非此二姬，食不甘味，但愿勿斩！"孙子斩钉截铁回答吴王："臣既已受命为将。将在军，君命有所不受。"随即斩二队长，并以首级巡行示众。众宫女个个吓得面如土色，噤若寒蝉。孙子又从左、右队中各指定一个队长，再次击鼓。这时，宫女们再也不敢把孙子的命令当作儿戏了，闻鼓而动，不论向左向右、向前向后、跪倒、站起都符合号令要求。整个教场上除了威严的鼓声、整齐的步伐声之外，再也听不到嬉笑喧哗的声音，看不到左顾右盼的情景。原来娇柔百态的宫女们，一下子成了军中战士了。

孙子之所以敢冒杀头危险，斩杀吴王爱妃，是因为吴王把战争当作儿戏，认为军纪可有可无，是无法打赢战争、治理军队的。所以，他怒斩吴王宠姬。也是为了让吴王正视战争，重视军规。表面上看，孙子这一动作是在严格执法，维护军规军法的权威性。其实质与《九变篇》说的"君命有所不受"是一个意思，强调赋予将领按战争客观规律、战场实际情况指挥作战的决断权和应变权。

值得注意的是，孙子讲"君命有所不受"并不是鼓励人们任性、擅自作为，其核心讲的还是指挥艺术。他告诉人们一种层层递进的逻辑思路：只有赋予将领灵活指挥的权利，将领才有可能通晓"九变之利"，即在各种复杂情况下通过变化获得利益；也只有通晓九变之利的将领，才是真正掌握用兵之道的将领。相反，如果将领不能通晓九变之利，虽然了解战场地形，也不知道怎样利用这种地形的优势；将领带兵打仗，如果不知道灵活变化的战术，虽然知道哪些道路好走、哪些城池好夺、哪些地盘好争、哪些敌军好打，还是不能充分发挥军队的战斗力。孙子的原话是："故将通于九变之地利者，知用兵矣；将不通于九变之利者，虽知地形，不能得地之利矣。治兵不知九变之术，虽知五利，不能得人之用矣。"其中这个"通"字尤其重要，是"通晓""精通"的意思，将帅要精通九变之利和九变之术，才能知道战前的计划和国君的命令是不是符合战场实际情况，也才能知道应当如何灵活应变。显然，孙子的"君命有所不受"并不是鼓励将帅对抗或违背国君的命令，恰恰相反，不按错误的君命办事，正是为了更好地遵从君命，维护国家利益，达到"利合于主"的目的。

曾经有人宣传"精准执行"的观念，结合孙子的观点来看，这一说法恐怕不能简单搬用。在没有什么变化的情况下，或者在非常固定的操作流程中，我们确实需要"精准执行"，如此才能保持上下一致、整体一致。但是，如果是在激烈竞争的环境中执行，恐怕只有灵活执行、创新执行，才能更好地实现上级意图，更多地争得利益。如果在这种情况下仍然强调"精准执行"，那可能既做不到精准，又会变得机械，甚至演变成被动应付的局面，反而难以实现意图，难以赢得更大利益。这是一种指挥艺术，更是一种领导艺术，社会各个竞争领域概莫能外。

（二）面对战场上的变化，要"杂于利害"

【原文】

是故智者之虑，必杂于利害①。杂于利，而务可信②也；杂于害，而患可解也③。

【注释】

①杂于利害：杂，合、混合，辩证。曹操注："在利思害，在害思利，当难行权。"张预注："智者虑事，虽处利地，必思所以害；虽处害地，必思所以利，此亦通变之谓也。"

②杂于利，而务可信：务，任务。《易·系辞》："夫《易》开物成务。"此指"争胜于天下"之大事。信，伸也，伸张、发展。《易·系辞》："尺蠖之屈，以求信也。"全句意为辩证地看待有利条件，则可完成作战任务。

③杂于害，而患可解也：辩证地看待不利因素，则祸患即可消除。

【译文】

因此,聪明的将帅考虑问题,必须兼顾利与害两个方面。在不利的条件下要看到有利的一面,任务才可能顺利完成;在有利的情况下要看到不利的因素,才能解除可能发生的祸患。

【新解】

孙子在《九变篇》中讲完"九变之利"和"九变之术"之后,进一步提醒将领注意,要想办法在变化过程中趋利避害。他说:"是故智者之虑,必杂于利害。杂于利,而务可信也;杂于害,而患可解也。"

我认为,这段话有层层递进的三层含义。

第一层含义,将帅要认识到事物具有两面性,既有有利的一面,又有不利的一面。"智者之虑"这几个字,强调了智慧型将领思考问题的方法,即同时兼顾利和害两个方面。将领在不利的情况下要考虑到有利的一面,任务才可能顺利完成;在有利的情况下要能看到不利的、有害的因素,祸患才可以解除。其中,"杂于利害"中的"杂",原义是混杂、掺杂,在这里引申为"兼顾";"杂于利害"是指要充分兼顾利与害两个方面。需要注意的是,这里面有个字,许多《孙子兵法》的朗诵版本都会读错,"杂于利,而务可信也",这里的"信"不读"xìn",而读"shēn",是通假字,通"伸展"的"伸",原义为伸张、舒展;"务可信"就是作战任务能够完成的意思。对这两句话稍加解释,我相信人们都会认同孙子这一思想。但是,在战场上,要想透过战争的重重迷雾看到"利中之害"或"害中之利",是相当困难的,这如同"雾里看花""水中望月"。事物面貌并非如我们看到的那样,如果没有强大而缜密的分析能力和清醒的头脑，是很难透过现象看到本质的。比如，一方处于强大的地位当然是有利的，但是也可能导致全军上下恃强、自傲和麻痹大意，以至于因轻敌而失败；另一方虽然处于劣势地位，自然不能说是有利的，但这种情况下很可能激发全军上下的斗志和主动精神，充分发挥自身潜力，寻找机会战胜强敌。抗美援朝战争中，志愿军虽然"钢少"但"气多"，即武器装备差，但战斗精神顽强，因此能够战胜以美军为首的"钢多气少"的"联合国军"。抗美援朝战争之前，很多人看不到这种辩证关系，认为不能出兵，打不赢。但毛泽东看清了这中间可能转化的辩证关系，毅然决定出兵朝鲜。

第二层含义，就是将帅要注意到战争中的"利"与"害"本身带有虚假性和不确定性，再加上双方故意"示形""利诱"，往往表面上的"利"，背后实际上隐藏着巨大的"害"。例如，井陉之战中韩信背水列阵，就是为了迷惑调动赵军。看起来，韩信的军队无路可退，而且兵力处于劣势，是处于"死地"的不利境地，但是这种列阵却能激发出士兵拼死杀敌的勇气，再加上赵军不知韩信又派出两千骑兵偷袭赵军大营，被端了老巢。赵军统帅陈余只看到表面上韩信背水列阵，以为有可图之利，却不知背后隐藏着不利的"害"在等着他。

第三层含义，是强调将帅要善于利用己方和敌方的"利"与"害"，并巧妙将己方的害转化为利，趋利而避害。1945年9月9日，是毛泽东到达重庆的第12天，他与郭沫若谈到中国革命时，提出了"前途是光明的，道路是曲折的"这一观点，与孙子的"杂于利，而务可信也；杂于害，而患可解也"之说具有异曲同工之妙。可见，在智者的眼中，"利"与"害"既对立又统一，相互矛盾，但在一定条件下又能互相转化。因此，将帅可以积极利用敌人贪功求利心理,以利诱之,从而巧妙调动敌人,达到化敌之利为敌之害,化我之害为我之利的目的。

综上所述,作为统兵作战的将帅,其决策关乎国家军队的生死存亡和百姓、士兵的身家性命,因此在考虑问题时必须要"杂于利害",并在这两者之间保持必要的张力,这样才能时刻保持清晰的头脑,做出正确的决策。将帅不片面、固化地看待利与害,就不会盲目尊大,或者妄自菲薄。可以说,孙子"杂于利害"的观点充满了辩证思想,要求我们看事物要全面,切不可偏颇,要正确把握"利"与"害"的内在关系与相互作用,从而达到趋利避害、因敌制胜的目的。

需要特别提醒的是,在孙子的思想体系中,"杂于利害"并不是一时之计,而是一种贯穿13篇的军事哲学思维方法,充满了辩证思想。我们稍微留意一下就不难发现,《孙子兵法》每一篇都有几对充满辩证关系的矛盾,比如全破、攻守、奇正、虚实、阴阳等,这反映了战争中矛盾的多样性和多变性。因此,孙子要求将领不仅要杂于利害,而且还要杂于全破,杂于攻守,杂于奇正,杂于虚实,杂于阴阳,杂于速久,杂于迂直,等等。这就告诉我们在生活和工作中,看事物要全面,切不可偏颇,要正确把握各种矛盾的内在关系与相互作用,从而达到趋利避害、因敌制胜的目的。

(三)误导敌方,诱使其自乱的三种方法

【原文】

是故屈诸侯者以害[①],役诸侯者以业[②],趋诸侯者以利[③]。

【注释】

①屈诸侯者以害：屈，屈服、屈从、制服。诸侯，此处指敌国。

②役诸侯者以业：役，使、驱使。《荀子·正名》："夫是之谓以己为物役矣。"业，曹操注："业，事也。"

③趋诸侯者以利：趋，奔走、奔赴。张预注："动之以小利，使之必趋。"

【译文】

要使各国诸侯屈服，就要用他们最忌惮的事情去威慑他们；要使各国诸侯忙于应付，就要用他们不得不做的事驱使他们；要使各国诸侯疲于奔命，就要用小利引诱他们。

【新解】

孙子提出"杂于利害"的辩证思维方法后，进一步将这一方法引入到对敌作战的问题上，认为与敌交战既可以正面攻防，也可以侧翼偷袭；既需要直接攻打，也不妨间接误导。于是他提出："是故屈诸侯者以害，役诸侯者以业，趋诸侯者以利。"

显然，这三种方法是对正面作战的配合，或者也可以理解成为正面交战创造有利的战场条件。因为这三种谋略措施，可以使竞争对手形成战略误判，从而打乱对手的预定计划，达到"多方误敌，使其自乱"的目的。我们分别来看看这三种谋略。

一是"屈诸侯者以害"，若要使他国的诸侯屈服，就要用他所忌惮的事情威慑他。"屈诸侯者以害"的内容很丰富，包括从政治、经济、外交、军事等多方面施加压力使其清楚地看到将要遭受的损害，从而使其屈从。

二是"役诸侯者以业",若要让诸侯牵绊受制,那就得用各种他不得不做的事情来骚扰他,使其疲于应付。

三是"趋诸侯者以利",若要调动诸侯使其疲于奔命或追随自己,那就要用他所关注的利益引诱他。

归结起来,一句话,多方误敌,使其自乱。

我细细琢磨这几句话,不禁感叹:孙子的确是战略大师,他是从国家大战略的层面来考虑作战问题的!他想要误导和搞乱的对象,并不仅仅是领兵打仗的将领,甚至包括诸侯国的最高决策者——国君。试想,如果一个国家的战略方向被误导了,方向错了,那岂不是越用力越跑偏吗?古往今来,一个国家的命运,有时在短短几年间就可能发生兴衰转折,这里面的原因固然很多,但是也不乏因竞争对手或者敌对国家的误导而导致战略误判,丧失战略定力的案例。所以说,从国家大战略的层面考虑,对敌国可使用综合干扰的策略,以达到"多方误敌,使其自乱"的目的。苏联的崩溃,在很大程度上就是被美国误导的结果。

1981 年美国总统里根上台后,立即着手策划结束美苏争霸的局面。为此,里根政府采取了"三大策略"。

第一个策略,是任命金融专家威廉·凯西为中央情报局局长。凯西提出自己的"新思想"战略:"如果我们能使苏联耗费足够的经济资源,那么这个体制就可能产生裂痕。"经过精心策划,里根政府向全世界宣布实施所谓的"星球大战计划",美国将用二三十年时间,在距地球表面 200~1000 千米的太空建立防核武器和洲际导弹的三层立体防卫体系。苏联人最担心的就是失去太空优势,一旦失去对太空的掌控权,苏联庞大的核武库将受制于人。因此,当美国"星球大战计划"投资 1 万亿美元的消息传来后，苏联人为了保证平衡和军备竞赛不落伍，将数百亿美元投入军事高技术部门，这使得本来就结构失衡的苏联经济雪上加霜。不料，美国只是虚张声势，在"星球大战计划"中并没有投入巨资和精力，苏联人却为此搞得经济逐渐衰退，直至全面崩溃。

第二个策略，是跟沙特联手打"石油牌"。20世纪70年代，石油价格急剧攀升，苏联从石油出口中获得收益增幅达280%，出口量增幅为122%，世界石油市场价格对苏联经济的生存能力起着决定性的作用。与其他石油生产国不同的是，苏联无法通过增加产量来增加收入，因为它的石油生产能力已经达到了极限。当时，沙特担忧苏联入侵阿富汗后可能威胁自身的安全，因此与美国达成协议：美国提供给沙特先进武器，并提供军事保护，而沙特则扩大石油产量压低国际油价。1985年，国际油价暴跌，苏联当年的石油收益下降近一半。而且由于天然气与石油价格挂钩，苏联当年的天然气收益也减少了数十亿美元。

第三个策略，是以波兰为突破口制裁苏联。在"冷战"期间，波兰一直与苏联保持紧密关系。但是由于地缘关系，波兰当年处于两大军事集团交界处，随着经济发展，国民逐渐产生强烈的反苏心理，再加上西方国家的渗透，波兰成为东欧社会主义国家中最不稳定的国家之一。1980年，波兰出现了要脱离苏联阵营的迹象。为阻止波兰这一动向，苏联于1981年9月在波兰举行了一次大规模的军事演习，向波兰民众展示实力。波兰政府为了维护社会安定，在1981年12月12日晚实行了军事管制。两周后，里根以苏联支持波兰政府军事管制为由，对苏联实施了经济制裁，严重遏制了苏联的经济发展。

细细分析思考，这三大策略在很大程度上和孙子提出的

"多方误敌，使其自乱"谋略相吻合：以波兰为突破口，因为波兰地理位置对苏联至关重要，这就相当于"屈诸侯者以害"；实施"星球大战计划"使苏联为了军备竞赛而大量投入资源，这相当于"役诸侯者以业"；大打"石油牌"，是因为苏联收入很大部分依赖于能源出口，压低国际油价无疑将苏联"钱袋子"的口给堵上了，迫使其不得不寻求与西方关系的缓和，这在某种程度上也是"趋诸侯者以利"。

俗话说，当局者迷，旁观者清。我们现在站在旁观者的角度看清了美国的伎俩。但是，当年苏联没有这么清醒，以致被美国的误导之策蒙蔽，越陷越深，不能自拔。我们从中不难看出两个问题：一个是害之、役之、利之的谋略必须巧妙，一定要让对方为之动心，这样对方才会放松戒备、紧咬不放。二是识别对方的误敌之策，一定要有战略定力，以国家核心利益作为决策的根本依据，不惧小害，不图小业，不贪小利。

这种战略定力无论是对国家还是个人来讲都非常重要。就国家层面来说，"咬定青山不放松，任尔东西南北风"，我们在审时度势、精心筹划后，一旦确立了战略目标或方向，就要有战略定力，不被各种矛盾所牵制、不被诸如"中国主导世界"等夸大其词的言论所误导、不被美国国债之类的经济利益所引诱，同时在具体策略上采取灵活机变的方式方法。反过来，对于对手，我们可以采取政治、经济、军事、文化、外交等综合手段，虚虚实实，以达到"多方误敌，使其自乱"的目的。对个人来说，战略定力主要体现在做事要有主见，不被他人的意见所左右，也不被小害小利所控制，心无旁骛，坚定地朝着既定目标努力。

（四）面对变化的战场，"恃吾有所待也"

【原文】

故用兵之法，无恃其不来，恃吾有以待①也；无恃其不攻，恃吾有所不可攻也②。

【注释】

①恃吾有以待：恃，倚仗、依赖、寄希望。
②无恃其不攻，恃吾有所不可攻也：言不可侥幸于敌人不进攻，而要依靠自己有使敌人无法进攻的力量。

【译文】

用兵的法则是：不要寄希望于敌人不会来侵犯，而要依靠自己做好充分的准备；不要寄希望于敌人不会来进攻，而要依靠自己有使敌人无法进攻的力量。

【新解】

欧洲有一个国家，面积只有41284平方千米，还不到江苏省一半大，人口800多万，远不如北京市多。但是，就是这样一个国家，200年来世界战火居然从未燃烧到这片土地。尤其是两次世界大战，欧洲几乎所有国家都卷入其中，这个国家虽然与德国接壤，却可以独善其身。为什么周边强国不敢碰这个弹丸小国呢？因为，它长期奉行一种号称"刺猬战略"的国防战略。刺猬一般不去侵犯其他动物，但是一旦遭到侵犯，就会竖起浑身的刺。这个国家就是瑞士。

瑞士实行普遍义务民兵制。瑞士的法律规定，凡20周岁至42周岁的男性公民,包括加入瑞士籍的外国男子,全部都要服兵役。对于逃避兵役者,每年都会被罚征很高的国防税,直到30周岁;情节严重的,甚至会被判刑坐牢。年满19周岁的瑞士男性公民到就近征兵处报名体检,合格者20周岁入伍,并开始建立档案,详细记录他们服兵役的时间、军训情况、所属编制等。第一年入伍,他们要在所属军兵种新兵学校接受为期15周的军事基础训练,相当于中国3个月的新兵连训练,此后每隔一年到部队参加一次为期20天左右的复训,直到42岁为止,共10次复训,总受训时间为300天。瑞士全国在平时只保留3500名职业军人,但是一旦开战,就能够在48小时内动员出高达35万以上的受过正规训练的陆、空军民兵。

瑞士不仅"全民皆兵",而且国土上遍布防空洞,构成了世界上最完善的地下防空系统。据说,平均每个瑞士公民都拥有0.97平方米的地下掩体。一旦战争爆发,瑞士能将90%的公民迅速隐藏到地下。有人因此形象地比喻瑞士像"满是洞孔的干酪"。在瑞士,公路旁看似普通的平民小屋,实际上可能是军事基地的大门,从里面可以开出坦克和装有导弹发射架的军用卡车。无论大城市还是小村庄,都至少设有礼拜堂、咖啡店和靶场。瑞士公民的军事知识非常普及,大家都把学习新的军事知识看作关系民族和国家生死存亡的大事。在第二次世界大战中,希特勒曾经三度准备入侵瑞士,最后还是放弃了。因为德国人经过精确计算后发现,入侵瑞士至少要付出100万士兵伤亡的代价,后续还得占用兵力驻守,实在得不偿失。

由瑞士的"刺猬战略",可以联想到孙子《九变篇》中的一句名言:"故用兵之法:无恃其不来,恃吾有以待也;无恃其不攻,恃吾有所不可攻也。"孙子在这里用了4个"恃"字,"恃"

就是依恃、依仗的意思。依仗什么？机会主义者或许会想碰运气，靠侥幸，指望着敌人不来进攻。但是在孙子看来，那就大错特错了，应该依仗的不是别的，而是自身充分的准备。这句话翻译成现代语言，就是"用兵的基本法则是：不要寄希望于敌人不会来侵犯，而要依靠自己具有应对各种战争的充足准备；不要寄希望于敌人不会来进攻，而要依靠自己具备使敌人无法进攻和取胜的强大实力。"简单地说，就是不要对敌人抱有幻想，而要踏踏实实地提高自身的军事实力，加强战备，从而使敌人不敢来侵犯和进攻。有备才能无患，能战方能止战。不言而喻，瑞士的"刺猬战略"之所以能够吓阻外敌入侵，奥妙就在这里。

值得注意的是，孙子这段话是在《九变篇》中说的，意在告诉人们，处于瞬息万变的战场上，敌变我变，灵活多变，但是不能玩"空手道"，一切的变化必须建立在一个前提条件上，那就是战备和实力。只有具备这个前提条件，方能做到以不变应万变。

毛泽东在这个问题上与孙子有着非常相似的观点。他曾提醒人们注意："优势而无准备，不是真正的优势，也没有主动。懂得这一点，劣势而有准备之军，常可对敌举行不意的攻势，把优势者打败。"（毛泽东，《论持久战》）光有一时的优势还不行，还得长期备战，才能确保优势。

抗战胜利之后，蒋介石不顾当时举国呼唤和平的要求，企图在美国的支持下用战争的手段消灭中国共产党及其领导的人民军队。但是，当时国民党并不具备全面内战的条件，于是蒋介石采取了双重策略：一方面假意邀请毛泽东前往重庆谈判，一方面在暗地里加速部署全面内战。为了尽力争取和平，制止内战的爆发，毛泽东、周恩来决定假戏真唱，亲赴重庆与国民党谈判。1945年10月10日，双方签署了《双十协定》；1946年1月5日，又达成停止军事冲突协议，并于10日颁发停战令，同日召开由各党派代表和社会贤达参加的政治协商会议，通过了和平建国纲领等决议案。当时，人民军队中有不少人对这些协定和决议信以为真，以为国共合作了，不会打仗了，因而不同程度地滋长了和平麻痹的思想。

为此，中共中央和各战略区多次发出指示，教育全军指战员认清形势，保持高度警惕，全军各部队进行了全面深入的形势和方针教育，使广大指战员进一步认清内战的危险性，克服和平麻痹的思想，增强了战备观念，奠定了预防国民党军进攻的思想基础。同时，为了应对国民党军的突然袭击，人民军队加速实行由抗日游击战争到国内正规战争的战略转变，迅速编成61万野战军、66万地方军和220万民兵，形成了应对国民党军发动内战的物质基础。与此同时，根据中共中央确定的"向北发展，向南防御"的战略方针，人民军队收缩了南方战线，并迅速从山东、华中等地调集八路军、新四军10万余人，加上2万干部，海陆并进开入东北，会同东北抗日联军开辟并逐渐巩固了东北根据地，为我军营造了有利的战略态势。正如中共中央和毛泽东所料，国民党统治集团在战争准备就绪后，公然撕毁停战协定，于1946年6月发动了全面内战。由于我军有了充分的思想和物质准备，先后粉碎了国民党军的全面进攻和重点进攻，并逐步转入战略反攻，历时近4年歼灭国民党军800余万，最终赢得了解放战争的胜利。这个胜利再次印证了孙子"无恃其不来，恃吾有所待也；无恃其不攻，恃吾有所不攻也"的谋略思想实乃制胜法宝，万万不可忽略。

孙子的这段话，精辟地阐述了"备战"与"止战"的辩证关系，指出了"备战"的重要地位和作用。"无恃其不来，恃吾有以待也"，其中所蕴含的"有备无患""以备止战"的军事战备思想，在当今仍然具有非常重要的现实指导意义。因此，要想赢得和平，首先要具备阻止战争的实力。"有备方能无患，能战方能止战"。

孙子这一谋略思路，其实也蕴含着人生哲理。在变幻莫测的竞争领域中，我们要想生存和发展，当然要有灵活的应变能力。但是，无论怎么变，没有平时的功夫，没有看家本事，三变两变就可能晕头转向了。"无恃其不来，恃吾有以待也；无恃其不攻，恃吾有所不可攻也"，这句经典名言放到日常生活中讲，可以理解为，不要指望危机和风险不来，只能指望自己有充分的准备；不要指望竞争对手不会找碴儿，只能指望和依靠自己有足以应对的能力。归结起来一句话：打铁还需自身硬。

（五）力避"为将五危"，理智应对变化

【原文】

故将有五危：必死，可杀也[1]；必生，可虏也[2]；忿速，可侮也[3]；廉洁，可辱也[4]；爱民，可烦也[5]。凡此五者，将之过也，用兵之灾也。覆军杀将[6]，必以五危，不可不察也[7]。

【注释】

[1]必死，可杀也：必，坚持、固执之意。曹操注："勇而无虑，必欲死斗，不可曲挠，可以奇伏中之。"此句言一味地硬拼，则会被杀。

②必生，可虏也：曹操注："见利畏怯不进也。"此句意谓将帅贪生怕死，可能就会被俘虏。

③忿速，可侮也：忿，愤怒、生气。曹操注："疾急之人，可忿怒侮而致之。"

④廉洁，可辱也：曹操注："廉洁之人，可污辱致之也。"

⑤爱民，可烦也：烦，烦劳、相烦。张预注曰："民虽可爱，当审利害。若无微不救，无远不援，则出其所必趋，使烦而困也。"

⑥覆军杀将：覆，倾覆、覆灭。言军队覆灭，将帅被杀。

⑦必以五危，不可不察也：五危，即上言"必死"等。言"覆军杀将"都是由这5种危险引起的，不可不充分注意。

【译文】

将帅有5种致命的缺点：只知死拼可能会被诱杀；贪生怕死可能会被俘虏；急躁易怒可能会中敌人轻侮的奸计；廉洁自爱可能会落入敌人污辱的圈套；一味"爱民"可能会导致烦劳。这5种危险都是将帅的过错，也是用兵的灾害。军队覆灭、将帅被杀，都是由这5种危险引起的，是不可不充分注意的。

【新解】

姜太公有句名言："故兵者，国之大事，存亡之道，命在于将。"（《六韬·龙韬·论将》）孙子对此也极为重视，先后在《计篇》提出"为将五德"，《作战篇》中强调"知兵之将，生民之司，国家安危之主也"，《谋攻篇》中呼吁"将能而君不御者胜"，一次又一次在关键之处提醒人们注重将领是正确决策、正确指挥的关键。在本篇结尾处，孙子再次聚焦将领问题，提出"为将五危"的警示，旨在说明将领只有避免这5危，才有可能在战场上灵活应变，也才有可能在把敌人变弱的同时将自己变强。他指出："故将有五危：必死，可杀也；必生，可虏也；忿速，可侮也；廉洁，可辱也；爱民，可烦也。凡此五者，将之过也，用兵之灾也。覆军杀将，必以五危，不可不察也。"

"危"，即危险、危害、弱点。我们先看一看这段话的最后一句，孙子把"将之五危"看得很重，认为导致全军覆没"必以五危"，不是敌人如何强大，也不是战场如何不利，而是将领这5个方面的弱点。哪些弱点如此严重呢？

孙子用5个关键词来表述"五危"，即必死、必生、忿速、廉洁、爱民。乍一看，这些词不是与"为将五德"差不多吗，怎么又成危害和弱点了呢？

《孙子兵法》往往微言大义，文约意丰。所以，我们不能像读小说那样一目十行地读，而要逐字逐句地琢磨着读，这样才能理解字面下深层的含义。我们不妨试一试。

第一，"必死"。不怕死本来是"为将五德"中的一种优良品德，"为将五德"之"勇"即不怕死的精神。但是加上一个"必"字，意思就变了。如果一个将领抱着"必欲死战"的想法去作战，势必只顾着拼命，忽略用计、用谋，因而很容易被对方的计谋引诱，陷入不利境地，最终被敌人战胜乃至杀害。"必死，可杀也"，说的就是这个意思。

第二，"必生"。将领应当谨慎，求生存、保实力。但是加个"必"字，意味着将领一心想着求生存、保实力，那么无论是在机会面前还是在危险面前，都可能患得患失，犹犹豫豫，不敢决策，不敢行动。机会往往稍纵即逝，危险往往瞬间恶化，迟疑不决势必丧失机会，或者被危险吞噬，从而成为对方的俘房。所以，吴起也曾在《吴子兵法》中讲："用兵之害，犹豫最大；三军之灾，生于狐疑。"

第三，"忿速"。速战速决本来也是孙子的主张，《作战篇》就说过："兵贵胜，不贵久"。然而，为什么这一策略也成了危害和弱点呢？关键在于加了一个"忿"字。忿，即生气、愤恨的心情。"忿速"，则是指将领在愤恨的心情驱使之下急于求胜。在这种情境下，将领往往容易头脑发热，轻举妄动。孙子提出对付这种将领的最好办法，是羞辱他、刺激他，使他更加狂妄。夷陵之战中刘备之所以被陆逊打败，关键就在于他急于为关羽报仇，不顾东吴已有准备以及众人的反对，盲目冒进，结果上了陆逊诱敌深入的当。

第四，"廉洁"。很多人认为"廉洁，可辱也"这句话难以理解。我们今天不正在反腐倡廉吗，怎么在孙子的心目中却是毛病呢？"廉洁"这个词，通常是指清白高洁，不贪污。在孙子这句话中却特指爱惜自己的声誉，也就是现在所说的爱惜自己的羽毛。这种将领所作所为都是为了自己的名声，有利于名声的事就干，不利于名声的事就不干，甚至为了自己的名声不惜牺牲众人的利益。由于他们十分重视面子，一旦面临敌人羞辱性的欺骗措施，就会沉不住气。孙子说，"廉洁，可辱也"，即用侮辱其名声的办法使其为维护声誉而落入圈套。三国时期，诸葛亮第五次北伐时就曾经尝试运用这一谋略，然而并未成功。

当时诸葛亮在渭水南岸的五丈原被司马懿率领的魏军挡住了去路。司马懿知道诸葛亮前四次北伐都是因为运粮不济，半途而废，故准备再次以持久战消耗蜀军粮食，令其自行撤退。于是，司马懿下令关闭城门，避而不战，双方相持百日有余。诸葛亮多次派人挑战，司马懿就是坚守不出。最后，诸葛亮想了一招，派人给司马懿送了一套女人的衣服和一封战书。书中写道：亮久慕仲达神勇，统领万军之众，不料君竟然萎缩首尾，苟全性命。藏于土窟之中，与女人何异？亮特此赠送巾帼艳服至，若不出战，请君拜而受之。堂堂七尺男儿，还是一军的主将，被人羞辱为女子，这事儿搁在谁身上都会怒不可遏。如果主将是个张飞一样的人物，可能就拍案而起，立即出兵了。可是，诸葛亮面对的是老谋深算的司马懿。司马懿接到这身女人的衣服，不仅不生气，还当着来使和自己手下的面穿上了，并且翩翩起舞，问使者，"我穿这身衣服漂不漂亮？"这固然是演绎的版本，但是，司马懿承受羞辱仍然按兵不动却是事实。试想，如果司马懿一心想着自己的面子，诸葛亮的激将法恐怕也就会见效了。有意思的是，诸葛亮这一招非但没有气着司马懿，反倒是气着了自己。不久之后，诸葛亮就病死在了五丈原。

第五，"爱民"。"爱民，可烦也。"这句话也很不好理解。"为将五德"中不是说将领要有仁爱之心吗？怎么又变成"五危"了？其实，此处的"爱"是指过分地关爱、事无巨细地泛爱。南宋兵学家张预曾说过："民虽可爱，当审利害，若无微不救，无远不援，则出其所必趋，使烦而困也。"意思是说将领应当关爱老百姓，但要在利害上顾大局、识大体，不能捡了芝麻丢西瓜，因"小爱"而失"大爱"。这里的"烦"，是指烦劳、骚扰。一个将领如果过分关注局部利益，就可能忍受不了对方的烦劳和骚扰，以致被对方调动得四处奔跑、时刻乱动，从而忽略和丢弃全局利益。

1947 年 3 月，胡宗南大举进攻陕北时，毛泽东和党中央如果害怕打破坛坛罐罐，舍不得放弃延安，恐怕很难真正保护延安人民的利益，甚至中国历史也要改写了。正是因为我们主动放弃了延安,才舍小得大,从整体上保护了全中国人民的利益,更是保护了延安人民的长远利益。

孙子一方面要求将领具备"为将五德",另一方面又告诫将领"将有五危"。如何处理好二者之间的关系呢?我认为,最为重要的是把握好孙子军事辩证法的核心——度。智、信、仁、勇、严,无疑是将领必须具备的"五德"。拼命不怕死、谨慎惜命、做事求速、廉洁自爱、心慈爱民,这些做法在某些时候都是"五德"的表现,甚至算是优点。但是,对于将帅来说,这些一旦做过了头,就容易为敌人所利用,中了敌人的圈套。将帅的失误,会招致"覆军杀将"之祸,不仅个人安危难以保证,整个军队也会有全军覆没的危险,甚至威胁到国家的存亡。所以,将领具备"五德"的同时,要注意把握分寸,避免出现"五危"。为将如此,做人也如此。

九

《行军篇》
逻辑思路及经典谋略

[篇题解析]

乍看这一篇的篇名,不仅初次接触《孙子兵法》的人会将"行军"读成"xíng jūn",就连市面上流行的不少解读《孙子兵法》的书籍以及讲解《孙子兵法》的音频、视频,也都将其理解为"行(xíng)军",认为本篇讲的是军队的行进问题。很多英译本将本篇篇名译为"Marching"或者"On the March",也是军队行进的意思。这是望文生义的读法和译法。《行军篇》的"行"应该读"háng",古意为纵横交叉的道路,后引申为行列、阵势;而"军",本义为军队,引申为驻军、驻扎。"行军"两个字,此处为名词动用,为并列的两个动词,指的是"行军布阵、安营驻军"两重含义。我国著名翻译家林戊孙英译的《孙子兵法》将本篇篇名翻译为"Deploy the Troop",即"部署军队",既包括布阵又包括驻扎,应该说他的理解和翻译是相对准确的。

《行军篇》与前文有什么联系呢?《孙子兵法》是一个完整的认知体系,从宏观到微观都讲到了。《九变篇》讲的是军争中灵活应变的谋略思路,《行军篇》讲的则是军争中对敌情的判断和处置,也可以说是落实灵活应变谋略思路的具体原则。张预说:"知九地之变,然后可以择利而行军,故次《九变》。"本篇之中,孙子把自然界的一山一水、一情一景,敌军官兵的一举一动、一表一情都和军事行动联系起来。可谓"见微知著",

于细微之处见军机。

本篇针对部队行军布阵、安营驻军等军事行动进行阐述,其逻辑思路大致可以分为五个步骤。

1. 首先阐述野战战场布阵必须利用"四军之利"。

2. 复杂地形驻军,务必借地利,这就需要把握地形的特点与规律。

3. 由于"处军"是在敌情随时发生变化的情况下进行的,对敌情的判断尤为重要。因此,孙子以小见大,见微知著,由表及里来分析如何判断敌情真实情况的方法,也就是我们常讲的"相敌三十二法"。

4. 无论是宿营还是行进,都不能鲁莽冒失,这就需要有胆有识的精兵强将,因此孙子提出"兵非多益,惟无武进"的精兵思想。

5. 在任何军事行动中,光有个体能力非常强的精兵强将是不够的,还要注重治军,加强部队的管理,对军事力量进行有效控制。因此,孙子提出"合之以文,齐之以武"以及"令必素行"的治军思想。

(一)野战战场布阵,须有"四军之利"

【原文】

孙子曰:凡处军①、相敌②:绝山依谷③,视生处高④,战隆无登⑤,此处山之军也。绝水必远水⑥;客绝水而来,勿迎之于水内⑦,令半济而击之⑧,利;欲战者,无附于水而迎客⑨;视生处高,无迎水流⑩,此处水上之军也。绝斥泽⑪,惟亟去无留⑫；若交军于斥泽之中，必依水草而背众树⑬，此处斥泽之军也。平陆处易⑭，而右背高，前死后生⑮，此处平陆之军也。凡此四军之利⑯，黄帝之所以胜四帝⑰也。

【注释】

①处军：处：处置、安顿。"处军"指在各种地形条件下，军队行军、战斗、驻扎的处置方法。

②相敌：相，觇视、观察。意即观察、判断敌情。

③绝山依谷：绝，越过、通过。依，傍、近。张预注："凡行军越过山险，必依附溪谷而居，一则利水草，一则负险固。"

④视生处高：曹操注："生者，阳也。"李筌注："向阳曰生，在山曰高。"此言军队驻扎，要居高向阳。

⑤战隆无登：隆，高地。登，攀登。曹操注："无迎高也。"

⑥绝水必远水：张预注："凡行军过水，欲舍止者，必去水稍远，一则引敌使渡，一则进退无碍。"

⑦客绝水而来，勿迎之于水内：客，指进攻之敌。《礼记·月令》："为客不利。"疏引《正义》曰："起兵伐人者谓之客。"梅尧臣注："敌之方来，迎于水滨则不渡。"

⑧令半济而击之：半济，正在渡水。此言趁敌人尚未全部渡过河时进攻他们。

⑨无附于水而迎客：曹操注："附，近也。"张预注："我欲必战，勿近水迎敌，恐其不得渡；我不欲战，则阻水拒之，使不能济。"

⑩无迎水流：曹操注："恐溯我也。"此句谓勿居下游之地。

⑪斥泽：《尚书·禹贡》："海滨广斥。"郑云注："斥谓地咸卤。"斥泽为盐碱沼泽地区。

⑫亟去无留：亟，急、疾。即迅速离开，不得滞留。

⑬依水草而背众树：言必须傍水草背倚林木而扎营。

⑭平陆处易：平陆，开阔之地。易，平地。遇开阔地，亦需择平坦之处安营。

⑮前死后生：《淮南子·地形训》："高者为生，下者为死。"曹操注："战便也。"此言前低后高。

⑯四军之利：上文处山、处水、处斥泽、处平陆等四种处军原则的好处。

⑰四帝：泛指上古时期炎帝、蚩尤等四方氏族部落首领。

【译文】

孙子说：将领在各种不同地形上处置军队和观察、判断敌情时，应该注意：穿越山岭，应临近谷地行进，驻扎在居高向阳的地方，敌人已占领高地，不要仰攻。这是在山地上处置军队的原则。横渡江河，应在离水流稍远的地方驻扎，敌人渡水来战，不要在江河中迎击，等敌人渡过一半时再攻击，这样较为有利；如果与敌人交战，不要紧靠水边列阵；在江河地带扎营，也要居高向阳，不要在江河下游逆着水流。这是在江河地带处置军队的原则。通过盐碱沼泽地带，一定要迅速离开，切勿停留；如果在盐碱沼泽之地与敌遭遇，一定要依傍水草，背靠树木。这是在盐碱沼泽地带处置军队的原则。在平原旷野，要驻扎在开阔地域，主要翼侧要依托高地，前低后高。这是在平原地区处置军队的原则。以上4种处置军队原则的好处，就是黄帝战胜其他四帝的原因。

【新解】

"凡处军,相敌",这是提纲挈领的话,说明接下来要说的是"处军""相敌"问题。"处军"即处置军队、安置部队;"相敌",即相面,面对面观察敌情。孙子认为这两个方面的问题必须要根据地形、地貌进行决策。

孙子首先分析"处军"过程中如何把握"四军之利"的问题,即在四种地区、地形条件下布阵安营的原则和方法:"凡处军、相敌:绝山依谷,视生处高,战隆无登,此处山之军也。绝水必远水;客绝水而来,勿迎之于水内,令半济而击之,利;欲战者,无附于水而迎客;视生处高,无迎水流,此处水上之军也。绝斥泽,惟亟去无留;若交军于斥泽之中,必依水草而背众树,此处斥泽之军也。平陆处易,而右背高,前死后生,此处平陆之军也。凡此四军之利,黄帝之所以胜四帝也。"

第一种情况是讲山地,要注意3条原则。一是"绝山依谷"。这里的"绝"是通过的意思。"绝山依谷"强调军队通过山地,要贴近山谷边走,如果遇到伏击,至少可以依靠一面山坡抵抗。二是"视生处高"。曹操注释说:"生者,阳也。"可见,孙子此言是说,山地安营应当驻扎在居高向阳的地方,通风透气,居高临下。三是"战隆无登"。这里的"隆"与"降"是通假字,所以有的版本写成"战降无登",以致一些专家将其解释为"下降",认为在山下作战,敌军引诱上山,不要登山而战。这种理解恐怕还是有点问题。"隆",应当指高处,"战隆无登"指敌人占领高地,不可仰攻。这是在山川丘陵之地处置军队的基本原则。

第二种情况是讲河流,要注意4条原则。一是"绝水必远水",即军队通过河流之地时,要远离水流驻扎,不要在岸边停留。二是"客绝水而来，勿迎之于水内，令半济而击之，利"。这里的"客"，是指进攻之敌。在古代，"起兵伐人者谓之客，敌来御捍者谓之主"。现在体育比赛有主场、客场之分，也是这个意思。孙子的意思是说，敌人渡水来进攻，不要在水中迎击，要趁敌军部队渡过一半的时候打击，这样比较有利。三是"欲战者，无附于水而迎客"，意思是说如果要同敌人交战，不要紧靠水边列阵，离水边太近容易在交战中陷入水中。四是"视生处高，无迎水流"，意思是说在江河地带驻营，要居高向阳，不要面迎水流而处于下游。这是在江河水网之地处置军队的基本原则。

第三种情况是讲盐碱沼泽，要注意两条原则。一是"绝斥泽，惟亟去无留"。"斥泽"就是盐碱沼泽之地，此句意为军队通过这种地区，要迅速离开，不要逗留。二是"若交军于斥泽之中，必依水草而背众树"，意思是说如果与敌人交战于此，要靠近水草，背靠树林。这样做的原因一是有水源，二是不容易陷入泥沼里。这是在盐碱沼泽之地处置军队的基本原则。

第四种情况是讲平原，也要注意3条原则。一是"平陆处易"。"易"，指平地。"平陆处易"即在开阔的平原地带，要选择平坦处安营。二是"而右背高"。"右背"为"主要侧翼部队"，因为大多数士兵都是用右手使用兵器，所以当主要侧翼部队从右侧居高临下冲杀时，使用兵器会非常顺手。（还有一种说法，在春秋战国时期，喜庆之事以左为尊，兵事或凶丧之事以右为尊。）这样的部队要依托高地部署。三是"前死后生"。这里面的"生"与"死"，指的是地形。《淮南子·地形训》中说："高者为生，下者为死。""死"为"低处"，"生"为"高处"。在平原地带，军队要占领开阔之地，主要侧翼要依托高地，前低后高，这样视野开阔，容易发起冲锋。这是在平原地带处置军队的基本原则。

最后，孙子总结道："凡此四军之利，黄帝之所以胜四帝也。"强调这四个方面的原则是传统的战法，中华民族的老祖宗黄帝之所以能够战胜炎帝、蚩尤等周围四方各族部落首领，原因就在于此。银雀山汉墓出土的大量残简中，有《黄帝伐赤帝》佚文，其中就记录了黄帝战胜赤帝、青帝、黑帝、白帝四帝，一统天下之事。孙子这里是用黄帝胜四帝的例子来说明得四军之利的重要性和必要性。

这些原则说起来似乎很琐碎、很啰嗦。但是，指挥作战来不得大而化之，必须具体精确。所以这些都是古代将领必备的常识、必练的功夫。尽管方法各异，但其中的核心是一致的，那就是将领一定要根据客观情况和条件决定排兵布阵、安营扎寨的问题，而且还要注意在利用客观情况和条件的过程中趋利避害，用其所长。军队用好了这些外在条件的长处，便可增加自身的能量。比如，在山地"居高向阳"，既便于部队俯冲，使其力量倍增，又便于通风透气，使部队保持旺盛的战斗力。

但是，一般说来，越抽象的东西越有生命力，越具体的东西局限性越多。抽象的东西往往由众多事物提炼而来，既蕴含众多事物的共性，又不受某一具体事物变化的制约，所以具有"以不变应万变"的特点。相对而言，具体的东西往往由众多实实在在的细节组成，一旦某一细节变化了，其原貌也必定变化，甚至失去原有的合理性。《孙子兵法》也具有这种特点。前7篇主要讲战争的一般规律、决策原则、指挥艺术和变化要求，没有过多就某一具体战事就事论事。所以，古人称赞说"一句一理，字字珠玑"，认为《孙子兵法》具有永恒的生命力。后6

篇则根据当时的天时地利等客观条件，分析行军作战、安营扎寨、排兵布阵、火攻用间等具体方法。在冷兵器时代，人们利用天时地利等自然条件的能力有限，作战方式也局限于摆兵布阵、短兵相接。随着时代的变迁，军事技术进步，战争形态改变，一方面人们利用客观自然条件的能力和手段已空前进步，另一方面作战方式和战争形态也超越了孙子那个时代的想象。所以，类似于"四军之利"之类的具体方法，虽为黄帝胜四帝之法，却不一定完全适应发展变化了的战争形态。

所以，我们只能从中寻求智慧的启迪，或者探索古代军事文化的痕迹，千万不能生搬硬套。当年马谡之所以失街亭，原因就在于生搬硬套兵法。诸葛亮指示他依山傍水部署兵力，他却骄傲轻敌，自认为精通兵法，自作主张地将大军部署在远离水源的街亭山上，认为这样可以居高临下，势如破竹，置死地而后生。结果张郃切断水源，掐断粮道，将马谡部队围困于山上，然后纵火烧山。蜀军饥渴难忍，军心涣散，不战自乱，丢失了街亭。

（二）复杂地形驻军，务必借地利保安全

【原文】

凡军好高而恶下①，贵阳而贱阴②，养生而处实③。军无百疾，是谓必胜。丘陵堤防，必处其阳，而右背之。此兵之利，地之助也。上雨，水沫至，欲涉者，待其定也④。凡地有绝涧、天井、天牢、天罗、天陷、天隙⑤，必亟去之，勿近也。吾远之，敌近之；吾迎之，敌背之。军旁有险阻、潢井、葭苇、山林、翳荟⑥者，必谨复索之⑦，此伏奸之所处也。

【注释】

①凡军好高而恶下：张预注："居高则便于觇望，利于驱逐；处下则难以为固，易以生疾。"此言驻军喜好高处，厌恶低处。

②贵阳而贱阴：《谷梁传·僖公二十八年》："山南为阳，水北为阳。"张预注："贵阳者，以其光明气舒，疾病难于滋蔓也；贱阴者，晦逆非养生之道也。"此句谓以向阳的地方为贵，贱视卑湿的地方。

③养生而处实：养生，指人马得以休养生息。处实，指择运输便利且物资供应丰实之地。

④上雨，水沫至，欲涉者，待其定也：曹操注："恐半涉而水遽涨也。"

⑤绝涧、天井、天牢、天罗、天陷、天隙：前后险峻，水横其中为绝涧；四方高，中央下为天井；三面环绝，易入难出为天牢；草木蒙密，锋镝莫施处为天罗；陂池泥泞，渐车凝骑处为天陷；道路迫狭，地多坑坎为天隙。

⑥险阻、潢井、葭苇、山林、翳荟：险阻，曹操注："险者，一高一下之地；阻者，多水也。"潢井，指积水池。葭苇，芦苇，泛言水草丛聚。翳荟，草木繁茂。

⑦必谨复索之：必须小心谨慎地搜索。

【译文】

大凡驻军总是喜欢干燥的高地，避开潮湿的洼地；重视向阳之处，避开阴暗之处；靠近有水草的地方，供应方便，将士百病不生，这样就有了胜利的保证。在丘陵堤防行军，必须占据向阳的一面，并使主要翼侧背靠着它。这些对于用兵有利的条件，是地形给予的辅助。上游下雨，洪水突至，若想过河，一定等水流稍平稳以后。遇到"绝涧""天井""天牢""天罗""天陷""天隙"这些地形必须迅速离开，不要接近。我们应远离这种地形，让敌人去靠近它；我们应面向这种地形，让敌人去背靠着它。行军途中遇到险峻的隘路、湖泊、水池、芦苇丛、山林和草木茂盛的地方，必须谨慎地反复搜索，这些都是敌人可能设下埋伏或隐伏侦察的地方。

【新解】

孙子特别看重作战的两大要素，一是军事实力，二是客观条件。他既强调量力而行，又看重视形而动，容不得随意和任性。这里的"形"，主要指地形、战场各种客观情况。上文提到的"四军之利"，是指在山川丘陵之地、江河水网之地、盐碱沼泽之地、平坦开阔之地安置军队的原则。为防止人们在这个问题上大而化之，孙子进一步强调安营扎寨以及行军途中要遵循的具体细则："凡军好高而恶下，贵阳而贱阴，养生而处实，军无百疾，是谓必胜。丘陵堤防，必处其阳，而右背之。此兵之利，地之助也。上雨，水沫至，欲涉者，待其定也。凡地有绝涧、天井、天牢、天罗、天陷、天隙，必亟去之，勿进也。吾远之，敌近之；吾迎之，敌背之。军旁有险阻、潢井、葭苇、山林、翳荟者，必谨复索之，此伏奸之所处也。"

这段话有两层意思，一是处军之宜，二是处军之忌。

我们先看处军之宜，也就是安营扎寨的合适方法。一般来说，安营扎寨要选择向阳的、干燥的高地，尽量避开阴暗的、潮湿的洼地。还要选择靠近水草、供应便利的地方，能够让将士不生病，这样就有了胜利的保证。在丘陵堤防之处，军队要占据它向阳的一面，主要侧翼的部署要背靠丘陵堤防。这样做才有利于用兵，也才有利发挥地形的辅助作用。

再看处军之忌，也就是安营扎寨要注意的问题。孙子强调了3点。一是当上游地区下雨，下游水流肯定变得湍急，如果军队想徒步涉水，一定要等待水流平稳后再通过。二是军队如果遇到6种不利地形，要迅速离开，千万不要接近。这6种不利地形分别是：绝涧，即前后险峻、水横其中的地形；天井，即四周高、中央低的地形；天牢，即三面环山、易入难出的地形；天罗，即草木茂密、难于施展兵器的地形；天陷，即陂池泥泞、车马难行的地形；天隙，即道路狭窄、地面坑坎的地形。处于这样的地形，我方尽快远离的同时，要尽力将敌人诱至靠近它的地方；我方要面向这样的地形，要尽力让敌人背靠它，这样才能使其一步步退到不利境地。三是驻军周边如果有险峻的隘路、湖沼、水草丛生的地方，以及山林和草木茂盛的地方，军队要谨慎反复地搜索，因为这些都是敌人可能设下埋伏或隐伏侦察的地方。

综合起来看，处军之宜也好，处军之忌也罢，总的要求就是"四个有利于"：有利于摆兵布阵，营造有利的作战态势；有利于部队粮草供应和人马安全健康；有利于作战意图的实现和战斗力的发挥；有利于对敌情的观察和判断。

看过电视剧《亮剑》的人，或许会对剧中李云龙率领独立团全歼日军战地观战团的精彩战斗留下深刻印象。在剧中，日军特种部队想要袭击八路军总部，并安排日军观战团现场观摩，结果被李云龙抓住战机全歼。事实上，这个情节是有历史原型的。但是，在真实的背景中，日军的企图可比这大得多。1943年10月，为消灭晋冀鲁豫边区太岳根据地的抗日武装力量，日寇华北派遣军总司令冈村宁次调集3万兵力，对太岳地区进行残酷的"铁滚扫荡"。他将全部兵力分三线摆开，第一线兵力以日军为主，配属部分汉奸特工队，采取分路合击的战术，寻找我军主力决战；第二线兵力由日伪军混编而成，在根据地烧毁村庄，抢掠物资运往敌占区；第三线兵力仍以日军为主，负责捕捉我方分散突围的小股部队和零散人员。冈村宁次为自己的这一新战术颇为自得，将其命名为"铁滚式三层阵地新战法"，并亲自担任总指挥，妄言将通过此次扫荡彻底摧毁我方太岳根据地。为向其他地区推广其"扫荡"经验，冈村宁次从各地抽调100多名少尉以上的军官组成"战地观战团"到前线"观战"。

当时，129师386旅旅长王近山受领任务，亲率该旅16团护送一批干部到延安组建新的守备旅。10月18日，当部队行至山西洪洞县韩略村的时候，王近山得到当地乡亲们的情报，说23日会有日军车队从村边土路经过。这个韩略村，是临汾至屯留公路上的一个村庄，距临汾十七八千米。村子不远处有一条山沟，两侧是6米多高的悬崖峭壁，汽车就从山沟中间穿过。王近山对地形有着天然的敏感性，他感觉这是个打伏击的好地方：如果我方把山沟两端"堵死"，居高俯冲，敌人将插翅难飞！于是，王近山和16团政委常祥考、副团长袁学凯研究决定，队伍停止前进，就地埋伏，准备战斗。10月22日晚，王近山调动部队和民兵，埋伏在山沟两侧，布下了天罗地网。

第二天天亮后，13辆载着"战地观战团"和警卫士兵的汽车趾高气扬地驶入山沟。敌人做梦也没有想到八路军的一个主力团会突破他们的防线跑到这里来。突然，爆豆似的枪声和"轰""轰"的手榴弹爆炸声响震山谷，敌军最前面和最后面几辆汽车被炸药和手榴弹炸毁，中间的汽车既不能前进，又无法后退，被堵住无法动弹。敌军军官只能凭借汽车拼死抵抗，而一辆辆汽车又纷纷中弹焚毁，负责保卫"战地观战团"的军官见大势已去，首先切腹自杀，其余军官不是被击毙，就是选择自杀，180多名敌军军官和众多的警卫士兵除3人侥幸逃生外，其余全部被歼灭在山沟中。冈村宁次接到"战地观战团"遭伏击，手下爱将遭到全歼的消息后，火速调集数千人在6架飞机的配合下向临汾"合围"而来，然而王近山早已指挥16团撤退得无影无踪了。

　　后来，毛泽东听说了此次伏击战，在延安接见旅以上干部时说："太岳有个王近山，敢打没有命令的仗。王近山勇敢、果断、有胆略，能抓住战机打漂亮仗！"毛泽东讲的这个战机，在此次伏击战中，主要是指占据有利地形，利用地形优势对进犯的日军施以重击。

　　现代战争虽然已经超越陆地拓展到海上、空中、太空、电磁空间，甚至人的认知空间，战场广大。但是，孙子强调用兵打仗必须寻求"兵之利，地之助"的思想仍然值得我们参考和借鉴。

（三）侦察敌情，可用"相敌三十二法"

【原文】

　　敌近而静者，恃其险也；远而挑战者，欲人之进也，其所居易者，利也。众树动者，来也①；众草多障者，疑也②；鸟起者，伏③也；兽骇者，覆④也。尘高而锐者，车来也；卑而广者，徒来也⑤；散而条达⑥者，樵采也；少而往来者，营军⑦

也。辞卑而益备⑧者，进也；辞强而进驱⑨者，退也；轻车先出居其侧者，陈也⑩；无约而请和者，谋也⑪；奔走而陈兵者，期也；半进半退者，诱也。杖而立⑫者，饥也；汲役先饮⑬者，渴也；见利而不进者，劳也；鸟集者，虚也⑭；夜呼者，恐也；军扰者，将不重也⑮；旌旗动者，乱也；吏怒者，倦也⑯；粟马肉食，军无悬甀不返其舍者⑰，穷寇也；谆谆翕翕⑱，徐与人言者，失众也；数赏者，窘也⑲；数罚者，困也；先暴而后畏其众者，不精之至也；来委谢⑳者，欲休息也。兵怒而相迎，久而不合，又不相去，必谨察之。

【注释】

①众树动者，来也：曹操注："斩伐树木，除道进来，故动。"其言甚是。

②众草多障者，疑也：曹操注："结草为障，欲使我疑也。"

③伏：指伏兵。曹操注："鸟起其上，下有伏兵。"

④覆：在此为覆没、覆灭之意。曹操注："敌广陈张翼，来覆我也"，意近之。

⑤卑而广者，徒来也：扬起的尘埃低且面积广的，那是敌人步卒开来。

⑥散而条达：条达，纵横断绝之貌。此句意谓烟尘疏散而呈条缕状。

⑦营军：察看地形，准备立营的敌军。梅尧臣注："轻兵定营，往来尘少。"

⑧辞卑而益备：益，增、加强。措辞谦卑而加强防备。

⑨辞强而进驱：措辞强硬而又示以驰驱进逼之形。

⑩轻车先出居其侧者，陈也：陈，通"阵"，布阵。《论

语·卫灵公》："卫灵公陈于孔子。"即问阵于孔子。杜牧注:"出轻车,先定战陈疆界也。"

⑪无约而请和者,谋也:梅尧臣注:"无约请和,必有奸谋。"

⑫杖而立:倚仗兵器而站立。梅尧臣注:"倚兵而立者,足见饥弊之色。"

⑬汲役先饮:汲役,负责取水的士兵。张预注:"汲者未及归营而先饮水,是三军渴也。"

⑭鸟集者,虚也:张预注:"凡敌潜退,必存营幕,禽鸟见空,鸣集其上。"此言群鸟集中其上,则其下营垒已空。

⑮军扰者,将不重也:敌军多惊扰,是将领无威容,不持重。李筌注:"将无威重则军扰。"

⑯吏怒者,倦也:梅尧臣注:"吏士倦烦,怒不畏避也。"此言军士愤怒,是士众倦烦了。

⑰粟马肉食,军无悬甀不返其舍者:粟,古以粟为粮谷之总称。甀,盛水的瓦器。

⑱谆谆翕翕:曹操注:"谆谆,语貌;翕翕,失志貌。"杜牧注:"忧在内,是自失其众心也。"

⑲数赏者,窘也:梅尧臣注:"势穷忧叛离,屡赏以悦众。"

⑳委谢:委质来谢,带贵重礼品来言好。张预注:"以所亲爱委质来谢,是势力穷极,欲休兵息战也。"

【译文】

敌人逼近而安静的,是依仗他占据险要地形;敌人离我很远而来挑战的,是想诱我前进,因为他占据的地形有利于同我交战。前方许多树木摇动,那是敌人隐蔽前来;草丛中有许多遮障物，是敌人布下的疑阵；群鸟惊飞，下面必有伏兵；野兽惊骇，是敌人大举突袭而至。尘土飞扬而高冲云间，是敌人的战车驰来；尘土飞扬低而宽广，是敌人步兵开来；尘土疏散飞扬，是敌人正曳柴而走；尘土少而时起时落，是敌人正在扎营。敌人使者措辞谦卑却又在加紧备战的，是企图向我进攻；敌人使者言辞强硬而军队又做出前进姿态的，是准备撤退；敌人轻车先出动部署在军营两翼的，是在布列阵势；敌人尚未受挫而来讲和的，是另有阴谋；敌人兵卒奔走而摆开阵势的，是企图约期同我决战；敌人半进半退的，是企图引诱我军；敌兵倚着兵器而站立的，是饥饿的表现；负责取水的士兵打水自己先饮的，是干渴的表现；敌人见利而不进兵争夺的，是疲劳的表现；群鸟聚集在敌营上空，营地必已空虚；敌人夜间惊叫的，是恐慌的表现；敌营惊扰纷乱的，是敌将没有威严；敌人旌旗摇动不整齐的，是敌军队伍已经混乱；敌人军官易怒的，是全军烦倦的表现；敌人用粮食喂马，杀牲口吃肉，收拾起汲水器具，部队不返营舍的，是准备拼命突围的穷寇；低声下气同部下讲话的，是敌将失去了人心；不断犒赏士卒的，是敌军没有办法；不断惩处部属的，是敌人处境困难；敌将先对士卒暴虐，后又畏惧士卒叛离的，那是最不聪明的将领；派来使者送信言好，是敌人想休兵息战；敌人盛怒同我对阵，却久不交锋又不撤退的，必须仔细审察，摸清敌人的企图。

【新解】

《孙子兵法》全文13篇共6000多字中，孙子一共用了79处"知"。"知彼知己"是一条主线，贯穿整部兵法始终，孙子在战略、战役、战术各个层面上都强调这一观点。比如，战略上,《计篇》的先计后战,《谋攻篇》的"知彼知己";战役上,《虚实篇》的"知战之日,知战之地,千里而战"。《地形篇》的"知彼知己""知天知地";战术上,《虚实篇》的策、作、形、角四种办法诱使敌人自我暴露等。在《行军篇》中孙子讲完"处军之道"后,紧接着就提出了"相敌三十二法",这进一步体现了孙子对战场态势的敌情的深入洞察与把握,也是"知彼知己"思想在行军与战术层面的具体运用。

"相敌"的"相"和"相面"的"相"意思相近,"相敌"的目的就是对敌方情况准确、及时地观察、判断,从而得出新的结论,不断修正已拟定的作战计划,使其更符合客观实际。孙子认为,只有透过战场上各种纷乱迷离的现象,加以由表及里、去伪存真地认真分析,才可获得敌情的真相。

"相敌三十二法"不是简单地堆积、罗列战场现象,而是大致从6个角度透过现象看本质。

第一个角度,"敌近而静者,恃其险也;远而挑战者,欲人之进也。其所居易者,利也。"这是针对敌军所处位置及其行动的判断。敌人逼近却镇定安静的,是依仗他占据了险要地形;敌人距离我方遥远却前来挑战的,是要引诱我前进。第三句话有点令人费解,"其所居易者,利也。"敌人不居险要之处而驻扎于平坦之地,目的何在呢?有的人说,那是因为占据了其他有利条件。还有的人说,是为便于发起进攻。这两种解释都有一定道理。我认为,还是理解为"利诱"为好。本句可以理解为平易之地便于攻击,诱使对方贸然进攻。

第二个角度,"众树动者,来也;众草多障者,疑也。鸟起者,伏也;兽骇者,覆也。尘高而锐者,车来也;卑而广者,徒来也;散而条达者,樵采也;少而往来者,营军也。"这是通过相关动静判断敌情的方法。树动不止，是敌隐蔽前来的迹象；草丛中设置许多障碍，是敌布下的疑兵；群鸟惊飞，是下有伏兵的迹象；野兽奔跑，是敌大举来袭的迹象；尘土高扬，意味着战车飞驰而来；尘土低且分布广，意味着敌步兵开赴而来；尘土疏散飞扬，是敌拖着树枝行走的迹象；尘土减少且反复往来，是敌人驻扎的迹象。

第三个角度，"辞卑而益备者，进也；辞强而进驱者，退也。轻车先出，居其侧者，陈也；无约而请和者，谋也；奔走而陈兵者，期也；半进半退者，诱也。"这是通过敌方动作，对敌意图的判断。敌外交言辞怯懦却加紧备战，是进攻的先兆；敌外交言辞强硬，且做出进攻态势，实际是退却的先兆；敌轻车先出动部署在军营两翼，是要布列阵势；敌事先没有约定而要求和解，其中隐藏着更大的阴谋；敌不断调动兵车并摆列阵势，则是企图约我决战；敌半进半退，则是诱兵之计。

第四个角度，"杖而立者，饥也；汲役先饮者，渴也；见利而不进者，劳也；鸟集者，虚也；夜呼者，恐也；军扰者，将不重也；旌旗动者，乱也；吏怒者，倦也。粟马肉食，军无悬缻，不返其舍者，穷寇也。"这是通过敌军表面现象，对敌战斗力的判断。对于依杖而立、抢先饮水、见利不进的部队，说明其饥饿、干渴或者已到了极度疲惫的程度。鸟雀聚集在营寨上，说明下面是空营；敌人夜间惊叫，说明部队恐慌；敌营惊扰纷乱，说明敌将不够威严；敌方旌旗乱动，说明部队混乱；敌军军官怒气冲天，说明敌军已到厌战、军心动摇的程度；敌人用粮食喂马，杀马吃肉，营中已看不见汲水的绳和提水罐，部队不再返回营房，说明敌方已成穷寇，准备拼命突围。

第五个角度，"谆谆翕翕，徐与人言者，失众也；数赏者，窘也；数罚者，困也；先暴而后畏其众者，不精之至也。"这是通过观察敌军将领的管理方法，对敌军整体状态的判断。"谆谆翕翕"，原义是"嘴巴一开一合的样子"，这里是指"讲话慢声细语，低声下气的样子"。低声下气同士卒讲话的将领，说明已失去众人支持；频繁赏赐士卒的将领，说明他处境困窘；动辄处罚士卒的将领，表明他一筹莫展；对部下先粗暴后又惧怕，说明将领不精明。

第六个角度，"来委谢者，欲休息也。兵怒而相迎，久而不合，又不相去，必谨察之。"这是通过观察敌军行动，对其未来趋势的判断。敌军前来酬谢，是想休兵；敌军各部气势汹汹出兵对阵，但迟迟不交锋，又不退兵，这就必须谨慎侦察研究其动向了。

有的朋友会说，孙子讲的这些方法在现代战争中都过时了，现在打的都是高技术战争、非接触作战，哪里还需要通过鸟兽尘土之类的现象来判断敌情。我们要理解孙子的时代局限性，他提出的这些战场侦察方法的确都比较原始。但是，这些相敌之术中体现出的思想——通过各种信息感知手段观察敌情和透过各种表象、假象判断敌情——仍然具有重要的价值。孙子的32种判断敌情的方法不仅限于具体操作，更体现了一系列重要的哲理。比如"见微以知萌，见端以知末"，即通过微小的变化知其未来的发展趋势，通过事物发展的开端预知其结局。又如，"由表及里，由此及彼"强调要透过现象深入本质，由一点推及另一点，等等。这些哲理的核心在于，只有深刻理解并应用这些方法，我们才能穿透战场的重重迷雾，准确判断敌情，并根据实际情况做出明智的决策。信息时代，战场感知手段和推理判断方法相比孙子的时代已取得了飞跃式的进步，人们借助先进的科学技术使视觉器官、听觉器官等感知手段得到了巨大的延伸，思维能力和计算能力也空前强大，然而，尽管技术日新月异，敌情侦察的基本原理与孙子的"相敌"思想在本质上仍然具有相通之处，都强调了深入观察，理性分析和准确判断的重要性。

说起来，美国人之所以能够最终锁定本·拉登的藏身之处，也是由种种现象分析出来的。

在2007年之前，美国中央情报局获知了拉登一位信使的部分信息，知道了这位信使的化名，也知道拉登非常信赖这位信使。经过两年追踪，在2009年的时候，他们确认了这名信使及其兄弟在巴基斯坦经常出没的一个地点。2010年8月，美国中央情报局确认了这名信使及其兄弟在巴基斯坦北部山城的确切住所。在接下来的日子里，他们又通过蛛丝马迹分析并推断出本·拉登就藏身于这幢住所之中。

这一结论是基于几个不同寻常的现象得出的。首先，这处住所在当地面积特别大，远超周边住宅面积，而且房价超出了这对信使兄弟的财力承受范围。其次，住所的戒备非常森严，高高的院墙有4～6米，而且有两道安全门，里边还有一座三层的小楼。这座三层小楼的前面还有多处内墙阻挡，显得非常神秘。再者，这样一座豪宅，既没有电话，也没有网络，通信方式非常可疑。此外，住所里的住户也不像普通居民那样倾倒生活垃圾，而是将垃圾全部焚烧。最后，这个住所坐落在中产阶级区，附近有一家医院。美国中央情报局对本·拉登非常关注的一点就是他患有肾病。因为美军多次在本·拉登逃离后搜索他住过的地方，都发现他裤子上有尿液，也就是他尿裤子，说明他的肾病已经到了比较严重的地步。焚烧垃圾很可能是为了销毁与肾病治疗相关的大量药品和透析液。同时，附近医院的存在，使得购买药品变得更为便利且不容易引起外界怀疑。综合这一系列现象，美国中央情报局断定，这里就是本·拉登的藏身之处。美军随后的行动也验证了这一判断，5月1日美军特种部队突击这幢住所，并成功完成了任务。

曾经有一首流行歌曲，其中一句歌词是："借我一双慧眼吧，让我把这纷扰看得清清楚楚、明明白白、真真切切。"我觉得慧眼不是借来的，而是修炼来的。孙子"见微知著""由表及里"的相敌之法，就有助于我们练就一双能够透过现象看本质的慧眼，把生活和工作中的纷纷扰扰看得清清楚楚、明明白白、真真切切。

（四）兵不在多而在精，精兵慎行可胜敌

【原文】

兵非多益①，惟无武进②，足以并力、料敌、取人③而已。夫惟无虑而易敌④者，必擒于人。

【注释】

①兵非多益：王晳注："不以多为益。"即兵不在多之意。
②惟无武进：武进，刚武轻进。此言不要恃武轻进。
③取人：选取合适的人才。
④易敌：轻视敌人。

【译文】

打仗不在于兵多就好，只要不轻敌冒进，并集中兵力、判

明敌情、选用合适的人才，则必能取胜。只有那种毫无深思熟虑而又轻敌的人，才会被敌人俘获。

【新解】

2015年9月3日，习近平在纪念中国人民抗日战争暨世界反法西斯战争胜利70周年的大阅兵时，向全世界宣布中国将裁军30万，从当时的230万裁到200万。横向对比世界上主要军事强国的军队数量，美国140万，俄罗斯124万，印度117万，法国36万，英国21万，日本自卫队28万。当今世界，大国为什么纷纷走上精兵之路呢？早在2500年前，孙子就给出了答案。

孙子指出："兵非多益，惟无武进，足以并力、料敌、取人而已。夫惟无虑而易敌者，必擒于人。"这段话的核心是讲兵不在多，在于精而善用。

"兵非多益"，意思是说军队人马并不是多了就好。在传世本中，这句话写作"兵非益多也"，只有汉简本写成"兵非多益"。两个版本的意思基本一致，都强调军队并非人马越多越好。据吴如嵩先生分析，一来竹简本更接近《孙子兵法》原文，一般情况下取竹简本的说法；二来，"益"与下文的"力""敌""人"等字押韵，使得《孙子兵法》读起来朗朗上口。所以，相比之下，"兵非益多"更符合孙子的原意。用现代军事术语来说，这几个字强调的是精兵思想，即兵不在多，而在于精。历史上令敌人闻风丧胆的"杨家将""岳家军""戚家军"，无不是由于军队建设者抓住了精兵思想，注重提升军队战斗力，才能够在战场上叱咤风云。

不同的时代、不同的战略形势，精兵的数量和规模肯定各不相同，没有一定之规。但是，无论军队规模大小、人马多少，有一点是共同的，那就是要"善用"，用好、用活。孙子从正反两方面提出了善用精兵的原则和方法。

从正面来说，"惟无武进，足以并力、料敌、取人而已。""惟无武进"，就是不要去盲目冒进，言外之意要善于谋划。与军队的数量相比，一支精锐、善谋的军队更具有战斗力。战场上兵力的运用、形势的判断、目标的选择，都需要将领具有冷静、好谋的能力。孙子不赞成匹夫之勇，也不赞成孤胆英雄。无独有偶，与孙子生活在同一时代的"文圣"孔子也有相似的观点。有一次子路问老师孔子："您如果统帅三军的话，愿意找谁共事呢？"孔子说："暴虎冯河，死而无悔者，吾不与也。必也临事而惧，好谋而成者也。"（《论语·述而》）"暴虎冯河"是指空手与老虎搏斗，徒步涉水过河，比喻某人有勇无谋，鲁莽冒险。孔子认为，他们"敢"字当头，死而不悔，但他不愿与这种人共事，而愿与遇事谨慎，善于通过巧妙谋划来取得成功的人共事。作为将帅或管理者，一定要养成善于谋划的工作作风，切不可遇事头脑冲动，简单应对。

如何谋划呢？孙子说出三个关键词：并力、料敌、取人。相当于现在所说的，集中兵力、了解敌情、选用优秀的人才。满足这三个条件，就可以用好军队了。其中"取人"一词，在学术界有三种解释，一是说取得部下的拥护和支持，二是说取胜于敌，也就是战胜敌人，三是说择人而用。应当说，这三种解释都说得通。但若联系孙子前文对精兵问题的论述，我倾向于这里的"取人"指选用优秀的人才更符合孙子的本意。兵不贵多而贵精，枪不在量而在质。

从反面来说，"夫惟无虑而易敌者，必擒于人。""无虑"，即缺心眼、少谋略、马马虎虎。"易敌",即轻视敌人、麻痹大意。这样的将领领兵打仗,人马再多,也必定一战而败,非被人活捉不可。

孙子正反两方面的分析只是略举数端,并未全部展开。13篇中"善用兵者"这一表述频繁出现,可见,用好、用活现有的人马,远不止并力、料敌、取人三个要点,同样,不善用兵的问题也绝不止无虑和易敌,还包含其他诸多方面。孙子仅通过阐述最基本的要点和最常见的问题,提醒人们注意在各种复杂情况下都要"善用"军队。

这段话中最具有新意的还是"兵非多益"四个字。其中所蕴含的精兵思想具有穿越时空、跨越领域的巨大生命力。

从古至今,军队建设中的数量和质量一直是一对矛盾关系,兵少不足守卫,兵多不胜供养。当今世界,武器装备越来越昂贵、军队建设越来越耗费资金,军队规模越大,国家财力越不堪重负。同时,军队规模越大,越容易形成中间大两头小的"恐龙"躯体,机构臃肿,效率低下。所以,军队每隔几年就必须进行一番精简。

中华人民共和国成立后,我军已进行10余次规模较大的裁军,其出发点都与孙子所说的"兵非多益"基本一致。第一次裁军在1950年4月,中央决定将全军总员额由550万减至400万。但是由于抗美援朝战争爆发,精简工作未能继续进行,军队反而扩编,至1951年底,解放军总人数达到历史上最高的600余万。虽然当时抗美援朝战争还没有完全结束,但朝鲜战场局势转入阵地防御阶段,国内大规模剿匪作战也取得了决定性胜利,中央军委便决定将全军员额减到约400万人,这是第二次大裁军。接下来的第三、第四次裁军在50年代后期,

1955年底减至350万,1958年底减至240余万人。在20世纪六七十年代,军队数量再次大幅度攀升,至1975年曾一度高达600多万。为解决兵种比例失调和部队臃肿问题,1975年—1982年,我国曾经有过3次裁军,至1982年底军队人数再次减少到400多万。接下来的第八次裁军可以说是非常著名的,1984年11月1日,中央军委召开座谈会,邓小平在会上提出裁军100万的设想,他针对每个军区的领导班子有十几名,甚至二十名之多的臃肿状况,幽默地说"打麻将都凑好几桌"。1985年6月4日,邓小平在军委扩大会议上,慢慢伸出了右手的食指,宣布了一个震惊世界的决定——中国人民解放军裁减员额100万。紧接着,他论述了百万大裁军和走中国特色精兵之路这一战略性转变的意义。这一举措不仅在国内引起了广泛关注和讨论,甚至在国际上也产生了深远的影响。美国《时代》周刊因此将邓小平选为1985年的年度人物,将其登上封面。与裁军同步,陆航部队、电子对抗部队等新兵种以及预备役部队相继成立,陆军中技术兵种比例首次超过了步兵,人民军队迈出了由摩托化向机械化转型的关键一步。1997年—1999年第九次裁军又减员50万,2005年第十次裁军再裁员20万,我国军队总规模降至230万。

10年后,2015年9月3日,整个世界都看到了,在纪念中国人民抗日战争暨世界反法西斯战争胜利70周年的大阅兵时,习近平主席庄严宣布,中国人民解放军将裁军30万,军队总规模保持在200万人左右。与此同时,我军开始推进史无前例的军事改革,军队实施结构性重组,这可以称得上是脱胎换骨式的改革。这次改革并非单纯数量或规模上的调整,而是为了更好地"并力、料敌、取人"进行的重新组合。将原来的七大军区整合为五大战区、原来的独立兵种二炮部队上升为新的军种火箭军,组建了适应信息作战的战略支援部队。在领导指挥体系上,构建了军委管总、战区主战、军种主建的模式,这是符合世界军事变革潮流的战略性举措。这次改革的重心是提升战斗力,所以,部队编成、人员配置等各方面都是按实战需求设计的。那些与直接作战任务关联不大的单位和人员可能就要裁减,院校、科研、医院、报社、文体等单位,很多干部可能要脱下恋恋不舍的军装。所以说,这次军改在某种程度上来说,无论是对整个解放军还是对每个军队干部,都是一次深刻的变革。

之所以说"兵非多益"的思想具有跨越领域的生命力,是因为政府、企业,甚至部门、团队的建设都离不开这个道理。西周时期大商人白圭曾说:"吾治生产,犹伊尹、吕尚之谋,孙吴用兵,商鞅行法是也。"(司马迁,《史记·货殖列传》)即生产经营,其规律和方法如同治理一支军队。观察现实中的政府和企业建设,有许多与军队相似的现象。每隔几年规模就会逐渐扩大,领导层次越来越多,管理干部越来越多,机构的效能、效率越来越低。更糟糕的是,有些领导以为,人马越多越好。这其实是非常错误的观点。所以说,孙子"兵非益多,惟无武进,足以并力,料敌,取人而已"的思想值得各行各业的领导者高度重视和灵活运用。

(五)复杂情况下管理部队,须文令武齐

【原文】

卒未亲附而罚之①,则不服,不服则难用也。卒已亲附而

罚不行，则不可用也。故令之以文②，齐之以武③，是谓必取④。令素行以教其民，则民服⑤；令不素行以教其民，则民不服。令素行者，与众相得⑥也。

【注释】

①卒未亲附而罚之：亲附，亲近、归附。杜牧注："恩信未洽，不可以刑罚齐之。"

②令之以文：文，宽厚。此句言对待士卒要宽厚笼络。

③齐之以武：武，刑威，军纪刑罚。故此言用严明军纪刑罚来整肃部众之行为。

④必取：言必能取得部下的敬畏和拥戴。

⑤令素行：以教其民，则民服：令，立法行令。素，平时。整句言平时严格贯彻法令，管教士卒，士卒就会听服。梅尧臣注："威令旧立，教乃听服。"其说甚是。

⑥与众相得：得，亲和。相得，关系融洽。此言与士卒相处得融洽。

【译文】

士卒还没有形成凝聚力亲附之前就加以处罚，他们会不服，不服就很难使用；士卒已经团结依附之后，如果纪律仍不执行，这样的士卒也不能用来作战。所以将领要以怀柔宽仁的手段使军令畅通，以法规约束的手段使部队整齐划一，这样必然能取得部下的敬畏和拥戴。将领平时严格贯彻法令，管教士卒，士卒就会听服；平时不严格贯彻法令，管教士卒，士卒就会养成不服从的习惯。士卒能贯彻平时法令的，这表明将帅与士卒之间相处融洽。

【新解】

孙子从战争实践中发现，无论是在阵地上排兵布阵，还是在各种地形上安营扎寨，除了要仔细侦察、谨慎防范外，另一个重要问题就是部队要听召令，一切行动听指挥。如果部队行动迟缓、拖拉，有令不行、有禁不止，既容易暴露行踪，招致敌方偷袭，也难以形成强大的战斗力。于是孙子接着说："卒未亲附而罚之，则不服；不服则难用也。卒已亲附而罚不行，则不可用也。故令之以文，齐之以武，是谓必取。"这段话的核心讲的是带兵方法，只有平时按照这种方法带兵，教育管理部队，在战场复杂的情况下排兵布阵、安营扎寨才有可能行动迅速和隐蔽。

孙子这段话有两层意思。首先，他揭示了带兵的一般规律："卒未亲附而罚之，则不服；不服则难用也。卒已亲附而罚不行，则不可用也。""亲附"，即亲近、归附。"用"就是士卒能够为将所用，即能够接受指挥。士卒还没有亲近、归附时就惩罚他们，他们就很难与将领建立起感情，也就不会从心理上服从管理，将领就难以指挥。反之，如果士卒已经亲近、归附，但是军纪却得不到执行，那么将领也是无法指挥他们的。

其次，他针对这种规律提出带兵管理的基本办法："故令之以文，齐之以武，是谓必取。"这里的"文"指的是教化手段，包括爱护士卒、优厚奖赏、培养教育等，相当于我们现在讲的关怀、激励和引导；"武"指的是军纪刑罚，相当于现在讲的法规约束和惩处。孙子认为，在治军问题上，文、武二者不可偏废。"令之以文"是通过教化手段使军令畅通；"齐之以武"则是说通过法规约束的手段，使部队整齐划一。只有平时这样治军管理，才能使官兵们培养良好的习惯和作风，从而在战场上取得胜利。在汉简本中，"令之以文"写成了"合之以交"，有人认为"合"与"齐"形成了对仗的关系。但是，《武经七书》本和《十一家注孙子》本都是"令之以文"，而且现在也有个约定俗成的词语"令文齐武"。相比之下，还是传世本的说法更符合治军的规律，也更符合孙子的本意，所以我们还是依照传世本作"令之以文"。

运用孙子这一带兵管理方法需要注意两个要点：一是带兵管理要以"文"为首。所谓"卒未亲附而罚之，则不服；不服则难用也"，就是说要先用"文"的教化手段强化凝聚力、向心力，使士卒亲附。待士卒与将领一条心之后，再强化严格的军纪，尽量不要在士卒还没有亲附的时候就实施惩罚。二是带兵管理要文武兼施。孙子认识到"文"与"武"的辩证关系，"令之以文，齐之以武"，二者相辅相成，缺一不可。孙子在强调"文"的同时又指出，要管理好部队，必须做到恩威并重。在军队，"武"就是严格的纪律。将领只有把爱护战士与严格管理相结合，军队才能出战斗力。

孙子是个彻底的唯物主义者，从不做表面文章。在带兵问题上反对玩花架子，反复强调要落到实处。所以，他提出文武并用的战略思想后，唯恐人们把其当作权宜之计，于是进一步提出："令素行以教其民，则民服；令素不行以教其民，则民不服。令素行者，与众相得也。"

这段话中最为关键，也最有新意的是"素行"二字。一般人们喜欢说"有令必行""军令如山倒"之类强调坚决执行的话，这无疑是对的。而孙子更深刻地意识到坚决执行的意识、能力和习惯并不是与生俱来的，而是需要长期培养。所以他在"行"字前加上了"素"。"素"就是向来、平时的意思。"令必素行"

告诉人们一种非常有效的管理方法：将领只有既注重立规矩，平时又坚持按规矩办事，长期严格贯彻法令，管教士卒，士卒才会服从管理；相反，将领只知道立规矩，平时又不按规矩办事，不严格贯彻法令，放任士卒，士卒便不会服从管理，这就等于无规矩可遵循，法令也失去了震慑人心的权威性。孙子认为，只有立了规矩又按规矩办事，下达命令又始终贯彻执行的人，才能真正赢得士卒的真心拥戴。"与众相得"如果用现在的话讲，就是官兵心心相印、团结如一。简而言之，治军必须与教养士卒一致。将领平时严格管理，部队才能养成良好的作风，官兵才能形成干大事的特质。否则，有章不行、有制不遵，朝令夕改、因人而异，在管理上很难见效。周亚夫军细柳的故事，就是"令素行以教其民"效果的充分证明。

公元前158年，匈奴大规模进犯边境。朝廷委派宗正刘礼驻军于霸上（今陕西西安以东）；派祝兹侯徐厉驻军于棘门（今陕西咸阳东北）；派周亚夫驻军于细柳（今陕西咸阳西南，渭河北岸），担负防御匈奴的任务。

有一天，汉文帝亲自去慰劳军队，到了刘礼和徐厉驻守的霸上、棘门的军营，刘礼和徐厉远远地就去迎接，还全程骑马陪同。汉文帝所到之处，如入无人之境，长驱直入，好不威风。紧接着，汉文帝又来到周亚夫的细柳军营视察，还没到军营大门，远远地就被拦了下来。皇帝车队的先行卫队长怒斥道："皇上即将驾到，还不快快迎接！"守卫的士兵说："将军有令，军中只听从将军的命令，不听从天子的诏令。"汉文帝只好派了使者，拿着天子的符节进入军营通告周亚夫："皇上要进营慰问军队"。周亚夫这才传令打开营门，汉文帝被迎入军营。汉文帝所乘御车车夫正想快马加鞭，守卫营门的士兵对跟从的武官大声说:"将军有令,军营中不准纵马奔驰。"于是,汉文帝只好叫车夫放松了缰绳,让人牵着马的缰绳徐徐行进。到了大营,将军周亚夫手持着兵器行拱手礼,说:"我是盔甲在身的将士,不能跪拜,请允许我以军礼参见。"汉文帝是何等聪明之人,他沿途看到周亚夫的细柳军营中,官兵都披戴盔甲,兵器锐利,训练的士兵士气高涨,喊声震天,现在见到周亚夫也是一副枕戈待旦、随时准备迎战的样子。他动容地俯身靠在车前横木上表示敬意,并派人致意说:"皇帝敬重地慰劳将军。"

待出了细柳军营,随行的一些大臣纷纷表示不平,认为周亚夫倚老卖老,不把汉文帝放在眼里。汉文帝却说:"这才是真正的将军呀!刚才在霸上、棘门的军营,简直就像儿戏一样,那里的将军如果被敌人偷袭很容易就会成为俘虏。至于周亚夫,敌人岂敢侵犯?"周亚夫军细柳从此成为一段治军佳话,而"细柳"一词也被后人用以形容军纪森严、军备严整。

在故事中,守卫的士兵一再提及"将军有令"。可见军令深入人心,执行精准。可想而知,这些并非将军偶尔之言,而是"素行"的结果。

周亚夫虽已作古2000多年,然而,他那种有法必依、执法必严的精神却依然那么鲜活,特别是他在君王面前仍然坚持按法令法规办事的作风,更是值得我们学习。现实中,作风过硬的部队往往人才层出不穷。无论是干部还是战士,一个好的战斗集体能够为他们提供一个良好的成长平台,而管理不善的部队则无法提供这样的环境。因此,"令必素行"作为一种具有持续力的管理模式,其成效必然会在战场上得到彰显。

近些年,人们注意到一个现象:军人企业家创业成功率相对较高,如联想的柳传志、华为的任正非、万科的王石、万达的王健林等。美国也有这种现象。据美国商业年鉴统计,"二战"以来,在世界五百强企业中,西点军校出身的董事长有1000多名,副董事长2000多名,总裁和副总裁高达5000多名。尽管这些数据的准确性有待商榷,但不可否认的是,许多商业巨头确实拥有军人经历,如宝洁的前CEO罗伯特·麦克唐纳、曾任可口可乐总裁的罗伯特·伍德鲁夫等,都出自西点军校。西点军校是培养初级军官的一所军事院校,与经营企业和商场竞争并无直接联系。然而,它为什么能培养出这么多商界巨子,甚至被人们誉为"最成功的商学院"呢?我认为,关键在于西点军校的教育训练模式。西点军校的严格军事训练和"军令如山倒""令必素行"的教育理念深深影响了每一位学员。这种教育理念在他们人生观、世界观、价值观形成阶段确实有利于形成他们的管理思维,并转化为他们的自觉意识,伴随和影响他们一生。无论走到哪里,也无论干什么工作,这些意识都会支配他们的思想和行动,在企业经营管理过程中坚持"令必素行"。

生活中,无论是大领导还是小领导,都希望自己的团队能够积极响应指令,做到令行禁止、团结一致。这样的团队确实易于管理,带起来舒服、轻松。可是,话又说回来,这种状况绝非自然形成。不少企业家感叹,现在经营企业,事难做,人难管,队难带。怎么办呢?我们不妨向成功的军人企业家学习,尤其是从孙子的治军带兵之道中借鉴一点智慧。

十

《地形篇》
逻辑思路及经典谋略

[篇题解析]

孙子对于战争中地理信息的运用十分重视，在 13 篇中，与地理直接相关的有 3 篇：《行军篇》《地形篇》《九地篇》。《行军篇》讲的是军队在机动过程中，如行军开进、安营扎寨时，要注意的几种特殊地形。《地形篇》则讲的是在力量展开阶段，即在战场布势阶段，从敌我双方对比角度，要注意的地理形势。《九地篇》则是从更高层面，即今天我们所说的战略地理的高度分析各种地理环境。因此，《地形篇》承《行军篇》所述的行军地理思想，启《九地篇》所述战略地理思想，专论作战地理，并延伸至作战中出现的混乱情况和在日常训练管理中应注意的问题，起到一个承上启下的作用。从一般地形条件扩展到地缘政治，孙子对地形的军事价值进行了层层递进式挖掘。正如明末清初的军事地理学家顾祖禹在《读史方舆纪要》的序言中所称赞的："夫论兵之妙，莫如孙子，而论地利之妙，亦莫如孙子。"本篇论述的思路是：

1. 作战首先要利用地形，确保胜利。
2. 虽然可以利用地形取胜，但胜败的关键在于官兵素质，尤其是将帅的思想境界高度和依据战争规律的灵活指挥能力，对战争胜利更为重要。
3. 将领必须按实际地形打仗，不图虚名、不媚上。

4. 治军管理要恩威并施，才能练就出共赴患难、同生共死的军队。

5. 最后得出结论，要知彼知己、知天知地，才能确保胜利。

（一）地有六形，将之至任在于趋利避害

【原文】

孙子曰：地形有通①者，有挂②者，有支③者，有隘④者，有险⑤者，有远⑥者。我可以往，彼可以来，曰通。通形者，先居高阳⑦，利粮道⑧，以战则利。可以往，难以返，曰挂。挂形者，敌无备，出而胜之；敌有备，出而不胜，难以返，不利。我出而不利，彼出而不利⑨，曰支。支形者，敌虽利我⑩，我无出也，引而去之⑪，令敌半出而击之⑫，利。隘形者，我先居之，必盈之以待敌⑬；若敌先居之，盈而勿从，不盈而从之⑭。险形者，我先居之，必居高阳以待敌⑮；若敌先居之，引而去之，勿从也。远形者，势均⑯，难以挑战⑰，战而不利。凡此六者，地之道也⑱，将之至任⑲，不可不察也。

【注释】

①通：通达，指四通八达的地区。《易·系辞》："往来无穷谓之通。"梅尧臣注："道路交达。"

②挂：悬挂、牵碍。此指前平后险、易入难出的地形。

③支：支撑、支持。《左传·定公元年》："天之所坏，不可支也。"杜预注："支，持也。"指敌对双方皆可据险对峙，不易于发动进攻的地区。梅尧臣注："相持之地"，其说义近。

④隘：狭窄、险要之地。梅尧臣注："两山通谷之间。"此处谓两山峡谷之间的地带。

⑤险：险要、险恶。指山川险要、行动不便利的地带。

⑥远：《庄子·天道》："吾固不辞远道而来愿见。"这里指敌我双方距离较远。

⑦先居高阳：杜牧注："通者，四战之地，须先据高阳之处，勿使敌人先得而我后至也。"此言应率先占据地高向阳的地形，取得主动权。

⑧利粮道：贾林注："通粮道，便易转运。"杜佑注："无使敌绝己粮道也。"此言保持粮道畅通。

⑨彼出而不利：而，也、亦。意谓敌人出击也不利。

⑩敌虽利我：利，利诱。杜佑注："佯背我去。"此言敌人以利诱我。

⑪引而去之：引，去，离开。梅尧臣注："伪去引敌。"此言引兵伪装退去。

⑫令敌半出而击之：令，使。张预注："敌若来追，伺其半出，行列未定，锐卒攻之，必获利焉。"其说甚是。

⑬必盈之以待敌：盈，满也，此乃充足之意。杜佑注："以兵陈满隘形，欲使敌不得进退也。"此句言一定要用足够的兵力堵塞隘口，以对付来犯敌军。

⑭盈而勿从，不盈而从之：从，顺随。张预注："敌若先居此地，盈塞隘口而陈者，不可从也。若虽守隘口，俱不齐满者，入而从之，与敌共此险阻之利。"

⑮险形者，我先居之，必居高阳以待敌：曹操注："地形险隘，尤不可致于人。"张预注："平陆之地，尚宜先据，况险厄之所，岂可以致于人？"

⑯势均：张预注："势力又均。"杜佑注："地势均等。"于义皆通。

⑰难以挑战：挑战，挑动敌人出战。曹操注："挑战者，延敌也。"全句谓因地远势均，不宜先求战。

⑱地之道也：道，原则、规律。指前述六者乃将帅指挥作战时利用地形之原则。

⑲将之至任：至，最、极也。指将帅应负的重大责任。

【译文】

孙子说：地形有"通形""挂形""支形""隘形""险形""远形"6种。我军可以去、敌军可以来的地形叫"通形"。在"通形"地域上作战，应先占领视界开阔的高地，保持粮道通畅，这样就十分有利。可以前往、难以返回的地形叫"挂形"。在"挂形"地域上作战，如果敌人没有防备，就可以突然出击并战胜他；如果敌人有所防备，出击不能取胜，又难以返回，这样就很不利了。我军出击不利，敌军出击也不利，这种地形叫"支形"。在"支形"地域上作战，敌人即使以小利诱我，也不要出击，而应首先率军假装败走，诱使敌人出来一半时再回兵攻击，这样就有利。在狭窄险要的"隘形"地域上作战，我们应先敌占领并封锁隘口，伺机歼敌。如果敌人先占领隘口，并用重兵据守，就不要随敌意去进攻；如果敌人没有封锁隘口，则可以进攻。在"险形"地域上作战，如果我军先占据险地，必须控制视界开阔的高地，以等待敌人来犯；如果敌人先占据险地，我军就应引兵撤退，不要仰攻敌人。在敌我双方距离较远的"远形"地域上作战，双方势均力敌，我方不宜挑战，勉强求战，必然不利。以上6个方面，是利用地形的原则，掌握这些原则是将帅的重大责任所在，不能不认真地加以研究。

【新解】

新中国开国大将粟裕是打仗高手，但他的爱好却鲜为人知。粟裕将军最大的爱好就是看地图。战争期间，他大部分时间都是在地图前思考。每到一个宿营地，粟裕就会把 1/50000 比例尺的当地军用地图钉在墙上，边看边沉思，有时甚至连续看上几天几夜。他不仅看地图，还背地图。凡是山川道路，村镇桥梁，针叶林、阔叶林、水稻田、高苗地等等，他都熟记于心。并且他还要求部队绘制详细的地图，包括瓦屋草房、河沟池塘等每一处细节，同时命令参谋处给各连文书讲授简易标图知识。他对于地图上每一个细微的偏差和实地变化都不放过。有人问他，这地图有什么奥秘啊？粟裕回答："奥妙无穷啊！熟悉地图，熟悉地形，是军事指挥员的基本功。不谙地图，无以为宿将。"1946 年 6 月苏中战役中，粟裕之所以能够在敌人重兵集群合围之中七战七捷，恐怕与他熟悉地形不无关系。

孙子可以说是中国古代最早的军事地理专家。《孙子兵法》中有多篇内容论及军事地形，这些地形论述既涵盖了战略层面的，类似地缘政治的范畴，又包含战术层面的，与军事地理紧密相关。其中，专门论述战术地形及其在战斗中的地位和作用的就是《地形篇》。

在《地形篇》开篇，孙子列举了 6 种常见地形，"地形有通者，有挂者，有支者，有隘者，有险者，有远者。"之后，紧接着就分析了这 6 种地形具体特点及相应的战法。

第一种地形是"通形"，"我可以往，彼可以来，曰通。"也就是敌我双方都往来通达便利的地形。遇到这样谁也挡不住谁的通形，正确的办法就是"通形者，先居高阳，利粮道，以战则利。"也就是说谁先占据视野开阔的高地，占据阳面，保障粮道畅通，谁就在作战中获得优势。

第二种地形是"挂形"，是"可以往，难以返"的地形。遇到挂形，"敌无备，出而胜之；敌若有备，出而不胜，难以返，不利。"这就是说，如果我方在可以前进、难以返回的地形作战，要看敌人有没有防备，如果没有防备，出兵突然袭击就容易取得胜利；如果敌人已经有防备，我方攻击不能得手，又退不得，就非常不利了。

第三种地形是"支形"，顾名思义，就是敌我双方僵持于某地，支在那里了，先动者处于不利地位。遇到支形，"敌虽利我，我无出也，引而去之，令敌半出而击之，利。"这是什么意思呢？就是敌人虽然利诱我，但我方不要出击。而应率军伪装退去，引诱敌人出击，并在敌人出击一半的时候再回兵攻击，这样才有利。

第四种地形是"隘形"，就是"狭隘之处"，曹操讲"隘形者，两山之间通谷也"，也就是两边耸立陡峭高山，中间为狭窄山谷的地形。遇到这样的地形，"我先居之，必盈之以待敌；若敌先居之，盈而勿从，不盈而从之。"如果我方先占领，必须要兵力部署完备；如果敌先占领，敌方兵力部署完备，我方就不要进攻，若敌方兵力部署不周，那就攻进去。这里面的"盈"是"充盈"的意思，就是兵力部署完备，尤其是以重兵把守隘口。像前文讲的"背水一战"中韩信通过的井陉口，就是隘形，但是赵军没有守住，这样就把韩信给放出去了。

第五种地形是"险形"，就是险要之地，易守难攻，敌与我谁先到谁得利。"我先居之，必居高阳以待敌；若敌先居之，引而去之，勿从也。"也就是说，我方如果先占领险地，就要控制视野开阔的高地等敌人来，但是如果敌人先占领，我方就不要打了，迅速撤离。

孙子最后提到的第六种地形是"远形"，就是指敌我相距较远的地形。如果双方距离远，兵力相当，也就是势均力敌，那么我方不宜主动挑战出击，否则敌方以逸待劳，对我方不利。

通过对敌我双方在以上6种地形的分析，孙子总结道："凡此六者，地之道也。将之至任，不可不察也。""地之道"可以理解为"地利之道"，即利用地形的方法。孙子强调，将领指挥打仗最重要的责任就在于要掌握好"地之道"，认真考察战场的地形特点，用好、用活各种地形。

值得注意的是，孙子分析6种地形的同时，逐一提出不同的应对方法，而且从敌对双方假设情况的变化，强调根据变化了的情况灵活应对。虽然针对不同地形的具体方法各不相同，但其中蕴含的思想是一致的，那就是要准确考察地形特点和敌方状态，根据不同特点和敌方状态，因地制宜、动态应变。

当年，岳飞攻襄阳之战就是因为活用了这一思想而取胜的。

公元1134年，岳飞受命率3万大军去收复金国扶持的傀儡政权伪齐控制的地区。当时伪齐占据襄阳、邓州等6郡，襄阳是这6郡的重中之重。因此，攻打襄阳意义非凡。襄阳位于湖北西北部，汉江中游平原腹地，因地处襄水之阳而得名。其既有江河作为屏障，可以据险而守，又拥有广阔的平原，利于军队的大规模厮杀和灵活调动。这些是襄阳地形上对于守军的有利之处。因此，如果伪齐军队将大规模骑兵驻扎在平原上，将步兵布防在江边，岳家军很难找到有效的攻击方法。

然而，当时伪齐将领李成率10万守军驻守襄阳，他倚仗自己军队兵力数倍于岳飞，将骑兵部署在江边，令步兵驻守于平原旷野之上。实际上，江边道路崎岖、乱石林立，根本不利于骑兵的快速调动和机动出击；而步兵驻扎在平原，也无法应付骑兵的快速出击。岳飞在观察敌阵后，找到了敌部署的破绽："步兵利险阻，骑兵利平旷，成左列骑江岸，右列步平地，虽十万众，何为。"经过深思，岳飞想出了一个破城之计。他命部将王贵率领步兵，用长枪攻击敌骑兵，命部将牛皋用骑兵攻击敌步兵。

战斗进行得紧张而激烈。王贵率领的步兵冲入敌人的骑兵之中，用长枪直刺敌战马的腹部。由于江边地域狭窄，敌军无处躲避，战马纷纷倒地。加之江边道路坎坷，不利于战马的奔跑，当前面的战马倒地后，后面的战马也乱作一团，纷纷跌倒，有的还被迫跳入江中。这样，李成的骑兵很快就被击溃了。与此同时，由牛皋率领的骑兵也以势不可挡之势冲向敌步兵阵营。由于在平原作战，骑兵可以发挥自己的速度优势来克制步兵，发起一次冲锋之后，能迅速移动再次组织起来发起新的冲击。这样，在一次次轮番冲击下，李成的步兵团也迅速土崩瓦解。岳飞取得了襄阳一战的胜利，随即，又乘胜收复了邓州等5郡，为以后反攻中原创造了有利条件。岳飞之所以能够取得胜利，关键在于他能根据具体地形情况做出正确的军事部署，巧用地形，发挥己方优势，限制和克制敌军，做到以己之长攻敌所短。而伪齐将领李成，则因为不善于运用地形，反而将有利的地形转变为不利于己的形势，最终导致了失败。

现代战争的战场已经远远超越了孙子所说的"六形"，已从陆地扩展到海洋、天空乃至太空，但是地利之道以及因地制宜思想中的"活的灵魂"仍然具有极高的参考价值。

甚至，这种"活的灵魂"在企业经营、商场竞争、为人处世等领域也都可以加以借鉴和灵活运用。任何人，做任何事情，都必须在特定的客观环境中进行，不顾客观环境和条件，我行我素，恐怕难免会遇到种种阻碍和损害。因此，我们必须学会考察客观环境、适应客观环境并利用客观环境，因地制宜，而且还要"因人而宜"，也就是根据对手在同一客观环境中采取的办法灵活应变。

（二）兵有六败，源自于将领的六种过错

【原文】

故兵有走①者，有弛②者，有陷③者，有崩④者，有乱⑤者，有北⑥者。凡此六者，非天之灾，将之过也。夫势均，以一击十，曰走。卒强吏弱，曰弛。吏强卒弱，曰陷。大吏⑦怒而不服，遇敌怼而自战⑧，将不知其能，曰崩。将弱不严，教道不明，吏卒无常，陈兵纵横⑨，曰乱。将不能料敌⑩，以少合众，以弱击强，兵无选锋⑪，曰北。凡此六者，败之道也；将之至任，不可不察也。

【注释】

①走：小跑、奔。此指败逃。

②弛：松懈、涣散。曹操注："吏不能统卒，故弛坏。"这里指将帅懦弱无能，士卒军纪涣散。

③陷：曹操注："吏强欲进，卒弱辄陷，败也。"此言将吏

虽强，然士卒战斗力弱，与敌作战则将吏孤身奋战，力不能支，故败。

④崩：溃败。刘寅《武经七书直解》："崩者，如山之崩坠也。"此言主将不知其裨佐部将的能力，遇战则溃败。

⑤乱：混乱，没有秩序。

⑥北：败走。

⑦大吏：曹操注："大吏，小将也。"一般来说指偏裨将校，即中下级军官。

⑧遇敌怼而自战：怼，指心生怨愤。此句言军中将吏恚怒而不听主将之令，遇敌便战，致使军队溃败。

⑨陈兵纵横：杜牧注："引兵出陈，或纵或横，皆自乱之也。"此言布兵列阵杂乱无次。

⑩料敌：分析、观察敌情。

⑪选锋：精选出来的精锐的前锋分队。《尉缭子·战威》："武士不选，则众不强。"战国之时，齐之技击、魏之武卒、秦之锐士，皆其军之选锋也。

【译文】

军事上有"走""弛""陷""崩""乱""北"等6种必败情况，这6种情况，不是天时、地理的灾害，而是将帅的过错造成的。凡是地势均同而以一击十的，必然面临败逃，叫作"走"。士卒强悍，军官懦弱，指挥必然松弛，叫作"弛"。军官强悍，士卒懦弱，战斗力必弱，叫作"陷"。部将怨怒而不服从指挥，遇到敌人擅自率军交战，主将又不了解他们的能力而加以抑制，军队必然如山崩散，叫作"崩"。将帅懦弱又无威严，治军没有章法，官兵关系紧张混乱，陈兵布阵杂乱无章，必然自乱阵脚，叫作"乱"。将帅不能正确判断敌情，以少击众，以弱击强，又没有精锐前锋，叫作"北"。以上6种情况，都是导致失败的原因，是将帅的重大责任所在，不能不认真地加以研究。

【新解】

有些人可能会感到困惑：既然《孙子兵法》后6篇大多是讲在各种地形上排兵布阵、行军作战的具体方法，思想价值略逊于前7篇，孙子为何不见好就收呢？

其实，思想价值的大小在不同时代有不同的衡量标准。我们今天已经处于信息时代，战争形态、作战方式与孙子所处的冷兵器时代已不可同日而语，因此直接套用孙子所说的某些具体战法或许并不适宜。但是，在整个冷兵器战争时期，战斗主要在陆地展开，以长矛大刀为主要武器，此时，《孙子兵法》不仅有很高的思想价值，而且还有很强的应用价值。他讲的"九地之变""地有六形""地之道也"，完全就是韩信、曹操、岳飞等名将的教科书、作战手册。

自古以来，战争都是在一定的客观环境中展开，而不是仅仅停留在纸面上。因此，高明的军事家绝不会纸上谈兵，必定是实地论兵。孙子不仅注重总结一般性的战争规律，探索常规性的谋略思路，而且非常注重将理论运用到实际战场，根据高山、平原、湖泊、沼泽等各种自然条件，分析具体的战法。尤其可贵的是，孙子不只是简单研究战场各种客观条件，他更加重视运用天、地、人"三才"思想分析人的能动性，强调根据客观条件灵活用计、用谋。

"三才者，天地人"，这句话反映的是中国人独有的一种世界观。它把整个世界或者说整个生存空间，概括成一个主要由天、地、人三个部分构成的、不断变化发展的活的系统。根据这个思想，孙子认为，战争就是由天、地、人组成的舞台，所以他始终重视立体、动态、综合地分析战争规律及战争法则。比如，《计篇》中强调要从"道、天、地、将、法"5个方面分析敌对双方的情况，这就是"三才"观的体现。其中，道、将、法都讲的是人的因素，三者之中，人为大。《地形篇》更为典型，孙子不仅要求"知彼知己，胜乃不殆"，而且强调还要"知天知地，胜乃可全"。这些观点意在告诉人们，在敌对双方共享的天时地利舞台上，是成为胜者还是败者，演绎喜剧还是悲剧，很大程度上取决于人的能动性因素，也就是人运用天时地利能力的高低。所以，《地形篇》中分析了"地有六形"之后，紧接着就提出"兵有六败"的问题。而这6种败象并非天灾因素，而是人的主观因素，具体来说就是将帅的种种失误导致的。所以，也可以称为"将之六过"。

孙子说："故兵有走者，有弛者，有陷者，有崩者，有乱者，有北者。凡此六者，非天之灾，将之过也。"其中"走""弛""陷""崩""乱""北"6个字，指的就是6种失败的表现。那么，是什么原因导致了这些失败呢？孙子接着简明扼要地分析了每一种失败现象背后的原因。

第一种失败现象——"走"，是将领不善于利用地形条件、平分兵力造成的。"走"不是指一般的行走，而是指小跑，甚至奔跑、一路逃跑。孙子分析说："势均，以一击十，曰走。""势均"两字，在这里主要指的是战场地理形势对敌我双方来讲差异不大，双方所拥有的天时地利是均等的。我方若仍然以一击十，那我方必然会一战而逃。

第二、第三种失败现象，则是将领带兵无方造成的。先看第二种失败现象："卒强吏弱，曰弛。"如果士兵强悍，但军官懦弱，指挥必然不得力，孙子用了一个很形象的名词——"弛"，意思是说这样的军队就像弓箭没有拉满一样无法形成有效打击的力量。再看第三种失败现象，"吏强卒弱，曰陷。"如果军官强悍而士兵懦弱，战斗力必然不足，孙子也用了一个生动的词——"陷"，意思是说这样的军队就像猛虎陷入泥潭一样有劲儿使不出来。显然，这都属于将领带兵无方的表现。

第四、第五种失败现象，则是管理不善造成的。第四种失败现象，"大吏怒而不服，遇敌怼而自战，将不知其能，曰崩。""大吏"指的是谁呢？一般来说指的是偏裨将校，即中下级军官。"怼"，有心生怨愤之意。如果中下级军官不服从主将指挥，遇到敌人擅自出战，而主将又不了解他们的能力，这指挥链就会如多米诺骨牌一样崩溃。第五种失败现象，"将弱不严，教道不明，吏卒无常，陈兵纵横，曰乱。"如果将领懦弱且管理不严，治军规章制度不清晰，官兵关系混乱，排兵布阵杂乱无章，必然自乱阵脚。

最后一种失败现象最为严重，"将不能料敌，以少合众，以弱击强，兵无选锋，曰北。"这里的"选锋"指的是精选出来的精锐的前锋分队，是"尖刀分队"。"北"，根据字形就是两人相背，在打仗中，失败一方调转方向背对敌人逃跑，后就以"北"来表示"失败""逃跑"的意思。这句话是说，如果将领不能正确判断敌情，以寡击众，以弱击强，作战又没有突击力量，必然会造成失败。显然，失败的原因就在于将领既不懂用兵之法，又不懂治军之道。

孙子将以上内容归结为一句话："凡此六者，非天之灾，将之过也。"这句话清楚地说明，导致这些失败现象的原因不是天灾，而是将领的过错。

值得注意的是，孙子所说的"兵有六败"和"将之六过"，并非个别现象，也并非军队独有，生活中各个领域都可能出现类似的问题和过错。怎么当好领导？怎样管理好团队？不妨用"兵之六败"分析一下自己的团队，是否存在这些问题。"没有不会打仗的兵，只有不会领兵的将领"。如果团队中出现了类似的不良现象，那就得从自身找原因，反思自己是否存在"将之六过"这样的不足。

（三）按实际地形打仗，不图虚名不媚上

【原文】

夫地形者，兵之助也①。料敌制胜，计险易远近，上将之道也。知此而用战者必胜，不知此而用战者必败②。故战道③必胜，主曰无战，必战可也④；战道不胜，主曰必战，无战可也⑤。故进不求名，退不避罪，唯人是保⑥，而利合于主⑦，国之宝也。

【注释】

①兵之助也：张预注："能审地形者，兵之助耳。"此谓用兵作战的辅助条件。

②知此而用战者必胜，不知此而用战者必败：梅尧臣注："将知地形，又知军政，则胜；不知，则败。"张预注："既知敌情，又知地利，以战则胜；俱不知之，以战即败。"其义颇精。

③战道：指战争的指导规律。战道必胜，意谓依据战争规律，就必然能取胜。

④必战可也：此言可径出兵战之，无须依从君命。

⑤无战可也：张预注："苟无必胜之道，虽军命必战，不可战也。与其从令而败事，不若违制而成功。故曰：'军中不闻天子之诏。'"其说甚是。

⑥唯人是保：意谓一心保全百姓。

⑦利合于主：符合君主的根本利益。

【译文】

地形是用兵的辅助条件。正确判断敌情，制订作战计划，考察地形险易、远近，这些是高明的将领必须掌握的方法。懂得这些道理去指挥作战的，必然胜利，不懂得这些道理而指挥作战的，必然失败。按照战争规律分析，必然会胜利的战役，即使国君说不打，将帅也可以坚持打；按照战争规律分析，没有胜利条件的战役，即使国君说一定要打，将帅也可以不去打。前进不谋求战胜的名声，后退不逃避战败的罪责，一心保护民众而维护国君利益的将帅才是国家的栋梁。

【新解】

孙子在分析"兵有六败"和"将之六过"之后，从总体上提出了一种避免"将之六过"的办法，即"夫地形者，兵之助也。料敌制胜，计险易远近，上将之道也。"孙子首先以肯定的语气指出，地形等自然条件是战争制胜的重要辅助条件。没有对这些条件的深刻理解和利用，就无法在战争中取得胜利。至于如何在战场上利用这些条件来制定策略，就各有各的门道了。孙子强调，在战争中，正确的做法有两个要点：一是"料敌制胜"，也就是正确判断敌情，定下制胜的计策；二是"计险易远近"，即考察地形险易、计算道路远近。《十一家注孙子》等版本为"计险厄、远近"，但是《计篇》中讲道，"地者，高下、远近、险易、广狭、死生也。"本篇讲的也是"地"的问题，因此，"险易"的表述与《计篇》中的描述更为一致，也更合适。

综合观察古今中外的战场搏杀，胜者往往都遵循了这两个要点。因为，只有将领准确了解敌情，才能正确决策和指挥，只有清楚地计算战场地形的险易和道路的远近，才能知道怎样更好地利用地形，更周密地完善作战计划，或者更精确地根据地形条件灵活指挥。孙子将这一办法推崇至极，认为是"上将之道"。注意，这不是一般的将道，而是上将之道。这里的"上将"不是指职务等级的上将，而是指能力水平上的上等将领、优秀将领。

唯恐人们重视不够，孙子补充指出："知此而用战者必胜，不知此而用战者必败。""此"即"上将之道"。为表强调，孙子连用两个"必"字。也就是说，将领知道"料敌制胜，计险易远近"的方法，并用于作战，必然能够避免"兵之六败"，从而赢得战争的胜利；反之，若将领不知道这种"上将之道"而盲目指挥作战，必然导致"兵之六败"。

大道至简，知易行难。所谓"上将之道"原来不过是知敌和知地，似乎并不复杂。然而，在生活中，往往越是简单的道理越容易被忽略，越是容易的事情越难以做好。而将"上将之道"付诸实践，更是难上加难。因为再优秀的将领除了受自身心理认知和战场客观条件的制约之外，还必须听命于国君。纵然心中对敌情、地形了如指掌，根据客观情况灵活指挥却不能完全取决于自己，还必须顺应国君的意志。有的人将《九变篇》

中"君命有所不受"的观点，当作不听领导招呼的挡箭牌、擅自行动的依据，以为上级命令和指示可以想听就听，不想听就不听。其实，这是曲解了孙子的意思。孙子这句话的核心思想是强调要给予将领在战场上灵活应变的权力。但是，这并不意味着将领可以随心所欲，想怎么做就怎么做。在这个问题上有一条底线，那就是孙子在本篇说的："故战道必胜，主曰无战，必战可也；战道不胜，主曰必战，无战可也。"

注意，孙子在这里提出了一个新名词——"战道"。我们通常讲用兵之道、将道等，很少讲"战道"。孙子讲的"战道"，就是作战规律，是战场上你死我活拼杀时应该遵循的指导规律。整句话说的是，如果依照作战规律分析，我方必然取得胜利的战役，即使国君说不打，将领也可以坚持打；如果依照作战规律分析，我方没有取胜把握的战役，即使国君说一定要打，将领也可以不去打。可见，这条底线就是作战规律。将领了解了敌情和地形之后，依照国君命令打仗。如果国君的命令符合战场上的敌情、地形，将领就必须坚决执行。反之，如果国君的命令与战场上敌情、地形相差太多，违背了作战规律，将领就不必执行。如此方能真正用好"上将之道"。这就把作战指挥的灵活性与原则性有机结合了起来，闪耀着唯物论和辩证法的思想光辉。

苏联享有"军神"美誉的朱可夫元帅曾经很好地做到了这一点。

1941年6月22日，纳粹德国突然进攻苏联，打得苏军措手不及，损失惨重。为了抵御侵略，6月23日，苏联成立最高统帅部大本营，朱可夫成为7名成员之一。当时苏联从北到南各战线都面临着严重的局面，朱可夫根据战场的态势，认为对付德军快速军团行进间突破的最好方法，是反突击行动，即通过积极的防御来稳固战线，消耗和杀伤敌人。其关键在于把面临被包围的苏军撤出，避免被围歼，收缩兵力再实施反突击。这个想法与斯大林"寸土必争坚守现存阵地实施反攻"的策略相悖。7月29日，朱可夫到斯大林办公室汇报工作，并建议斯大林放弃基辅，全力保卫莫斯科。斯大林厉声说："把基辅交给敌人，亏你想得出！简直是胡说八道！"当时斯大林具有绝对的权威，许多持不同意见的高级官员都已被斯大林清洗。朱可夫为了国家的生死存亡，不顾个人安危，毅然反驳说："斯大林同志，如果您认为我这个总参谋长只会胡说八道的话，您把我的职务撤销好了，把我派到前线去，或许在那里我会对祖国有点用处。"

在场的人都愣了，朱可夫居然敢当面顶撞具有绝对权威的斯大林！房间里静得吓人，好半天，斯大林才说了一句话："朱可夫同志，冷静些。请你先出去。我一会儿叫你再进来。"朱可夫推门而出。

半个小时之后。斯大林把朱可夫叫到办公室来，说："朱可夫同志，我们方才商量了一下，决定解除你的职务。我想让你到前线去。"朱可夫说："到哪个部队？"斯大林说："你愿意到哪儿？"朱可夫回答："我可以做任何工作。指挥一个师，一个军，一个集团军，一个方面军——只要祖国需要。"

斯大林一听这话，知道朱可夫还是坚持己见，立刻拍板说："从现在开始，我任命你为预备队方面军司令员。你准备什么时候去？"朱可夫说："1个小时之后，我便离开莫斯科。"

不久之后的事实证明斯大林"寸土必争坚守现存阵地"的战略是错误的，他很快就看到了基辅战役中66万苏军被围歼的悲剧。相反，1941年8～9月，朱可夫率领预备队方面军在叶利尼亚地区成功实施了卫国战争中的首次进攻战，这也是德军攻入苏联之后第一次遭遇战役失败。该战役粉碎了德军先头部队的进攻，令苏军军心大振。胜利当天，朱可夫打电话给斯大林，汇报战果，可斯大林只说了一句"知道了"就挂了。

9月8日，列宁格勒（现圣彼得堡）陷入德军的三面包围之中。9月9日，朱可夫接到赶赴莫斯科开会的命令。斯大林有个习惯，他开会不允许部下迟到，哪怕是1分钟。可当朱可夫赶到斯大林办公室时已是晚上9点5分了。他推门进去，当时苏共中央政治局的委员几乎全部在场。朱可夫道歉说："对不起！我迟到了1小时。"斯大林说："不对，你迟到了1小时零5分钟。"但紧接着他面带微笑地说："坐下吧，听听汇报。饿吗？如果饿，边吃边谈。"

作为苏军的统帅，斯大林没有责备迟到的朱可夫，他实际上是用这种方式承认了自己先前的错误。接着，斯大林命令朱可夫到局势危急的列宁格勒去。他说："如果德军占领了列宁格勒，就会进攻莫斯科。那里所有的部队都归你指挥，你需要带谁去就带谁去，你可以在全军挑选你最需要的人。"斯大林的这番话意味着他对朱可夫极大的信任。从这次开始，朱可夫就成为斯大林的"救火队员"了。哪里危急，他就被派到哪里去。从列宁格勒到莫斯科，从莫斯科到斯大林格勒（现伏尔加格勒），从斯大林格勒到库尔斯克，一直到最后攻占柏林，朱可夫指挥了卫国战争中几乎所有的重大战役，获得了崇高的威望，被誉为苏联的"军神"。

优秀将领"君命有所不受"的胆量从何而来？难道他们就不知道直言犯上、违抗君命可能招致杀身之祸吗？难道他们就不明白纵然战功卓著，一旦惹得国君不高兴，到手的功劳和荣誉就会没了吗？当然知道！那他们为什么还要干这种看似"愚蠢"的事呢？孙子明确地给出了答案。他指出"战道必胜，主曰无战，必战可也；战道不胜，主曰必战，无战可也"之后，紧接着说："故进不求名，退不避罪，唯人是保，而利合于主，国之宝也。"一个"故"字告诉人们，优秀将领敢于违抗君命的原因所在。"进不求名"，是说将帅率领部队前进，赢得作战胜利，不是为了个人的名利。"退不避罪"，则是讲军队在非常不利的情况下，不得不撤退，将领不是将责任推给下属，而是主动承担。接着，孙子用了一个"唯"字，强调在这种将领心目中，进退攻取的目的只有一个，那就是"唯人是保，而利合于主"，即如何保全民众的安全，如何维护国君的利益。孙子认为，这样的将领才是"国之宝也"。

值得一提的是，现在有的人批判孙子"利合于主"的思想，认为它体现了封建地主阶级的战争观。从字面上看，这句话确实具有时代和阶级局限性，似乎一切都是为国君个人而奋斗。但是，如果深入琢磨，你会发现"主"字另有深意。在封建社会，普天之下莫非王土，国君就是国家的主人，代表着国家主体。因此"利合于主"这一思想虽然表面上是讲符合国君利益，其实质也是呼吁将帅在战场作战时要考虑国家主体的利益。而且，孙子将"唯人是保"放在"利合于主"前面，将人民安危放在国君利益之上，这在当时也是一种进步的"人本主义"思想，这种仁道是古代将帅精神境界的最高体现。

显而易见，优秀将领之所以敢"君命有所不受"，不外乎两个原因：一是无私才能无畏。他们的进退攻取都是为着民众、为着国家的，毫无个人得失的计算，所以无所畏惧。二是干大事而不惜命。曹操和刘备煮酒论英雄时，之所以评价袁绍不可怕，原因就在于他们认为袁绍"干大事而惜身，见小利而忘命"。做大事情的时候，贪生怕死；见到蝇头小利的时候，却可以连命也不要地干。化用曹操这句话，即能够干出一番大事的人，往往"不惜身"。所以，这样的将领在战场上的进退都会根据战场实际情况和战争规律决定，而不是简单地顺从于国君个人的命令。

古往今来，具有军事才能的将领不在少数，但是能够达到孙子要求的"进不求名，退不避罪"的还真不多。试想，谁在战场杀敌不想立赫赫战功？又有几人在打了败仗之后敢于承担责任？只有毫无私心、胸怀天下，将国家和人民利益置于首位，将个人生死荣辱置之度外的人，才能在战场上机断指挥、勇于进退、敢于负责，才能一切从战场实际出发，坚决按战争的规律决定自己的行动。

孙子的这些观点完全可以应用于和平竞争的各个领域。领导者应当具备"宰相肚里能撑船"的胸怀，既要善于选择比自己能力强的人才，更要善于接受手下人才在必要之时的"君命有所不受"。同时，对于受到重用的人才来说，首先当然不能恃才自傲，自古以来，恃才自傲者多无好下场。同时又要保持独特个性，敢于担当、勇于作为。在选拔和培养人才时，应当偏重于具有"进不求名，退不避罪"品质的人才，对于正在成长中的骨干人才，更要引导他们加强这种品质的修养。一旦发现具有这种品质较为明显的骨干人才，就要尽早培养、尽早提拔、大胆任用。

（四）官兵战斗精神来自于平时带兵方法

【原文】

视卒如婴儿，故可与之赴深溪；视卒如爱子，故可与之俱死。厚而不能使①，爱而不能令②，乱而不能治③，譬若骄子，不可用也。

【注释】

①厚而不能使：厚，厚待、厚养。此句言只知厚待而不能使用。

②爱而不能令：令，使令、教育。梅尧臣注："爱宠而不教。"此句谓只知溺爱而不重教育。

③乱而不能治：治，治理、惩处。此处意谓士卒行为不守法令而没能严加管束。

【译文】

将领对待士卒像对待婴儿一样，士卒就可以跟随共赴患难；对待士卒像对待爱子一样，士卒就可以跟随同生共死。对士卒厚养而不使用，溺爱而不教育，违法而不惩治，那士卒就如同娇惯的儿子，是不能用来打仗的。

【新解】

古人说："将得其人，则兵无不精，兵无不精，则国威自振，而虏寇之患自平矣。"（陈子龙，《皇明经世文编》）似乎只要选对了将领便一切无忧。如果仅仅是为了强调将领的重要作用，如此说法也无不可。但是，从管理部队的实际情况来看，这种说法过于简单化了。孙子早在吴王宫殿里训练宫女的时候就体会到，管理军队不仅要"将得其人"，而且还要"将得其法"，掌握带兵管理的方法，士兵们才有可能跟得上将领的思路和步伐，才有可能正确执行将领的各种指令。所以，他对将领提出"进不求名，退不避罪，唯人是保，而利合于主"的要求之后，接着又告诫将领带兵的方法："视卒如婴儿，故可与之赴深溪；视卒如爱子，故可与之俱死。厚而不能使，爱而不能令，乱而不能治，譬若骄子，不可用也。"

这段话有两层意思。

首先，孙子强调的是以情带兵的方法。将领对待士卒像对待婴儿一样，主动关心、爱护和培养他们，士卒就会感恩戴德，关键时刻便可以跟随他"赴深溪"。"深溪"，很深的山涧，指士卒跳下万丈深渊也在所不惜。如果将领对待士卒像对待自己最关爱的儿子一样，付出全部的真情予以关心、爱护和培养，作战的时候士卒们就会跟随他同生共死、英勇拼杀。

在奴隶社会和封建社会，普通士卒的待遇差、地位低，被认为是国君将帅的私人所属品，但是孙子却看到了他们的作用和力量。这句话具有双重含义：一方面要求将领对士卒要有深厚的感情，并采取实际行动关爱他们，如同对待自己的孩子一般；另一方面，关爱的目的并非单纯出于情感，更是为了更好地用兵，得到士卒的忠心，使他们在作战时与自己同生死、共命运。这一主张揭示了军队建设中将与兵之间关系的实质：军队将领与士卒及其相互关系是构成军队内环境的主要因素，将领对待士卒的态度决定了军队战斗力的高低。所以，孙子主张将领应当真心实意地爱护士卒，这样才能激发士卒对将领的衷心拥护和爱戴之心，才能造就强大的军队。

战国时期名将吴起亲自为士兵吸脓疮，从而激发士兵斗志的故事，从正面充分展示了以情带兵的重要性。相反，三国时期猛将张飞之死的故事，则从反面印证了这一点。在《三国演义》中，关羽败走麦城，被孙权所杀，刘备得知后悲恸不已，本想立即报仇，但被诸葛亮、赵云等人劝阻，准备伺机行动。但是，桃园三结义之情令张飞报仇心切，每日借酒消愁。关羽死后两年，刘备才准备出兵报仇。刘备派遣张飞为讨吴先锋，并嘱咐道："朕素知卿酒后暴怒，鞭挞健儿，而复令在左右，此取祸之道也。今后务宜宽容，不可如前。"刘备对张飞非常了解，他知道张飞脾气暴躁，特别是酒后经常鞭打身边的士卒，打完后还把他们留在身边使用，这样做无异于自取灭亡，于是提醒张飞以后要宽容，不能像原来那样了。

张飞回到行营后，立即下令军中：限三日内置办白旗、白甲，三军挂孝伐吴。次日，张飞帐下末将范疆、张达入帐禀告："白旗、白甲，一时筹措不齐，须宽限些时日。"张飞大怒："我着急报仇，恨不得明天就到逆贼境内，你们竟敢违背我命令？"于是，张飞令手下将两位末将绑到树上，各鞭背50下，打完还恨恨地说："你们明天一定要完成任务，如若超过了期限，就杀你们示众！"范疆、张达第二天无论如何也完不成筹备任务，两人一商量，与其让张飞杀了我们，不如我们杀了他。于是，两人当夜趁张飞醉酒，借禀报机密之事进入张飞帐中，用短刀刺死了张飞。一代猛将张飞，就这样惨死于自己部下手中。

张飞的悲剧在于他对手下官兵过度严苛，明明不可能完成的任务，却非让范疆、张达去完成，完不成还要杀头。加之他平时对属下也是借着酒劲儿，一言不合非打即骂，属下对他的害怕、憎恶之情远远大于了崇敬、爱戴之情。

孙子这段话的第二层意思，强调的是爱之有度的方法："厚而不能使，爱而不能令，乱而不能治，譬若骄子，不可用也。""厚"是厚待、厚养的意思。这句话指出了3种错误的带兵方法：一是"厚而不能使"，即只知厚待而不会使用；二是"爱而不能令"，即只知溺爱而不会教育；三是"乱而不能治"，即士卒违纪而不会惩治。显然，这3种方法用情过度、有失分寸，那么士卒们必然就像被娇惯的子女一样，关键时刻无法用来作战。晚清八旗兵的衰败就很好地印证了这一点。

清兵入关的时候，八旗兵大抵是能骑善射、勇于征战的。但是，随着晚清政治的日趋腐朽，八旗军也逐渐腐败，在战场上常常一触即溃。除了封建政治腐朽这一根本原因之外，八旗兵享有的特殊优待也直接加速了其衰败过程。

清军入关以后，八旗兵作为开国功臣享有全面的优厚待遇。为了维持八旗成员特殊的政治、经济地位，清廷将八旗兵及其家属全都供养起来，授予他们官职、爵位，让他们享有土地、人丁等多重特权，确保他们过着上等社会的生活。同时，这一系列特殊的优待政策，也使得"从严治军"的信条在他们身上无法真正实行。事实上，八旗兵在社会上惹是生非、打架斗殴、作奸犯科，早已成为京城和各八旗军驻地的一项公害，各级旗营军官总是相互庇护，地方官吏也很少敢出面拿问，致使八旗兵的气焰愈加嚣张。八旗军的训练，大都是虚应故事。平时射箭拉弓的训练，沦为徒具形式而不起实际作用的规章制度，就连三年一次的大阅兵，也只是临时稍作演习，过后即置而不问。负责监督军训的御史大臣们虽心知肚明，却仍层层欺瞒，不愿意说出真相。一次，某王爷奉命阅操。有一名步军校迟到，按例要受到鞭打的处罚。执刑人解开他的衣服，却发现有一大堆小古董从其身上掉下来。王爷问这是怎么回事。步军校哭着回答说，家中有10口人，每月只有5两俸银，吃不饱饭，只好从古董店里领一些小古董到集市上贩卖以养家糊口。那天早上正逢隆福寺庙会，所以上操迟到了。最后连王爷也只好将他放了，不加责罚。乾隆、嘉庆皇帝对八旗军内部隐瞒真相、姑息迁就的情形并非毫无所知，也曾多次批评八旗兵和监察御史。但他们除了在口头上提倡"鞍马骑射功夫"外，并没有采取什么有效措施来改变这一局面。相反，他们不断降低对军官和士兵的军事技能考核标准。如自乾隆后，各旗挑选马甲时不再校阅骑射功夫，只是将备选之人传至衙门，令其拉弓，即行选取。这些看似方便考生的做法，实际上是姑息了仅把当兵作为谋生手段的八旗子弟，纵容了旗人不习武艺、整日游荡的风气。这么一支长期养尊处优的军队，能不败吗？

殷鉴不远，来者可追。无论治国、治军、治企还是治家，孙子提出的"以情带兵，爱之有度"的方法都不失为法宝，值得大家借鉴并灵活运用。身为管理者，我们要力争做到厚而能使，爱而能令，乱而能治，把以情带兵与爱之有度结合起来，刚柔相济，恩威并用，张弛有度。如此，方能使被管理者产生与你同生死、共命运的强烈愿望，养成胜不骄、败不馁的作风，关键时刻拉得动、用得上。

（五）将领的指挥主动权来自于知天知地

【原文】

知吾卒之可以击，而不知敌之不可击，胜之半也。知敌之可击，而不知吾卒之不可以击，胜之半也。知敌之可击，知吾卒之可以击，而不知地形之不可以战，胜之半也。故知兵者，动而不迷，举而不穷①。故曰：知彼知己，胜乃不殆；知天知地，胜乃可全②。

【注释】

①动而不迷，举而不穷：迷，迷惑。动而不迷，即行动果断，毫不迷茫。举，动也。穷，困窘、困厄。举而不穷，即举措随机应变，是无穷无尽的。杜牧注："未动未举，胜负已定，故动则不迷，举则不穷也。一云：'动而不困，举而不顿。'"

②胜乃可全：全，全胜。言能取得完全的胜利。

【译文】

知道自己的部队能打，而不了解敌人不可以打，胜利的可能只有一半。了解敌人可以打，而不解自己的部队不能打，胜利的可能也只有一半。了解敌人可打，也了解自己的部队能打，但不知道地形不利于作战，胜利的可能也只有一半。所以懂得用兵的人，他的军队行动决不迷茫，他的对敌之策变化无穷。所以说，了解敌人，了解自己，争取胜利就不会有危险；掌握天时，掌握地利，就能取得完全的胜利。

【新解】

毛泽东喜欢读古书，晚年时对明代冯梦龙编撰的《智囊》一书爱不释手，他多次阅读并在上面圈点了不少地方。《智囊》中有一处引用唐太宗李世民的按语："自少经略四方，颇知用兵之要。每观敌阵，则知其强弱，常以吾弱当其强，强当其弱。"毛泽东读到这里在旁边点评道："自古能军无出李世民之右者，其次则朱元璋耳。"显然，在毛泽东心目中，古代帝王中最会打仗的就是唐太宗李世民。李世民之所以被毛泽东如此推崇，是因为他的军事才能确实有独到之处。

李世民每战必亲自深入战场一线，甚至不惜冒着危险到靠近敌营的地方观察地形和敌情，绝不将此任务委派他人。他非常重视了解敌情、我情以及战场形势，所以其一生征战，所向披靡。正如孙子所言，"知吾卒之可以击，而不知敌之不可击，胜之半也；知敌之可击，而不知吾卒之不可以击，胜之半也；知敌之可击，知吾卒之可以击，而不知地形之不可以战，胜之半也。故知兵者，动而不迷，举而不穷。"

这段话主要有两层含义。

第一层含义听起来有点儿像绕口令，讲了 3 个"胜之半"的情况。"胜之半"的意思就是胜利的可能性有一半，即有一半的胜算。那么，什么样的情况只能有 50% 的胜算呢？

第一种情况，"知吾卒之可以击，而不知敌之不可击"。如果知道我方战争准备已然就绪，军队士气高昂，具备攻打的能力，但是不了解敌方严阵以待，且综合实力优于我方，那么这种情况下贸然攻打，既有可能胜利，也有可能失败。

第二种情况，"知敌之可击，而不知吾卒之不可以击"。如果我方清楚地了解到敌方没有做好战争准备，或者综合实力不如我方，但不了解我方战斗力不强、战争准备不充分的实际情况，此时开战也是胜负各半。

第三种情况，"知敌之可击，知吾卒之可以击，而不知地形之不可以战"。如果我方既摸准敌人的可攻之处，又深知我方具有充足的进攻作战能力，但是对于战场环境、地形地貌还不甚知晓，在这种情况之下作战，也只有一半的胜算。

我们知道孙子是主张追求全胜的，一切都以打有把握之仗为出发点和落脚点。这种"胜之半"绝不是孙子追求的最好结果，与其说他是在叙述客观事实，不如说他是在警示将领：不仅要知道我方能打，敌方可以被打，还要知道战场地形适不适合打。如果这些情况都知晓于心，那么就不是"胜之半"，仅有50%的胜算，而是"全胜"了。

这段话的第二层含义，孙子认为，"故知兵者，动而不迷，举而不穷"。在古代汉语中，"故"通常表示因果关系。此处的"故"，揭示了上下两层意思之间的内在联系，意在告诉人们，只有做到了知彼、知己、知天地，才能在战场上"动而不迷，举而不穷"。这里的"动"和"举"意思相近，指的是行动或者战术战法。"不迷"就是目标明确，行动不迷茫。"不穷"则是战术变化多端，不会因为战场态势变化而束手无策。

"动而不迷"讲的是指挥的坚定性，它要求指挥员在情况没有发生根本变化时，不为敌人一些行动的表面现象所迷惑，不为任何困难所动摇，不为不负责任的建议所鼓动，坚决贯彻既定目标，以无可动摇的信心和毅力去夺取胜利。

"举而不穷"讲的是指挥的灵活性，它要求指挥员在情况发生根本变化以及原定计划一部分不符合或完全不符合客观实际时，不刻板行事，不坐视主动权流失；而要善于根据变化了的情况，当机立断，果断调整计划，变更决心，快速反应，实施灵活的指挥。

概括起来说，指挥的坚定性和灵活性一切都取决于"知"字，知彼、知己、知天地，是最根本的前提和基础。

李世民军事才能的独到之处也是建立在这样的基础之上的。隋朝末年，各地割据势力纷纷称帝。公元619年，王世充自立为帝，国号郑，并趁唐军在河东战场无暇东顾之际，夺取唐军在河南的部分州县。公元620年，当时的秦王李世民率领8万唐军精锐攻打王世充。王世充被迫退守洛阳，被唐军围困，遂派使者向窦建德求救。窦建德是隋末农民起义军领袖，当时称雄河北，建立了夏国。他手下的幕僚刘斌进言说，唐据陕西，郑有河南，我们有河北，这类似三国鼎立。现在唐强郑弱，如唐灭了郑，我们就唇亡齿寒了。不如现在发兵助郑，合两国之力，则唐必败，郑必弱，我军趁机赶走唐军，灭掉郑国，再趁势兵入陕西，直捣长安，天下可得矣。窦建德认为这是一石二鸟的妙计，于是采纳了他的建议。

公元621年3月，窦建德亲自率领10万大军救援洛阳，水陆并进，驻军于成皋，并在板渚筑宫，威胁唐军侧背。唐军诸多将领听到窦建德率领10万夏军前来援助郑国，都感到非常惊恐，害怕受到里外夹击，建言李世民从洛阳撤退。李世民却临危不惧，提出了围点打援的计划。为防止王世充从洛阳突围，他将大部队人马留给齐王李元吉继续围困洛阳城，自己则率领3500名精兵进驻虎牢关，目的是将窦建德的10万大军拦在洛阳之外。虎牢关，是洛阳的东边门户，也是重要的关隘，此关南连嵩岳，北濒黄河，山岭交错，自成天险，大有"一夫当关，万夫莫开"之势。李世民派大将秦叔宝等人在虎牢关距窦建德军营沿途20多里处分批次设伏，自己与骁将尉迟敬德仅带领少数人前往察看敌情。路上遭遇敌军，他且战且退，将敌军引入预设的伏击圈。秦叔宝等奋起杀敌，斩杀敌军300多人。

窦建德知道虎牢关易守难攻，但他有自己的小算盘，他知道，虎牢关虽险却小，唐军的马匹草料必然不够，他打算等到唐军被迫到城外放牧时，再趁机攻打。李世民通过谍报知道了他的这个打算，心中暗喜，"窦建德，我要的就是你和我决战。"于是，李世民传令放马汜水以北，引诱夏军出击。窦建德获知唐军牧马汜水后，立刻率全军出战，在汜水沿岸布阵，阵宽几里，号角连天，军容相当鼎盛。唐军将领看到这种阵势，不免感到惊慌，但李世民胸有成竹，他分析道：第一，窦建德的人马都是农民出身，没经历过什么恶仗，而我们屡次与突厥这样的强敌作战，所以他们的战斗经验不如我们；第二，现在马上就要开战了，对方的人马还在擂鼓狂哮，大喊大叫，这说明对方军纪不严；第三，他们逼近城池布阵，这说明他们有轻敌之心。

窦建德摆开大阵等唐军决战，却左等不来，右等也不来，从早晨一直等到中午，士兵们叫嚣得头昏脑涨，又饥又渴。很多人都在阵中坐下休息，争相饮水，徘徊间阵形开始混乱。说时迟那时快，忽然间马蹄声起，号角震天，唐军在这个当口发起了冲锋。李世民亲率轻骑，突入夏军核心，左劈右砍如入无人之境，唐军大队涌入，夏军大乱，阵势全无。李世民清楚，自己只有3500人，而对方有10万人，如果硬拼下去，久了就会撑不住，所以他率领几员极其生猛的将领，挥舞唐军旗帜，猛插到夏军后方。夏军官兵看到军阵里立起了唐军旗帜，以为唐军已胜，一下子集体心理崩溃，全军大溃，窦建德也束手生擒。

李世民之胜，显然得益于做到了"三知"，既"知敌之可击"又"知吾卒之可以击"，而且据守虎牢关这个隘口，也"知地形之可以战"。再加上李世民通过一系列小的战斗消耗了夏军的实力，挫败了夏军的士气，再采取诱敌的方式使得夏军列阵决战，趁其阵形混乱之时发起突袭，"动而不迷，举而不穷",多种战法并用,出其不意使敌军措手不及,从而取得了战役的最后胜利。

孙子在《地形篇》结束之际,重申"知彼知己"的同时,又向前推进了一步,赋予其新的内涵:"知彼知己,胜乃不殆;知天知地,胜乃可全。"在原来的基础上,增加了"知天知地"4个字。

孙子的"四知"来源于天、地、人"三才"思想。兵法贵在将领通晓"三才"之道。《六韬·虎韬》中说:"将必上知天道,下知地理,中知人事。"不论是刘伯承讲的要确定"任务、敌情、我情、地形、时间"的"五行",还是孙子"知彼知己""知天知地"的"四知",抑或是《六韬》讲的通晓"天道、地理、人事"的"三才",这些都告诫将领,全面地"知"才具备"胜"的基础。

在《十一家注孙子》本中,这句话是"知彼知己,胜乃不殆;知天知地,胜乃不穷。"但是,从文学艺术角度看,《孙子兵法》文辞优美,讲究押韵。"全"字与"穷"字比较来看,以"全"作为韵脚更美。此外,在孙子的军事思想中,全胜被视为用兵的最高境界。且唐代著名宰相杜佑针对"知天知地"是这样做注的:"知地之便,知天之时……既能知彼知己,又按地形、法天道,胜乃可全,又何难也?"所以无论是从音韵的和谐还是从含义的深远两个角度看,"胜乃可全"更符合孙子本意。

战争总是在一定的空间和时间中进行的,地形、天候等自然条件对战争胜负具有不可或缺的重要影响。作为一名优秀的军事指挥员,不仅要明达人事,还要上晓天文、下通地理,这样才有可能立于不败之地。

迄今半个多世纪以来，我军和国民党军队的最后一场正面战争，同时也是我军目前唯一一次海、陆、空联合作战的一江山岛战役中，华东军区参谋长张爱萍充分贯彻中共中央和中央军委的指示，全面谋划，充分备战，一举解放了浙江一江山岛。这次战役中，上至中央军委，下至前线指挥员，都很好地做到了"知彼知己"和"知天知地"，完全是先知而后行，打有把握之仗。

首先，打一江山岛的决定就来自"知彼知己"的战略判断。

1949年，全国大部分地区解放后，国民党残余部队退守东南沿海部分岛屿，企图利用这些岛屿作为守卫台湾和反攻大陆的基地。浙江东部沿海国民党军所占岛屿的指挥中心和防御重点为大陈岛，而一江山岛则是大陈岛的屏障和前沿据点。中华人民共和国成立之时，我军海、空军力量极为薄弱，因此国民党军经常利用这些沿海岛屿对大陆实施袭扰。为此，我军积极准备登岛作战，将击破国民党军在浙东沿海岛屿的防御体系作为重点。

随着1950年6月朝鲜战争以及10月25日抗美援朝战争的爆发，我军战略重心不得不由东南沿海暂时转向东北地区。蒋介石这个时候感觉反攻大陆有望，决定加强闽浙沿海力量。我军在朝鲜战场同以美国为首的"联合国军"进行保家卫国战争的同时，也丝毫不敢放松大陆沿海的军事防御。

1951年2月，张爱萍任浙江军区司令员兼第七兵团司令员，开始筹谋解放浙江沿海岛屿问题；1953年7月27日，停战协定在朝鲜板门店签署。解放东南沿海岛屿以及台湾问题再次成为我军中心任务。1954年8月底，华东军区成立浙东前线指挥部（以下简称"前指"），以张爱萍为司令员兼政委。

1954年12月2日，美蒋签订了《共同防御条约》，其中所规定的范围，明确提及的只有"台湾与澎湖诸岛"，并没有包括大陆沿海岛屿。我军经观察分析，从美国为蒋介石画下的这个"保护圈"来看，美无意插手沿海诸岛军事斗争，这为我军谋划解放浙江沿海岛屿提供了有利的外部条件。

其次，一江山岛的突击地点和攻击时间，也是在"知天知地"的基础上谨慎选定的。

大陈岛是整个大陈列岛国民党军攻防体系的核心，如果攻下大陈岛，其他岛屿便易于攻取。但是大陈岛防御完备，而且距离大陆又远，解放军难以对登陆部队提供有效支持。那么，登岛作战应首选什么地方作为登陆点呢？通观整个大陈列岛地形，一江山岛堪称其门户。而且，一江山岛距离大陆较近，在大陆岸炮的火力攻击范围内。因此，一举夺取一江山岛，以此形成威胁，进而进攻大陈岛，成为作战方案的最佳选择。1954年8月31日，前线作战部署会议在宁波召开，讨论作战方案，决定首先拔除大陈岛前哨——一江山岛。为了选择登陆地点，张爱萍对着航拍照片一张一张翻来覆去地看，最终选择了一江山岛西北角的两个突出地段。

接下来就是攻击时间的选择。一旦时间确定，也就确定了攻打一江山岛，从而攻占整个大陈列岛的方案。

张爱萍和前指选择的时间是1955年1月18日，根据收集到的20多年的气象资料，1月17日、18日、19日的风、浪、潮汐都适宜海、空作战，在1月19日后天气可能转坏。因此建议在17日做好一切准备，18日发起攻击，19日结束战斗。

战役是非常具体的，每一个环节都必须非常精细。除了根据气象变化选定进攻日期外，还必须考虑进攻当天具体的时间，是白天还是夜晚。在研究作战方案的会议上，指挥员们曾经对发起进攻的时间产生了争议。温台巡防区副司令员陈雪江主张白天登陆。这与登陆作战"夜间航渡、拂晓登陆"的惯例不同，遭到了很多人的反对。然而，陈雪江的建议却得到了张爱萍的支持。张爱萍司令员给出了三点理由：首先，一江山岛多悬崖陡壁，夜间不易攀登攻击；其次，此次渡海作战的装载工具是各方拼凑而来，夜间登陆不利于组织协调；最后，当时我军掌握了战区海空优势，完全有能力在白天发动攻势，为水面进攻提供保障。

1955年1月17日晚，大战在即，张爱萍司令员几乎一整夜没合眼。海面上狂风呼啸，集结起来准备参与作战的船只在风浪中摇晃，互相碰撞。如此大风大浪，战船很容易倾覆，也很容易偏离航向，强行攻击难有胜算。这时候天气变化就成为能不能作战的决定性因素了。张爱萍司令员半夜里多次打电话到空军气象科询问天气情况，最终气象科给出肯定的回答：这是短时大风，即将结束。于是，张爱萍司令员果断决定按预定时间发起进攻。

登陆战从1月18日早上8点整开始，飞机轰鸣着开始了第一次空中打击。中午时分，炮兵群开始炮击一江山岛，几乎同时，登陆部队乘坐的船只起航。接下来，海军和空军对一江山岛进行轮番的火力攻击。直到下午3时，步兵两个团全部登陆，然后迅速占领了有利地形。战至19日2时，一江山岛完全解放，岛上敌军1086人被全歼。3天后，国民党军全部撤出大陈岛，紧接着又放弃了其他浙江沿海岛屿。一江山岛战役大获全胜。

不言而喻，如果突击地点选择不准，攻击之时天气恶劣，那么党中央的正确战略决策恐怕难以得到实施，我军巨大优势也难以发挥，一江山岛之战更难以取胜。由此可见，孙子所说的"知彼知己""知天知地"，实乃制胜法宝，"四知"之中缺一不可。

归结起来看，"四知"之法可以说是对《地形篇》的总结和升华。知彼知己，固然十分重要，但是如果不知天、不知地，那么再好的决策也难以落实，这进一步突出了孙子"地形者，兵之助也"的思想主张。

十一

《九地篇》
逻辑思路及经典谋略

[篇题解析]

《九地篇》是孙子13篇中最长的一篇，约占全文的1/5。从篇名看，似乎孙子要讲一讲九种特殊地形的用兵方法，也就是九种战略地形，所以有的学者将其视为军事地理学的专篇。仔细研读会发现，《九地篇》所研究的内容并不能完全等同于我们今天所说的军事地理学，其核心主题实际上是战略进攻，是从战略地理学的角度出发，论述在战略进攻中实施突然袭击的关键问题。而九种地区是孙子在研究战略进攻时所做的独特的地理分类，着眼于官兵在九种不同的地区作战时的特定心理，分析相应的指挥方法，不同于《地形篇》。《地形篇》之"地"为高山、平原、湖泊、沼泽等自然地形，《九地篇》之"地"则主要讲战场区域的划分，诸如前沿、纵深、核心等，官兵们在不同战场区域的思想情绪是不一样的，诸侯、敌我的态势也会发生变化，因而要有不同的应对方法。孙子从战略高度出发，层层递进地揭示了战略进攻作战的各个主要阶段，以及每一阶段需要高度重视的问题。

1. 分析出国作战可能涉及的九种地区，并提出在九种地区不同的应对方法，突出体现了具体情况具体分析、趋利避害、灵活应变的思想。

2. 提出进攻作战的主要战法，即先夺其所爱，攻其所不戒，从而使敌军前后脱节、上下分离、全军混乱。

3. 阐明为客之道的原则，强调将部队置于危险境地时，必须杜绝迷信欺骗，激发官兵拼死决战的斗志。

4. 强调进攻作战中部队编成的要求，要形成率然之势，各部队灵活呼应，全体官兵齐勇若一。

5. 重申为将之道，主张将帅在领兵深入敌国作战时，需具备静幽正治的素养，这样才懂得将军之事，才能在复杂的战场上统率千万官兵忽东忽西，确保全军团结一致，英勇作战。

6. 从作战的角度进一步补充九种地区为客之道的方法。

7. 提出"王霸之兵"的主张，不依赖外援，不乞求外力，主要依靠自身的力量，威慑乃至战胜敌国。

8. 分析统军之道。将帅统率千万官兵深入敌国作战，军心容易动摇，斗志容易涣散，所以要想办法实施重赏、重罚，使全军团结如一人，同时，要将部队置于绝境，断绝一切侥幸心理和依赖思想，激发官兵死战的决心和斗志。

9. 指出战略进攻的关键就是察明敌人的意图，选准主攻方向，千里一向，集中兵力快速突击，巧战而胜。

10. 画龙点睛，以生动形象的比喻，强调进攻作战应当"始如处女，动如脱兔"，从总体上概括了战略进攻应有的状态和应注意的重要原则。

本篇思想前后呼应，浑然一体。许多作战方法和带兵之道至今仍然富有生命力，不仅适用于当今的战场作战和军队建设，而且在社会竞争和团队建设方面也有着广泛的应用价值。

（一）统军作战有九种境地，对策各不同

【原文】

孙子曰：用兵之法，有散地①，有轻地②，有争地③，有交地④，有衢地⑤，有重地⑥，有圮地⑦，有围地⑧，有死地⑨。诸侯自战其地，为散地。入人之地而不深者，为轻地。我得则利，彼得亦利者，为争地。我可以往，彼可以来者，为交地。诸侯之地三属⑩，先至而得天下之众者⑪，为衢地。入人之地深，背城邑多者⑫，为重地。行山林、险阻、沮泽，凡难行之道者，为圮地。所由入者隘，所从归者迂⑬，彼寡可以击吾之众者，为围地。疾战则存，不疾战则亡者，为死地。是故散地则无战⑭，轻地则无止⑮，争地则无攻⑯，交地则无绝⑰，衢地则合交⑱，重地则掠⑲，圮地则行⑳，围地则谋㉑，死地则战㉒。

【注释】

①散地：指士卒近家，战不利则心易散，故言散地。曹操注："士卒恋土，道近易散。"杜牧注："士卒近家，进无必死之心，退有归投之处。"

②轻地：言军队进入敌境未深，可以轻易撤回。张预注："始入敌境，士卒思还，是轻返之地也。"

③争地：杜牧注："必争之地，乃险要也。"此谓谁先占领就对谁有利的军事要地。

④交地：交，道路交错。我军可以往，敌军可以来的地区。曹操注："道正相交也。"

⑤衢地：四通八达的地区。《尔雅·释宫》："四达谓之衢。"

⑥重地：深入敌国，经过敌人城邑众多的地区。梅尧臣注："过城已多，津要绝塞，故曰重难之地。"

⑦圮地：山林、险阻、沼泽等难行的地区。顾福棠注："地势不固，无可凭依，行军至此，易于倾覆而难于保全，故曰圮。"

⑧围地：进兵道路狭隘、退路迂远，敌人可以以少击众的地区。

⑨死地：梅尧臣注："前不得进，后不得退，旁不得走，不得不速战也。"此谓不速战求生则会被消灭之地。

⑩诸侯之地三属：三属，三国交界的地方。曹操注："我与敌相当，而旁有他国也。"

⑪先至而得天下之众者：此句谓先到达可以得到诸侯列国的援助。曹操注："先至得其国助。"杜牧注："天下，犹言诸侯也。"

⑫入人之地深，背城邑多者：杜佑注："难返还也。背，去也。'背'与'倍'同。多，道里多也。"谓深入敌国，所过城邑众多的地区，为重地。

⑬所由入者隘，所从归者迂：进兵的道路狭隘而回归的道路迂远。

⑭无战：不宜作战。李筌注："恐走散也。"张预注："士卒怀生，不可轻战。"二注均是。

⑮无止：不宜停留。赵本学注："入敌未深，人心未固，务速进兵，以期过险。"

⑯无攻：梅尧臣注："形胜之地，先据乎利；若敌已得其处，则不可攻。"曹操注："不当攻，当先至为利也。"

⑰无绝：梅尧臣注："道既错通，恐其邀截，当令部伍相及，不可断也。"言在交地，部伍相联结，不可断绝。

⑱合交：曹操注："结诸侯也。"孟氏注："得交则安，失交则危也。"

⑲重地则掠：梅尧臣注："去国既远，多背城邑，粮道必绝，则掠畜积以继食。"

⑳圮地则行：行，快速通过。张预注："难行之地，不可稽留也。"

㉑围地则谋：处围地则发谋以取胜。

㉒死地则战：奋力作战，死里逃生。贾林注："力战或生，守隅则死。"

【译文】

孙子说：根据用兵的原则，兵要地理可分为散地、轻地、争地、交地、衢地、重地、圮地、围地、死地。诸侯在本国境内作战的地区，叫散地。在敌国浅境纵深作战的地区，叫轻地。我军得到有利，敌军得到也有利的地区，叫争地。我军可以往，敌军也可以来的地区，叫交地。多国交界的地区，先占领便容易得到诸侯援助的地区，叫衢地。深入敌境，所过敌人城邑众多的地区，叫重地。山林、险阻、沼泽等难于通行的地区，叫圮地。进兵道路狭隘，退回的道路迂远，敌军以少数兵力即可击败我军的地区，叫围地。迅速奋战就能生存，不迅速奋战就会灭亡的地区，叫死地。因此，军队在散地不宜交战，在轻地不宜停留，在争地不宜贸然进攻，在交地行军序列不要断绝，在衢地应结交诸侯，深入重地就要掠取粮秣，遇到圮地就要迅速通过，陷入围地就要运谋设计，到了死地就要殊死奋战。

【新解】

在篇首，孙子提出了九种战略地区，以及在不同地区上应当采取的不同策略。

孙子曰："用兵之法，有散地，有轻地，有争地，有交地，有衢地，有重地，有圮地，有围地，有死地。"

第一种地区："散地则无战"。"散地"的"散"，即离散、逃散的意思。诸侯在自己国界内作战的地区是散地，因为在本国境内作战，士兵们离家近，还有后退之路，容易产生逃走的想法。因此，散地是不宜作战的。孙子这是就出国作战而言，意在告诫军队不要尚未走出国门就开战。其实，士兵是不是会逃散，并不取决于是不是在家门口作战。显然这里有一个士兵为谁而战的问题，这一战是不是关系士兵自身切身利益，是不是关系国家的生死存亡。如果士兵确实是为自身和国家利益而战，那么越是在家门口作战，越会奋不顾身、拼尽全力。

第二种地区，"轻地则无止"。轻地，就是部队已经出境，但进入敌境不深的地区。这个时候军心还在进退之间犹豫，尚未坚定，也未稳固，因此孙子主张在轻地要加速行进，不要停留，不能宿营，以防止士兵逃归家乡。

第三种地区，"争地则无攻"。争地就是必争之地。我方得到有利，敌人得到也有利的地区，叫争地。对于这种地区，如果敌人尚未占领，我军应该抢先占领；如果敌人已经占领，那么我军就不要去强攻硬争。

第四种地区，"交地则无绝"。交地就是道路交错之地。我方可以前往，敌人也可以前来，这就是交地。"无绝"的一种解释是部队不要断绝，要保持行军的序列；另一种解释是不要阻绝交通，不要在交通要道上堵塞通道。相比之下，第一种解释更符合实际，遇到交地这样道路交错、四通八达之地，行军序列不要断绝，否则很容易走错方向。

第五种地区，"衢地则合交"。衢地为多国毗邻之地，至少是三国及三国以上相互毗邻，这样的地区，如能先到而获得诸侯列国援助就十分有利，所以在这种地区，为了避免在外交上陷入孤立，要结交诸侯。

第六种地区，"重地则掠"。重地是敌人的腹地。在这种地区，后勤供应不足，孙子认为只有掠夺才能解决部队粮食、马匹草料等问题。有的注家认为这句话应该是"重地则无掠"，好像主张掠夺有损孙子的形象。其实在冷兵器时代，远离本国作战，靠本国运输粮食物资是很难满足部队后勤补给的，最便捷、最有效的方法便是就地补充。所以孙子一再强调"因粮于敌""智将务食于敌"。在当时的历史条件下，孙子这种以战养战的观点，应当是不得已的，也是无可厚非的。

第七种地区，"圮地则行"。圮地就是山林、沼泽等难以通行的地方，军队要迅速通过，不能停留、驻扎。在这里，需要说明一下，汉简本此处作"泛地"，但似乎解释不通，《十一家注孙子》为"圮地"，更符合孙子原意，所以我们采纳《十一家注孙子》本。

第八种地区，"围地则谋"。围地就是敌人对我方进行包围的地区。一旦军队进入了这种地区，只有巧设计谋，才能摆脱困境。

第九种地区，"死地则战"。死地是指那种前不能进、后不能退、旁不得走，不战就只能面临死亡的地区。孙子主张在这种地区，只有殊死一战，才能死里逃生。当然，这里讲的只是一种方法，至于在死地拼命能不能死里逃生，则要看战法是否得当以及敌军是否顽强抵抗。项羽曾两次在死地拼死决战，结果却截然不同。

一次是公元前207年12月巨鹿之战中，面对畏缩不前的楚军主帅宋义，项羽当机立断，杀了宋义，迫使楚怀王任他为上将军，并命他立即挥师北上救赵。项羽率军进抵漳河南岸与秦军隔岸对峙。他先派英布、蒲将军带领2万精兵渡河，切断秦军运粮通道，随后亲率主力渡河，凿沉船只，毁坏炊具，烧掉营舍，每人只带3天口粮，这就是著名成语"破釜沉舟"的由来。项羽亲自冲锋陷阵，楚军个个勇猛无比，九战九捷，大败秦军，解了巨鹿之围。

另一次则是公元前202年12月，韩信、彭越、英布等人会合刘邦后，在垓下将向江南撤退的10万楚军层层包围。项羽拼命突围，韩信一路追杀，追到了乌江边。项羽手下仅剩28骑，显然已然处于死地。项羽乃令从骑皆下马，以短兵器与汉兵搏杀，项羽一人杀汉军数百人，自己亦身中10余剑，最后自刎而死。

项羽的成败经历告诉我们一个道理：学习《孙子兵法》一定不要恪守某一种具体方法，而更应注重把握其思维方法和谋略艺术。在《九地篇》中，无论是对九种地区的分类，还是针对不同地区、地形提出的战法，孙子的核心思想都是提醒人们一定要注重具体情况具体分析，不同情况采用不同的方法，千万不要一成不变或者墨守成规。

不言而喻，打仗如此，为人处世、社会竞争也都是如此。

企业经营也要讲究市场细分、产品细化，其道理与孙子所说的"九地之变，各有其招"的思想如出一辙。

（二）进攻作战的原则："先夺其所爱"

【原文】

所谓古之善用兵者，能使敌人前后不相及①，众寡不相恃②，贵贱③不相救，上下不相收④，卒离而不集⑤，兵合而不齐。合于利而动，不合于利而止。敢问：敌众整而将来⑥，待之若何？曰：先夺其所爱⑦，则听⑧矣。兵之情主速⑨，乘人之不及，由不虞之道⑩，攻其所不戒也。

【注释】

①不相及：不相策应、不相连续。

②众寡不相恃：恃，依靠。全句谓使敌人的主力部队与支援部队不能相互依靠。

③贵贱：指官与兵。

④不相收：不能聚集、不能联系。

⑤卒离而不集：离，分、散。《吕览·大乐》："离则复合。"高诱注："离，散。"言士卒分散难于集中。

⑥敌众整而将来：赵本学注："苟遇敌兵多而且整，势将来攻；欲守则未备，欲战则畏其锋，若何而为计耶？"

⑦先夺其所爱：先夺取敌人关键、要害之处。赵本学注："或积聚所居，或救援所恃，或心腹巢穴所本者，皆是所爱也。"

⑧听：《广雅·释诂》："听，从也。"意谓使敌被动，从我意愿。

⑨兵之情主速：主速，重在迅速。张预注："用兵之理，惟尚神速。"全句谓用兵的道理是以神速为上。

⑩由不虞之道：虞，料想、意料。言通过敌人料想不到的道路。

【译文】

古时善于指挥作战的人，能使敌人前后部队不能相互策应，主力部队与支援部队不能相互依靠，官与兵不能相互救援，部队上下不能相互联络，士卒溃散而不能集中，对阵交战阵形不整齐。对我有利就打，对我无利就停止行动。请问："如果敌军人数众多、阵势严整地向我推进，用什么办法对付它呢？"回答是："先夺取敌人关键、要害之处，就能使他不能不听从我的摆布了。"用兵的道理，贵在神速，要趁敌人措手不及，走敌人意料不到的道路，攻击敌人没有戒备的地方。

【新解】

孙子很清楚，战争不是一方的独角戏，战场不是单方面的舞台，我方要利用好"九地"，敌方也会想着法子争夺"九地"。那么，如何阻止敌方利用九地呢？孙子提出了一系列办法："所谓古之善用兵者，能使敌人前后不相及，众寡不相恃，贵贱不相救，上下不相收，卒离而不集，兵合而不齐。合于利而动，不合于利而止。敢问：敌众整而将来，待之若何？曰：先夺其所爱，则听矣。"

这段话至少有三层含义。

第一意思："所谓古之善用兵者，能使敌人前后不相及，众寡不相恃，贵贱不相救，上下不相收，卒离而不集。"强调自古以来善于打仗的将领，都不是只知道闷头死拼的人，他们往往特别注重用计、用谋搞乱敌人，对此，孙子总结了比较常用的六种方法。

一是"能使敌人前后不相及"，即使敌人的部队前后不能相互策应，各奔东西，这里的"及"就是策应的意思。

二是"众寡不相恃"。"众"指人数众多的主力部队，"寡"指人数较少的支援部队，"恃"就是依靠、凭借的意思，"众寡不相恃"是使敌人的主力部队与支援部队不能相互依靠。

三是"贵贱不相救"。"贵贱"在这里是借代，指身份高贵的将领和身份低贱的士兵。"贵贱不相救"是使敌军的官兵之间不能相互救援。

四是"上下不相收"。这里的"收"是聚集、联系的意思。"上下不相收"是使敌人的军队上下不能相互联络，无法统一指挥协调。

五是"卒离而不集"。"离"即分散，"集"即集中。"卒离而不集"是使敌方士卒溃散难以集中。

六是"兵合而不齐"。"合"为交战的意思。"兵合而不齐"是使敌方交战的时候队形不整齐，阵势不严整。

可想而知，一旦敌军处于这六种状态，即使占领有利地形，也难以得到地形之利，更无法与我交战。

第二层意思："合于利而动，不合于利而止。"这句话很重要，它道出了战争最基本的原则，那就是在打仗问题上，不能感情用事，也不能想当然，一定要根据战场上的客观情况决定进退、攻守。这里的"利"，主要不是指利益，而是指战场态势的利弊。地形、地势对我方有利，敌情被我方搞乱，那我方就果断行动，迅速打击。反之，地形、地势对我方不利，敌方并未混乱，那我方就暂时停止行动，等待时机。当然，把握这条原则并不容易，它需要极高的冷静和智慧，因为战场上的利弊状态往往交织在一起，令人难以分辨。所以，一定要保持极度冷静，运用智慧审慎地权衡。

第三层意思："敢问：敌众整而将来，待之若何？曰：先夺其所爱，则听矣。"冷静和智慧固然非常重要，但在某些情况下，更需要的是勇气。孙子先提问：假如敌人人数众多、阵势严整地向我方推进，用什么办法来对付他呢？随即自己回答说：首先夺取敌人的要害之地，就能够使他听从我的摆布了。在这里，"听"是使敌人听从的意思。

这里有三个要点。

一是首先要知道何为敌人所爱。曹操认为："夺其所恃之利。"就是要夺取敌人关键、要害之处。而明代兵家赵本学的解释则更为详细，他认为"所爱之处"或为敌人的粮草积聚之地，或为敌人必须救援之地，或为敌人的心腹巢穴之地。总之，一定是敌人的关键、要害之处。

二是要善于选准敌人所爱，也就是要害之处。敌人的关键、要害之处，不仅是足以影响敌人战略全局的关键之处，而且最好又是敌人疏于防守或虚弱的环节，这样才能牵一发而动全身。其实就是孙子所讲的"避实而击虚"。用今天的话来说，就是集中优势兵力，以敌人既是要害又是虚弱之处为战略进攻的主要方向。这是一个了不起的战略见解。我们知道，约米尼说过："一定要打击在最具有决定性的方向上面。"（A·H·若米尼，《战争艺术概论》）斯大林也这样说过，正确地选定战略主攻方向就能"预先决定整个战争十分之九的命运"。

三是行动要隐蔽突然、迅速干脆。即使找准了敌人的要害，如果行动拖拖拉拉也难以让敌人"听矣"。

在著名的官渡之战中，曹操之所以能够反败为胜，关键就在于他不仅活用了"先夺其所爱"的战法，而且在行动过程中很好地把握了这3个要点。

公元200年，袁绍发布檄文，率10万大军向盘踞许（今河南许昌）的曹操发起进攻。曹操北上迎敌，双方几经激战，在官渡（今河南中牟东北）形成相持局面。当时，曹军的形势十分危急，不只是兵力处于劣势，粮草也不多了。恰好在这时，本为袁绍谋士的许攸来投，向曹操献上了"火烧乌巢"的妙计。乌巢（今河南延津东南）地处袁军大营北20千米处，是袁绍最重要的辎重存放地。因其在袁绍大本营的后方，故守备兵力不强，且疏于戒备。曹操立刻意识到这是袁绍的"所爱"之处，于是立即亲率5000名精兵，换上袁军旗帜，每人带一束柴草，人衔枚、缚马口，利用夜暗走小路直奔乌巢。袁绍获知曹操袭击乌巢后，只派轻骑救援，主力则猛攻曹军大营。哪知曹营非常坚固，攻打不下。另一边呢，曹军急攻乌巢大营。尽管袁绍的增援部队已经迫近，曹操仍然加紧督促官兵死战，结果大破袁军，并将其粮草全数烧毁。

袁军听说曹操火烧乌巢，顿时军心大乱。袁绍带800名骑兵仓皇退回河北，曹军先后歼灭和坑杀袁军7万余人，官渡之战就这样以曹胜袁败而结束。

近些年，西方军事理论界先后提出了多种战略理论，如打击重心理论、五环理论、结构瘫痪战理论等，这些理论的核心都是孙子所说的"先夺其所爱"，一旦要害部位遭到毁灭性打击，随之而来的便是全局瘫痪或整体崩溃。现代社会的战争形态，也很可能就是这样。敌人不一定在边境上打击军事阵地和作战部队,而是远程精确打击关系国计民生的要害,诸如电力中心、信息中心、金融中心、交通中心、能源基地等。这些地方一旦受到袭击,很可能举国混乱。科索沃战争已经做出了示范。美国和北约的飞机用石墨炸弹炸毁了南联盟的电力中心,使其全国电力系统陷入瘫痪,最终迫使南联盟政府接受了停战条件。所以,我经常强调:国防不等于军防。国防是全民的国防,各行各业的人们都应当具备战争意识,平时就应采取防范战争的措施,整个社会都应当培养战争承受能力,战乱之际才能意志坚定。

如果上升到哲学层面来看,孙子"先夺其所爱"的观点也揭示了一种哲学思维方法,那就是要抓住主要矛盾和矛盾的主要方面。不能没有选择地什么都干,什么都占,眉毛胡子一把抓,没有重点。有些人一辈子忙忙碌碌却碌碌无为,恐怕关键就在于没有找准主攻方向,没有弄清攻击重点,精力分散,以致一事无成。

"先夺其所爱",是进攻作战的重要原则之一。但是,话又说回来,敌人"所爱"之处,往往重兵把守,并没有那么容易夺取。

孙子想到的办法是:"兵之情主速,乘人之不及,由不虞之道,攻其所不戒也。"这个办法概括起来就是"神速+出奇"。

兵贵神速是孙子一贯的主张,他在《作战篇》便明确指出"兵贵胜,不贵久"。进攻作战,要想一招制敌,迅速把敌人击溃,慢了可不行。所以,孙子在《九地篇》中再次强调"兵之情主速",要求打闪击战。

但是,在孙子看来,光是动作神速还不够,还得加上"攻其无备,出其不意"的奇招。所以,他连用了三个"不":"不及""不虞""不戒"。

"乘人之不及",是指趁敌人措手不及之时发动攻击;"由不虞之道",是说从敌人意想不到的方向或道路发起攻击;"攻其所不戒",则强调应打击敌人没有戒备的地方。不难想象,尽管敌人的"所爱"之处有重兵防守,但是一旦遭到突如其来又意想不到的打击,也必定会猝不及防,瞬间被攻克。

唐朝后期名将李愬在大雪之夜袭取蔡州之战,可谓灵活运用这一战法的典型战例。

唐朝"安史之乱"的爆发,使盛极一时的大唐王朝元气大伤,并形成了地方长期割据、与中央对抗的局面。在诸多藩镇之中,盘踞于淮西镇的蔡(今河南汝南)、申(今河南信阳)、光(今河南潢川)一带的吴元济,屡屡与朝廷作对,为祸不小,唐军征讨4年,但连吃败仗。

公元817年,太子詹事李愬出任西路唐军统帅,开始谋划讨伐吴元济之事。李愬采取优待俘虏、重用降将的政策,致使淮西将士纷纷来投。每当俘获投降的士兵,李愬一定亲自招来查问详情,因此叛军地势的险要和平易,道路的远近,军备的虚实全部被他弄清楚了。被俘的叛军将领李佑被李愬的宽待和重用感动,想方设法为袭取蔡州出谋划策。他告诉李愬:"蔡州的精锐兵马都在洄曲(今河南漯河市沙河与澧河汇流处)及其周边据守,守卫州城的都是瘦弱衰老的士兵,可以趁他们后方空虚一直打到州城。"

李愬认为这意见很有道理,于是命令李佑、李忠义率领突击队3000人作先锋,自己率领3000人作为主力军,命令李进诚率领3000人殿后。部队的行动十分秘密,李愬只下令说向东行进,除个别将领外,全军上下均不知行军的目的地和部队的任务。东行30千米后,唐军在夜间抵达张柴村,趁守军不备迅速发起进攻,全歼守军及报警的烽火兵。李愬命令官兵们稍微休息一会儿,吃点干粮,整理好战马的笼头和缰绳。又留500人驻守,防备朗山方向之敌,另以500人切断洄曲和其他方向的桥梁,并下令全军立即开拔。诸将问军队开往何处,李愬这才宣布入蔡州直取吴元济。诸将闻言皆大惊失色,但军令如山,众将只得率部向东急进。

此时夜深天寒,风雪大作,旌旗被吹裂,冻死的人马随处可见。夜半,雪愈下愈大,唐军强行军35千米,终于抵达蔡州。

城边有鹅鸭池,李愬遂命士卒驱赶鹅鸭,利用它们的声音来掩盖行军声。凌晨时分,李愬军到达蔡州城下,守城敌军仍未发觉。李佑、李忠义身先士卒,登上外城城头,杀死熟睡中的守门士卒,只留下更夫,让他们照常敲梆子报时,以免惊动敌人。然后打开城门,迎接唐军主力部队进城。到了里城,情况也是这样,全城都没有发觉。鸡鸣时分,风雪渐止,李愬领着官兵攻至吴元济外宅。而这时的吴元济仍高卧未起。有人发觉情况不对,跑来报告说官军来了。吴元济却丝毫不以为意,笑着说:"俘虏作乱罢了,天亮后把他们全部杀掉。"这时又有人报告说城已被攻破了,吴元济说:"这一定是洄曲的子弟来我这里求寒衣的。"于是起床在庭院里听声响。李愬开始传达将令,近万人齐声响应,余音不绝。吴元济大惊失色,命令剩余的少量官兵登牙城抵抗。蔡州百姓长期苦于吴元济的压迫,争先恐后地抱来柴草帮助唐军火烧南门。第二天黄昏时分,唐军攻入南门,吴元济走投无路,只好率部投降,淮西叛乱遂告平定。

回味这一仗,不难看出,李愬夜袭蔡州的整个过程很好地运用了孙子"兵之情主速,乘人之不及,由不虞之道,攻其所不戒也"的谋略思想。

兵贵神速是自有战争以来的一条军事通则。尤其是在当今时代，因各种武器和作战平台融入了信息、网络、电子等高科技元素，无论是在物理空间还是虚拟空间，"速度"都已成为战争制胜的重要"砝码"，各国军队围绕争夺"速度优势"展开了一轮高过一轮的军备竞赛，纷纷追求发现快、反应快、机动快、打击快、撤离快，使得"秒杀"成为现代战争的一大新特点。然而，在以快制快的战争模式中，光有速度还是不够的，还必须具备孙子所说的"乘人之不及，由不虞之道，攻其所不戒"的能力。发达国家着力研发无声、隐形武器等各种技术，目的正是让对方在神不知鬼不觉之际，遭到致命打击。但是，这些都还只是技术手段，相比之下，战略战术上的谋略运用更应当受到重视。在这里不得不再次提到1991年海湾战争中美军的战术，就是从对手意想不到的沙特边境突入伊拉克，避实击虚，如入无人之境。

写到这里，我不由得想起2001年在芬兰军事学院讲学的情景。当时我讲授的主题是"毛泽东游击战理论与实践"，讲完之后便是现场答疑环节。首先站起来提问的是美国驻芬兰的武官，一位海军上校。他提出了两个问题，一是"中国军队现在是否仍然继承毛泽东的游击战思想？"二是"如果你们还用游击战、人民战争那一套方法打仗，万一将来中美之间爆发战争，我们怎样区分你们的军队和人民？"这两个问题确实有点刁钻。当时，正值美国世贸大楼遭恐怖袭击不久，这两个问题似隐含着把毛泽东的游击战理论与恐怖主义行为相提并论的意味。我略微思考一下，回答说："我们解放军现在仍然继承毛泽东的游击战理论思想，当然，具体作战形式已远远超过了当年游击战中地道战、地雷战、麻雀战的形式。至于中美之间假设的冲突，我真诚地希望这个局面永远不会出现。中国人民历来崇尚和平，我们希望中美友好相处。"话音一落，会场响起热烈的掌声。

事后回味，美军上校这个问题其实也折射出美国人的一种担忧。担忧什么？我曾经听人说过美军中流行的一个说法："不怕中国军队现代化，就怕中国军队毛泽东化。"在美国人看来，中国拼军事技术和武器装备，是拼不过美国的。但是，他们知道，中国是个传统的谋略大国，有《孙子兵法》这样的经典谋略宝库。再加上毛泽东军事思想是从战争实践中探索出来的制胜法宝，而且美国人在朝鲜战场上的经历，让他们记忆犹新。因此，他们担忧，中国军队在拥有较高技术水平和军事实力的基础上，如果继承和发扬毛泽东军事思想，那么这种有技术又有思想、有实力又有谋略的军队，将是很难对付的。

我衷心希望中美之间永远保持和平。当今世界，中美两强，合则两利，战则两败。但是，面对潜在的不确定性，我们仍需为各种可能性做好准备。其中，谋略思想的准备万万不可忽略。所以，我强烈建议从事军事理论教学和研究的朋友，积极倡导加强军事谋略的教学和研究，尤其要重视对毛泽东军事思想和《孙子兵法》的教学和研究，这是我们的根和魂，也是未来对手害怕的制胜法宝，我们必须珍视并传承。

（三）深入敌国作战，多方提振军心士气

【原文】

凡为客之道①：深入则专②，主人不克③；掠于饶野④，三军足食；谨养而勿劳⑤，并气积力⑥；运兵计谋，为不可测⑦。投

之无所往，死且不北⑧。死，焉不得士人尽力⑨。兵士甚陷则不惧⑩，无所往则固⑪，深入则拘，不得已则斗⑫。是故其兵不修而戒⑬，不求而得⑭，不约而亲⑮，不令而信。禁祥去疑⑯，至死无所之⑰。吾士无余财，非恶货也⑱；无余命，非恶寿也⑲。令发之日，士卒坐者涕沾襟，卧者涕交颐⑳。投之无所往者，诸刿㉑之勇也。

【注释】

①为客之道：客，进入敌国作战的部队。《礼记·月令》："兵戎不起，不可从我始。"郑玄注："为客不利。"孔颖达疏："起兵伐人者谓之客。"言深入敌境作战部队的用兵规律。

②深入则专：专，《广雅·释言》："专，齐也。"

③主人不克：主，要本土作战的军队。梅尧臣注："为客者，入人之地深，则士卒专精，主人不能克我。"言在本土作战的军队，无法战胜客军。

④掠于饶野：饶野，《玉篇》："饶，丰也，厚也。"全句谓掠夺野外的粮草。

⑤谨养而勿劳：认真养练休整，勿使疲劳。

⑥并气积力：并，合并，此为鼓舞、鼓励之意。

⑦为不可测：使敌人无以判断。

⑧投之无所往，死且不北：梅尧臣注："置在必战之地，知死而不退走。"

⑨死，焉不得士人尽力：处于危险境地，士卒死且不顾惧，岂能不竭尽全力。曹操注："在难地，心并也。"

⑩兵士甚陷则不惧：张预注："陷在危亡之地，人持必死之志，岂复畏敌也。"言兵士深陷于危难之中，反而无所畏惧。

⑪无所往则固：往，杜牧注："往，走也。"固，李筌注："固，坚也。"言无路可走，则军心稳固。

⑫不得已则斗：曹操注："人穷则死战也。"

⑬不修而戒：修，修明法令。戒，警戒。曹操注："不求索其意，自得力也。"言士卒们不待休整而自然戒备。

⑭不求而得：梅尧臣注："不索而情自得。"张预注："不求索而得情意。"言不待征求而情意已得。

⑮不约而亲：梅尧臣注："不约而众自亲。"言不待约束而自然亲和。

⑯禁祥去疑：祥，吉凶的预兆。言禁止迷信和谣言，避免士卒疑惑。

⑰至死无所之：之，往也。言士卒们至死也不会逃跑。

⑱无余财，非恶货也：梅尧臣注："不得已竭财货。"言士卒们没有多余的钱财，并非不爱惜财物，实乃性命不保，何惜财物。

⑲无余命，非恶寿也：士卒们不顾性命去拼死搏斗，并非不愿长寿，而是身陷死地，不得不舍命以求生。

⑳卧者涕交颐：颐，颊、腮。言士卒们仰卧在地，泪流满面。

㉑诸刿：人名。诸，指专诸，春秋时期吴国的勇士。刿，指曹刿，春秋时期鲁国的勇士。

【译文】

大凡深入敌境作战，其规律是：越深入敌境，军心士气越牢固，敌人越不能战胜我军；在丰饶的田野上掠取粮草，全军就有足够的给养；注意休整部队，不使士卒过于疲劳，增强士气,养精蓄锐;部署兵力,巧设计谋,使敌人无法判断我军企图。把部队置于无路可走的绝境,士卒虽死也不会败退。既然士卒宁死不退,又哪有不得胜之理,上下也就都能尽力而战了。士卒深陷危险境地,就能团结一心而不会惧怕,无路可走,军心就会稳固;深入敌国,军队就不会涣散。处于这种迫不得已的情况,军队就只有坚决战斗。因此,在这种条件下的军队,不待休整就能注意戒备;不须要求,就能完成任务;不待约束,就能亲附协力;不待号令,就会遵守纪律。禁止迷信,消除部属的疑虑,他们至死也不会逃跑。士卒没有多余的钱财,不是他们不爱财物;士卒们不贪生怕死,不是他们不想活命。当作战命令发布的时候,士卒们坐着泪湿衣襟,躺着泪流满面。可是一旦把他们放到无路可走的绝境,就会像专诸和曹刿那样勇敢了。

【新解】

孙子说:"凡为客之道:深入则专,主人不克;掠于饶野,三军足食;谨养而勿劳,并气积力;运兵计谋,为不可测。"

所谓"为客之道",就是深入敌国境内作战的基本方法与原则。孙子强调了两个特别重要的问题。

第一个问题:"深入则专,主人不克;掠于饶野,三军足食"。这句话的大致意思是,凡是进入敌国作战,越深入敌国境内则我方军心越牢固,敌军就无法战胜我方;在敌人富饶的地区夺取粮草,使全军得到充足的给养。此句核心强调的是作战过程中粮草的补给方式。

古人讲,兵马未动,粮草先行。在孙子的时代,一支军队要远离本国去别的国家作战,后勤补给除了来源于本国之外,还有一个很重要的途径就是就地补给——掠夺敌人的粮草来补充自己。关于这个问题，孙子在《作战篇》曾算了一笔账，从战争成本和保持军队持续作战能力的角度分析，得出了"因粮于敌"的思想，强调作战中消耗的粮食要从敌国就地获取补充。

第二个问题："谨养而勿劳，并气积力；运兵计谋，为不可测。"这句话告诉将领要注意保持士卒的体力，不要让他们疲劳不堪，要提高士气，积蓄力量；部署兵力，要巧设计谋，造成敌人无法揣测我之企图的有利态势。其核心强调的是谋形造势的问题。

13世纪的蒙古军队曾横扫欧亚大陆，创造了军事史上的奇迹。他们向南推进到缅甸，向东深入日本附近，向西占领俄罗斯、波兰、匈牙利，打败德意志，穿过多瑙河，最后到达亚得里亚海，征服了大片土地。蒙古军队之所以能在战场上所向披靡，一个重要原因是后勤问题解决得比较成功。他们每征服一地，就将该地的人员抓来扩军，夺取所有可用资源来补充自己。掠夺财物、粮食和人口是蒙古军队解决军队粮食、人员补给的基本手段。这样，他们便不需要携带大量的粮秣物资，也不需要庞大的辎重车队跟随，还不必保留一个后方供应地。因为部队没有后勤"尾巴"，所以，蒙古军队能以旋风般的速度和力量作战。他们的掠夺是公开和大规模的，每占一地，他们就会抢掠几天，从金银财宝到衣物食品，都不放过，还让当地人民缴纳各种物品和税赋。虽然这种后勤补给方式非常野蛮，但的确也是相当有效的方法。

除了掠夺补给这一方法外，蒙古军队还采用了伴随保障的策略。他们一旦出征，整个部落都随之搬迁。他们的补给随身携带，包括食物、马匹等。一袋皮囊的食物够一个人吃大半年，远征的蒙古人马背都带几个皮囊。马匹也不需要补给，蒙古人打仗带的大多是母马，这些母马不仅可以大量产崽，补给所需马匹，还可以提供马奶作为食物。此外，马还可以在必要时作为"帐篷"使用，当年攻打莫斯科，蒙古大军围城，天寒地冻，气温零下几十度，蒙古人也没带什么帐篷，都是用布盖住马身，自己则钻入马肚子底下躲避严寒。

除了就地解决粮食补给，蒙古军队还注重巧妙部署兵力，巧设计谋，使敌人无法揣测其企图。13世纪，蒙古军队之所以能在短短六七十年的时间里攻取那样广大的地区，并且攻必取、战必胜，西方史学家经过长期研究得出的结论是："当时蒙古军队的武器比别人更精良而且更适合于实战使用；成吉思汗兵制比较完善，军纪严明；将领多巧于计谋，擅长兵法和战略。"

蒙古骑兵的大迂回战略是成吉思汗及其子孙在长期的征战中所形成的作战韬略之一。它源于蒙古族的围猎传统，突出特点是在使用武力之前，先用计谋将对方制服。在全面侦察敌情、地形的前提下，蒙古军队凭借骑兵持久的耐力和快速机动能力，经常穿越人们难以想象的大漠、险滩、雪谷、荒原等艰险地带，出其不意地向敌人的纵深之地大胆穿插、分割，几路进攻部队相互配合，四面包围敌人，迫使对方迅速瓦解。它不以击溃敌人为战争目的，而是用猎人那双狡黠的眼睛，盯着敌人的后方，以左右包抄的方式，将敌人包围，不给对方留下任何逃生的出路。即使偶尔留出一条生路，那也是一种战术运用。这种大迂回战略，与孙子"运兵计谋，为不可测"的思想可谓一脉相承。

也许有的朋友会产生这样的疑问：既然游牧民族不学《孙子兵法》都能够横扫世界，那么读《孙子兵法》是不是就没什么用了？有位学者就曾经在电视节目中发表过类似的观点。他认为，游牧民族不读兵书，却常常打败那些深谙兵法的军队，所以兵法无用，《孙子兵法》无用。我倒是认为，如果他们曾研读且真正读懂了《孙子兵法》，也不至于只能马上打天下，而不能马下治天下。或许历史上盛极一时的元朝，也不会仅仅持续了98年就黯然退回大漠之北。

可以肯定的是，《孙子兵法》绝不是万能的，不能"包治百病"，也不是"灵丹妙药"，一用就见效。它只是战争经验和教训的总结，是战争规律的结晶和谋略艺术的概括。其作用在于训练人们的谋略思维能力，启迪人们的战争智慧，为人们提供各种历史借鉴。学习《孙子兵法》，有助于人们更加自觉地、有意识地运用谋略思维思考和处理问题，形成遇事先谋而后动的习惯。

正因为如此，我们不能抱着"有用"或"无用"的观点看待《孙子兵法》。毫无疑问，其中相当一部分具体方法，比如《地形篇》中利用种种地形的那些办法，或许已无法直接应用于现代战争环境。但是，其主流思想和大部分谋略思路仍然富有生命力。所以，我们重在学习其思想精髓。"为客之道"就是如此。其思想精髓在现代战争尤其是信息化战争中，仍然具有指导意义。比如美军近些年的海外作战行动，主要的后勤补给方式就是通过盟国就近补充。在伊拉克战争中，美军因沙尘暴和伊军威胁也出现了补给跟不上的问题。由于美国国防部长拉姆斯费尔德的战法强调进攻速度，要在一周之内将战线推进300千米，造成战线过长，后勤油料、弹药和部队给养补给相对困难。美军进入伊拉克的先头部队因得不到油料、饮水、野战口粮及装备补给而被迫减缓进攻速度。官兵生活条件艰苦，后勤补给捉襟见肘。这种情况仅靠后勤部门从本土运输补给是很难解决问题的。为此，美国依靠伊拉克周边的盟友国家，采购洗衣粉、香皂、床单、枕头、手纸,以及水果、食品、帐篷等,就近解决了后勤补给问题。

此外,"为客之道"表面似乎讲的是纯粹的军事问题,即进攻作战的方法。但是由"掠于饶野,三军足食"的思想,我们能不能联想到借用外力、借用市场上的各种资源为我服务?由"运兵计谋,为不可测"的思想,我们能不能想到竞争场上用计、用谋,以营造对自己十分有利的态势?不言而喻,当今的竞争场上,我们既需要巧借外力,又需要善用谋略,而且还要不露声色地将二者结合起来,这样才能使自身处于"不可测"的有利地位。让对手不知如何攻,也不知如何守,我方既安全又自主。何乐而不为?

孙子说:"投之无所往,死且不北,死,焉不得士人尽力。兵士甚陷则不惧,无所往则固。深入则拘,不得已则斗。是故其兵不修而戒,不求而得,不约而亲,不令而信。禁祥去疑,至死无所之。吾士无余财,非恶货也;无余命,非恶寿也。令发之日,士卒坐者涕沾襟,卧者涕交颐。投之无所往者,诸刿之勇也。"

这段话包含三层意思。

第一层意思,是要将士兵置于无路可走的境地,士兵则不得不死战,战则必胜。

孙子说:"投之无所往,死且不北,死,焉不得士人尽力。"意思是将士兵置于无路可走的境地,虽死也不会败退。"死,焉不得士人尽力",是说既然处于危险境地,士卒死都不怕了,岂会不竭尽全力死战呢?一般来说,越是走投无路,应当越恐惧,为什么反而不怕了呢?孙子分析其中的原因说:"兵士甚陷则不惧,无所往则固。"即士卒陷于绝地,清楚地看到横竖是个死，与其贪生怕死，不如拼命战死，所以反而无所畏惧了。士卒没有退路，也就没有任何别的选择，只能更加抱团，依靠集体的力量，所以军心更加稳固。孙子得出结论："深入则拘，不得已则斗。"这里的"拘"是束缚、凝成一团的意思，深入敌国境内，士卒远离本国，已无退路可言，所以他们会被迫选择死战，死战则必胜。这种情况下，部队可能呈现出什么样的状态呢？孙子连用四个"不"来形容："是故其兵不修而戒，不求而得，不约而亲，不令而信。"部队一旦处于死地，那么不待休整就能注意戒备，不须要求就能完成任务，不待约束就能亲附拥戴，不待三令五申就能遵守纪律。不言而喻，这种状态下的部队特别能打、能拼。这就是"置之死地而后生"的原因之所在。

　　第二层意思是禁止迷信，消除疑虑。孙子意识到，将官兵置于死地并不一定能够激起拼命精神，难免会有一些官兵惊恐害怕、胡思乱想，势必动摇军心、影响斗志。因此，孙子提醒将领要会做思想稳定工作。他提出的办法是"禁祥去疑"。祥，是指凶吉的预兆。疑，就是疑虑。"禁祥去疑"这个短语的意思是要禁止一切预测吉凶的迷信活动，消除士卒的一切疑虑，要求他们完全听从将领的指挥。一旦官兵打消了侥幸心理，断绝了任何依赖和等待的念头，他们就会一心求战，"至死无所之"。"之"，在此是当动词用，指逃跑之意，"至死无所之"就是战死也不会逃跑。著名的牧野之战中，姜太公就采用了这一办法。

　　公元前1046年，周武王讨伐纣，占人吉凶，为"凶"。姜子牙说："干枯的骨头，丧失生命的草，如何知道吉凶！"军队行进到汜水的牛头山时，突然狂风大作，电闪雷鸣，三军士兵皆感到疑惑；恰巧周武王的坐骑赤鬃马也被雷电击中倒地而亡。

　　周公说："上天不保佑大周。"姜子牙说："君王德行高尚并且接受天命而伐纣，怎么会不被保佑呢！"

姜子牙接着又说："顺应天地之道未必会吉祥，违背它未必会凶险，关键是看能不能得人心，得人心得天下，失人心则失天下，三军会战能否取胜，有智慧的将帅没有必要去问天道鬼神，只要能任贤用能，就可以战而胜之。大王只要速速进军，就会成功。"

最后武王终于下定决心，果断出兵。最终，纣王大败，商朝灭亡。

第三层意思，重在强调激励官兵们的斗志。孙子毕竟是一位经验丰富的将军，深谙官兵们在战场上的心理变化，所以，他的描述既惟妙惟肖又相当精确。"吾士无余财，非恶货也；无余命，非恶寿也。令发之日，士卒坐者涕沾襟，卧者涕交颐。投之无所往者，诸刿之勇也。""恶"，即厌恶、不喜欢。"货"，指财货、财物。"吾士无余财，非恶货也"即我军士兵没有多余的钱财，不是因为不爱财物；"无余命"，是指没有多余的生命（第二条命），"恶寿"，指讨厌长寿。"无余命，非恶寿也"即我军士兵没有多余的生命，明知上战场上要丢掉性命，并不是因为不想长寿。因此，当作战命令下达的时候，坐着的士卒泪湿衣襟，躺着的泪流满面。可是一旦将他们置于无路可走的绝境，他们就会像专诸和曹刿那样英勇了。

（四）部队编组灵活，全军上下团结一致

【原文】

故善用兵者，譬如率然①；率然者恒山②之蛇也。击其首则尾至，击其尾则首至，击其中则首尾俱至。敢问：兵可使如率

然乎？曰：可。夫吴人与越人相恶也，当其同舟而济，遇风，其相救也，如左右手。是故方马埋轮③，未足恃也；齐勇若一，政之道也④；刚柔皆得，地之理也⑤。故善用兵者，携手若使一人⑥，不得已也。

【注释】

①率然：古代传说中的一种蛇。《神异经·西荒经》："西方山中有蛇，头尾差大，有色五彩。人物触之者，中头则尾至，中尾则头至，中腰则头尾并至，名曰率然。"

②恒山：汉简本为"恒山"，传世本为"常山"。

③方马埋轮：曹操注："方马，缚马也；埋轮，示不动也，此言专难不如权巧。故曰：虽方马埋轮，不足恃也。"

④齐勇若一，政之道也：齐，齐心协力。梅尧臣注："使人齐勇如一心而无怯者，得军政之道也。"言三军齐勇如一人，靠的是军政之道严明，即治军有方。

⑤刚柔皆得，地之理也：王晢注："刚柔，犹强弱也。言三军之士，强弱皆得其用者，地利使之然也。"

⑥携手若使一人：张预注："三军虽众，如提一人之手而使之，言齐一也。"

【译文】

所以善于统率部队的人，能使部队像"率然"一样。"率然"是恒山的一种蛇。打它的头，尾就来救应；打它的尾，头就过来救应；打它的腰，头尾都来救应。请问："那么可以使军队像'率然'一样吗？"回答是："可以。"吴国人与越国人是互相仇恨的，但当他们同船渡河遇到大风时，他们相互救援如同一个人的左右手。因此，缚住马缰，深埋车轮，显示死战的决心，并不是最好的办法。要使部队上下齐力、如同一人，在于管理教育有方。要使强弱不同的士卒都能发挥作用，在于合理利用地形。所以善于用兵的人，能使全军携起手来如同一个人一样协调一致，这是因为客观形势迫使部队不得不这样。

【新解】

　　春秋时期有这么一个故事：越王勾践被吴王夫差打败，被囚禁在吴国3年，受尽了屈辱。回国后，他誓要励精图治，复国雪耻。经过10年卧薪尝胆，越国恢复元气，兵马强壮，将士们又一次向勾践请战，纷纷说："大王，越国的四方民众，敬爱您就像敬爱自己的父母一样。现在，儿子要替父母报仇，臣子要替君主报仇。请您再下命令，与吴国决一死战。"勾践答应了将士们的请战要求，把军士们召集在一起，向他们坦率地说："我听说古代的贤君不为士兵少而忧愁，只是忧愁士兵们缺乏自强的精神。"并提出一个作战要求："吾不欲匹夫之勇也，欲其旅进旅退。"（左丘明，《国语》）即我不希望你们单凭个人的勇敢行事，而希望你们步调一致，同进同退。到了出征的时候，越国的人都互相勉励。大家都说，这样的国君，谁能不为他效死呢？由于全体将士斗志高涨，终于打败了吴王夫差，灭掉了吴国。

　　这则故事中，"吾不欲匹夫之勇也，欲其旅进旅退"这句话很有意思。"旅进旅退"，是说整个部队同进同退，反映了整体作战、联合作战的思想，与孙子提出的"兵如率然"思想完全一致。

　　孙子先是提出将官兵们置于无路可走的绝境，以激发出如专诸、曹刿一般的杀敌勇气。但是，他认为仅凭个人的武勇，虽足以应付一时之危，却难以在战场上对抗千军万马。因此，他强调必须发挥整体力量："善用兵者，譬如率然；率然者恒山之蛇也。击其首则尾至，击其尾则首至，击其中则首尾俱至。敢问：'兵可使如率然乎？'曰：'可。'夫吴人与越人相恶也，当其同舟而济，遇风，其相救也，如左右手。"

先说说"率然"二字。孙子说是"恒山之蛇"，这是汉简本的说法，传世本则写作"常山"。在中国古代，皇帝享有至高无上的权威，他的名字是独一无二的，天下凡事物或人名有与之相同字者，必须另改一字以示避讳。否则被视为大不敬！要杀头的！所以，专家们推测"恒山"改作"常山"恐怕是为了避汉文帝刘恒之讳。我们还是还原其本身，写作"恒山"为宜。这片山区的蛇反应非常灵敏，打它的头，尾巴来救应，打它的尾，头就来救应，打它的腰，则头尾都来救应。孙子认为，指挥部队就应当像恒山之蛇一样，"击其首则尾至，击其尾则首至，击其中则首尾俱至"。这个比喻形象地说明，整体作战和联合作战的重要性、必要性。

问题是怎样使部队达到恒山之蛇的程度呢？

孙子接下来用自问自答的方式回答了这一问题。他首先自问："敢问：兵可使如率然乎？"然后自答："可。"为什么可以？他用一个假设巧妙地揭示了其中的奥秘："夫吴人与越人相恶也，当其同舟而济，遇风，其相救也如左右手。""相恶"，即互相交恶，长期仇恨。虽然吴国人和越国人有百年世仇，但是当他们同坐一条船渡河的时候，一旦遇到大风，即将翻船之际，他们会立刻本能地互相救援，就像一个人的左右手那样，协调一致。这个假设意在告诉人们，要想使每个英勇的官兵和各支分散的部队形成合力、协调一致，关键是抓准他们共同的利和害。面对共同的危害，他们会本能地携手共进；为了共同的利益，他们会玩命地拼死决战。

一旦将官兵们置于没有退路的危险境地，他们为了求生存便会拼死决战，这叫作"置之死地而后生"。有的朋友就要问了：把官兵们置于死地，他们就一定会死战吗？也许他们觉得没有希望，就直接缴械投降了。这种可能性确实存在。甭说古代，就是现代战争，也有类似的情况。比如1991年的海湾战争中，当伊拉克共和国卫队被美军包围之后，大量官兵选择了排队投降。可见，置之死地并不一定而后生。那么，什么样的军队可以置之死地而后生呢？孙子告诉了人们一个向死而生的奥秘，那就是"齐勇若一，刚柔皆得"。这句话道出了一种很重要，又很有效的带兵方法。

孙子说："方马埋轮，未足恃也，齐勇若一，政之道也，刚柔皆得，地之理也。故善用兵者，携手若使一人。"

首先，孙子明确指出，在最危险的情况下单纯摆出决一死战的架势是远远不够的。其中"方马"的意思是缚住战马；"埋轮"，即埋住车轮。孙子认为，用这种形式显示死战的决心，并不足以仗恃，关键时刻靠不住。那么，什么方式才靠得住、真管用呢？孙子紧接着支了两招。

第一招是"齐勇若一，政之道也"。"齐"就是齐心协力的意思；"勇"是指勇士、将士。此句意为只有使军队上下齐心并力，勇敢如同一人，这才是掌控部队的根本方法。

第二招是"刚柔皆得，地之理也"。"刚柔"，是指官兵的强弱；"皆得"，则是指使他们都能够发挥作用。这一招强调的是要想激发强弱不同的官兵的斗志，发挥其作用，关键在于灵活地利用地形条件。

孙子认为，只有从心理上统一所有官兵的意志，再加上在实际地形上扬长避短，便可把天、地、人融为一体，使全军将士携手团结得像一个人一样，临危不惧、合力奋战。如此方能置之死地而后生。

还得重复那句话：大道至简，知易行难。"齐勇若一""刚柔皆得"蕴含着极其丰富的内涵，要想实现这样的军队状态，将领必须具备深厚的功底和高超的谋略思维能力。

首先，将领要想使整个部队的官兵"齐勇若一"，自己必须身先士卒，率先垂范，这是非常重要的条件。俗话说：兵熊熊一个，将熊熊一窝。拿破仑也有类似的名言："一头狮子带领九十九只绵羊，可以打败一只绵羊带领的九十九头狮子。"战场上的实际情况，也确实如此。

春秋时期，晋国大夫赵简子率军围攻卫国国都的外城，他拿着坚固的大小盾牌作掩护，站在弓箭和滚石打不到的地方，击鼓命令官兵进攻，结果他的官兵却待在原地一动不动，赵简子气得一把将鼓槌扔到地上，叹息道："唉，我军士气怎么会如此低落呢？"

这时候，一位名叫烛过的官员，脱掉盔甲走上前来说："这是主公您的错呀！怎么可以说是我军士气低落呢？以前先王献公，吞并了17个国家，使38国臣服，打了12次胜仗，依靠的就是这些民众。献公死后，惠公即位，他残暴傲慢，纵情于声色，秦国看到这样的情况便随意地侵入我国，甚至他们的军队已经到了距离都城17里的地方。我们派出军队抵抗秦国的入侵，依靠的也是这些民众。惠公死后，文公即位，围攻卫国，得到邺地；城濮之战中，我军5次打败楚军，依靠的还是这些民众。怎么说晋国军队没有勇气呢？这主要还是您做得不够好，而不是我军士气低落的缘故。"

赵简子听后，恍然大悟，马上丢下大盾牌，冲到阵前，再次击鼓下令冲锋。官兵们受到了极大的鼓舞，个个奋勇争先，最后终于大获全胜。

得胜之后，赵简子感叹地说："烛过的一番话，真是胜过了千辆兵车啊！"

由此可见，将领是军队的灵魂，其人格魅力和言行举止对官兵们的影响是巨大的。将领的权威来自哪里？不是一纸任职命令，而是他身先士卒的勇气、正直公平的品格、智勇双全的素质和卓越的指挥才能。这些特质共同塑造了将领独特的人格魅力，能够激起官兵们的敬畏之心，获得他们真心的拥戴。赵简子作为主帅却躲在犀牛皮制的大盾牌后面偷生，让官兵们去前面送死，怎么能鼓舞起官兵们杀敌的勇气？

当然，将领英勇固然重要，但仅凭这一点还不足以保证全军上下"齐勇若一"。项羽被围在垓下，尽管他本人英勇无比，可是10万大军还是被韩信的四面楚歌动摇瓦解。那么，如何才能使部队"齐勇若一"呢？这恐怕不是一蹴而就的事情，而是系统工程，需要平时从多方面对官兵进行严格的教育、训练和管理。

现在，无论在军界、政界、商界，还是其他领域，不少领导在管理自己时或许还可以，但一旦涉及管理别人或整个单位、团队，常常感到力不从心，不知如何是好。建议大家好好品味孙子的治军管理之道，或许能够从中获得智慧的启迪或者提升管理能力的灵感。

(五)将领统军作战四大要素：静幽正治

【原文】

将军①之事：静以幽，正以治②。能愚士卒之耳目，使之无知③；易其事，革其谋，使人无识④；易其居，迂其途，使民不得虑⑤。帅与之期，如登高而去其梯⑥；帅与之深入诸侯之地，而发其机⑦；若驱群羊，驱而往，驱而来，莫知所之。聚三军之众，投之于险，此谓将军之事也。九地之变，屈伸之利⑧，人情之理，不可不察也。

【注释】

①将军：将，率领。将军，在此处意为主持军事，非指正式官职。

②静以幽，正以治：静，沉着冷静。幽，深隐难测。正以治，公正而严明。曹操注："谓清静幽深平正。"

③能愚士卒之耳目，使之无知：曹操注："愚，误也。民可与乐成，不可与虑始。"李筌注："为谋未熟，不欲令士卒知之。"即蒙蔽士卒的耳目，不让他们知晓军情。

④易其事，革其谋，使人无识：张预注："前所行之事，旧所发之谋，皆变易之，使人不可知也。"谓变更部署，改变计谋，使人无法识破。

⑤易其居，迂其途，使民不得虑：梅尧臣注："更其所安之居，迂其所趋之途，无使人能虑也。"言变换驻防，迂回行军，使人们不得图谋。

⑥帅与之期，如登高而去其梯：赵本学注："期，约战之所也。"谓将帅与军队约战，犹言赋予作战任务，断绝其退路，使

之勇往直前。

⑦帅与之深入诸侯之地，而发其机：机，弩机之扳机。此言将帅率兵深入敌国，如击发弩机射出的箭，可往而不可返。

⑧九地之变，屈伸之利：张预注："九地之法，不可拘泥，须识变通，可屈则屈，可伸则伸，审所利而已。"言九地作战原则的灵活运用，或屈或伸的利害关系。

【译文】

将军处事，要沉着镇静而幽思深虑，管理部队公正而严明。要能蒙蔽士卒的视听，使他们对于军事行动毫无所知；改变作战计划，变更作战部署，使人无法识破玄机；经常改换驻地，故意迂回行进，使人推测不出意图。率领士卒与敌约期作战，要像登高后被抽去梯子一样，使士卒有进无退；率领士卒深入诸侯重地，捕捉战机，发起攻势，像射出的箭矢一样勇往直前。这种办法如同驱赶羊群，将士卒赶来赶去，使他们不问归处，只知奋勇前行。聚集全军，置于险境，这就是将军的责任。九种地形的灵活运用、攻守进退的利害得失、官兵上下的心理变化，这些都是将帅不能不认真周密考察的。

【新解】

我平时练习书法最喜欢写的几个字是"静幽正治"，赠送朋友条幅时，大多也选的是这个几字。那么这几个字从何而来，有什么特殊的含义呢？

这4个字出自《九地篇》。孙子说："将军之事，静以幽，正以治。"有的人把"将军"理解为名词，认为指的是官职，这样的解读并非全然不可。但是，从上下文来看，"将"字更宜视为动词。人们熟知的成语"韩信将兵，多多益善"中的"将"也是动词。司马迁在《史记·淮阴侯列传》中记载："上尝从容与信言诸将能不，各有差，上问曰：'如我，能将几何？'信曰：'陛下不过能将十万。'上曰：'于君何如？'曰：'臣多多而益善耳。'上笑曰：'多多益善，何为为我禽？'信曰：'陛下不能将兵，而善将将，此乃信之所以为陛下禽也。且陛下所谓天授，非人力也。'"韩信所说的"而善将将"，两个"将"字连用，前者是动词，后者是名词，即善于驾驭和掌控将领。可见，孙子所谓"将军之事"主要指的是统率军队、主持军事。

接下来"静以幽，正以治"则是孙子提出的要求和标准。其中的"以"通"而"，静而幽，正而治。古代不少军事家、政治家把这句话中的"以"字去掉，将其提炼为"静幽正治"四个字，并且用优美的书法写出来，挂在厅堂或卧室，以便时常吟诵，勉励遵行。

这几个字究竟是什么意思？

总体来说，这4个字强调的是作为将帅在统率军队、主持军事活动的过程中应当注意的原则以及应达到的标准或最高的境界。它是对为将之道最精辟的表述。

"静"指沉着冷静，隐忍坚韧。要求将帅具有独特的理性、智慧和韧性。在面对强敌时，将帅不能一味争强斗狠，要沉得住气。只有沉静下来，才能理性思考；只有隐藏起来，才能让对方捉摸不透；只有耐心等待，才能抓住机会以柔克刚。也只有临危不惧，处变不惊，遇事不乱，冷静应对，才能稳定部队的思想情绪，给官兵以信心和力量。

"幽"是指思想深邃，幽远难测。要求将帅要具有深远的谋划能力和长远的战略眼光。孙子认为"无智名，无勇功"才是最高明的将军,还说:"人皆知我所以胜之形,而莫知吾所以制胜之形",意思是优秀的将帅当着众人的面打了胜仗,大家都看到了取胜的全过程,但是没人知道究竟是怎样取胜的。就像高明的魔术师,当着观众表演,观众从形式上目睹了表演的全程甚至细节,但是看不出变化的关键点究竟在哪里。将帅是战场上的"魔术师",他们的战略筹划和长远思考往往不易被人察觉,一旦被对手洞悉,也就失去了悬念,就会陷入被动挨打的境地。

"正"是指为人正直,处事公平。要求将帅具有公正廉洁、率先垂范的品德修养,展现出"进不求名,退不避罪"的担当精神以及"唯人是保,而利合于主"的信义公道。只有这样的将帅才能真正获得官兵的尊重和信任,才会带出一支上下同欲、生死与共的部队。为将者,如果过多地考虑自己的毁誉得失,没有敢于承担责任的担当精神,是难以担负起国家与民族赋予的重任的;如果处理事情偏心偏向,不讲公平公正,必然引起矛盾和混乱。

"治"指严谨细致,有条不紊。要求将帅无论是在作战还是在平时的治军中都要细致周密,井井有序。战场上,战机转瞬即逝,如果将帅在指挥中杂乱无章,抓不住要害,就会失去战机甚至被敌人打败。而在平时的带兵过程中,如果将帅只讲大道理,不注重细节,不深入官兵生活,就很难发现问题。孙子讲的"将之六过"中"将弱不严,教道不明,吏卒无常,陈兵纵横,曰乱",从反面说明将帅只有平时严谨细致、有条不紊地进行管理,才能避免生乱。

讲到"静幽正治",不得不提"为将五德"与"为将五危"。智、信、仁、勇、严,是将之五德;必死、必生、忿速、廉洁、爱民是将之五危。显然,"静幽正治"既是讲将帅主掌军事的一般原则和方法,更是讲其应达到的境界。将帅应当提升五德,避免五危,以此达到"静幽正治"的境界。比如,将帅有智慧,而智慧水平高者则体现出沉着冷静、幽深难测的状态,绝不会盲目乱战或临危而惧;将帅讲诚信,而诚信至真者则显示出为人正直、处事公道的状态,绝不会追求虚名或偏心偏向,等等。虽然不必将"为将五德""为将五危"与"静幽正治"的境界一一对应起来,但可以肯定的是,但凡能够达到"静幽正治"境界的将帅,通常已经具备了"为将五德",并且能够有意识避免"为将五危"。春秋时期,享有"文能附众,武能威敌"(司马迁,《史记·司马穰苴列传》)美誉的司马穰苴可以说基本上达到了这一境界。

齐景公时,晋国于公元前531年派军从西面侵入齐国,燕国军队也同时乘隙从北面攻入齐国边地,齐国守军屡屡败退。军事上的失利,使齐景公深为忧虑。为了扭转败局,齐景公急需选拔和任用智勇双全的将领。当时担任相国的晏婴,向齐景公推荐了司马穰苴。说起来,司马穰苴与孙子还是家族的亲戚。

孙子祖上原是陈国公子陈完,因避祸逃奔到齐国后改姓田,所以孙子的爷爷曾经姓田,名书。后来田书因为在讨伐莒国的作战中战功突出,被齐景公赐孙姓,以示可以单独另立门户了。所以,现在姓孙的后人都以孙书为家族祖先。而这位司马穰苴,原姓田,也是陈完的后代,自然是田氏家族的子孙。因为活动于齐景公时期,估计与孙子的爷爷是同辈,或许是孙子的叔爷。

晏婴向齐景公推荐说,司马穰苴很有才能,长于谋划,且熟知兵法,"文能附众,武能威敌",如以他为将,必能改变目前的形势。齐景公听了晏婴的介绍,立即召见司马穰苴,请他谈了有关治军、用兵的方略和法则。司马穰苴在军事上的杰出见解，赢得了齐景公的赞赏，遂拜他为大将，命他率军抵御晋国和燕国的军队，司马穰苴却提出要求说："我的身份一贯卑贱，您把我从闾巷里的平民中提拔起来，位在大夫们之上，士卒不拥护我，百姓不信任我，人微权轻。我想请您选派一个亲近、又在全国享有威信的大臣做我的监军，这样才好。"景公急于派人抵抗外敌，这等要求当然立刻答应了，于是派自己的亲信大夫庄贾去担任监军。

司马穰苴辞别景公，率军出发前，与庄贾约定："明天就要点兵出发，请监军中午准时在军营会齐。"第二天司马穰苴提前来到军营，叫军士立起木表观测日影，设置漏壶滴水计时，等待庄贾的到来。庄贾是齐景公宠臣，一贯骄傲自大，以为统率的是自己的军队，而自己又是监军，所以不急不忙。只顾与为他送行的同僚、亲友饮酒行乐，根本没把集合报到的约定放在心里。日至中午，庄贾还未到。司马穰苴就命令放倒木表，放掉漏壶中的水，进入军营调度部署军队，申明军纪法令。一切规定完毕，已到黄昏，这时庄贾才到。司马穰苴问他："为什么迟到？"庄贾满不在乎地说："因为大夫们和亲戚来相送，就耽误了时间。"

司马穰苴严肃地说："将帅受领任务时就该忘记家庭，置身军队，受军纪约束，就该忘记亲人，击鼓指挥军队作战时，就该有忘我的精神。如今敌军深入国境，举国骚动。士卒风餐露宿于边境，国君寝食不安，百姓的命运都握在你的手里，还谈什么送行呢？"于是向军法官问道："军法对误了规定时限迟到的人怎么处理？"军法官说："应该斩首。"庄贾害怕了，急忙派人飞马急报齐景公，请景公救他。他派去的人，还未回来，司马穰苴就把他斩了，在全军中示众。全军将士都大为惊惧。过了很久，齐景公派的使者才拿着符节驱车直入军中赦免庄贾，司马穰苴问军法官："在军营里驾车横冲直撞的，应当如何处置？"回答："当斩"。来使大惧，恳求饶命。司马穰苴说："既是国君派来的使者，可以不杀，但必须执行军纪。"于是，他命令军士把使者的仆人斩了，车拆了，马砍了，以示三军。

司马穰苴整军之后，齐军面貌立刻改观，成了纪律严明、军容整肃、令行禁止、悉听约束的能战之师。然后，他立即率师出发，奔赴前线。在军旅中，他对士卒们的休息、宿营、掘井、修灶、饮食、疾病、医药等事项都亲自过问并安排，把供给将军的全部费用和粮食都用来犒赏士卒，自己与士卒吃一样的伙食，对体弱士卒特别照顾，很快就取得了将士们的信任。三天后部署调整军队时，生病的士兵都要求同行，士卒都争着奋勇参战。晋军得知这个消息，立马撤兵走了。燕军得知这个消息，也回渡黄河，取消了攻齐计划。司马穰苴率齐军乘势追击，收复了齐国所有失去的城邑和土地，然后班师回国。

对于斩庄贾这件事，很多人只看到了司马穰苴治军严格的一面，而忽略了他更深层的谋略。大敌当前，地位卑微，如何领兵作战？司马穰苴主动申请监军，又怒斩监军，这一动作可谓一举多得。既得到了君主的授权，获得了指挥的独立性，又成功震慑了三军，树立了权威，同时还威慑了敌军，令其心生胆怯，足见其深谋远虑，幽思难测。在具体带兵过程中，司马穰苴又非常细致入微，严谨有序，真正做到了集"静幽正治"于一身。

孙子的"静幽正治"备受人们赞赏，但其接下来一句话因与人们习惯的思维相悖而饱受诟病，一直被不少专家学者斥责为糟粕。他的原话是："能愚士卒之耳目，使之无知；易其事，革其谋，使人无识。易其居，迂其途，使民不得虑。"其中的"能愚士卒之耳目"，强调的就是将领要能够愚弄、蒙蔽官兵的视听，使他们对于军事行动的目的、路线、方法等问题毫无所知。而愚弄的具体方法则是，变更作战部署，改变原定计划，使官兵们无法识破机关；经常改换驻地，故意迂回行进，使官兵们推测不出真实的意图。

对于这段话，有些人认为，这是孙子的愚兵政策，体现了新兴地主阶级的思想，歧视战争主体力量，鼓吹个人英雄主义，是《孙子兵法》中的糟粕，应当予以摒除。这些批评谴责乍一看似乎很有道理，怎么能愚弄士兵呢？但是，深入思考后，我们或许不宜一概而论，而应辩证地仔细品味其中的含义。

首先，这个"愚"字，并非真正意义上的愚弄、欺骗，而是一种策略性的表述。孙子擅长用生动的言辞表达观点。比如"善守者，藏于九地之下；善攻者，动于九天之上""胜者若以镒称铢，败者若以铢称镒""恒山之蛇"等，都是通过形象的描述来加深人们的理解。此处的"愚"也是采用类似的方式，旨在强调某种战术上的隐蔽性或误导性，而非字面意义上的愚弄。

其次，深入敌国作战，危险重重，兵贵机密。出于作战保密的需要，部队的作战部署、驻防变化、行军路线、谋略运用等关键事宜只有少数高级将领能知道，否则很容易走漏风声，使部队陷于绝境。孙子在《用间篇》中分析了因间、内间、反间、死间、生间5种间谍类型，鉴于此，谁能保证自己庞大的军队中没有潜伏敌方的间谍呢？所以，不能凡事都向所有官兵交代得明明白白，需要一些善意的隐瞒和伪装。

最后，深入险境作战，通常容易导致军心动摇或者产生意见分歧,早在《孙子兵法》问世之前,一本名为《军势》的兵书就已明确指出:"出军行师,将在自专,进退内御,则功难成。"这句话强调出兵打仗时,将帅必须拥有集中统一的指挥权,如果军队进退都受君主的意见左右,那就难以成功了。中唐时期著名政治家、文学家陆贽则把理由说得更为充分,他在一篇奏议中指出:"夫统帅专一,则人心不分,号令不贰进退可齐,疾徐如意,机会靡愆,气势自壮。"统帅军权能够专一,军心就不会分散,号令就可以统一,进退行动就会一致,快慢速度就能符合作战企图,就不会失去战机,军队的气势就自然雄壮。

那么怎样才能既保守作战机密,又统一官兵思想呢?孙子提出的办法是:"易其事,革其谋,使人无识;易其居,迂其途,使民不得虑。"通过变化行军路线,改变宿营地点,调整作战谋略,使官兵们不识、不知,谁也没有充足的理由乱发议论或随意支招,大家心里只剩下一个念头:唯将帅马首是瞻。如此一来,会产生什么样的效果呢?孙子连用三个比喻加以描述:"帅与之期,如登高而去其梯;帅与之深入诸侯之地,而发其机;若驱群羊,驱而往,驱而来,莫知所之。"

第一个比喻中,"期"指主帅与军队约定出战期限。主帅赋予军队作战任务,断绝其归路,使之勇往直前。

第二个比喻,主帅与军队一起深入敌国,如击发弩机射出的箭,一去而不复返,所谓开弓没有回头箭,只能一路往前冲了。

第三个比喻,说明这种情况之下的士兵,如同群羊,被赶来赶去,虽然他们不知要到哪里去,但个个奋勇争先。

虽然把士兵比作群羊,听上去让人略感不适,但是其效果却是深入敌国作战时所必需的。所以，孙子把谋求这种办法称为"将军之事也"。他说："聚三军之众，投之于险，此谓将军之事也。"这句话可以说是整段话的点睛之笔，指出了所谓"愚兵"策略的目的：集结全军出征，把官兵们置于危险境地，激发他们死战到底的决心，这是将军统帅军队作战最重要的事情。

前文我们提到，《九地篇》篇幅较长，但从内容上看，至此已大致讲完了将军领军出征的全过程：经历各种复杂地形，处理种种困难情况，最终进入战场，准备交战。于是，孙子用一句话做了一个小结。他说："九地之变，屈伸之利，人情之理，不可不察也。"

"九地之变"，是指本篇开头分析的九种地形及其应变的方法；"屈伸之利"，是指军队在种种复杂情况下进退或谋求有利作战态势的方法；"人情之理"，则是指官兵们一步步深入敌国之后心理和士气的客观变化。孙子强调，作为一个将军，在整个出征过程中对这一系列重要问题都要认真考察，做到心中有数、灵活应对。

学习《孙子兵法》不要局限于字面，一定要思考其深刻的内涵。孤立地看，"愚士卒之耳目"这句话似乎有阶级偏见，令人不可接受。但是结合整段话来看，将其还原到战争实际场景和整个过程中，又可以看出它实际上揭示的是一种带兵打仗的方法和艺术。所以，不宜把它一味斥为糟粕。

我们常讲，诚信做人，以诚带兵。毫无疑问，这是为人处世、当好领导的根本所在。但是，有过领导经历的人都不会否认，在危机四伏、麻烦不断、意见不一、胜负难定的时刻，孙子所说的"愚士卒之耳目"不失为一种统一思想、凝聚力量、共渡难关的有效方法。

（六）奔袭作战九种环境，各有不同战法

【原文】

凡为客之道：深则专，浅则散①。去国越境而师者，绝地也②；四达者，衢地也；入深者，重地也；入浅者，轻地也；背固前隘③者，围地也；无所往者，死地也。是故散地，吾将一其志④；轻地，吾将使之属⑤；争地，吾将趋其后⑥；交地，吾将谨其守；衢地，吾将固其结⑦；重地，吾将继其食⑧；圮地，吾将进其涂；围地，吾将塞其阙⑨；死地，吾将示之以不活⑩。故兵之情：围则御，不得已则斗，过则从⑪。

【注释】

①深则专，浅则散：在敌国境内作战，深入则士卒一致，浅进则士卒涣散。

②去国越境而师者，绝地也：赵本学注："去国，去己之国，越境，越人之境。绝，绝望之意。此篇绝地之文，此特因上文'诸侯自战其地为散地'之句，而反言申之也。"另一说，梅尧臣注："进不及轻，退不及散，在二地之间也。"

③背固前隘：梅尧臣注："背负险固，前当厄塞。"张预注："前狭后险，进退受制于人也。"此谓背后险固，前路狭隘。

④一其志：李筌注："一卒之心。"此言统一士卒意志。

⑤使之属：属，连接。使军队部属连接。

⑥趋其后：曹操注："利地在前，当速进其后也。"杜佑注："利地在前，当进其后；争地先据者胜，不得者负，故从其后，使相及也。"言后续部队迅速跟进。

⑦固其结：杜牧注："结交诸侯，使之牢固。"言巩固与诸

侯的结盟。

⑧继其食：贾林注："使粮相继而不绝也。"言补充军粮，保障供给。

⑨塞其阙：孟氏注："意欲突围，示以守固。"此言堵塞阙口。

⑩示之以不活：表示死战的决心。

⑪过则从：孟氏注："甚陷则无所不从。"言陷于险境十分深重则无不听从。

【译文】

进入敌国作战的规律是：进入敌境越深，军心就越是稳固；进入敌境越浅，军心就容易懈怠涣散。离开本国进入敌境作战的地区是绝地，四通八达的地区是衢地，进入敌国纵深的地区是重地，进入敌国浅近的地区是轻地，背有险固、前有阻隘的地区是围地，无路可走的地区是死地。因此，将领在散地上，要统一全军意志；在轻地上，要使营阵紧密相连；在争地上，要使后续部队迅速跟进；在交地上，要谨慎防守；在衢地上，要巩固与邻国的联盟；入重地，要补充军粮；经圯地，要迅速通过；陷入围地，要堵塞缺口；到死地，要显示死战的决心。所以，作战一般的情形是：被包围就会竭力抵御，形势险恶而不得已时就会殊死奋战，深陷危境就会听从指挥。

【新解】

《孙子兵法》的《九地篇》不仅篇幅最长，而且最为难读，《谋攻篇》《火攻篇》都是一气呵成，读起来思路连贯，如行云流水一般，酣畅淋漓。《九地篇》却分为上、下两部分，而且多处重复。比如，上半部分一开篇就提出"九地之说"，下半部分又再次重申了"九地之说"，这究竟是怎么回事呢？

很多专家学者都注意到了这个问题，并且提出了不同看法。归纳起来主要有两种意见。一种意见认为，重复是出于强调的目的，通过前后重复来凸显某些重要内容。另一种意见认为，重复是错简所致。秦始皇下令焚书坑儒之后，先秦典籍大量散失或者藏于民间，在战乱频繁的年代，人的生存为大，史书典籍在收藏者颠沛流离的过程中难免散失。《孙子兵法》也是如此，《作战篇》《九地篇》《用间篇》都有多处重复，很可能是竹简绳线断裂导致前后篇的竹简混杂在一起，后人整理时未能按原样理清楚，只是按大致意思进行排列，于是便有了重复，或者突然出现与前文不搭的句子。

仔细对比不难看出，《九地篇》上、下两部分都提到"九地之说"，应当不属于错简所致。因为下半部分针对九种地形所提出的应对办法，与上半部分的办法不同，或者说更进一步，更为细致。比如上半部分讲到散地，应对办法是"散地则无战"，下半部分则是"散地，吾将一其志"，要统一全军意志。上半部分讲到轻地，应对办法是"轻地则无止"，下半部分则是"轻地，吾将使之属"，即要使营阵紧密相连，避免士卒掉队开小差。显然，这不是错简的问题，如果是错简，那就应当像现在的电脑拷贝那样，放在什么地方，文字都一点不走样。通过对比可以看出，尽管九种地形前后基本一致，但是应对方法各不相同。概略地说，上半部分中的"九地"侧重的是战场机动的方法，下半部分中的"九地"侧重的是战场作战的方法。

"九地之变"表面上看似乎讲的是遥远的古代将领们在各种复杂地形上带兵打仗的方法，如果把镜头转向现实，你会发现这些复杂情况下带兵打仗的方法似乎并未过时,它们依然管用,用好了效果还不错。

我们不妨逐一分析一下。

散地、轻地的应对方法前面已经讲到,我们接着分析其他几种地形及其应对方法。

双方争夺,谁先占领就对谁有利的"争地",应对方法是"吾将趋其后",即迅速出兵抄到敌人的后面,以占据其地。

双方都可以往来,道路交错的"交地",应对方法是"吾将谨其守",即谨慎防守,防止被敌人突袭。

四通八达、多国交界,先占领便容易得到诸侯援助的"衢地",应对方法是"吾将固其结",即巩固与列国的结盟,以获取盟国的支援。

进入敌国纵深,背靠敌人众多城邑的"重地",应对方法是"吾将继其食",即保障军粮供应,以保障军队的持续战斗力。

山林、险阻、沼泽等难于通行的"圮地",应对方法是"吾将进其涂",即迅速通过,以免发生不测或被敌人袭击。

进兵道路狭隘、退回的道路迂远,背后有险固、前面有阻隘,敌军以少数兵力即可击败我军的"围地",应对方法是"吾将塞其阙",即堵塞缺口,以免敌人攻进来。

迅速奋战就能生存,不迅速奋战就会灭亡的"死地",应对方法是"吾将示之以不活",即既向敌人,同时也向自己的官兵显示出死战的决心。

孙子所列举的这九种地形,毫无疑问指的是战场客观地形,但是在社会各领域的竞争场上,是不是也存在着各种看不见的客观地形?说到"围地""死地"这些词,恐怕很多经营企业的朋友都会深有同感。那么,孙子针对不同客观地形提出的"九地之变"的方法，也值得我们思考怎样在现实生活和竞争中的"围地""死地""交地"中灵活运用。

尽管孙子针对九种地形所提出的应对方法各不相同，但是深入分析不难发现，其核心就是力求做到"三个统一"：统一思想、统一行动、统一力量。比如，"散地，吾将一其志"，明显就是统一思想；"轻地，吾将使之属"，侧重于行动的统一性；"衢地，吾将固其结"，强调加强与诸侯各方的关系，属于统一力量。至于"围地，吾将塞其阙；死地，吾将示之以不活"，都是从思想、行动、力量上谋求高度统一的方法。

为什么要谋求高度统一？为什么不能来点自由任性？孙子用一句话揭示了其中的奥秘，这也可以说是现代领导学上的诀窍。他说："故兵之情，围则御，不得已则斗，过则从。"显然，这句话是对九种应对方法的总结，也是核心提示。它揭示了官兵们三种心理状态：第一，"围则御"，即陷入包围就会竭力抵抗；第二，"不得已则斗"，在形势逼迫下，迫不得已就会拼死战斗；第三，"过则从"，"过"指非常深入地进入敌国，陷入绝境就会听从指挥，紧紧跟随。不言而喻，只有想办法做到"三个统一"，才有可能使部队达到这种状态，从而在战争中占据优势。

（七）远程奔袭作战，贵在"巧能成事"

【原文】

是故，不知诸侯之谋者，不能预交①；不知山林、险阻、沮泽之形者，不能行军；不用乡导者，不能得地利。四五者②，不知一，非王霸之兵③也。夫王霸之兵，伐大国，则其众不得聚④；

威加于敌,则其交不得合⑤。是故不争天下之交⑥,不养天下之权,信己之私⑦,威加于敌,故其城可拔,其国可隳⑧。施无法之赏,悬无政之令⑨,犯三军之众⑩,若使一人。犯之以事,勿告以言⑪;犯之以害,勿告以利⑫。投之亡地然后存,陷之死地然后生⑬,夫众陷于害,然后能为胜败⑭。故为兵之事,在于顺详敌之意⑮,并敌一向⑯,千里杀将,此谓巧能成事者也。

【注释】

①不知诸侯之谋者,不能预交:言不了解诸侯的谋略,不能同他结交。

②四五者:指九地。曹操注:"谓九地之利害。"清夏振翼《武经体注大全会解》云:"四五,指'九地'言。'九地'中五为客兵,四为主兵,故不合言之而分言之。"

③王霸之兵:王,《荀子·正论》"令行于诸夏之国谓之王。"霸,清朱骏声《说文通训定声》:"孟子离娄丁音,霸者,长也,言为诸侯之长。"《荀子·王霸》:"虽在僻陋之国,威动天下,王伯是也。"王先谦集解:"伯读为霸,又如字为诸侯之长曰伯。"曹操注:"霸者,不结成天下诸侯之权也。绝天下之交,夺天下之权,故己威得伸而自私。"按:王,先秦指商周之王;霸(伯),指诸侯之首领,源于春秋时代。此谓能够称霸诸侯的军队。

④其众不得聚:聚,集中、动员。言敌人的军队来不及动员集中。

⑤威加于敌,则其交不得合:兵威指向敌国,使其外交不得联合。

⑥不争天下之交:不争着与天下诸侯交结。

⑦信己之私：信，同"伸"。言伸展自己的战略意图。

⑧其国可隳：《吕览·顺说》："隳人之城郭。"高诱注："隳，坏也。"谓可毁坏其国都。

⑨施无法之赏，悬无政之令：无法，超出惯例，破格。悬，挂、颁布。黄巩《孙子集注》："无法之赏，谓破格也；无政之令，谓临事应变。"

⑩犯三军之众：犯，用也、动也，此为驱使、任用之意。言使用三军之众。

⑪勿告以言：王晳注："情泄则谋乖。"此谓不要告诉士兵所担负任务的意图。

⑫犯之以害，勿告以利：命令他们去完成危险任务，只告诉危险因素，不告诉有利条件，使其意志坚定。

⑬投之亡地然后存，陷之死地然后生：曹操注："必殊死战，在亡地无败者。孙膑曰：'兵恐不投之死地也。'"梅尧臣注："地虽曰亡，力战不亡；地虽曰死，死战不死。故亡者存之基，死者生之本也。"

⑭能为胜败：意谓军队陷入危亡之地才能取胜。

⑮顺详敌之意：言假装顺从敌人的企图。

⑯并敌一向：集中优势兵力，选择恰当的进攻方向。

【译文】

不了解诸侯各国的战略动向，就不要与之结交；不熟悉山林、险阻、沼泽等地形，就不能行军；不使用向导，就不能得到地利。这几个方面，有一方面不了解，都不能成为具有谋取诸王或霸主地位实力的军队。凡是王、霸的军队，进攻大国时能使敌国的军队来不及动员集中；兵威所指，就能使敌方的盟国不能配合策应。因此，不必争着同天下诸侯结交，只要伸展自己的意图，把兵威施加到敌人的头上，就可以攻占敌人的城邑，毁灭敌人的国都。实施超越惯例的奖赏，颁布打破常规的号令，指挥全军如同指挥一个人一样。授以任务，不必说明作战意图。命令士卒去完成危险的任务，但不指明有利条件。把士卒置于危地，才能转危为安；使士卒陷于死地，才能转死为生。军队陷于危境，然后才能取得胜利。所以指挥作战这种事，就在于假装按照敌人的战略意图行动，迷惑敌人，集中兵力于主攻方向，千里奔袭，斩杀敌将，这就是所谓巧妙用兵能够达到预期的作战目的。

【新解】

《孙子兵法》中有个很霸气的名词——"王霸之兵"，不少专家将其解读为"霸王之兵"。"王霸"和"霸王"是不是一码事？

孙子讲"是故不知诸侯之谋者，不能预交；不知山林、险阻、沮泽之形者，不能行军；不用乡导者，不能得地利。四五者，不知一，非王霸之兵也。"

"王霸之兵"是这段话中一个重要的概念。孙子先从反面讲，什么样的军队不是王霸之兵。

"故不知诸侯之谋者，不能预交；不知山林、险阻、沮泽之形者，不能行军，不用乡导者，不能得地利"这句话在《军争篇》里已经提到过，为什么在《九地篇》又重提呢？关于这个问题，古人有不同看法。三国时期的曹操、宋代的梅尧臣等人认为不知上述情况就无法用兵，所以孙子才反复强调。明代的赵本学则认为，这句话与上下文并不协调，可能是错简所致。

仔细分析孙子的这句话，我认为，这并非错简，大军出国作战，如果不知道诸侯列国的战略意图，不知道各国山林、险阻、沼泽等地形情况，不知道利用当地人引导行军，那怎么能出征作战呢？显然，孙子在这里重复强调是非常必要的。

孙子紧接着得出一个结论："四五者，不知一，非王霸之兵也。"这里古人们对"四五者"的理解又出现了分歧，一种观点以曹操为代表，认为"四五者"指"九地"，即九地之利害。清朝学者夏振翼也说："四五，指'九地'言，'九地'中五为客兵，四为主兵，故不合言之而分言之"。另一种观点则以明人茅元仪为代表，认为"四五者"应该是"此三者"，古代字的读音与现在不一样，"此"字的读音近似于"四"，而"三"字的读音近似于"五"，所以被误写为"四五者"，实际上是指前面孙子提出的三个方面，即"不知诸侯之谋者，不能预交；不知山林、险阻、沮泽之形者，不能行军；不用乡导者，不能得地利"。还有人认为，"四五者"是指"四时""五行"。我认为，"四五者"并非确指某个具体的数字，而是类似于今天所谓"如此等等""诸如此类"的意思。意在强调，这些方面的情况如果有一样不了解，都不能成为"王霸之兵"。

"王霸之兵"，汉简本作"王霸之兵"，《十一家注孙子》本作"霸王之兵"。究竟是"王霸之兵"，还是"霸王之兵"呢？在春秋时期，统一天下才叫"王"，如夏、商、周三代之王。不能统一天下只能叫"霸"，如"春秋五霸"。"霸"就是"伯"（两个字是通假关系）。"伯"本来是兄弟行辈中的老大、诸侯的首领。形象一点说，"王"大致相当于今天企业中的"董事长"，拥有所有权；"霸"则相当于总经理，仅有经营权。孙子把"王""霸"并称，合为"王霸之兵"，应当指的是打天下的军队。战国时期，七雄争霸，当了霸主即可称王，"王"和"霸"的概念开始混淆，顺序颠倒。所以，宋代《十一家注孙子》本写成了"霸王之兵"。相比之下，还是汉简本的说法更符合孙子要表达的意思，所以我们沿用"王霸之兵"。

那么"王霸之兵"作为打天下的军队，应当是个什么样子的呢？孙子接着说："夫王霸之兵，伐大国，则其众不得聚；威加于敌，则其交不得合。是故不争天下之交，不养天下之权，信己之私，威加于敌，故其城可拔，其国可隳。"

与前一段话结合起来看，"王霸之兵"有三大特点：第一，将领精通"九地之变"，擅长在战场上趋利避害，灵活运用兵力；第二，兵力强大，部队实施远程奔袭，敌人猝不及防，必然造成敌国"其众不得聚"，即军队来不及动员和集中；第三，威慑力强，一旦摆开作战态势，兵威施加到敌人的头上，就能使它的盟国不能配合策应，甚至迅速瓦解。

孙子认为，一旦拥有这么一支"王霸之兵"，争夺天下便不在话下，也就不再需要"争天下之交，养天下之权"了。"不争天下之交"，即用不着与敌国争相讨好、结交天下诸侯；"不养天下之权"，则是用不着与敌国争着讨好、供养天下的强权。另一种说法是，用不着与敌国争着在诸侯国培植自己的势力。我倾向于前一种理解，"外交"与"强权"相对，互文见义。孙子认为，"争天下之交，养天下之权"都是"非王霸之兵"的国家所为。拥有"王霸之兵"的国家，完全靠自己的实力开路。"信己之私，威加于敌，故其城可拔，其国可隳。"其中的"信"是"伸展"的意思。整句是说，只要把我的战略意图通过强大的实力展现出来，直接施加于对方，就可以攻占对方的城邑，摧毁对方的国都。

历史上，秦始皇在统一六国的战争中，其"王霸之兵"的威力在灭韩、赵、魏的战争中展现得淋漓尽致。当时，堪与秦国比肩的是齐国，其最后一位国君田建，在位长达44年，却无所作为，完全被秦国的威势所震慑。他既不敢发兵阻止秦军东进，也不敢联合五国合纵攻秦，反而一味恭顺事秦，秦国每灭一国，他都派使者入秦祝贺。最终在韩、赵、魏灭亡后，他失去了最后的屏障，只能不战而降。

齐国灭亡后，齐国大臣以及百姓们都怨恨齐王，认为齐国灭亡的原因是齐王听信奸臣宾客之言，不与诸侯合纵攻秦，致使国家灭亡。其实，齐国灭亡的关键原因并不在于没有合纵，而在于齐国实力不足，齐王被秦国"王霸之兵"一扫天下的态势所震慑，不敢与其他五国合纵抗衡，更遑论与秦国的军队直接对抗。所以即使合纵的策略摆在眼前，齐国也没有胆子用。

在当时的情况下，不仅齐国害怕秦国的"王霸之兵"，其他与之交战的诸侯国也是害怕的，所谓"合纵"不过是装装样子罢了。秦军一来，诸国便各奔东西。秦国就是凭着这支虎狼之师，横扫六国，所向披靡，从心理上给六国军队极大的震慑。

那么，秦国是如何打造出这支"王霸之兵"的呢？答案在于著名的商鞅变法。正是这场变法，使秦国国富兵强，真正崛起。商鞅实行的军功爵制，使秦国士兵的切身利益与战争的胜败紧密联系起来，士兵在战场上奋勇杀敌，就有机会封官进爵，改变自己奴隶或平民的命运。因此，他们能全力以赴，英勇杀敌。这样，秦国很快就扭转了长期以来被动落后的局面。从此以后，"大秦锐士"独步天下，无坚不摧，在七雄争霸的200多年时间内，战无不胜、攻无不克，势如破竹，不可阻挡。

有学者认为，21世纪的世界格局有点类似于中国古代的春秋战国，群雄并立，多极竞争，强者崛起，弱者衰退。这种说法不无道理。孙子"王霸之兵""威加于敌"思想与当今西方流行的"战略威慑"理论在某些方面不谋而合，也从侧面说明了这一点。

战略威慑理论包含三个要点：首先，要有"军事威慑实力"，没有实力不叫威慑，叫虚声恫吓；第二，要"有使用力量的意志与决心"，没有决心意志，实力就形同虚设，该用时就用，不能不用；第三，还要"让对手知道"，否则威慑就无从谈起。三者结合，从而构成战略威慑。不难看出，其实质与孙子所说的"王霸之兵""威加于敌"十分相似。

在当今时代，中国经济迅速发展，但同时也面临着各种安全挑战和潜在威胁。应对这些挑战，我们有必要遵循孙子的原则："不争天下之交，不养天下之权"，不去讨好四方，也不去花钱买平安，而是抓住难得的发展机遇，把功夫下在自己身上，专注提升自身的综合国力。一旦综合实力强大到足以威慑对手时，那就很可能如孙子所说，"信己之私，威加于敌，故其城可拔，其国可隳"，许多潜在的危险、威胁都可能迎刃而解。

孙子进一步分析，一个将领统率"王霸之兵"深入敌国作战，必然会遭遇重重阻碍与顽强抵抗，部队不断伤亡，官兵思想混乱。在这种情况之下，怎样才能使自己的部队继续保持所向披靡、势不可当的状态呢？

孙子提出的办法是"施无法之赏，悬无政之令"。这里的"无法"就是超出惯例、破格。"悬"，就是颁布、施行。"无政"与"无法"互文见义，指的是临事应变，超越常规。整句话强调的是，深入敌国重地、处于危急境况时，就应当实施与平常制度不同的奖赏，即重赏；颁发与平常制度不同的特殊法令，即重罚。为什么在这种情况下要采用这些非常之法呢？

原因很简单，战争既是力量的拼搏，更是意志的较量。越是在危险的关头，精神意志的作用越大，甚至在特殊情况下是决定胜负的关键。常言说："重赏之下必有勇夫，重罚之下必有畏者。"超常的重赏，往往能够激发官兵们拼死决战的勇气；超常的惩罚，也往往能够迫使官兵们敬畏严明的军纪或肩负的职责。在孙子看来，如果这两手运用得好，其效果必定是"犯三军之众，若使一人"。"犯"，即用、动之意。此句意为一旦动用军队，统率三军之众作战，所有官兵紧密团结，各个部队协调一致，上下携手共进，如同一个人的四肢那样灵活自如。

一旦统率三军深入敌国作战，很快就会出现大量官兵死伤、粮食武器损耗、军心斗志下降等一系列问题。为保证部队继续"若使一人"，勇猛作战，孙子提出了一个方法："犯之以事，勿告以言；犯之以害，勿告以利。投之亡地然后存，陷之死地然后生，夫众陷于害，然后能为胜败。""犯"，这里为领兵出征的意思。"犯之以事，勿告以言"，即领兵执行作战任务，采取军事行动，不要告诉官兵们任务的意图。"犯之以害，勿告以利"这句在流传过程中存在不同版本。传世本皆作"犯之以利，勿告以害"，唯汉简本作"犯之以害，勿告以利"，把"害"放在前面，"利"放在后面，两种版本正好相反。联系上下文来看，还是汉简本的说法更符合逻辑。下文紧接着提到"陷之死地而后生"，"勿告以利"是使官兵们有必死拼斗的决心，不存侥幸心理。

有专家评论指出，将军明知要把士兵置于最危险的境地，却不告诉他们真相，这不是哄骗是什么？这种做法初看起来似乎有欺骗之嫌，但是，我们认识和理解事物不能脱离具体的环境或语境去泛泛而谈，也不能不分析其动机和意图而武断下结论。孙子这段话讲的不是平时带兵的方法，而是深入敌国作战，在危机四伏、拼死决战的特殊情况作战的方法。试想，在这种情况下把任务的艰巨性、情况的复杂性、危险的严重性、结果的不可测性，毫无保留地告诉官兵们，泄露军事机密不说，部队会出现什么样的思想情绪，可想而知。

孙子作为一个饱经战火的人，深切地知道，在这种情况下，必须采取"犯之以事，勿告以言；犯之以害，勿告以利"的办法。采用这种方法，至少可以产生三个方面的效果：一是保守军事机密，使其不被泄露；二是统一官兵思想，避免议论纷纷，干扰作战指挥；三是打消侥幸和依赖心理，鼓舞官兵斗志，激发全部潜能。一旦产生了这一系列效果，部队即使处于亡地，也会因为奋力一战而避免覆灭；即使身陷死地，也会因为拼死决战而杀出一条生路。孙子总结说，军人的心理状态就是具有这种特点：越是陷入危险之中，越需要集体的力量；越是面临灭亡的绝境，求生欲望越发强烈；越是断绝了一切侥幸和依赖，越容易激发斗志。这就是所谓"夫众陷于害，然后能为胜败"，即军队陷入危亡的境地才能取胜。项羽的巨鹿之战、韩信的井陉之战、红军的二万五千里长征，都是置之死地而后生的经典案例。

孙子主张进入敌国作战不要预留后路，"投之亡地而后存，陷之死地而后生"，以此激发官兵拼死决战的斗志。但是，即使是拼死决战，也不应无谋地蛮干，仍然需要巧干。所以，孙子接着提出："故为兵之事，在于顺详敌之意，并敌一向，千里杀将，此谓巧能成事者也。"这里的"顺"通"慎"，谨慎之意。"详"有两种不同的理解，一种以曹操为代表，认为"详"

通"佯"，即假装、欺骗；另一种则认为"详"为详细审察之意。这样，"顺详敌之意"这句话就有两种理解，一种是假装按照敌人的战略意图行动，迷惑敌人，使敌人做出错误的决策；一种则是谨慎审察敌人的战略意图。这两种理解各有其道理，但依据上下文，第一种解释更为合理，更符合孙子始终贯穿全篇的"上兵伐谋"思想，且与下文的"并敌一向，千里杀将"相照应。"并敌一向"，指集中优势兵力于一个进攻点，而不是多个。这里的"将"，不一定专指敌方将领，也可指敌人的指挥部等要害之处，即能给敌人以致命打击的地方。"并敌一向，千里杀将"强调的是集中兵力于敌人的要害之处，在这个方向上形成绝对优势。杜牧对此注解说："若已见其隙，有可攻之势，则须并兵专力，以向敌人。虽千里之远，亦可以杀其将也。"也就是说，一旦发现敌人的薄弱环节，就要果断用兵，集中优势兵力，打歼灭战，即使有千里之遥，也可以战胜敌人，杀其将领。这是对"并敌一向，千里杀将"的准确解释。

霍去病两次河西之战，堪称运用孙子"顺详敌之意，并敌一向，千里杀将，巧能成事"思想的生动例证。

公元前121年春，霍去病第一次出兵河西（今甘肃西北部狭长堆积平原），当时河西匈奴族首领主要有浑邪王和休屠王。霍去病率军深入匈奴腹地，长途奔袭作战，在皋兰之战中俘虏了浑邪王子及其所属的相国、都尉等一批贵族，斩杀了折兰王、卢侯王两位部落首领，斩匈奴8960人，匈奴军队损失十分之七。究其胜利原因，主要得益于三点。一是进攻方向明确。霍去病率领军队越过乌鬐，讨伐遫濮，渡过狐奴水，历五王国，直指匈奴要害，展现了明确的进攻意图和战略方向。二是进攻方式勇猛果敢。霍去病在转战6日、行程千余里的过程中，与敌军短兵相接，在皋兰山下展开激战，展现了其勇猛果敢的进攻风格。三是战术运用得当，速战速决。在首战告捷后，霍去病并没有恋战，而是立即从前线回师，毕竟是孤军深入匈奴腹地，而且此次出兵也是为了了解河西的地理环境及匈奴的一些情况，进行战略性的试探进攻，为再次更大规模出兵河西积累经验。

这年夏天，霍去病第二次西征，由于有了第一次西征的基础，霍去病选择了一条新的进攻路线，从北地出发，过居延，攻祁连山，这次迂回作战，战果更是辉煌，投降的有2500多人，斩匈奴32000人，俘获五王、王母、单于阏氏、王子等59人，相国、将军、当户、都尉等63人。总之，这两次河西之战，共计让浑邪、休屠两部损失了将近4万人，几乎占了河西匈奴人口的半数。这样的损失，足以让一个部落失去战斗力。

有人可能会问，在第一次出征河西时，霍去病仅率领一支万人的精锐骑兵，孤军深入，难道他就不怕匈奴人切断自己的后路吗？以霍去病的性格和打法来说，他并不害怕，这是因为，他率领的这支军队有着匈奴人无法抵挡的强大进攻力。他深知只有直取匈奴大本营，擒贼擒王，才能使匈奴不战自溃，战争才会速战速决。因此，霍去病并不顾忌后路问题。

从上面的战例中，我们可以看出，霍去病两次河西之战之所以成功，一是进攻目标明确，他率领军队直击匈奴要害，展现了明确的战略方向；二是他善于速战速决，不恋战。霍去病为何取得那么多的胜利，获得那么多殊荣，答案不言自明了。

在战略进攻中，战略方向的选择是重中之重，直接关系到战略进攻的成败。如果选择多个方向和突破口，则不能很好地将兵力集中于一点，很有可能陷入持久的消耗战中，无法实现巧能成事的目的。《淮南子·兵略训》中说："夫五指之更弹，不如卷手之一桎，万人之更进，不如百人之俱至也。"意思是，5个指头轮番敲打，不如攥紧拳头一击；10000个人轮番进攻，不如100个人同时动手。这与孙子的思想不谋而合。多个进攻点会导致力量分散，容易被敌人各个击破。那么，如何集中才能达到最好的战略效果呢？一般说来，在战场空间允许的情况下，在同一时间里集中使用兵力、火力，要比拉长时间分散使用兵力、火力的效果好得多。在具体的战场上选择突破地段时，既要有重点，也要注意在同一时间对同一目标实行多处突击。这样的作战效果会更好。

一般来说，正确的方向和明确的目标比单纯的努力更为重要。如果方向不对，即使再努力也是徒劳无功。在战场上，选择一个战略主攻点或主攻方向是克敌制胜的关键，即使实力不如敌人强大，但在局部的某个关键点上集中优势力量进攻，也会成功。在职场上也是一样，选择正确的方向和突破口对个人的成功来讲同样重要。集中精力做一件事情才更容易成功，如果频繁地变换目标或者在同一时间段里设立多个目标，很容易因精力分散而做不成事。然而，我们经常会看到，很多人做事情不能专一，往往是"眉毛胡子一把抓，芝麻西瓜满地捡"结果是"样样都懂，样样稀松"。因此，在目标的选择上，一定要有所偏向，要有一个突破口，如果不分主次，面面俱到，那么原有的优势也就丧失殆尽了。正确的方法应是选择优势领域，在某一点或某一处突破，然后以点带面，创造最经济、最优先的效益，达成预定的奋斗目标。这大概也可以说是"故为兵之事，在于顺详敌之意，并敌一向，千里杀将，此谓巧能成事者也"谋略思想在人生职场上的运用方式吧。

（八）进攻作战谋划要隐蔽，发起要突然

【原文】

是故政举之日①，夷关折符，无通其使②；厉于廊庙之上③，以诛其事④。敌人开阖⑤，必亟入之。先其所爱⑥，微与之期⑦。践墨随敌⑧，以决战事。是故始如处女，敌人开户；后如脱兔，敌不及拒⑨。

【注释】

①政举之日：即将开战之际。

②夷关折符，无通其使：夷，封锁。符，通行证。曹操注："谋定，则闭关以绝其符信，勿通其使。"言废除通行凭证，断绝使者往来。

③厉于廊庙之上：厉，砥砺，反复推敲。按，"厉"古通"砺"，指磨刀石。此言在庙堂上反复研究，以决定战争大事。

④以诛其事：诛，治，这里指研究。言决定战争大事。

⑤开阖：阖，门扇。敌人敞开门户，喻敌方出现虚隙，可乘虚而入。

⑥先其所爱：杜牧注："凡是敌人所爱惜倚恃以为军者，则先夺之也。"

⑦微与之期：期，约、合。谓不要与敌人约期交战。

⑧践墨随敌：践，通"划"。贾林注："划，除也。"墨，墨守成规。言避免墨守成规，随敌情变化来决定作战方案。

⑨始如处女，敌人开户；后如脱兔，敌不及拒：全句言开始如处女般柔弱沉静，使敌人放松警戒；后如逃兔一般迅捷，打击敌人，使之来不及抵抗。

【译文】

所以,即将开战之际,就要封锁关口,销毁通行凭证,断绝使者往来,在庙堂再三谋划,做出战略决策。敌方一旦出现可乘之机,就要迅速攻入。首先夺取敌人战略要地,但不要轻易与敌人约期决战。敌变我变,灵活决定自己的作战行动。因此,战争开始之前要像处女那样沉静,诱使敌人放松戒备;战争展开之后,要像脱逃的野兔一样迅速行动,使敌人来不及抵抗。

【新解】

常言说:画蛇莫添足,画龙要点睛。《孙子兵法》的文法很有这一特点。《九变篇》最短,但当止则止,决不拖沓。《九地篇》则最长,它详尽阐述了九地之变、为将之道、统军之法、决胜要诀等多方面的内容,尽管篇幅已长,但孙子在文末仍用一段话作为小结,以点睛之笔概括全篇要旨:"是故政举之日,夷关折符,无通其使;厉于廊庙之上,以诛其事。敌人开阖,必亟入之。先其所爱,微与之期。践墨随敌,以决战事。是故始如处女,敌人开户;后如脱兔,敌不及拒。"这段小结高度凝练,既展现了进攻作战的全过程,又精辟地强调了进攻作战的关键性原则,用生动形象的比喻揭示了为客之道的深刻底蕴。

总体上看,这段话是全文思想脉络的自然延伸。前面1000多字主要讲的是深入敌国作战,一路开进过程中如何利用种种复杂地形,如何在不同的作战地区采用不同的战法,如何调理官兵思想紧张之类的军心士气问题,如何应对种种突发情况,等等。就好比我们干某一件大事,方方面面的准备工作都到位了,接下来就是甩开膀子大干一场了。这段话讲的就是即将开战之际要注意的问题和必须运用的谋略。大致有 4 层意思。

首先，是临战准备的隐蔽性。"是故政举之日，夷关折符，无通其使；厉于廊庙之上，以诛其事。"在汉简本中"政举"作"正与"。"正"有出兵、征讨之意。"正举"或"正与"，都是指交战日期已定，即将开战之际。这种时刻最重要的就是保密和隐蔽。"夷关折符，无通其使"，即关闭所有关口，注销进出的通行证，断绝两国使者的往来。相当于现在两国打仗，必定先撤离使馆和疏散侨民。"厉于廊庙之上，以诛其事"，则是强调再次仔细研究作战方案，检查是否有纰漏。"厉"，砥砺，意为反复推敲。"廊庙"，指朝廷，也可指主帅大营。虽然出兵之前已经有明确的作战计划，也选定了作战方法，但是经过长途行军，面对具体敌情，临战之际还是有必要再次对计划进行反复推敲。"以诛其事"中的"诛"，曹操解释为"治"，意为研究确定，使作战计划进一步细化和精确化。

其次，是接近敌军之时的隐蔽性。"敌人开阖，必亟入之。""开阖"，即开门，喻指敌方出现虚隙。这时就应当乘虚而入，突发制敌。

再次，是发起攻击的突然性和灵活性。"先其所爱，微与之期。践墨随敌，以决战事。"其中"先其所爱"与一些现代军事理论中强调的"打击重心理论"思想不谋而合。"所爱"，即所爱惜、依靠的部位，诸如司令部、通信中心、后勤基地等。这些要害部位一旦受到攻击，很可能导致全局瘫痪。所以发起攻击的时候，不是盲目乱打，而是集中兵力直取敌之所爱。同时还要"微与之期"，即非常突然，让对方来不及反应。对这 4 个字，古今有多种解释：一是不要与敌约期交战，二是不要与敌泄露战期，三是与敌微露战期，四是暗地里等待敌人前来。

我认为还是把"微"字理解为"不要"更为合适，即不要事先与敌人约定交战日期，突然打击其要害。突袭作战往往面临种种不可测的变数，所以不能固守战前的计划打仗，而是要"践墨随敌"。这几个字是比喻指挥官应当像木匠那样，按照木材的形状划定墨线，然后下锯取材。突袭时也应当根据敌情和战场实际情况的变化，随机应变，灵活调整作战方案和方法。

最后，孙子用一句话完成了点睛之笔："是故始如处女，敌人开户；后如脱兔，敌不及拒。"用"处女"和"兔子"做比喻，生动形象地概括了突袭进攻应有的状态：进攻前夕好像含羞带怯的年轻女子，引人开门探望，赏心悦目，而不加防范；一旦发起突击行动，又像草丛中蹦出的兔子，让人猝不及防，无法阻挡。这一比喻，既蕴含了行动前的隐蔽与静谧，又展现了行动时的突然与灵动。将突袭的隐蔽性、突然性、巧妙性、灵活性展现得淋漓尽致。

抗美援朝作战中，第一次战役之所以能够给"联合国军"以猝不及防的打击，就在于志愿军很好地做到了"始如处女，敌人开户；后如脱兔，敌不及拒"。

尽管中华人民共和国刚刚成立，各方面条件尚不成熟，要做出抗美援朝的决策相当艰难。但是，我们毅然决然做出了选择。此后，中央军委和毛泽东立刻转入作战思维，按孙子所谓"为客之道"指挥志愿军秘密入朝。

志愿军出国前，中央军委和毛泽东依据敌我双方的情况，曾计划在平壤、元山铁路线以北德川、宁远公路线以南地区先组织防御作战，待半年之后再进行反攻。但是，志愿军出国前夕，情况发生了很大变化。美军已占平壤、元山等地，并集中了4个军13万人的兵力，由元山、平壤两地分东西两线（主力置于西线），向中朝边境冒进，企图在 11 月 23 日前，行进到中朝边境，一举歼灭朝鲜人民军，达到占领全朝鲜的目的。

根据情况的变化，毛泽东和彭德怀商议后，立即改变了原来的作战计划。毛泽东于 10 月 19 日在给中南、华东、西南、西北等中央局的电报中指出："为了保卫中国支援朝鲜，志愿军决于本日出动，先在朝鲜北部尚未丧失的一部分地方站稳脚，寻机打些运动战，支援朝鲜人民继续奋斗。"并确定"以运动战为主，与部分阵地战，敌后游击战相结合"作为志愿军第一阶段的作战方针。

为了达成战役的突然性，最先入朝的各部队采取了一系列伪装隐蔽的措施。比如：部队入朝时，利用黄昏和夜暗分路过江，有的甚至是将石板铺在水下，踏水过江，使"联合国军"不便进行空中侦察和空中袭击。入朝后向前开进时，避开定州、博川、军隅里一线及其以北约 20 千米的地区，专走山路、小路，以防过早被"联合国军"发现。各部队派遣的侦察队，伪装成朝鲜人民军，而不称中国人民志愿军，甚至有的部队所有官兵身上都没有军队符号，以此迷惑"联合国军"。此外，各部队都严格实行无线电静默。由于这一系列措施得当，加之美军判断中国出兵的可能性极小，因而志愿军入朝行动未被察觉。

10 月 21 日，毛泽东鉴于志愿军徒步开进，已来不及在预定地区组织防御，遂电示志愿军改变原定先站稳脚跟的计划，争取战机，采取在运动中歼敌的方针。彭德怀随即调整部署：西线集中第 40、第 39、第 38 军（附第 42 军第 125 师）在温井、云山、熙川以北地区，分别歼灭韩军第 6、第 1、第 8 师，志愿军第 66 军主力立即入朝，向铁山方向前进，准备阻击英军第 27 旅；东线以第 42 军（欠第 125 师）在黄草岭、赴战岭及其以南地区阻击美军第 10 军及韩军第 1 军团，保障西线主力的翼侧安全。25 日，"联合国军"在西线继续以师或团为单位分兵冒进。

10 月 25 日 7 时，志愿军第 40 军第 118 师在两水洞地区设伏，韩军第 6 师的一个加强营毫无防备，贸然进入伏击地带。伏击部队当即发起攻击，猛打猛冲，打得敌人晕头转向，仅用两个多小时即将其全歼，并生擒美军顾问赖勒斯。两水洞战斗规模不大，却是志愿军入朝作战的第一仗，标志着正式拉开了抗美援朝战争的序幕。

整个第一次战役，中国人民志愿军与朝鲜人民军英勇奋战 13 天，共歼灭"联合国军" 1.5 万余人，粉碎了"联合国军"在感恩节以前占领全朝鲜的企图，并将其从鸭绿江边赶到清川江以南，初步稳定了朝鲜战局，积累了以劣势装备战胜优势装备的"联合国军"的经验，增强了胜利的信心，为后续作战创造了有利条件。

"始如处女，动如脱兔"，将动与静、攻与守有机结合起来，充满了辩证思维，深藏着战争智慧。毫无疑问，这也是各领域的人们共同需要的竞争智慧和处世艺术。我们既不能始终藏而不露，也不能动而不止，最理想的状态是动静相宜，藏露有度。藏时甘于寂寞，动时毫不迟疑。

十二
《火攻篇》
逻辑思路及经典谋略

[篇题解析]

顾名思义,"火攻"即以火作为手段来辅助进攻。在孙子所处的时代,打仗主要用长矛大刀、弓箭劲弩,这些武器一旦遇到拥有高墙深沟的城池时就难以发挥作用。所以,孙子专列一篇论述火攻问题,足见《火攻篇》在《孙子兵法》中的重要性。既然如此重要,为什么要放在《孙子兵法》13篇的末尾呢?这就涉及《火攻篇》的深层主旨:用兵如用火,穷兵黩武最终只会玩火自焚,真正懂得用兵之道的决策者必须要理性地、慎重地对待战争。这一主旨与《孙子兵法》开篇所强调的"兵者,国之大事"前后呼应。《火攻篇》的逻辑思路大致有五个步骤。

1. 说明火攻有五种对象,无论针对哪种对象都要选准风起的时机。
2. 分析五种火攻方法,强调各种方法均应视情况灵活变化。
3. 火攻与水攻的比较,突出火攻的巨大效应。
4. 强调赢得胜利而不注重及时巩固成果,将前功尽弃。
5. 提出战争决策务必遵循"三非"原则,尤其要戒怒慎战,方能确保安国安军。

（一）火攻五种对象，皆要选准风起之机

【原文】

孙子曰："凡火攻有五：一曰火人①，二曰火积②，三曰火辎③，四曰火库④，五曰火队。行火必有因⑤，烟火必素具⑥。发火有时，起火有日⑦。时者，天之燥⑧也；日者，月在箕、壁、翼、轸⑨也。凡此四宿者，风起之日也。

【注释】

①火人：李筌注："焚其营，杀其士卒也。"杜牧注："焚其营栅，因烧兵士。"谓焚烧营栅，烧毁敌军人马。

②火积：此言焚烧敌军积聚的粮草。

③火辎：辎，装载物资的车辆。杜牧注："器械、财货及军士衣装，在车中上道未止曰辎。"此言焚烧敌军被服、军器装备及车辆等辎重。

④火库：《说文》："库，兵车藏也。"此谓焚毁敌军贮藏装备、军饷、财物等的仓库。

⑤行火必有因：因，《吕览·尽数》"因智而明之。"高诱注："因，依也。"此言行火时必须有所依据，即天时、敌情可用，行火器材常备。

⑥烟火必素具：烟火，曹操注："烧具也。"此言发火器材必须平时准备好。

⑦发火有时，起火有日：发动火攻要选择好天时，具体点火要有恰当日子。

⑧天之燥：燥，曹操注："旱也。"此言气候干燥，物品容易燃烧。

⑨箕、壁、翼、轸：为二十八星宿之四宿。箕为东方苍龙七宿之一；壁为北方玄武七宿之一；翼、轸为南方朱雀七宿之二。古人通过长期观察，月亮与这些星宿运行到一起的日子，一般多风，这可看作上古时的气候资料。

【译文】

孙子说，火攻的方式有五种：一是焚烧敌人的兵马，二是焚烧敌人的粮草，三是焚烧敌人的辎重，四是焚烧敌人的仓库，五是焚烧敌人的粮道。实施火攻需要具备一定条件，这些条件必须平常即有准备。发动火攻要依据一定天时，点火要看准日子。天时是指气候干燥的季节，日子是指月亮行经箕、壁、翼、轸四星宿所在位置的时候。月亮经过四星宿的时候，就是起风的日子。

【新解】

孙子首先提出了"五火"之名，也就是火攻可攻击的五种对象："凡火攻有五：一曰火人，二曰火积，三曰火辎，四曰火库，五曰火队。"一是焚烧敌人的兵马，二是焚烧敌人的粮食草料，三是焚烧敌人的辎重装备，四是焚烧敌人的各种物资仓库，五是烧毁敌人的粮道。前四种情况比较好理解，唯一存在争议的是第五种情况，即"火队"中"队"的含义。古人注解《孙子兵法》，对"火队"有三种解释：一种认为"火队"指的是烧敌人的队伍，这样"火队"就和第一种情况"火人"重复；另一种认为"火队"指烧敌人的队仗武器，这又和第三、第四种情况重复；还有一种认为"火队"中的"队"通"隧"，指道路。相比之下，这种解释较前面两种更为合理。值得注意的是五火的次序,孙子把"火人"排在第一位并不是随意之笔,而是经过充分考虑的。在冷兵器时代,消灭敌人的有生力量被孙子放在了最优先的级别,其次是烧粮草,没有后勤补给军力就无法维持,军心就会大乱。

有一个成语叫作"玩火自焚",火这种东西不像长矛大刀那么好控制,一不留神就容易反噬其身。同时,火也不像长矛大刀那样可以随时使用,下雨天就很难实施火攻。所以,孙子接着指出实施火攻必须具备一定的条件,还要把握好时机。他说:"行火必有因,烟火必素具。发火有时,起火有日。时者,天之燥也;日者,月在箕、壁、翼、轸也。凡此四宿者,风起之日也。"

"行火必有因",是说实施火攻必须具备一定的条件。其中"因"字,是根据、利用的意思。要善于利用宿营地附近有树林、布阵在干枯的草地上、营房用茅草覆盖、战车战船相连、敌营中有细作或内应、天气长期干燥并且风势大、风向顺等条件。

"烟火必素具"是说平时要注意准备好实施火攻的各种材料,如干柴、枯草、油脂、松香等,此外还要有训练有素的纵火之人。

条件具备了,还有一个时机问题。所谓"发火有时,起火有日",强调的是实施火攻要选择有利的时、日。具体来说,"时",指的是天气干燥的季节;"日",指的是月亮在箕、壁、翼、轸4宿位置的日子。4宿指4个星宿,古人认为太阳、月亮在28星宿间的运行位置与天气、节令有直接对应关系,大凡月亮运行到箕、壁、翼、轸4宿的位置时,就是有风之日。

在《三国演义》赤壁之战的相关章节中,有一段关于利用风力助火攻的精彩描述。建安十三年十一月十五日,曹操横槊赋诗，意在吞并江南。为破曹军周瑜派庞统献连环计，眼看计谋就要成功，周瑜突然发现风向不对，一时急得口吐鲜血。当时正是寒冬季节，江上刮的是西北风，而不是周瑜所需要的东南风。诸葛亮识破玄机，自称能呼风唤雨，可在南屏山摆七星坛祭东风，承诺可借来三日三夜的东南大风，时间从十一月二十日甲子到十一月二十二日丙寅。周瑜开始不信，着急地说道："孔明之言谬矣。隆冬之时，怎得东南风乎？"然而到了三更时分，果然刮起了东南大风。

当然，这段故事只是文学家对历史的艺术化描述，其实真正的原因是诸葛亮熟悉天文知识，早知起风的时日。据气象学专家分析，倘若冬季气候转暖，地处亚热带湿润季风气候带的地区即使在隆冬也是非常有可能刮几场东南风的。

孙子讲的是火攻的时机，由此可以联想到社会竞争的各个领域都有一个"行火必有因，烟火必素具"的问题。时机不成熟时不可蛮干，需耐心等待。一旦时机成熟，便不能迟疑，应迅速行动。尤其值得注意的是，"因"并非单纯等待时机，其中更有主动创造有利时机的意味。此外，有利时机往往瞬间闪现，如果平时毫无准备，是很难把握住机会的。因此，"素具"是"因时"的必要前提和基础。人们常说：机会是留给有准备的人的。只有平时具备足够的能力，才有可能在关键时刻抓住那些能够改变命运的机会。

（二）五种火攻方法，应视情况灵活变化

【原文】

凡火攻，必因五火之变而应之①。火发于内，则早应之于外②。

火发兵静者，待而勿攻，极其火力③，可从而从之，不可从而止④。火可发于外，无待于内，以时发之⑤。火发上风，无攻下风⑥。昼风久，夜风止⑦。凡军必知有五火之变，以数守之⑧。

【注释】

①凡火攻，必因五火之变而应之：根据五种火攻所引起的敌情变化，适时地运用军队策应。

②早应之于外：曹操注："以兵应之也。"杜牧注："凡火，乃使敌人惊乱，因而击之，非谓空以火败敌人也。闻火初作，即攻之；若火阑众定而攻之，当无益，故曰早也。"

③极其火力：使火力燃烧到最旺时。

④可从而从之，不可从而止：从，随也。曹操注："见可而进，知难而退。"言可随火进攻敌人，没有机会进攻就按兵不动。

⑤以时发之：陈皞注："以时发之，所谓天之燥、月之宿在四星也。"其说甚是。

⑥无攻下风：不要在下风处进攻。赵本学注："下风为烟焰所冲，固不宜攻，亦恐乱兵避火溃出，相蹂藉也。"

⑦昼风久，夜风止：白天刮风时间长，到晚上就会停止。各家注本皆同此。唯刘寅《武经七书直解》引张贲说："白昼遇风而发火，则当以兵从之；遇夜有风而发火，则止而不从，恐彼有伏，反乘我也。"

⑧以数守之：即按火攻应遵循的自然规律把握火攻的时机。杜牧注："须算星躔之数，守风起日，乃可发火，不可偶然而为之。"

【译文】

凡用火攻，必须根据这五种火攻所引起的不同变化，灵活地派兵接应。从敌营内部放火，就要及时派兵从外部策应。火已烧起而敌营仍然保持镇静的，应持重等待，不要急于进攻；待火势兴旺，可以进攻就进攻，不可以进攻就停止。火可从外面放，这时就不必等待内应，只要适时放火就行。从上风放火，不要从下风进攻。白天风刮久了，夜晚就容易停止。军队必须懂得灵活运用五种火攻方式，并等待放火的时日条件具备再进行火攻。

【新解】

火攻的条件和时机固然重要，但更重要的是火攻的方法。方法不当，也很可能错失有利的条件和时机。于是孙子接着提出了五火之变，即使用火攻时五种应对情况变化的策略："凡火攻，必因五火之变而应之。火发于内，则早应之于外。火发兵静者，待而勿攻，极其火力，可从而从之，不可从而止。火可发于外，无待于内，以时发之。火发上风，无攻下风。昼风久，夜风止。凡军必知有五火之变，以数守之。"

第一种情况是从敌人内部放火，及早在外部策应。第二种情况是待火燃起后观察敌方动静，如敌营十分镇静，就不要急于进攻，等到火势极旺，可根据敌情变化能攻则攻，不能攻则停止。第三种情况是从外面放火，而不必等待内应，只要时机成熟就进攻。第四种情况是火从上风点燃，不要从下风进攻。这一方面是因为下风处被烟焰冲击，不宜进攻，另一方面也是考虑到敌方士兵在慌乱中可能会为避免火势而溃散，从而造成相互踩踏和混乱，给我方造成不必要的损失。第五种情况是如果白天刮风时间长，则夜里风会停止，火攻的实施者应根据这种情况采取正确的行动。

孙子在这一段话的最后告诫用兵者，在行军作战及宿营时，必须熟练掌握并灵活运用五种火攻的形式，根据星宿运行的位置来把握火攻的机会，同时要兼顾好防守，不能只想到以火攻敌，还要防备敌人以火攻我。

南朝宋建威将军沈庆之讨伐幸诸山大羊时，大羊蛮凭借山险筑城，防御十分坚固。沈庆之命令各部队在山中连营，并在营区内开凿水池，一方面早晚都不用出营汲水，另一方面可用来提防山蛮火攻。不久，适值大风天气，山蛮果然趁夜色掩护下山放火烧营，但火延烧到营区就被泼灭了。正是因为沈庆之懂得提前预防火攻，才避免了临时打乱仗的不利局面。

孙子讲的这些火攻方法，或许在现代已经非常古老而不适用了，但是其思想精髓依然具有深远的指导意义。把握这些思想，我们可以掌握做人做事的三个要领：一是要善于把握和利用有利的时机，顺势而为，事半功倍，逆势而为，事倍功半；二是要灵活运用各种方法，不拘泥于一法，多种方法配合；三是要攻守兼顾，你用以攻击对方的方法，也很可能成为对方反击的手段，所以务必在进攻的同时做好充分的防守准备。

（三）"以火佐攻者明，以水佐攻者强"

【原文】

故以火佐攻者明，以水佐攻者强①。水可以绝，不可以夺②。

【注释】

①故以火佐攻者明，以水佐攻者强：用火进攻敌人和用水进攻敌人都能取得显著效果。

②水可以绝，不可以夺：绝，隔绝、阻断。不可以夺，曹操注："不可以夺敌蓄积。"言用水攻敌可以隔绝敌人，但不能毁坏敌人的物资储备。

【译文】

用火辅助军队进攻和用水辅助军队进攻，都能取得显著效果。水可以阻隔敌人，但不能毁坏敌人的物资储备。

【新解】

这段话实际上是将火攻与水攻相比，突出火攻的重要作用和特点。

首先，孙子肯定水攻与火攻都是借助自然力量对敌发动攻击的有效手段。"以火佐攻者明，以水佐攻者强。""佐"，即辅佐、辅助之意。对于"明"和"强"的理解。有人认为是明显和强大的意思，用火攻助战则效果明显，用水攻助战则力量强大。这种理解可能不够准确。清代学者王念孙曾指出，《左传·哀公十六年》和《国语·周语》都有"争明"一词，它与"争强"是一个意思。这里的"明"和"强"互文见义。此句说的是在发动攻势时用火助攻与用水助攻一样，都能取得显著效果，因此在战争中要合理运用两种手段。

战争最讲究借助一切外力，战场环境中有什么条件可用就拿过来用，以提升军人的作战效能，增强攻击的力量。所以，什么时候用火攻，什么时候用水攻，没有一定之规，完全根据战场条件而定。如果战场上同时具备火攻和水攻的条件，当然可以两手并用。但是，相对来说，水攻受自然条件限制更大一些，必须有相当规模的水源和我高敌低的地势条件，否则难以实施。而且，其杀伤力也相对温和一些。

所以，孙子接着说："水可以绝，不可以夺"。"绝"指隔绝、阻断，杜牧注《孙子》时曾将"绝"解释为"绝敌粮道、绝敌救援、绝敌奔逸、绝敌冲击"。"夺"即消灭去除、使失去，"不可以夺"指的是不能毁坏敌人的物资储备。应当注意的是，水攻并非只有隔绝的作用，如《武经总要前集》曾指出水攻有4种作用：绝敌之道，沉敌之城，漂敌之庐舍，坏敌之积聚。可见水攻的作用是多样的，除了隔绝还有巨大的破坏作用。然而，水攻虽然有强大的破坏力，但很容易成为双刃剑。如南北朝时期陈朝名将吴明彻，攻打北周彭城时采取水攻，结果没有淹着敌军，反而淹了自己。

公元577年10月，陈宣帝听闻北周灭北齐，意图乘机争夺淮北地区，于是诏令吴明彻进军北伐。吴明彻的部队抵达吕梁，北周的徐州总管梁士彦率军抵抗交战，吴明彻多次打败他，于是梁士彦只好环城自守，吴明彻将其围困。公元578年2月，吴明彻在彭城下环列船舰，攻势十分猛烈。北周派上大将军王轨率军救援。王轨率领军队轻装行进，占据淮河口，结成长长的包围圈，用铁锁串联数百车轮，阻断陈军的归路。陈军将领们听说后，很惊慌害怕，商议劈开拦河坝撤军，用船载马离开。马军主将裴子烈建议说："要是劈开拦河坝放船下去，船肯定倾覆，不如先让马匹离开。"吴明彻采纳了这一建议，掘开拦河坝，趁着水势退军，希望进入淮河。然而，船到清口，水势渐渐减弱，船舰都被车轮阻碍了，不能再前进，王轨率领军队从四面围攻他们,陈军迅速溃散,吴明彻走投无路被擒。

虽然这只是个别案例,不代表普遍规律,但也足以说明水攻比火攻更不容易操作。孙子正是因为清楚地看到了这一点,才明确地说"水可以绝,不可以夺",多少体现出他对火攻的偏爱。明代兵学家茅元仪在《武备志·兵诀评》中曾指出这两句话是"借水以赞火之功也",他讲的是有道理的。仅观三国时期,就有火烧新野、火烧赤壁、火烧夷陵等多场经典的火攻战役,足见火攻使用之频繁,杀伤力之巨大。

(四)赢得胜利而不"修功",前功尽弃

【原文】

夫战胜攻取,而不修其功者,凶①,命曰费留②。故曰:明主虑③之,良将修之④。

【注释】

①不修其功者,凶:凶,祸患也。此言打了胜仗,夺取城邑,而不修明政治,及时论功行赏,激扬士气,以巩固胜利成果的,则有祸患存在。

②命曰费留:命,名也。费留,即战胜后如不注意战后的治理和巩固,就等于白费功夫,前功尽弃。

③虑:《说文》:"虑,谋思也。"此言思索、想到。

④良将修之:明智的将领应很好地研究这个问题。

【译文】

凡打了胜仗,夺取了土地城邑,而不能巩固战果的,则很

危险，这叫"费留"。所以说，明智的国君要慎重地考虑战后"修其功"之事，贤良的将帅应该认真地决定军事行动。

【新解】

当今世界军事领域有一个词越来越受到重视，那就是"战后重建"（又称"战后维和"）。过去战争的目标是彻底消灭敌国、敌军，而如今则变成了征服敌国、敌军意志，只要他们在政治、经济、思想上完全服从，便达到了战争的目的。换言之，征服敌国、敌军，是为了更好地利用敌国、敌军谋取更多的利益。因此，不能一味地大规模杀戮和无限度地破坏，而要见好就收，适时恢复和平与稳定，如此方能将战争红利落袋为安，巩固胜利成果。其实，这并不是什么新问题、新观点，自从有了战争，就有战后重建的问题，只是当时不受人们重视罢了。人们往往偏重于战胜攻取，一味冲杀。以致一场大战之后，死伤遍地、血流成河。无怪乎老子曾经描述："师之所处，荆棘生焉。大军之后，必有凶年。"（老子，《道德经》）而深谙战争之苦的孙子也早就看到了这一问题，他大声疾呼：战胜之后，一定要"修其功"。

他在《火攻篇》中提出："夫战胜攻取，而不修其功者，凶，命曰费留。故曰：明主虑之，良将修之。"这句话中有两个新词，也是关键词，一是"修其功"，二是"费留"。

"修"，即整治，恢复完美，修复、修治、修缮（修理）；"其功"可理解为战胜攻取的成果、战果。因此，这三个字是说：仗打赢了，攻战胜利了，就要想办法把胜利成果巩固下来。

"费留"一词的注解颇多，主要有三种。一种是曹操的说法："若水之留，不复还也。"是以"费留"的"留"为"流失"

的流。强调若不及时赏赐，将士不愿效命，致使战争拖延或失败，军费将如流水般流失。一种是唐代注家贾林的说法："费留，惜费也。"即吝惜钱财，不及时论功行赏。与曹操的理解比较接近。还有一种是说，战胜而不修事功，则胜利徒有其名，无实际利益，久将为害。

我的看法是，"留"是指战胜之后需要保留的成果。"费"即浪费、消耗、耗损之意。"费留"，即无论是激战而胜还是巧取而胜，如果不注意战后的治理和巩固，就等于白费功夫，前功尽弃。之所以如此理解，主要还是源自孙子自身的经历。

公元前506年，吴军攻入楚国都城郢城之后，发生了"吴人乱宫"的恶性事件。吴王阖闾占领楚都后，对楚昭王"尽妻其后宫"，（刘向，《列女传·楚平伯嬴》）把楚王的妻妾全部据为己有，吴国的军政大臣也纷纷效仿，强占楚国官员的妻妾，把他们的府宅变成自己的宅院。吴军官兵所到之处，大肆烧杀淫掠，尸骸遍地。就连对孙子有举荐之恩的伍子胥也一反常态，回到楚国不是安抚百姓，而是发泄私愤，把楚平王的尸骨从墓穴中拖出来，鞭尸300下，以报杀父兄之仇。这些违背人伦的暴行与孙子的一贯主张背道而驰，让他气愤无比，可是又无力制止。所以，当吴王阖闾要授予他头等战功时，他"不愿居官，固请还山""飘然而去"（冯梦龙，《东周列国志》）。道不同，不足以为谋。

说到这里，顺便分析一下孙子的结局。孙子虽然撰写了千古不朽的兵书，对中国古代军事思想发展有着巨大的贡献，然而，有关他的历史记载并不多。所以，关于孙子的结局是喜还是悲，没有确切的文字记录。人们只能根据零星的正史和野史进行推测。目前，关于孙子结局的推测主要有三种。

十二、《火攻篇》逻辑思路及经典谋略

第一种推测，根据"不愿居官，固请还山"的说法，有些人认为孙子从此离开了吴王，回归山林，重新过起了隐居生活。唐代军事家李靖与唐太宗李世民讨论历史上谋略家的特点时认为，孙子和春秋末期越国著名谋士范蠡、楚汉时期著名谋士张良一样，都是功成名就之后能够"脱然高引，不知所往"，保全自身性命的高人。

第二种推测，出自东汉史学家班固写的《汉书》。班固在《汉书·刑法志》中说："孙、吴、商、白之徒，皆身诛戮于前，而功灭亡于后。"认为孙子、吴起、商鞅、白起等人，虽然都是一代豪杰，但又都是先被杀戮，然后才闻名于世的。根据这一记载，一些人推测孙子同伍子胥一起被吴王杀害。孙子是帮助吴王打败强大楚国的首要功臣，怎么会同伍子胥一起被杀害呢？因为，他与伍子胥的关系密切，很可能在打败越国之后，与伍子胥一起多次劝谏吴王夫差暂缓北上争霸，先集中精力彻底灭掉越国。最后，因与吴王夫差意见不合，和伍子胥一样被吴王赐死。

第三种推测，根据司马迁的"西破强楚，入郢，北威齐、晋，显名诸侯，孙子与有力焉"（司马迁，《史记·孙子吴起列传》），有些人推测孙子攻破楚国之后，又向北威震齐国和晋国，可以说参加了吴国争霸天下的全过程，最终老死于吴国。现在，江苏苏州相城区还保存着孙子冢。

相比之下，第一种推测可能性更大，理由有二。一是吴军攻入楚国首都之后的暴行确实与孙子"不战而屈人之兵"的思想主张大相径庭。孙子在《计篇》说过，"将听吾计，用之必胜，留之；将不听吾计，用之必败，去之"。既然吴王阖闾不听孙子的劝告，恣意妄为，孙子"固请还山"就是情理之中的事

了。二是吴王夫差先胜后败，最终被奄奄一息的越王勾践反戈一击，败亡。如果孙子一直辅佐吴王，以其兵法智慧应当不至于如此惨败。

当然，这也只是推测，历史的真相有待将来新的历史记载的发现或考古发掘的突破来进一步揭示。

让我们再回到"吴人乱宫"的情节之中。吴王及其整个军队的暴行不仅激起了孙子的愤怒，更是激起了楚国民众，甚至周边国家的愤怒。在楚昭王的请求下，秦国出兵救援，又把吴军打了回去。孙子费尽心机的柏举之战，前功尽弃。

虽然，孙子没有预料到柏举之战先胜后败的结局，但是他根据以往的战争实践，深刻地认识到一条规律，那就是如果"战胜攻取，而不修其功者，凶"，于是，他提醒国君和将帅："明主虑之，良将修之。"即明智的国君筹划战争时就要慎重地考虑战后"修其功"的问题，贤良的将帅则应该在作战过程中切实采取"修其功"的行动。

多么理智的思想，多么智慧的谋略。随着人类文明的发展，孙子思想的光芒不仅毫无褪色，反而历久弥新。

（五）遵循"三非"原则，安国全军之道

【原文】

非利不动①，非得不用②，非危不战③。主不可以怒而兴军，将不可以愠④而致战。合于利而动，不合于利而止。怒可以复喜，愠可以复悦；亡国不可以复存，死者不可以复生⑤。故明君慎之，良将警之，此安国全军之道也⑥。

【注释】

①非利不动：《香草续校书》云："谓非有所利，则不为我动也。"言对我无利则军队不行动。

②非得不用：《香草续校书》云："非有所得，则不为我用也。"言没有必胜的把握则不出动军队作战。

③非危不战：危，紧急。《香草续校书》云："非有所危，则不为我战也。"

④愠：怨愤、恼怒。

⑤怒可以复喜，愠可以复悦；亡国不可以复存，死者不可以复生：梅尧臣注："一时之怒，可返而喜也；一时之愠，可返而悦也。国亡军死，不可复已。"其说颇是。

⑥故明君慎之，良将警之，此安国全军之道也：张预注："君常慎于用兵，则可以安国；将常戒于轻敌，则可以全军。"

【译文】

不是有利就不要采取军事行动，没有必胜的把握就不要用兵，不是危机迫近就不要开战。国君不可因一时愤怒而发动战争，将帅不可因一时恼怒而出阵求战。符合国家利益才用兵，不符合国家利益就停止。愤怒可以恢复为欢喜，恼怒可以恢复为高兴；国家灭亡了就不能复存，人死了也不可能再生。因此，对于战争，明智的国君要慎重，贤良的将帅要警惕，这是安定国家和保全军队的重要原则！

【新解】

据说，德皇威廉二世在第一次世界大战后发表的回忆录中并未承认自己犯下的战争罪行，直到十年后，当他读到德文版的《孙子兵法》中"非利不动,非得不用,非危不战。主不可以怒而兴军,将不可以愠而致战"时,喟然长叹:"上天啊,你为什么没让我在二十年前读到它呢?"对其贸然发动第一次世界大战表示深深的忏悔。我专门查了一下,至今没有查到这种说法最原始的出处。但可以肯定的是,威廉二世当年"怒而兴军,愠而致战"确有其事。

1914 年 6 月 28 日,德皇威廉二世的朋友奥匈帝国皇储弗朗茨·斐迪南大公在萨拉热窝被人刺杀身亡。得知好友的死讯后,威廉二世感到大为震惊。于是,他向奥匈帝国提供协助,并支持奥匈帝国镇压策划刺杀行动的秘密组织,甚至建议其以武力对付疑似该组织的幕后黑手——塞尔维亚。7 月 28 日,也就是刺杀事件一个月之后,奥匈帝国皇帝弗朗茨·约瑟夫一世向塞尔维亚宣战,第一次世界大战爆发。3 天后,奥匈帝国开始炮击塞尔维亚首都贝尔格莱德。俄国迅速展开全面动员,准备以武力支援塞尔维亚,于是德国立刻向俄国宣战,全面卷入战争。虽然第一次世界大战最初并不是德国发动的,但是威廉二世的建议和支持起到了很大的推动作用,尤其是因为刺杀事件而相继与俄国、法国开战,更是缺乏慎重考虑。

孙子这几句话确实是警世名言,具有振聋发聩的作用,堪称战争决策的不二法则。

"非利不动",顾名思义,是说没有利益不行动,如果发动战争却得不到什么好处,这个仗一定不要打。趋利避害是敌我双方共同遵循的基本原则。孙子作为实事求是的现实主义者,更是强调一切军事行动都要以利益为核心,无利可图的军事行动他是坚决反对的。值得注意的是,孙子并不是唯利是图的人,在他的思想中,上升到战略层面考虑的"利"绝不是蝇头小利,而是国家大利，关乎"死生之地，存亡之道"的核心利益。所以，决策者务必冷静权衡利益的大小，不要被小利牵着鼻子走，而应紧盯核心大利进行决策。有些企业辛辛苦苦几十年，老是做不大，总处在打游击战的状态，东一榔头西一棒子，关键在于企业领导者不善于取舍，总是被眼前鸡毛蒜皮的小利所吸引。他们看到项目就眼红，见到商机就冲动，全然不顾自身企业的特点，什么都干，四面出击，导致人员、资金分散，一旦需要集中人力、物力、财力干大事的时候，两手空空，握不成拳头，眼睁睁看着挣大钱的机会花落人家，自己却仍然只能小打小闹地四处游击作战。

"非得不用"，是说没有得胜的把握不要动用军队作战。"用"是指用兵打仗。在这个问题上，毛泽东的观点与孙子完全一致。毛泽东强调，不打无准备之仗，不打无把握之仗，打则必胜。克劳塞维茨把战争比喻为两个人之间的搏斗，认为"战争无非是扩大了的搏斗"。我认为，战争与搏斗之间是不能划等号的。搏斗可以冒险一搏，输赢只影响两个人，战争却绝不能进行赌博式的冒险，它涉及国家的存亡、民众的生死，只能胜利，不能失败。所以，战争决策一定要慎之又慎。

"非危不战"，是说如果没有到危急关头不能轻举战端。其中的"危"并非泛指一切危机，而是特指生死存亡的大危机。至于一些"皮毛之痒"式的局部危机，要沉着应对。无论国家、军队还是企业，危机时刻存在，随时可能闪现。如果一遇到危机，不分大小轻重，便贸然开动战争机器，那么必将导致国无宁日、社会动荡，国家不可能和平稳定地发展。所以，要慎对危机。但是，如果面对生死攸关的大危机，则应当战则战，毫不犹豫。千万不能把这一决策原则误解为该战不战，该打不打。

需要指出的是，孙子提出的这3条决策原则——有利的原则、胜利的原则、正义的原则，在逻辑上有一定的层次和顺序，是递进的。但这并不意味着在决策过程中需要逐一单独考虑。相反，孙子强调的是，在决定是否发动一场战争时，国家必须全面、综合地同时考虑并坚守这3个重要的原则。比如，即使按照"非利不动，非得不用"的原则判断战争可行，也并非意味着必须开战。只有在被逼得无路可退的情况下，才应最终决定开战。这一思路同样适用于处理各类重大国际争端和地区危机。例如，在面对某些领土或主权问题时，虽然这些问题关乎国家根本利益，我们也有信心取得胜利，且这些危机的影响确实深远，但是否真正采取军事行动，还需根据危机的具体程度和性质来审慎决定。

这三条决策原则非常精辟，也非常管用。人们普遍认同并希望依此决策。但是，古往今来，还是有很多人道理上明白，实践中违背。为什么呢？如果仔细分析，不难发现这三条原则有一个共同基础，那就是理智。只有在非常理智的情况下，才有可能判明利益大小，掂量胜负把握，区分危机轻重。正因为如此，孙子接着说出了一句千古名言，也是对国君和将帅的忠告："主不可以怒而兴军，将不可以愠而致战。合于利而动，不合于利而止。"需要注意的是，"主"与"将"不同，"主"高于"将"；"怒"与"愠"不同，"怒"大于"愠"；"兴军"与"致战"不同，"兴军"是全局性的、战略层面的，"致战"是局部的、战役作战层面的。还有一个字需要说明一下，"主不可以怒而兴军"，汉简本写作"军"，传世本写作"师"，我们还是取汉简本的写法。孙子强调的是，作为国君，不可以因为心里不高兴就发动战争；作为将帅，不可以因为被激怒就出阵求战。

一定要对国家有利才能兴军用兵，不符合国家利益则要按兵不动，隐忍等待时机。《孙子兵法》中很多关键字词往往有多重含义。如"合于利而动"的"利"，主要代表利益，尤其是国家的核心利益，但是还有一层意思，即战场状态的利弊。"非得不用"就包含这一层意思。如果战场上我方状态明显不利，没有胜利的把握，则不能盲目乱战。战场状态于我有利，当然应当果断出战。

这一切都靠理智去辨别和掌握。所以，孙子提醒人们注意："怒可以复喜，愠可以复悦；亡国不可以复存，死者不可以复生。故明君慎之，良将警之，此安国全军之道也。"他旗帜鲜明地反对情绪化决策，提倡理智而慎重的决策，并将其上升为保全国家和军队生存与发展的根本之道。

有研究成果表明：世界每1000家倒闭的大企业中，约有85%是因为经营者决策不慎造成的。深入分析众多企业经营失败的原因，多可归结为情绪化决策、冲动决策和盲目决策。一招不慎满盘皆输。借用南宋郑厚的话："孙子十三篇，不惟武人之根本，文士亦当尽心焉。"（郑厚，《艺圃折衷》）我们完全可说，孙子提出的"决策三原则"不仅军事家要高度重视，各竞争领域的决策者也同样不可忽视。

十三

《用间篇》
逻辑思路及经典谋略

[篇题解析]

《用间篇》主要讲述怎样使用间谍。孙子从战略的高度肯定了间谍的地位，并对间谍的作用、分类和使用方法分别加以说明。《用间篇》置于13篇之末，这是一个非常巧妙的安排。孙子强调用兵打仗要有"率然之势"，其实这13篇的布局也有"率然之势"。《计篇》讲"先知后定"，《谋攻篇》讲"知彼知己"，《地形篇》讲"知天知地"，而《用间篇》则讲"先知后行"，首尾呼应，浑然一体。"间"，本指空隙，钻空子去了解敌情的人也叫间。用间的目的是在战争中取得情报优势，进而克敌制胜。孙子认为"间"可分为5类：乡间、内间、反间、死间与生间。5间相互配合，组成一个间谍网络，反间是其中搜集情报活动的总枢纽。谍报活动由于有组织、有计划且机密性高，往往能够取得成功。明君贤将用间的方向正确、措施得当，能驱使智慧超群的人做间谍，就一定能建立奇功。孙子揭示的谍报基本原理，始终为世人所推崇，在当今世界仍被人们所遵循。

《用间篇》的主题非常明确，也非常集中，紧扣用间这一问题，层层分析用间的重要性，以及间谍的分类、使用方式，其逻辑思路大致分以下几个步骤。

1. 从"凡兴师十万"讲起，到"知敌情者也"止，论述用间的意义和作用。

2. 从"故明君贤将,所以动而胜人,成功出于众者,先知也"到"必取于人,知敌之情者也",阐明获取情报与赢得战争胜利的关系,并强调获取情报的唯一可靠来源是知敌之情的间谍。

3. 从"故用间有五"到"生间者,反报也",论述间谍的种类及其性质。

4. 从"故三军之亲"到"间与所告者皆死",论述用间的秘诀就是要给予出生入死的间谍特别的优待和重视,并强调高度保密的纪律。

5. 从"凡军之所欲击"到"故反间不可不厚也",论述用间察敌的主要方法和重点内容,突出强调反间的重要性。再从"昔殷之兴也"到"三军之所恃而动也",论述用上智为间必成大功,最后举伊尹、吕牙为证,结束全篇。

(一)战争消耗巨大,务必首先侦知敌情

【原文】

孙子曰:"凡兴师十万,出征千里,百姓之费,公家之奉①,日费千金,内外骚动②,怠于道路③,不得操事者,七十万家④。相守⑤数年,以争一日之胜,而爱爵禄百金⑥,不知敌之情者,不仁之至也,非民之将也,非主之佐⑦也,非胜之主⑧也。故明君贤将,所以动而胜人⑨,成功出于众者,先知也。先知者不可取于鬼神⑩,不可象于事⑪,不可验于度⑫,必取于人,知敌之情者也。

【注释】

①公家之奉：公家，指国家。奉，同"俸"，指军费开支。

②内外骚动：举国不得安宁。

③怠于道路：杜牧注："怠，疲也……转输疲于道路也。"

④不得操事者，七十万家：操事，操作农事。曹操注："古者八家为邻，一家从军，七家奉之，言十万之师举，不事耕稼者七十万家。"

⑤相守：相持。

⑥而爱爵禄百金：爱，吝惜。王晳注："吝财赏，不用间也。"言吝惜爵位、俸禄和金钱而不肯重用间谍，置国家、人民安危于不顾，实为不仁之至。

⑦非主之佐：不配为君主的辅佐。

⑧非胜之主：梅尧臣注："非致胜主利者也。"言不是胜利的主宰。

⑨动而胜人：动，行动。此言出兵便能克敌致胜。

⑩不可取于鬼神：曹操注："不可以祷祀而求。"谓不能以祈祷、祭祀鬼神和占卜去预知胜负。

⑪不可象于事：象，杜牧注："类也。"不可象于事，曹操注："不可以事类而求。"此言不能以相似的事物作类比。

⑫不可验于度：验，验证。度，天象的度数，又同历数。曹操注："不可以事数度也。"言不可用日月星辰运行的位置来推验吉凶祸福。

【译文】

孙子说：凡是兴兵10万，出征千里，百姓的耗费、公室的开支，每天要花费千金；前后方动乱不安，士卒疲惫地奔波于道路，不能从事正常耕作的则达 70 万家。双方相持数年，是为了一朝决胜，如果吝啬爵禄和金银，不重用间谍，以致因不能了解敌情而失败，那就是最不仁慈的人。这种人不配为军队的统帅，不配为君主的辅臣，也不是胜利的主宰。明君、贤将之所以一出兵就能战胜敌人，战功超出众人，就在于他们事先了解敌情。要事先了解敌情，不可祈求鬼神，不可用相似的情况去类比推测，也不可用日月星辰运行的度数去验证，必须取之于人，从那些熟悉敌情的人口中获取情报。

【新解】

孙子开篇并没有直接从正面论述用间的意义，而是首先算了一笔账，从反面对战争久拖不决带来的种种物资耗费和用间的耗费作了一番对比："凡兴师十万，出征千里，百姓之费，公家之奉，日费千金，内外骚动，怠于道路，不得操事者，七十万家。""日费千金"，是指公家和百姓都需花费巨额资金。春秋时期军队出征，或者 5 家，或者 8 家需共出一个壮丁，凡是这位壮丁所需要的车、牛、马、饲料、军粮，全由未出壮丁的各家供给。不仅要提供巨大的物力、财力支持，还需要动用大量劳动力在上千里的道路上往返运输。所以 10 万之师出征，实际上是由 70 万家庭承担费用，几乎家家户户不能正常地进行生产劳动。国家和百姓都承受着如此巨大的人力、物力、财力负担，战争造成的经济负担和财产损失之大，不难想象。问题是这种负担和损失不是一两天就结束了，而是可能"相守数年，以争一日之胜"。"相守数年"是指军队从出征，到进入战场，到摆兵布阵，再到约期交战，反复攻守争战，整个过程可能持续多年，每天、每年都有如此巨大的消耗和损失，累积起来总量更是无法估量。与敌军相持多年，消耗巨大的人力、物力、财力，就是为了争夺决战之日的胜利。可想而知，决战得胜则皆大欢喜，巨大付出的同时获得巨大回报。而一旦决战失败则前功尽弃，巨大付出的同时也会导致无法承受的灾难性后果。这是任何一个国家都难以承受的。

那么，是什么原因导致决战失败的呢？除了作战层面的因素外，最为重要的原因就在于决策失误。决策务必建立在知彼知己的基础上，而在古代，"知彼"，即侦察了解敌情，主要靠间谍。供养间谍是个很花钱的事情，且不说培养、训练间谍要有巨大财力投入，还要封官许愿、加官晋爵，以提升其忠诚度。间谍深入敌国收买、套取有价值的情报同样需要大笔开销。尽管如此，与"日费千金"的战争整体开销相比，这些投入仍然是很小的一部分。有些国君和将帅算不过这个账来，只想着获取看得着的胜利，不愿意为看不见的斗争付出代价，孙子称为"爱爵禄百金"，其中的"爱"就是吝惜、舍不得。与"日费千金"的战争开销相比，"爵禄百金"只是其十分之一。但由于国君和将帅舍不得用官职和重金奖赏深入虎穴的间谍，也舍不得用高官厚禄引诱敌方的间谍，以至于不知敌情，胡乱决策，导致作战失败。孙子对这种国君、将帅痛恨至极，用一个排比句加以怒斥："不知敌之情者，不仁之至也，非民之将也，非主之佐也，非胜之主也。"意思是说不知敌情而胡乱决策的人，这样做是不仁到了极点。这样的君主、将帅，全都没有履行好他们的职责，不配做军队的主帅，这样的谋士也算不上是国君的得力助手，这种国君、将帅和谋士都成不了胜利的主宰者。孙子的怒斥，实际上道出了因决策者胡乱决策而导致家破人亡的亿万民众的强烈抗议，喊出了因决策者盲目指挥而冤死沙场的千万官兵们的无比愤怒。

通过对战争巨大消耗和损失的概略描述以及对"不知敌情者"的一番怒斥,孙子高度重视间谍作用、不惜一切代价获取情报的思想跃然纸上。

时光荏苒,两千多年后我们读到孙子这句话仍然不胜唏嘘。讲到这里不由得想起近些年流传的一则故事。

就在朝鲜战争爆发前8天,一家美国民间知名智库通过机密渠道向美国国防部的一个研究室提交了一个他们投入了大量人力和资金的研究课题,题目是"假如美国介入朝鲜事务,中国的态度将会怎样?"这项研究的第一个研究结果已经出来了,结论只有一句话,他们却索价500万美元。

当时该研究室以为这家智库在漫天要价,对此一笑置之。但是当美军在朝鲜战场上遭遇重创、狼狈不堪时,美国国会开始争辩"出兵朝鲜是否真有必要"的问题,反对党为了在国会辩论中占据有利地位,匆忙用280万美元的价钱买下了那份已经过了时的研究报告。打开来一看,所谓的课题结论只有一句话:"中国将出兵朝鲜"。但是,在这一句结论后面附有长达600页的深度分析报告,详尽地分析了中国的国情,并以充足的证据表明中国不会坐视朝鲜的危机而不顾,必将出兵并置美军于进退两难的地步。并且该智库判断:一旦中国出兵,美国将以不光荣的姿态自动退出这场战斗。

从朝鲜战场回来的美军总司令麦克阿瑟将军在得知这个研究成果之后,感叹道:"我们最大的失策是低估了专业咨询的价值,舍不得为一条科学的结论付出不到一架战斗机的代价,结果是我们在朝鲜战场上付出了830亿美元和10多万名士兵的性命。"

这则故事流传很广，被不少人引用。但是也有人认为这是20世纪90年代末国内某些作者杜撰出来的，其实根本就没有这回事。近几年也有一些人到该智库求证，但这家智库的回应含糊其辞，未置可否。直到2014年11月，包括一些中国互联网知名人士在内的访美代表团，与这家智库华盛顿分部进行交流时，该智库高管才否认曾就中国出兵朝鲜战争做出提前预测，认为这种说法类似于一个"童话故事"。他不无幽默地说："这是一个很好的故事，应该是郑渊洁先生笔下的童话故事。事实上，我们在朝鲜战争7年之后才撰写了报告。我们是一个优秀的机构，但没有传闻中那么神奇。"

我没有专门研究过这个问题，但是更倾向于相信这位高管的说法。理由有二：其一，美国各智库追求国家利益至上，国家面临重大问题时，正是他们展现专业能力的最佳时机，而不是讨价还价的时机，该智库应当不会在这一关乎国家利益的关键时刻为一个研究成果索要天价。其二，确实有些善于想象的作者喜欢编造故事或者夸大其词，以吸引读者的注意。比如，海湾战争前夕，有报道称美国海军陆战官兵每人行囊中都装有一本《孙子兵法》，以便临阵研读。一两个官兵装有《孙子兵法》或许有可能，所有上战场的官兵人手一本，十有八九是虚构的。

那么，这个故事明明是虚构的，为什么还被广泛传播呢？那是因为这个故事具有一定的启发性。美国人确实误判了中国政府的决心，并最终在战场上遭遇了挫败，不得不在停战协定上签字。如果他们在决策之前能够花更多的时间和精力摸准中国政府的决心和核心利益，也许不至于付出巨大代价且无功而返。

说到"用间"两字,恐怕不少人首先联想的是窃取情报、搞破坏等隐秘行动。其实,孙子所谓"用间"强调的是一种思维方法或工作方法。无论是个人还是单位领导,在决策和行动时都不能只顾闭门造车,而忽视了对外部环境的观察与分析。这恰恰是人们普遍容易出现的问题,或者过于自信,或者过于盲目。抬头看路,关注外界的变化,就需要安排专门的人员,或抽出专门的时间,了解天下大势,分析竞争对手,掌握各方面的信息。在这个问题上,不能"爱爵禄百金",而要舍得投入、愿意下功夫、花精力。

孙子用排比句痛斥吝啬的国君和将帅之后,紧接着指出赢得战争胜利的必由之路,那就是"明君贤将,所以动而胜人,成功出于众者,先知也"。英明的国君、贤良的将领,之所以一采取战争行动就能够战胜敌人,而且取得的成功远超同时出征的众多将领及其所率军队,关键就在于对敌情、地形等重要情况做到了"先知"。

孙子在《形篇》中提出过"先胜"的概念,认为取得胜利往往是因为预先具备了取胜的条件,预先立于不败之地。这里又提出"先知",进一步说明"先胜"的前提和基础是力求做到"先知"。

《左传·成公十三年》记载了周朝大夫刘康公的一句话:"国之大事,在祀与戎。"祀,指祭祀,也指祭典。戎,兵戎,指兵器、军队,也指战争。春秋时期,对于一个诸侯国来说,祭祀和战事是国家最重要的大事。所以,孙子在其著作的开篇就借用"庙算"一词,比喻战略决策的活动过程。可见我们的祖先曾经在很长一段时间内,是靠巫师占卜的方式,预测战争凶吉、胜负,然后做出是否开战的决策。孙子一改前人这种唯心、迷信的做法，明确指出："先知者不可取于鬼神，不可象于事，不可验于度，必取于人，知敌之情者也。"孙子连用3个"不可"，强调了占卜、超验之类方法并不可靠，认为用这些方法不可能预先准确地了解敌情。

"不可取于鬼神"，强调的是不能向鬼神祷告，烧香磕头，摆放祭品，念念有词，请鬼神保佑。

"象于事"和"验于度"，是原始预测活动中常用的两种方法。中国古代有所谓象数之学。"象"即用肉眼观察，如看风水、相宅墓、相人、相马、相刀剑等。"数"则是用数理推算，如式法、选择、卜筮。古人认为，吉凶之类的事情，有象有数，象靠观察，数靠推算。一般说，相术属于"象"的范畴，占卜则属于"数"的范畴。但很多数术，既有象，也有数。比如天文，夜观天星、望云省气是取于象，推躔度、排干支是取于数。"象于事"是用同类事物类比推断，"验于度"是用天象的度数来推验，前者是用类推法，后者是用计算法。孙子认为，这些办法多少都有些"猜"和"蒙"的成分，难以准确预测瞬息万变的战争情况。

正确而又可靠的方法是什么呢？孙子直言不讳地指出："必取于人，知敌之情者也。"一个"必"字，意味着这是一条必由之路，舍此别无他法。注意，这里的"人"不是一般的人，而是"知敌之情者也"。也就是深入第一线，或者潜入敌人内部，了解真实情报的间谍。我们说，孙子是唯物论者，是一切从实际出发的先哲，除了"经之以五事，校之以七计"然后决策的观点之外，这句话也充分地体现了这一点。

在战史上，中央红军能够在第五次反"围剿"中之所以能够及时进行战略转移，开始长征，就得益于隐蔽在敌人内部的红色间谍及时地掌握了敌军绝密的"铁桶计划"。

蒋介石对中央苏区的第五次"围剿"原计划3个月完成，结果从1933年9月25日至1934年9月，用了一年也未能消灭红军。这个时候，德国军事顾问冯·塞克特将军建议以坚不可摧的碉堡封住红色区域，然后以优势兵力步步为营、稳扎稳打，最后消灭红军，这就是所谓的"铁桶计划"。蒋介石采纳了这一建议。1934年9月下旬，国民党军政要员纷纷赶往庐山，参加蒋介石主持的高层军事会议。蒋介石在会上详细阐述了"铁桶计划"，准备以12个师的兵力继续佯攻红军，将红军吸引在苏区，同时从各地秘密调集100万兵力，以红都瑞金为中心，形成一个半径为150千米的大包围圈，对苏区红军进行围困。蒋介石计划待合围形成后，各部队按计划稳步推进，沿途设置铁丝网，构筑以碉堡为主体的包围圈，用1个月左右的时间合围瑞金，让中央苏区的红军无法逃脱。会场的保密措施十分严密，每位领取文件的与会官员都要按收件人的编号亲自签字领取。时任赣北第四行政区督察专员兼保安司令的莫雄与共产党交往颇厚，对革命深为同情。通过莫雄，中共地下党已经在国民党的专署、保安司令部以及南昌行营安插了地下工作人员，其中一些人甚至就在蒋介石的身边。庐山军事会议结束的当天，莫雄便带着有关"铁桶计划"的保密文件下山，并把这些材料交给了中共地下党员、保安司令部谍报科参谋项与年。项与年接到情报后连夜把敌军的军力配备、各部队的推进计划、火力网点设置、后勤机构设置等用特种药水密写在4本新买的学生字典上，还把一些重要的军事标图描到薄纱纸上，以确保情报的精确性。情报处理完后，项与年乔装打扮，开始向瑞金进发。进入兴国后，项与年看到每条路上都有敌人的哨卡，青壮年根本无法过关。情急之下,他把自己的 4 颗门牙一一敲掉,弄乱头发,打扮成一个乞丐,把情报藏在讨米袋里,终于成功地闯过敌人的关卡,并于 10 月 7 日把情报送到了周恩来等人的手中。李德、博古和周恩来等人得到蒋介石"铁桶计划"的情报后,迅速进行战略转移。此时,距蒋介石制订"铁桶计划"仅过去 10 余天。接到中央军委的命令后,中央苏区的红军主力共 8.6 万余人,从 10 月 16 日开始渡过于都河,安全向西转移。10 天后,国民党各部才按计划完成对瑞金的包围,但已错过了合围的最好时机。

试想,如果不是事先得到准确的情报,中央红军恐怕难逃全军覆没的命运。由此可见,使用间谍和获取准确情报对战争的胜负极为重要,正所谓:"得情报者得胜券,失情报者失全局。"斯大林也说过类似的话,他认为打一个胜仗需要几个军,但是破坏这个胜利,只需要几个在某个师或某个军部内能偷出作战计划交给敌人的人。

现在网络十分发达,人们足不出户可以漫游天下。无需实际接触,便可以潜入用户系统。所以,有些人认为用不着人力间谍了,只要网上搜索就可以了。其实,网络再发达,再先进,也不如"知敌之情者"。在"情报战"持续不断的背景下,我们必须认识到,敌对势力的间谍可能就在我们的身边,不可不防。

(二)五种间谍并用,从多维度侦察敌情

【原文】

故用间有五:有乡间,有内间,有反间,有死间,有生间,五间俱起,莫知其道①,是谓神纪②,人君之宝也。乡间者,因

其乡人而用之③。内间者,因其官人而用之④。反间者,因其敌间而用之⑤。死间者,为诳事于外⑥,令吾间知之,而传于敌间也⑦。生间者,反报也⑧。

【注释】

①五间俱起,莫知其道:道,方法、规律。曹操注:"同时任用五间也。"李筌注:"五间者,因五人用之。"言同时使用5种间谍,使人陷于盲目的地步。

②神纪:梅尧臣注:"五间俱起以间敌,而莫知我用之之道,是曰神妙之纲纪。"张预注:"兹乃神妙之纲纪。"神纪,意为神妙莫测之道。

③乡间者,因其乡人而用之:杜牧注:"因敌乡国之人而厚抚之,使为间也。"言利用敌国之人作间谍。

④因其官人而用之:官人,指敌国官吏。李筌注:"因敌人失职之官。"梅尧臣注:"因其官属,结而用之。"言利用敌国的官吏为间谍。

⑤反间者,因其敌间而用之:反间,王晳注:"反间,反为我间也。或留之使言其情,又或示以诡形而谴之。"言收买或利用敌方派来的间谍,使其为我所用。

⑥为诳事于外:诳,欺、惑。《香草续校书》云:"服敌之服,言敌之言,役敌之役,任敌之任。其表见于外者如此,故曰为诳事于外也,而其内则专欲间知敌情。"言向外散布虚假情况,用以欺骗、迷惑敌人。

⑦令吾间知之,而传于敌间也:杜牧注:"吾间在敌,未知事情,我则诈立事迹,令吾间凭其诈迹,以输诚于敌,而得敌信也。若我进取,与诈迹不同,间者不能脱,则为敌所杀,故

曰死间也。"

⑧生间者，反报也：张预注："选智能之士，往视敌情，归以报我。"言到敌人方面了解到情况以后，能亲自返回报告的人。

【译文】

间谍有五种：乡间、内间、反间、死间、生间。这 5 种间谍一齐使用起来，使敌人不知我用间的规律，这是使用间谍神妙莫测的方法，是国君胜敌的法宝。所谓乡间，就是利用敌国乡人做间谍；所谓内间，就是利用敌方官吏作间谍；所谓反间，就是利用敌方派来的间谍，使其反过来为我效力；所谓死间，就是制造假情报，并通过潜入敌营的我方间谍传给敌人；所谓生间，就是能亲自回来报告敌情的人。

【新解】

我们平常在电影和电视剧中看到的间谍，往往都是高富帅或白富美的形象。其实，这只是间谍中极少数。实际上，更多的间谍可能其貌不扬，甚至显得土气或愚钝。他们越普通，越不起眼，越难以被发现。在孙子的笔下，"乡间"就是如此。孙子把间谍分为 5 种：第一种就是乡间，然后是内间、反间、死间、生间。5 种间谍，各有特色，也各有职能。

"乡间"，即"因其乡人而用之"，指利用敌方下层的乡民来实施间谍活动，通过他们去打探敌方的消息，并向我方秘密报告。倘若一时难以找到合适的人充当乡间，则可以变通一下，如选择普通的俘虏，给予重赏，或者以其家人作人质，或者以刑罚相威胁，迫使他们向我方提供情报。但是对这些情报不能轻信，必须加以辨别。所以，利用乡间时，应当边问边察，反复权衡，只有经过细致的考察分辨，才能详知敌情而确保我方信息不泄露。乡间的优点在于其不仅熟悉情况，而且可以在敌方长期潜伏，不易被发现。

"内间"，是"因其官人而用之"，指利用敌方上层的官员实施间谍活动。所谓"官人"是指敌国的官员，特别是那些有才能而没有得到重用的、犯了错误遭受惩处的、有权有势而又贪图钱财的、想借战乱而施展才干的官员。对这类敌国官员我方可以通过使用秘密手段，以丰厚的贿赂去疏通拉拢，借他们打探敌方的机要密事，掌握敌情动态，打乱敌方计划与部署。战国时期秦将王翦进攻赵国，赵国派李牧、司马尚抵御。李牧曾多次打败秦军，诛杀秦将，王翦非常恨他，就给赵王的宠臣郭开送了大批黄金，诱使其陷害李牧。郭开在赵王面前诬告李牧、司马尚为贪图封赏打算投靠秦国。赵王因此怀疑李牧，另派赵葱、颜聚代将，不久又借故杀了李牧，废了司马尚。李牧死后3个月，王翦大举攻赵，杀了赵葱，俘虏了赵王和颜聚，灭掉赵国，王翦用赵国的宠臣做"内间"取得了最终的胜利。如果说堡垒最易从内部攻破，那么"内间"就是安放在堡垒内的定时炸弹。许多绝密的经济、政治、军事、科技情报被泄露给敌国，往往就是因为内部出现了间谍。

"反间"，即"因其敌间而用之"，也就是收买或者利用敌方的间谍为我方效力，相当于现在所谓的"双重间谍"。敌人派间谍来刺探消息，我方一旦察觉，不要打草惊蛇，而要佯装不知其为间谍，并编造一些虚假情报，让他带回敌方复命。这样，他就反而成了我方的间谍。例如，南宋名将岳飞奉命征讨曹成领导的地方武装，在抓到敌方间谍时，故意在审讯中让管粮草的官吏来报告军中断粮的消息并请示怎么办，岳飞随口答道

"姑反茶陵。"说完就装作失口泄密而懊悔,跺脚进入营帐,之后岳飞故意放松守备让间谍逃跑。曹成得到谍报果然中计,准备第二天追击岳飞,而岳飞命士兵早起吃饭,随后悄然绕岭急行,天色未明时已抵曹成营寨,一举攻破了其营寨,这就是巧用反间取得的战果。

"死间",即"为诳事于外,令吾间知之,而传于敌间也",就是故意散布虚假情报,让我方间谍知道,然后再由他传给敌方间谍。"传于敌间"是说把用来欺骗敌人的情报传给敌人,从而起到离间的作用。如果让间谍知道他们掌握的情报是假的,就没有人甘愿冒险打入敌方做间谍了。所以我方必须巧妙地将虚假情报传播出去,让己方的间谍也信以为真。当他们被敌国俘获,敌军主帅必然以死威胁,或用钱收买,或长期拘禁,诱迫他们说出真情。他们不得已,可能会把来时所听到的一切情报供出。这样,敌方就会落入我方预设的陷阱。我方间谍充当了死间而不自知,敌人一吃败仗,这个间谍也非死不可。"死间"表面上是在向敌人报告机密,实质上是引诱敌人按我方的意图行事。执行"死间"任务的间谍,其行为可能被视为背叛或失误,难以得到自己人的理解。即使他们成功传递虚假情报并导致敌方失败,其牺牲和奉献也可能被误解或忽视。更为悲壮的是,即便任务成功,敌人败退,这些间谍也往往难逃一死。因此,"死间"之计常带有悲剧色彩。

"生间",即"反报也",指派去敌方而能活着回来报告敌情的间谍。胜任生间使命的人必须智慧超众、能言善辩、忠肝义胆;此外,有一些虽其貌不扬却心思缜密,外表糊涂却内心精明的人,也可以用作生间,派去诈降,潜入敌营打探机密。"生间"是相对"死间"而言的,生间不仅可以活着回来报告情况,还可以"自由"出入敌我之间。他们以各种身份作掩护,比如手艺杂耍人、僧人、道士等,以便适应敌营的需要,从而与敌方将士广泛接触,间接探听消息而不引起怀疑。

五间之中,乡间、内间、反间是一类,这一类是收买、利诱敌方人员为我所用;死间、生间是一类,这一类是我方派遣的特工人员。

对于这5种间谍,孙子强调尽量不要单一使用,而要"五间俱起",即同时运用、配套运用、交叉运用,这样才会使敌人"莫知其道",难以捉摸,难以察觉。这里面所包含的道理神妙莫测,"是谓神纪,人君之宝也"。"神纪"是指如同鬼神纪事,既幽隐又巧妙。孙子认为,君主一旦掌握了灵活运用五间的奥妙,也就掌握了克敌制胜的法宝。

受时代条件的限制,孙子视线中的间谍活动不论是分类还是动作方式都相对简单,与信息时代的间谍战、情报战不可同日而语。但他提出的综合运用、配套运用、交叉运用间谍的思想,至今仍然备受人们重视,并被广为应用,只是如今的技术水平、运用手段更加多样化、信息化。伊拉克战争中美军正是利用技术优势,全方位展开技术情报战。美国作为全球的空间技术和信息技术强国,大力利用空间技术和信息技术收集伊拉克的政治、经济、军事等方面的情报。比如,利用间谍卫星从太空锁定伊拉克的重要目标,进行高空侦察与监视,并将拍摄到的关键地区和重要目标的照片及时传送给情报分析和研究中心。同时,他们还使用无人机和其他高空侦察飞机对地面目标进行侦察、探测。在地面,他们布置了立体的、多层次的雷达侦察体系,并通过多种途径在伊拉克的重要战略目标附近安置智能型多功能探测器,这些探测器能实时传送观察到的信息。

美军通过多种技术手段获取情报，为情报的及时性和准确性提供了保障。

虽然技术侦察是获取情报的重要途径，但在现代战争中，仅仅依赖于技术手段是远远不够的，要想获取敌方核心情报，必须派出人员进行必要的侦察与情报核实。因此，美军不遗余力地派出得力人员，深入伊拉克收集情报。他们派遣特种部队和情报收集小组秘密潜入伊拉克境内，收集关键情报，这些情报人员类似于孙子所说的"生间"。他们资助并训练在伊拉克境内的武装人员，这些人以多种身份潜伏，提供情报并指引轰炸目标，类似于"乡间"。此外，美国还特别重视在敌方内部寻找和培植"内间"，从伊拉克政权内部收买间谍为其服务。由于综合运用多种间谍手段，美国比较全面、深入地了解到伊拉克各方面的情况，这些情报在美军的军事行动中发挥了重要作用。

间谍战、情报战是既古老又时兴的斗争形式，而且具有既专业又通用的特点。不仅军事领域如此，商场领域、赛场领域也活跃着形形色色的间谍身影。尽管我们倡导诚信经营、公平竞争，但是对于孙子所说的"人君之宝也"，我们仍需保持警惕，留点儿心眼。

（三）间谍出生入死，应当给予高度重视

【原文】

故三军之亲，莫亲于间[1]，赏莫厚于间[2]，事莫密于间。非圣智不能用间，非仁义不能使间，非微妙[3]不能得间之实。微哉微哉[4]，无所不用间也[5]。间事未发而先闻者[6]，间与所告者皆死[7]。

【注释】

①莫亲于间：张预注："三军之事，然皆亲抚，独于间者以腹心相委，是最为亲密也。"此句谓间谍是军中最亲信的人。

②赏莫厚于间：言没有比间谍所受赏赐更优厚的了。

③微妙：精细巧妙。此谓非用心精细、手段巧妙的将领，不能对所获情报去伪存真。

④微哉微哉：梅尧臣注："微之又微。"张预注："密之又密。"其言皆是。

⑤无所不用间也：王晳注："当事事知敌之情。"言处处皆可使用间谍。

⑥间事未发而先闻者：谓我用间所谋之事未行而走漏了风声的。

⑦间与所告者皆死：梅尧臣注："杀间者恶其泄，杀告者灭其言。"赵本学注："苟军中有以间事相告语者，彼此皆斩之。斩间者之泄言，斩闻者以灭其口也。"

【译文】

所以在军队的人员关系中，没有比间谍更亲密的了。军中的奖赏，没有比间谍更优厚的。谋划事情，没有比使用间谍更秘密的。不是聪明睿智的人不能任用间谍；不是仁慈慷慨的人不能指使间谍；不是用心微妙的人不能取得间谍的真实情报。微妙啊，微妙！没有什么地方是不需要使用间谍的。间谍的工作尚未进行，消息已泄露，那么间谍和听到秘密的人都要处死。

【新解】

在人们的印象中，上将，尤其是中华人民共和国刚刚成立不久授予的上将，应当是驰骋沙场、杀敌无数的战将。可是，在共和国第一批52位上将中，就有那么一位从未直接领过兵、打过仗的人，他就是李克农。没有直接领兵打仗，何以成为上将呢？这是因为他长期从事隐蔽战线工作，甚至曾经潜伏在国民党中央组织部，担任总务科主任，为共产党提供了许多重要的情报。

1931年4月25日深夜，李克农在上海闹市区一条狭窄马路旁的一家简陋的旅馆里休息，这里其实是一个秘密联络点。忽然，一阵急促的敲门声响起，敲门的方式符合接头的暗号。他急忙打开门，一个年轻人跌跌撞撞闯了进来。他神色紧张，呼吸急促，递给李克农一封密信。这个青年人是隐蔽在国民党中央组织部的红色间谍钱壮飞的女婿，钱壮飞把他安排在正元实业社跑腿打杂，实际是钱壮飞和李克农之间的联络员。

李克农一看钱壮飞的密信，大惊失色，他怔住了：中共中央政治局候补委员、中央"特科"负责人之一顾顺章，在武汉被国民党武汉行营侦缉队捕获后叛变了，要到南京面见蒋介石，密报中共中央、江苏省委和共产国际在上海的机关和中央领导人的住处，并要亲领国民党特务将这些机关和领导人一网打尽，以作为向蒋介石投降并获得重用的见面礼！

中共中央机关和主要领导人危在旦夕，分分秒秒耽误不得！

经过种种周折，李克农第一时间找到了上海中央特科负责人陈赓，报告了这一重要情况。随即，他和陈赓见到了周恩来。周恩来立即召集中央有关领导，决定采取断然措施，把顾顺章知道的所有关系和线索统统掐断，将顾顺章掌握的所有联络暗号和接头方法全部作废。中央机关、江苏省委机关、共产国际在上海的机关立即全部撤出，所有人员全部转移。

1931年4月27日一早,国民党特务头子陈立夫、徐恩曾带着顾顺章直接奔往上海,像饿虎扑食、恶狼端窝一般准确无误地向目标扑去。然而,一处处人去楼空,有的地方仅余一堆堆刚刚燃烧过文件的灰烬。

共产党在上海的总部机关和高层领导成功地逃脱了国民党的魔掌。

这等"挽狂澜于既倒,扶大厦之将倾"的巨大贡献,不远胜于消灭敌人一两个军吗?更何况这还只是李克农若干重大贡献中的一个。所以,1955年中华人民共和国第一次授衔时,李克农被授予上将军衔,确实理所应当、实至名归。同时,这一做法也完全符合孙子的思想。孙子不仅强烈呼吁重视用间,而且具体指出国君、将帅怎样做才算得上是重视用间。他说:"三军之亲,莫亲于间,赏莫厚于间,事莫密于间。"强调整个军队中,国君最为亲近的是间谍,奖赏最为厚重的是间谍,谋事最为机密的也是间谍。"莫"字相当于现代的"最"字。之所以要给予间谍如此高规格的待遇,那是因为间谍这种工作既重要,又复杂,还危险,间谍随时可能丢掉性命。因此,如果不注重与间谍亲近,间谍就不一定会有出生入死的决心;如果不给予重赏,间谍就不一定会焕发尽职尽责的热情;如果不注重高度保密,间谍所从事的机密事情就不一定成功。

间谍和情报固然十分重要,但是相比而言,运用间谍和需求情报的国君、将帅更为重要。因为如果他们不善于艺术地运用间谍,不小心泄露了间谍的信息,那么间谍也就难以生存了。如果他们思维不敏捷、不缜密,即使间谍送回来非常有价值的情报,他们也难以辨别真伪或者难以取舍。所以,孙子接着对国君、将帅连说了三个"非":"非圣智不能用间,非仁义不能使间，非微妙不能得间之实。"所谓"圣智"，即圣人一般的智慧，指能通晓极深奥、极隐秘道理的人。实施间谍活动，制订具体计划，在敌人面前编造情节、虚构言辞，用心都须极其深细，不能被人识破，所以说"非圣智不能用间"。对派出去的间谍，用间者平时需要以仁义相待，只有使间谍感恩戴德，愿意拼死效力，才能够把重要任务托付给他，所以说"非仁义不能使间"。由于敌情本身有真有假，间谍获取的情报也可能有真有假，因此，对于间谍情报必须深入细致地思考，通过分析、比较、综合、判断来辨别真伪，从而为决策和指挥提供可靠的依据，所以说"非微妙不能得间之实。"

显然，这"三非"是对国君和将帅的要求和忠告，也是正确使用间谍、获得情报的总体方法。周恩来作为我党情报工作的创始人和总负责人，应当说很好地避免了这"三非"。1927年5月，从上海脱险的周恩来到达当时的中共中央所在地武汉，他吸取之前的教训，为保卫中央安全建立了"特务股"，在各处建立内线，并组织了精干的武装保卫队伍和秘密交通网。11月，周恩来从广东回沪后，重组了中央特科。此时，特科成员中有一些人带有江湖习气，如顾顺章等。周恩来为此亲自为特科制定了"三大任务一不许"原则："三大任务"是搞情报、惩处叛徒和执行各种特殊任务，"一不许"是不许在党内相互侦察。周恩来提出的"一不许"原则，对保障中共后来正常的党内生活极为重要。可以说，这些要求既做到了"圣智"和"仁义"，又做到了"微妙"。

孙子接着感叹道："微哉微哉，无所不用间也。"微妙呀，微妙，战争中无处不需要使用间谍，无处不需要进行情报侦察。他意在告诉国君、将帅，切不可把用间当作权宜之计，或者一次性行为,而要把它当作军国大事,高度重视,巧妙运用,慎重保密。历史上往往有些国君、将帅不擅长此道,运用间谍的时候不注重保密,以至于间谍"出师未捷身先死"。所以,孙子提醒国君、将帅:"间事未发而先闻者,间与所告者皆死。"如果间谍的工作尚未展开,人员尚未派出去就已泄露机密,那么间谍和得知秘密情报的人都要处死。也许有人会认为孙子此言太血腥了。然而,敌对斗争就是如此血腥。

(四)间谍的任务及技巧,"主必知之"

【原文】

凡军之所欲击,城之所欲攻,人之所欲杀,必先知其守将、左右、谒者、门者、舍人①之姓名,令吾间必索知之。必索敌人之间来间我者②,因而利之③,导而舍之,故反间可得而用也。因是而知之,故乡间、内间可得而使也④;因是而知之,故死间为诳事,可使告敌⑤;因是而知之,故生间可使如期⑥。五间之事,主必知之,知之必在于反间,故反间不可不厚也⑦。

【注释】

①守将、左右、谒者、门者、舍人:杜佑注:"守,谓官守职任者;谒,告也,主告事者也;门者,守门者也;舍人,守舍之人也。"

②必索敌人之间来间我者:一定要搜索出打入我方内部的敌人间谍。

③因而利之:趁机以重利收买敌方间谍。

④故乡间、内间可得而使也：此言通过反间了解敌情，乡间、内间就可为我所用。梅尧臣注："其国人之可使者，其官人之可用者，皆因反间而知之。"其义近似。

⑤死间为诳事，可使告敌：因从反间处得知敌人内部情况，故死间可将虚假情报传送给敌人。

⑥生间可使如期：生间可以携敌情报按预定期限返回。

⑦故反间不可不厚也：杜佑注："人主当知五间之用，厚其禄，丰其财。而反间者，又五间之本，事之要也，故当在厚待。"言国君知道五种间谍的运用，应给予反间以特别优厚的赏赐。

【译文】

凡是要攻打敌方军队，要夺取敌方城邑，要刺杀敌方官员，必须预先了解其负责将领、左右亲信、掌管传达的官员、守门官吏和门客幕僚的姓名，指示我方间谍一定要侦察清楚。一定要查出敌方派来的间谍，从而重金收买他，优礼款待他，诱导其为我所用，这样，反间就可以为我所用了。通过反间了解敌情，就能从敌方找到恰当人选，乡间、内间就可得到使用了。由此了解情况，就能使死间传递假情报给敌人；由此了解情况，就可以使生间如期回报敌情。5种间谍的使用，君主都必须了解掌握。了解情况的关键在于反间，所以对反间的待遇一定要特别优厚。

【新解】

孙子曾经主张，情报来源不要单一，发展间谍活动的对象也不要局限于一两个人。他说："凡军之所欲击，城之所欲攻，人之所欲杀，必先知其守将、左右、谒者、门者、舍人之姓名，令吾间必索知之。"强调若是想攻打敌人的军队，或想攻占敌人的城邑，或想暗杀敌人的重要人物，一定要事先打听至少5种人的情况。一是"守将"，这里的"守"是职守，"守将"可理解为"负责将领"；二是"左右"，即将领的左右亲信；三是"谒者"，"谒"含有进见、拜见的意思，因此负责接引宾客、传达通报的官员被称作"谒者"，这种人必是将领身边的人；四是"门者"，是指把守城门的官员；五是"舍人"，"舍"指宫室、官府，因此"舍人"泛指官府中雇用的侍从，也是最接近"守将"的人。从左右谋士、联络官吏到守门人员、贴身侍从，他们的姓名、特点、兴趣爱好，都要一一侦察清楚。为什么要了解这么多人员的情况呢？因为他们或者是出谋划策的人，或者是深知内情的人，或者是具体执行的人。掌握了他们的情况，有利于从多方面获取情报，也有利于从多角度印证情报的真伪。

然而，这些人大多很少抛头露面，不是藏在中军营帐，就是躲在深宫、深宅之中，很难接近。生间、死间、乡间都很难获得他们的情报，只有了解内情的反间具备独特条件。所以，孙子接着强调："必索敌人之间来间我者，因而利之，导而舍之，故反间可得而用也。"也就是必须搜查出前来侦察我军情报的敌方间谍，并用重金收买他、用优厚的礼遇款待他，引诱其为我方服务，这样一来反间就可以为我所用了。在孙子看来，一旦反间为我所用，整个棋局就活了。用孙子的话说："因是而知之，故乡间、内间可得而使也；因是而知之，故死间为诳事，可使告敌；因是而知之，故生间可使如期。"意思是说，通过反间了解敌情，那么乡间、内间就可以为我所用了；通过反间了解敌情,也就能够使死间将假情报传递给敌人了;通过反间了解敌情,就可以使生间按预定时间回来报告敌情了。显而易见,生间、内间、乡间、死间虽然各有情报途径,但是反间提供的情报是最主要的来源,反间是整个间谍情报网络的关键节点,所以"反间"最为重要。

孙子提醒国君、将领:"五间之事,主必知之,知之必在于反间,故反间不可不厚也。"国君、将帅对5种间谍的使用方法和艺术都必须了如指掌。但是,其中最为关键的环节在于用好反间,一个"必"字,突出了反间的至关重要性,所以对于反间不可不给予特别优厚的待遇。

谈及"反间",不禁让人联想到冷战时期的一个典型案例。故事的主角奥尔德里奇·埃姆斯起初是一位并不起眼的情报人员,他在大学毕业后加入了一个情报机构,被同事视为能力平平、追求享受的角色。尽管他在该机构工作了20多年,仍然是个中级文官,且晋升前景黯淡。20世纪80年代初,他的婚姻出现问题,频繁的家庭争吵致使其染上酗酒的恶习。然而,正是在这一时期,他的事业出现了转机,上级开始委派他执行各种反情报任务。他在不同国家工作多年后,于1985年回国并升任至一个负责反情报的关键部门。也就是在这一年,他背叛了自己的国家,成为了敌对情报机构的"鼹鼠"。由于他掌握了大量机密信息,他的背叛带来了无法估量的损失。在长达10年的时间里,敌对情报机构利用他提供的情报破坏了多次重要行动,导致该国情报网络遭受重创,多名双重间谍被处决。面对这一系列失败,其所在的情报机构起初并未警觉。直到一名重要间谍突然失踪后,他们才开始组建特别行动队,搜寻内部的"鼹鼠"。经过深入调查,这名背叛者逐渐浮出水面,进入了行动队的监控名单。1994年2月，行动队在掌握了确凿证据后将其逮捕。这一事件震惊了该国整个情报界，他们终于找到了10多年来在与敌对情报机构的较量中一直处于下风的原因。

埃姆斯投靠敌对情报机构的主要原因无疑是金钱，他从对方那里获得了巨额回报。但除了金钱，还有一个重要原因，那就是他在原情报机构长期得不到重用，内心渴望展示自己的聪明才智，证明自己的价值。

1995年，埃姆斯被判处无期徒刑，他的案件对西方情报工作的危害至今仍未完全消除。无独有偶，近年来发生的另一起事件也让某情报机构倍感头疼。在这起被称为"棱镜门"的事件中，揭秘者爱德华·斯诺登不仅导致大量情报泄露，还严重损害了相关国家的国家形象，成为情报部门难以愈合的隐痛。

需要明确的是，我们讲用间，尤其是讲反间，并不是教唆广大读者直接套用这些谋略去处理现实生活中的种种事务。我们更重要的还是在于汲取其思想精髓，认清获取竞争信息的重要作用，学会从多角度、多层次认知事物、获取信息，从而为正确决策、正确行动提供可靠的依据。

（五）情报乃决策依据，当以"上智为间"

【原文】

昔殷①之兴也，伊挚②在夏；周之兴也，吕牙③在殷。故惟明君贤将，能以上智为间者④，必成大功，此兵之要，三军之所恃而动也⑤。

【注释】

①殷：殷代，即商朝。

②伊挚：伊尹。《吕览·慎大》谓汤"欲令伊尹往视旷夏，恐其不信，汤由亲自射伊尹。伊尹奔夏三年，反报于亳。"伊尹原为夏桀的臣子，熟悉夏朝的情况，归商后，汤重用为宰相，遂助商灭夏，且世代受到厚待。

③吕牙：即姜子牙，又称吕尚、太公望。吕尚原为殷纣的臣子，熟悉殷内情。归周后，周文王立为师。

④能以上智为间者：何氏注："言五间之用，须上智之人。"此谓贤明的君主、将领，如能用智慧超群的人为间谍，必能成大功。

⑤三军之所恃而动也：恃，依靠。言军队要依靠间谍提供的情报行动。

【译文】

从前殷朝的兴起，在于伊挚曾经在夏为间，了解夏朝内情；周朝的兴起，在于姜子牙在商朝搜集情报。因此，明智的国君，贤能的将帅，若用高超智慧的人充当间谍，一定能建树大功。这是用兵的绝招，整个军队都要依靠间谍提供的敌情来决定军事行动。

【新解】

这是《用间篇》的最后一段话，也是整部《孙子兵法》的结束语。孙子讲完了用间的重要性、间谍的5种分类和使用方法之后，最后用历史上成功的经典案例加以说明："昔殷之兴也，伊挚在夏；周之兴也，吕牙在殷。"这里提到的伊挚和吕牙就是中国古代最早的间谍,情报工作的鼻祖。

夏朝末年,夏桀在位之时,暴虐无道。"伊挚在夏"中的伊挚,就是伊尹,他原来在夏为臣,是夏桀的臣子,后来归附了以仁义著称的商汤,提供了夏朝各方面的情报,商汤因此对夏桀有了全面深入的了解,终于伐灭夏桀而成大业。

然而,500年之后,商纣王在位时,暴虐无道,朝政败坏,周武王姬发以吕牙为辅佐,伐灭了商纣,成为周朝的立国之君。吕牙就是吕望,字子牙,又称姜子牙、太公望。据《史记·齐太公世家》记载:"太公博闻,尝事纣,纣无道,去之。""吕牙在殷"就是指姜子牙原先在殷为臣,后来归附了深得民心的姬昌,即周文王,并被尊为"师尚父",此后多次深入商都朝歌侦察了解情况,因而姬发(周武王)尽知商纣王的政情,终于伐灭商纣而成大业。

《孙子兵法》在写作上最突出的特点就是"舍事而言理",即舍去具体的案例,直接说出经过深思熟虑之后悟出来的道理。所以,孙子几乎是一句一理,很少用案例说话。然而,他在此处连用两个案例,在大量说理的基础上,再用案例说话,意在用事实证明一个结论:"故惟明君贤将,能以上智为间者,必成大功,此兵之要,三军之所恃而动也。"

这段话至少有两层含义。一是用伊挚、吕牙的案例说明,英明的国君、贤良的将领如果善于运用这种拥有上等智慧的人从事间谍工作,"必成大功"。二是运用间谍,掌握准确情报是"兵之要",即用兵打仗最关键、最重要的事情,战争如何决策,作战如何指挥,整个军队一切行动,都依赖于间谍获得的情报。可以说,情报往往具有一锤定音的作用,所以,万万不可轻视。一定要舍得用伊挚、姜子牙这样的"上智"之人从事间谍情报工作。

　　孙子这一思想道出了成就大业的关键秘诀，因而深受历代国君、将帅重视。在中国古代，间谍层出不穷，其故事大都富于传奇色彩，引人入胜。战国时代的苏秦就是其中的佼佼者，他的传奇故事甚至被后人编入《孙子兵法》中。银雀山竹简本《孙子兵法》的文字与传世本一个重要区别，就是在"昔殷之兴也，伊挚在夏；周之兴也，吕牙在殷"之后多了一句"燕之兴也，苏秦在齐"。苏秦是战国末期人，晚孙子200多年，这句话很可能是西汉初年人们整理兵书的时候加进《孙子兵法》中的。但是它却从侧面证明，在苏秦是燕国间谍这个问题上，古人的认识是相对一致的，纵横家苏秦是一位可以和伊挚、姜子牙相提并论的高级间谍。

　　苏秦一生的主要活动都是为了帮助燕昭王复兴燕国。公元前314年，燕国发生了内乱，齐国趁机大举进攻，几乎灭掉了燕国。在燕国人民的奋力反抗和各国的干预下，齐国才不得不从燕国撤兵。3年后，燕昭王即位，决心复兴燕国并报仇雪恨。为此，燕昭王特别注重招揽各方面人才。一直郁郁不得志的苏秦，曾先后向周天子、赵王和秦王自荐，都不得重用。他来到燕国后，却受到燕昭王的重用，并逐渐成为燕昭王的亲信。公元前300年，燕昭王派苏秦到齐国进行间谍活动。这次间谍活动的目的主要是使齐国不要谋取燕国，同时破坏齐国与赵国的关系，让齐国和赵国都无暇进攻燕国。苏秦在齐国待了5年，进行了大量的间谍活动，虽然齐兵多次出击，但都没有攻打燕国，齐与赵的关系也是时好时恶，时合时离，而燕国则在与齐、赵的三边关系中坐收渔利，游刃有余，既可以同齐国一起攻打赵国，也可以同赵国一起进攻齐国，处于较为有利的地位。公元前 292 年，齐、赵、秦三国争夺宋国土地，苏秦再次被燕昭王派到齐国，以助齐攻宋为名，企图达到借助秦、赵之力破齐的目的。公元前 286 年，齐国伐宋，一举吞并宋国，各国震动，行动起来合力攻齐。燕国乘机积极活动，与诸侯合纵伐齐。公元前 284 年，诸侯联军在燕国大将乐毅指挥下对齐国实施突袭。由于燕昭王和苏秦的保密措施做得好，苏秦在齐国的间谍身份一直没有暴露。齐湣王对苏秦十分信任，并把燕国视为本国的后院，对燕国方面的进攻毫无防备，以致遭到诸侯联军的猛烈突袭时，齐国几乎没有还手之力，进而惨败。直到这时，苏秦的间谍身份才完全暴露。齐湣王盛怒之下，将苏秦车裂于市。苏秦以自己的牺牲，促成了燕国的兴盛。恐怕正是由于这种不平凡的功绩，苏秦被后人视为与伊挚、姜子牙一样的"上智"之人，列入《孙子兵法·用间》之中。

结束语
孙子的思维方法

读书之大忌，在于生吞活剥，不求甚解。而读书之秘诀，贵在于融会贯通，撷英掇华，转化能量。从这个意义上来说，掌握孙子的思维方法，无疑是融会贯通《孙子兵法》13篇，提纲挈领地把握孙子谋略思想精华，并将之转化成我们自身的思想和能力的必由门径。

思维方法是开启智慧之门的钥匙，孙子之所以能够登上世界兵学的巅峰，与他超凡脱俗的思维方法显然有着密切的关系。综合起来看，孙子思考纷繁复杂的谋略问题大致采用了6种思维方法。

一是大胆创新。孔子曾说："言之无文，行而不远。"（左丘明，《左传·襄公二十五年》）认为文章没有文采，就不能流传久远。此话固然不错，我们也可以稍改一下："言之不新，行而不远。"重复前人的老话，说得再优美动听，也难以流芳百世。《孙子兵法》之所以具有跨越千年的巨大生命力，一个至关重要的原因就在于孙子具有创新思维。他敢于超越前人、打破常规，见前人之所未见，道前人之所未道。

比如，由于长年战争，春秋末期社会上各思想流派几乎都反对战争。道家创始人老子最为典型，明确地说："兵者不祥之器，非君子之器，不得已而用之。"（老子，《道德经》）孙子却开篇大声疾呼："兵者，国之大事，死生之地，存亡之道，不可不察也。"强调国君、将帅要高度重视战争，慎重对待战争。

又比如，西周时期，周王朝为了维护"家天下"政治体制的稳定，制定了一系列战争规则，诸如不击半渡，不鼓不成列，不重伤，不禽二毛，不伐丧等，强调战争中必须遵守规则，打堂堂之阵。春秋末期这些规则已然不再被遵守，战场上奇谋诡道大行其事，所以孙子一针见血地指出："兵者，诡道也。"

再比如，军功爵制度虽然在战国后期经商鞅提出后才正式成为一项制度，但是早在春秋时期就已经是军人们晋升的基本途径。所以，人们在战争中往往追求杀敌无数，所谓英雄也应当是百战百胜的猛将。孙子则不然，他明确提出："百战百胜，非善之善者也；不战而屈人之兵，善之善者也。"呼吁人们重视以智取胜，避免单纯暴力制胜。

诸如此类的创新性思想观点，在孙子的著作中不胜枚举。可以说，即使放到今天的时代，它们仍然熠熠生辉。

二是唯物求真。战争几乎自产生之日起便与巫术如影相随。所以《左传》中记载："国之大事，在祀与戎。"国家的头等大事，一是祭祀，二是战争。每次出征必先行"庙算"，请巫师占卜吉凶。显然，其实质是假托神旨，行君王之意。孙子虽然借用过"庙算"一词，但他并不信奉神灵怪异之说，考虑战争问题一切从实际出发，从客观物质条件和环境着眼。比如，他认为，"庙算"决策时，务必算一算敌对双方"道、天、地、将、法"5个方面的客观条件和环境谁强谁弱，《形篇》开篇即提出战争必须建立在雄厚的物质基础和充分的战争准备之上，"昔之善战者，先为不可胜，以待敌之可胜"。《用间篇》更是明确强调："先知者，不可取于鬼神，不可象于事，不可验于度，必取于人，知敌之情者也。"直接否定了巫师占卜那一套唯心主义的天命论，主张无神论和唯物论。

三是辩证分析。孙子的军事思想不仅表现出朴素唯物论的色彩，而且表现出朴素辩证法的特点。他说："是故智者之虑，必杂于利害。杂于利而务可信也，杂于害而患可解也。"一个"杂"字，体现出孙子认识和解决战争中各种矛盾的基本方法，即辩证分析法。他看到，战争中的种种矛盾总是不断变化的，对立双方总是互相依存、互相作用、互相转化的。比如敌人防备严实，但由于"备前则后寡，备后则前寡，备左则右寡，备右则左寡，无不备者无不寡"，不可能做到天衣无缝，总有疏漏之处。那么，如果能够避其实而击其虚，敌人的主动地位就会转化为被动地位了。为了充分说明普遍存在于战争各个方面、各个层次的辩证关系，孙子构建了一个完整的范畴体系，如攻守、全破、阴阳、刚柔、虚实、奇正、强弱、众寡、治乱、迂直、利害等，《孙子兵法》13篇中，几乎每一篇都紧扣几对关系，从而揭示战争中的某种辩证关系。

四是整体思考。孙子深知战争是一个立体的、动态的过程，谋划战争问题务必从整体上思考。全书13篇的内容，从纵向来说，依次阐述了战争决策、作战指挥、战场变化、地形利用、火攻用间等方面的问题。从横向来看，既讲了政治因素、经济因素，又讲了精神因素、物质因素；既讲了为将之道、统军方法，又讲了管理之道、带兵方法。每篇既是一个独立个体，各篇之间又相互保持密切联系。日本兵学家山鹿素行的一段评价清楚地揭示了《孙子兵法》的结构特点。他认为，从思想内容上来说，孙子的许多观点既在一篇之中详加阐释，又于其他篇章中加以发挥，这些观点相互关联贯穿于全书之中，"通篇自有率然之势。"

五是兼收百家。有人说，《孙子兵法》是中国最古老的兵书。这是不确切的说法。应当说，《孙子兵法》是中国现存军事典籍中产生最早、最为成熟的一部兵书。因为，在它之前，中国军事思想的产生和发展已经有相当长的历史。基于"国之大事，在祀与戎""国之所以兴者，农战也"的共识，历代君臣名士都热衷于议兵，仁者见仁，智者见智，涌现出异彩纷呈的兵学思想，从而使孙子得以兼收百家之长，成一代兵圣之言。所以说，《孙子兵法》并非完全由孙子个人创作，而是集大成的结果。书中既吸收了西周时期的原始兵书如《军政》《令典》中的内容，又吸收了春秋时期诸子百家的思想观点，隐约可见儒、道、法各家思想的影子。比如"道者，令民与上同意也""不战而屈人之兵，善之善者也"，这些观点就多少体现了儒家以仁义治国的思想。而"先为不可胜，以待敌之可胜""避实击虚"之类的表述则与道家顺应自然、以柔克刚的思想神韵相通。再看"施无法之赏，悬无政之令，犯三军之众，若使一人"，这一观点明显表现出法家依法治国的思想。至于《易经》的影响，在书中更是比比皆是。所以说，《孙子兵法》虽是兵家圣经，却也融入了各家思想的精华。

六是渐思顿悟。中国古代军事文化的特点之一是重宏观、重综合，擅长在纷繁复杂的现象中提炼出事物的本质。古代兵家思考问题时，往往从直观体验出发，通过对观察到的事物进行反复思考、仔细琢磨，逐渐搞清楚来龙去脉、因果关系，最终忽然间领悟其中的哲理。这就是渐思顿悟的思维方法。而一旦兵家们顿悟出某种哲理或奥妙，用文字或口头表达出来的时候，往往就是那么一两句话。这种表达方式，学者们称为"舍事而言理"，即舍弃思考过程中考虑过的事物细节和过程，只是简明扼要地概括出本质，以使读者能够顿悟个中道理。这就形成了中国古代兵书惜墨如金、言简意赅的文风。孙子撰写兵法13篇的方法可谓鲜明地体现了这一特点。如"三军可夺气，将军可夺心""非利不动，非得不用，非危不战"等，确实堪称"一句一理，字字珠玑"。

如果说《孙子兵法》中一个个经典谋略犹如一颗颗智慧的

明珠，那么，这 6 种思维方法就是串联起这些明珠的经纬，它们共同构成了光照古今的军事思想宝库。正因为如此，我们学习《孙子兵法》时，既要关注一个个经典的谋略思想，更要牢牢把握这 6 种思维方法，方能融会贯通、撷英掇华、转化能量。

而且，毫不夸张地说，这 6 种思维方法对于我们认识当今社会、思考现实问题、筹划人生战略以及处理复杂事情，同样具有指导意义，未尝不可根据实际情况灵活地运用。